本辑得到日本河合文化教育研究所资助，特此致谢！

CLIO AT ⑯ BEIDA
北 京 大 学 历 史 学 系 编

(History Department, Peking University)

执行主编：王立新　张帆

北京大学出版社
PEKING UNIVERSITY PRESS

图书在版编目(CIP)数据

北大史学. 16/北京大学历史学系编. —北京:北京大学出版社,2011.12
ISBN 978-7-301-19666-3

Ⅰ.①北… Ⅱ.①北… Ⅲ.①史学-世界-文集②史评-世界-文集 Ⅳ.①K0-53

中国版本图书馆 CIP 数据核字(2011)第 222789 号

书　　　　名:	北大史学 16
著作责任者:	北京大学历史学系　编
责任编辑:	张　晗
标准书号:	ISBN 978-7-301-19666-3/K·0814
出版发行:	北京大学出版社
地　　　　址:	北京市海淀区成府路 205 号　100871
网　　　　址:	http://www.pup.cn　电子邮箱:pkuwsz@yahoo.com.cn
电　　　　话:	邮购部 62752015　发行部 62750672　出版部 62754962
	编辑部 62752025
印刷者:	三河市博文印刷厂
经销者:	新华书店
	965mm×1300mm　16 开本　25.5 印张　350 千字
	2011 年 12 月第 1 版　2011 年 12 月第 1 次印刷
定　　　价:	50.00 元

未经许可,不得以任何方式复制或抄袭本书之部分或全部内容。
版权所有,侵权必究
举报电话:010-62752024　电子邮箱:fd@pup.pku.edu.cn

《北大史学》编委会（以姓氏笔画为序）

马克垚　王小甫　王天有　王　希　王奇生
邓小南　牛大勇　叶文心（Wen-hsin Ye）　刘浦江
李剑鸣　李孝聪　何芳川　何顺果　辛德勇
谷川道雄　罗志田　罗梅君（Mechthild Leutner）
杨天石　茅海建　荣新江　胡宝国　郭润涛
高　毅　阎步克　钱乘旦　桥本秀美　彭小瑜
董正华

执行主编

王立新　张　帆

目 录

专题论文

睡虎地《日书》《病》、《有疾》篇新研
——自中国医学思想史角度的再考察 …………… 李蜜(1)
走马楼吴简库皮账簿整理与研究 ……………………… 凌文超(16)
北宋仁宗朝的文书行政
——以内降为中心 ………………………………… 周佳(46)
北宋河东路安抚使司的设置及其军事运作 …………… 古丽巍(62)
龙湾之战与元末建康水道 ……………………………… 李新峰(77)
清代北京内城演剧与相关禁令
——档案资料的一项考察 ………………… 村上正和(98)
"新则毁旧，旧则毁新"
——宣统元年四川威远团保变乱案本末 ……… 孙明(113)
常乃惪与新文化运动 ……………………… 杨彩丹 郑伟(128)
一九四八年东北决战若干问题研究 …………………… 李宝明(143)
乌鲁克末期巴比伦尼亚分裂的新证据 ………………… 王献华(162)
马丁·路德的教会观与教士的天职 …………………… 林纯洁(184)

从激进共和到君主立宪
　　——贡斯当首次复辟与百日时期宪政理论评析
　（1814—1815） ……………………………………… 韩伟华（202）
功利主义与英国 1834 年济贫法改革 ……………… 宋晓东（223）
文明观念与美国外交思想（1870—1914） ………… 刘义勇（241）
战争之后的正义与和平
　　——对与《凡尔赛条约》相关的几个问题的思考 …… 熊伟民（268）
市民阶层与市民性
　　——欧洲关于德国特殊道路的讨论 ………… 尤尔根·柯卡（295）
世界公民社会道德理念的现代性
　　——以德国理论为视角的探讨 ……………………… 赵进中（305）

读史札记

"黄龙痛饮"再考 …………………………………………… 高宇（338）
元顺帝企图避乱济州岛发微 ……………………………… 李岭（346）
"亚当·斯密问题"新论
　　——从《国富论》的一处增补谈起 ……………… 徐前进（356）
从奥斯曼帝国到科索沃
　　——萨曼莎·鲍威尔攀登的道德高峰 ………… 彭小瑜（366）

书　　评

以地域社会为起点的"跨学科"
　　——评田仲一成、小南一郎、斯波义信编《中国近世文芸論：農村祭
　　祀から都市芸能へ》 ……………………………… 梁敏玲（379）

Abstracts ……………………………………………………… （384）
稿　　约 ……………………………………………………… （396）

Contents

Articles

Study on the *Rishu* "Bing" and "Youji" of Shuihudi Bamboo Slips:
    A View from the Traditional Chinese Medicine Ideas ········ Li Mi(1)
A Study Based on the State Warehouse Accounting Books of Animal
    Hides Compiled from the Wu Slips
    Collection of Zoumalou ···························· Ling Wenchao(16)
Studies on the *Neijiang* during Renzong's
    Reign in the Northern Song Dynasty ···················· Zhou Jia(46)
The Establishment of the Military Commission to Hedong Circuit and its
    Operation in the Northern Song Dynasty ················ Gu Liwei(62)
The Battle of Longwan and the Hydrology
    of Nanjing in the Late Yuan Dynasty ················ Li Xinfeng(77)
Theatrical Plays under the Control of the Qing Government in the
    Inner City of Beijing: Studies on Relevant
    Archival Data ································ Murakami Masakazu(98)
A Conflict between the New and the Old: the Militia and *Baojia*
    Uprising at Sichuan Weiyuan in the Year 1909 ········ Sun Ming(113)
Chang Nai-de and the New
    Culture Movement ···················· Yang Caidan, Zheng Wei(128)
Remarks on Liaoxi-Shenyang Campaign in 1948 ··········· Li Baoming(143)
New Evidence for the Collapse of the Late Uruk
    System in Babylonia ···························· Wang Xianhua(162)

Martin Luther's Doctrine of Church and
   the Vocation of the Priest ·· Lin Chunjie(184)
From Radical Republicanism to Monarchic Constitutionalism: A Study of
   Benjamin Constant's Constitutional Theories during the First
   Restoration and the Hundred Days
   (1814-1815) ·· Han Weihua (202)
Utilitarianism and the Reform of the
   Poor-Law in 1834 ································ Song Xiao-dong(223)
The Concept of Civilization and the American
   Diplomatic Thoughts(1870-1914) ························ Liu Yiyong(241)
Justice and Peace after the First World War: Remarks
   on the Treaty of Versailles ·························· Xiong Weimin(268)
Burgers, the Bourgeoisie and Citizens: the Debates in Europe
   about the Particularity of German Society ·········· Juergen Kocka(295)
Modernity and Moral Foundation of the World Civil
   Society: The Theoretical Explorations
   by German Scholars ···································· Zhao Jinzhong(305)

Review Essays

A New Study on "Huanglong Tongyin" ····························· Gao Yu(338)
Textual Evidence on Emperor Shun's Attempt
   to Take Refuge in Jizhou Island in Yuan Dynasty ········· Li Ling(346)
Rethinking "Das Adam Smith Problem" ······················ Xu Qianjin(356)
Samantha Power and Her Cries Against Genocides:
   A Problem from Hell and Its Implications ············ Peng Xiaoyu(366)
A Cross-Disciplinary Conversation from the Perspective of
   Local Society ·· Liang Minling(379)

Abstracts ·· (384)

睡虎地《日书》《病》、《有疾》篇新研
——自中国医学思想史角度的再考察

李 蜜

【内容提要】 湖北云梦的睡虎地秦墓竹简中的《病》和《有疾》两篇《日书》，是战国末期中国医学思想待形成期的一种有趣产物。它在占卜形式上实现了龟卜到择日的转变，内容上承商周以来的鬼神致病观，下启中国医学五行理论的基本框架。通过研析这两篇《日书》，可以更清楚地看到中医医学思想形成早期的变化历程，同时对中国医学理论中的一些内容也能获得不同角度的认识。

20世纪70年代发现于湖北云梦的睡虎地秦墓竹简中出有《日书》二种，整理小组分别以甲、乙为其命名。两种日书中分别有题为《病》和《有疾》的两篇，二者内容和形式均十分接近，概而言之，大致是以日占方式对疾病原因作出的解释和病势预测。自竹简图像与释文公布以来，研究者对这两篇《日书》在文字释读、辞义辨析方面以及自术数角度的考察上

多有成果。① 在这些研究的基础上,使用《日书》材料探讨战国后期人们对疾病本身的观念与认识,也不失为一种有意义的考察角度。在本文中笔者希望以致病观念作为切入点,探讨战国后期的疾病观念体现出的思想模式,继而联系医家经典中的有关篇章,一窥这类思想在历史中的演化痕迹。同时,在这样的研究视角下,反观中国传统医学思想中的一些观念,也能获得不同的认识。现首先将两篇文字迻录如下:②

《日书甲种·病》篇云:

病:

甲乙有疾,父母为祟,得之于肉,从东方来,裹以桼(漆)器。戊己病,庚有 间 ,辛酢(作)。若不 酢 (作),六八正贰烦居东方,岁在东方,青色死。六九正贰

丙丁有疾,王父为祟,得之赤肉、雄鸡、酉(酒)。庚辛病,壬有间,癸酢(作)。若不酢(作),烦居南方,岁七〇正贰在南方,赤色死。七一正贰

戊己有疾,巫堪行,王母为祟,得之于黄色索鱼、堇酉(酒)。壬癸病,甲有间,七二正贰乙酢(作)。若不酢(作),烦居邦中,岁在西方,黄色死。七三正贰

庚辛有疾,外鬼伤(殇)死为祟,得之犬肉、鲜卵白色。甲乙病,丙有间,丁酢(作)。七四正贰若不酢(作),烦居西方,岁在西方,白色死。七五正贰

壬癸有疾,母(毋)逢人,得之于酉(酒)、脯脩节肉。丙丁病,戊有间,己七六正贰酢(作)。若不酢(作),烦居北方,岁在北方,黑色死。

---

① 这些研究成果见于饶宗颐、曾宪通:《云梦秦简日书研究》,香港:中文大学出版社,1982年;刘乐贤:《睡虎地秦简日书研究》,台北:文津出版社,1994年;吴小强:《秦简日书集释》,长沙:岳麓书社,2000年;王子今:《睡虎地秦简〈日书〉甲种疏证》,武汉:湖北科学技术出版社,2003年;杨华:《出土日书与楚地的疾病占卜》,《武汉大学学报》(人文社科版)2003年第5期,第564—570页。
② 以下释文录自睡虎地秦墓竹简整理小组编:《睡虎地秦墓竹简》,北京:文物出版社,1990年,第193、246—247页。笔者对释文的假借字注出、标点、分段有所调整。《有疾》篇中残缺字为笔者所补。

《日书乙种·有疾》篇云：

有疾：

甲乙有疾，禹（御）于豕肉，王父欲杀，生人为姓（眚）。有病者必五病而☐。一八一有间。不间，死，烦☐色亡。一八二

丙丁有疾，王父为姓（眚），得赤肉、雄鸡、酒。庚辛病，壬间，癸酢（作），烦及岁皆在南方，其人赤色，死火日。一八三

戊己有疾，巫堪，王父为姓（眚），☐☐索鱼、堇。壬癸病，甲间，乙酢（作），不酢（作），☐☐邦中，中岁在西，人黄色，死土日。一八四

庚辛有疾，外鬼、伤（殇）死为姓（眚），得于肥肉、鲜鱼、卵，☐☐。甲乙病，丙有间，丁酢（作），不酢（作），☐一八五死☐一八六

壬癸有疾，☐☐☐人，外鬼为姓（眚），得于酉（酒）、脯脩节肉。丙丁病，戊有间，己酢（作），不酢（作），烦在北，人黑色，死水日。一八七

一、两类致病观的发展与融合

望而可知，以上两篇《日书》中最鲜明的特点是五行观念的体现。二者十分一致地将人的疾病按染疾的日干分作五类，虽然其中提出引起疾病的原因是鬼魂作祟，然而十分明显的是，五类疾病各自具有五行的鲜明属性，而五行属性的消长是决定此病人命运的核心要素。以下试分析《日书甲种·病》篇"甲乙有疾"。

病人最初染疾是在木日甲乙，在这种五分法的模式下，此日干就暗示了他的疾病具有某一特定的属性。简文中未有五行名称的出现，在本文中为了便于论述，且称之为"木"属性。十分显著的一点是，引起他染病的"肉"也具有同样的属性。日书中强调此肉并不是任意来源的肉，而是具有某些限制条件：肉来自东方，并且盛于漆器里。东方属木，漆器又为

木质,这些条件无疑是为了赋予一般的肉以"木"的属性。虽然在简文中也提到甲乙日的疾病是由父母亡魂作祟引起,然而在接下来的病程预测中,并没有提示病情变化与人鬼活动之间的直接关系,决定病人命运的则是与此疾病具有同样"木"属性的物事。无论是日干还是其他种类的"木"属性物事都会对病人病势造成影响:"木"属性增强,则病势随之沉重,"木"属性减弱,疾病或有望好转。简文中讲到,在木日甲乙初染的病,到了土日戊己的时候,病势会变得更加严重。① 这样的变化中间隐含着一条因果关系:木能胜土。所以再至金日庚辛,金能胜木,疾病的"木"属性又受到了抑制,病人也就有希望先"间"②而后"作"③,即先有好转继而康复了。若错过了这个机会,病人的情况则十分堪忧:引起病人不适的"烦"④和"岁"⑤都位于属"木"的东方,与疾病的属性正相一致,如果病人不能避开这些祸患伤害,随着"木"属性的不断强化,最终他病势愈发沉重。若是连皮肤都呈现出"木"的颜色——青色,至此他也就难逃一死了。结合《有疾》篇简文所述,病人的死亡日期也是在木日甲乙,生命终结于他染病的起点,恰好完成了一个循环。

至于其他四例,都有着与上述"甲乙有疾"完全一致的结构,本文不一一详论。而在明确了这种疾病循环模式之后,需要关注的是这类叙述中所体现出的疾病观念。《日书》中的描述紧紧围绕疾病的五行属性,呈现出向心的结构和整齐划一的模式,其表述十分具有逻辑性,甚至可以步步推衍。这种体系显然不是由实际的观察经验总结而来,也绝对不会在

---

① 本条简文中"疾"是一般的泛指疾病,"病"则程度更甚,是病重之义。
② 整理小组引《论语·子罕》注:"孔曰:'少差曰间。'"此处指病情好转。
③ 整理小组对《病》、《有疾》两篇中的"酢"注释不一。前者注曰:"酢,报祭。"后者读"酢"为"作",注曰:"作,起床。"刘乐贤据包山楚简以后说为是,见刘乐贤:《睡虎地秦简日书研究》,第117页。本文从之。
④ 刘乐贤引《说文》释"烦"为"生病而引起的不安,或鬼神给人带来的烦扰",见刘乐贤:《睡虎地秦简日书研究》,第117页。王子今进一步征引文献,解释为"十二发"的病态之一,或"可以理解为一种精神病症",见王子今:《睡虎地秦简〈日书〉甲种疏证》,第185页。笔者按:"烦"又为医家术语,为证之一种,其辞反复见于《黄帝内经素问·生气通天论》等篇,指病人发热,或烦躁不安的症状。
⑤ 刘乐贤以《老子》"廉而不刿"之"刿"可作"害",读岁为害,见刘乐贤:《睡虎地秦简日书研究》,第117页。本文从之。

真实世界中每每依样应验。虽然其内容在今人看来自然是属于非理性的迷信禁忌之论,然而推其根源,它在当时的社会环境下却是以某种超乎经验的"理论知识"为基础,做出的十分有逻辑且理性化的演绎。这一"理论知识"就是在《日书》所处的战国后期相当成熟且十分流行的五行观念。本文不拟将五行观念的起源和它在战国后期的发展状况纳入讨论,仅就日书本身而言,它的内容已能体现出当时人们具有完整的五行相生相胜循环,五行配五方、五色、四时、天干、地支等观念。① 利用五行理论对各种事物、事件进行分类并作出解释可谓一时思想风尚,毫无例外地,五行理论也一并融入了战国后期人们的疾病观,并对后世的中国传统医学理论产生深远的影响。

从另外一方面看来,简文叙述中体现出的鬼神致病观念带有某种随机性,譬如《病》与《有疾》两篇中每类疾病的致病鬼神并不一致。笔者以为,在这种差异内,恰恰体现了自商周时期到战国末叶致病观念的发展与变化。比起五行的观念,鬼神作祟致病的想法由来已久,极为古老。在这种观念中,致病的鬼神多种多样。以甲骨刻辞所反映的商代后期为例,在商人看来:无论上帝、自然神或祖先,都有降疾作祟的可能。而在作祟的群鬼神中,祖先的神灵往往是其间"主力"。学者指出:在商代后段前期,商人的祖先观念具有强烈的鬼神崇拜色彩,其中重要的一部分是祖先作祟的观念,如梦见祖先往往是不祥之兆,疾病、灾祸等困扰也是祖先作祟。这时需要通过祭祀愉悦祖先,以攘除病痛不祥。② 西周时期,周人认为死去的祖先对家族和个人能够产生广泛的福佑,不过《尚书·金縢》篇中周公为了武王向先公祷病的故事依然显示出:在周公等贵族看来,太王、王季、文王这几位"父"、"王父"对子孙的生杀命运有绝对的权力。以上的举例显示,鬼神致病的观念本身就较为复杂,与商周时期的宗教观念密不可分。在这种认知背景下,人们对疾病的认识具有诸多不确定性:究竟是哪一位神灵

---

① 已有学者整理出睡虎地秦简《日书》和放马滩秦简《日书》中反映五行生克、五行配四方、四时、天干、地支、数等观念的简文内容。参见刘道超:《秦简〈日书〉五行观念研究》,《周易研究》2007年第4期,第16—22页。

② 刘源:《商周祭祖礼研究》第五章第一节,《从祭祀动机看商代后期祖先作祟的观念》,北京:商务印书馆,2004年,第239—243页。

在作祟,病人的病势将会发展如何,这些都是不得直接确定的,需要进行占卜来获知。殷墟甲骨刻辞本身即是占卜记录,其中含有不少有关疾病的贞问。文献中占卜问病的例子也颇为丰富,如《左传》中讲到,楚昭王得了病,进行了占卜才得知是河神在作祟。① 使用龟卜占问病因病势的具体方法今日已不可考,不过《史记·龟策列传》中的记载也可备一说。②

如此看来,在鬼神致病论下的占卜法是不确定的——每次占卜的结果并不会相同,即使是为了同一事反复占卜,结果也不能始终一致。甚至在占卜结果的解释上,亦不能获得统一的答案。如《左传·昭公元年》所载:

> 晋侯有疾,郑伯使公孙侨如晋聘,且问疾。叔向问焉,曰:"寡君之疾病,卜人曰'实沈、台骀为祟',史莫之知,敢问此何神也?"子产曰:"昔高辛氏有二子,伯曰阏伯,季曰实沈,居于旷林,不相能也。日寻干戈,以相征讨。后帝不臧,迁阏伯于商丘,主辰。商人是因,故辰为商星。迁实沈于大夏,主参,唐人是因,以服事夏、商。……及成王灭唐而封大叔焉,故参为晋星。由是观之,则实沈,参神也。昔金天氏有裔子曰昧,为玄冥师,生允格、台骀。……今晋主汾而灭之矣。由是观之,则台骀,汾神也。抑此二者,不及君身。山川之神,则水旱疠疫之灾于是乎禜之;日月星辰之神,则雪霜风雨之不时,于是乎禜之。若君身,则亦出入、饮食、哀乐之事也,山川星辰之神又何为焉?侨闻之,君子有四时:朝以听政,昼以访问,夕以修令,夜以安身。于是乎节宣其气,勿使有所壅闭湫底以露其体,兹心不爽,而昏乱百度。今无乃壹之,则生疾矣。侨又闻之,内官不及同姓,其生不殖,美先尽矣,则相生疾,君子是以恶之。故《志》曰:'买妾不知其姓,则卜之。'违此二者,古之所慎也。男女辨姓,礼之大司也。今君内实有四姬焉,其无乃是也乎?若由是二者,弗可为也已。四姬有省犹可,无则必生疾矣。"③

---

① 《左传·哀公六年》载:"楚昭王有疾,卜曰'河为祟'。"见《十三经注疏附校勘记》,《春秋左传正义》卷五八,北京:中华书局,1980 年,第 2162 页。
② 《史记·龟策列传》云:"卜占病者祝曰:'今某病困。死,首上开,内外交骇,身节折;不死,首仰足肣。'卜病者祟曰:'今病有祟无呈,无祟有呈。兆有中祟有内,外祟有外。'"见《史记》卷一二八《龟策列传》,北京:中华书局,1959 年,第 3241 页。
③ 见《十三经注疏附校勘记》,《春秋左传正义》卷四一,第 2023—2024 页。

晋侯的疾病被占卜为鬼神作祟所致,然而晋国史官面对"实沈"、"台骀"之名,已全不知晓为何方之神,实在是一种尴尬局面。以子产之博学,方得到解释:二者分别为参星、汾水之神。然而子产在一番宏论之后,却彻底否定了晋人的占卜结果:山川星辰之神司自然界之事,与人君的疾病并无干涉,关乎致病者,则是人的起居饮食情绪伦理等事,此外还提到了气的概念。子产此番言论,可谓医学思想中理性倾向的萌芽。而晋国卜史同子产在对待鬼神致病问题上的分歧,恰是两类致病观交替冲突的表现。

让我们再回到《日书》。正因为占卜而来的结论有随机性,不能施以逻辑化的解释。所以在战国时期,当旧有的鬼神致病观与依五行观念制造的"理性化"整齐系统相整合时,前者就不能够"完美"地纳入。呈现在睡虎地秦墓《日书》的文本里,则是按五行分类的疾病不能与作祟者唯一对应。

《日书》占病看来形式上完善严密,实际上还具有卜筮难于比拟的灵活性。无论好转病重,或生或死,《日书》的文本中都有所"预言",只是各自结合一定条件解释不同而已,这样的模式当然会比非吉即凶的占卜结果更显"灵验"。此外,使用《日书》无须繁琐的卜问程式,只要依照对应日期进行查阅,就可得到关于病因的解释及病势预期。操作性繁简的差别,很可能一定程度上也促进了《日书》的流行。

二、《日书》中祭物的五行属性

对于在《病》与《有疾》两篇中提到的肉、鱼、鸡、卵等物,研究者有不同的意见,或以为是致病的原因,或以为是病后求祷祭祀作祟鬼神的祭品。[①]于此问题笔者认为,既往研究的思路无疑具有提示性,然结论尚可商榷:

---

① 吴小强首先将这些食物解释为献祭作祟鬼神以攘除灾祸的祭品,参见吴小强:《论秦人宗教思维特征》,《江汉考古》1992年第1期。刘乐贤提出反对的意见,认为它是得病的直接原因,参见刘乐贤:《睡虎地秦简日书研究》,第119、376—377页。之后吴小强从刘说做出了修改,参见吴小强:《秦简日书集释》,第73—74页。王子今认为祭品说值得注意,"致病物"可能具有潜在的神秘力量,可能予鬼魂以危害,参见王子今:《睡虎地秦简〈日书〉甲种疏证》,第183—184页。

这些食物属于祭品,但祭祀是在发病之前举行,而并非为了祷病。这些祭品既与致病鬼神相联系,又带有特定五行属性。简文中的含义是:在特定的日子里接触或食用这些祭品,会直接导致病发。同时,这类祭品正是沟通鬼神致病论与五行致病论的桥梁。

在先秦时代的祭祀仪式中,祭物由生人供给鬼神,形式上由神灵享用,而实际上祭品中的部分食物也由生人食用。《仪礼》中的《特牲馈食礼》、《少牢馈食礼》、《有司彻》三篇专言祭礼,按后世经学家的解释,分别是诸侯之士和卿大夫在庙中祭其祖祢的程式。抛去其繁琐的仪节不谈,这类祭礼本质上是由"尸"代表祖先享用祭品,之后再经族长主持安排,族人有序分食祭品,以达到整饬家族秩序、获得祖先福佑的目的。在祭祀活动中,祭品是人神交通的信物,食用祭品暗示着交接鬼神的可能。于是在祖先鬼神作祟观念的影响下,接触祭品既可能获得福佑,也可能招致疾病。此外,祭祀中的祭品崇尚丰洁,若祭品不当,极可能会招致祸患,其极端的例子如《墨子·明鬼》中的故事:

> 昔者宋文君鲍之时,有臣曰祏观辜,固尝从事于厉,祩子杖揖出,与言曰:"观辜,是何珪璧之不满度量?酒醴粢盛之不净洁也?牺牲之不全肥?春秋冬夏选失时?岂女为之与?意鲍为之与?"观辜曰:"鲍幼弱,在荷绷之中,鲍何与识焉?官臣观辜特为之。"祩子举揖而槁之,殪之坛上。当是时,宋人从者莫不见,远者莫不闻,著在宋之春秋。诸侯传而语之曰:"诸不敬慎祭祀者,鬼神之诛,至若此其惨速也。"①

故事中观辜因怠慢祭祀,直接见杀于鬼神,他轻视祭祀的态度主要体现在祭品的不合乎要求。在睡虎地秦墓《日书》中,祭品与疾病的关系极可能是这一类情况。

在另一方面,这些祭品也被依照五行属性进行了划分。今日我们已不可确知这种分类法如何产生,推想之大约是出自战国时期日者的一种"学术总结"。无论出自个人有意的精心安排或是群体无心的顺势承袭,其中潜在的目的还是为了将接触祭品致病的观念纳入五行理论下框架十

---

① 《墨子间诂》卷八《明鬼下》,北京:中华书局,2001年,第230—232页。

分精巧又模式化的疾病观。现将五类祭品列表如下。

发病日干	所属五行	所配五色	对应祭物
甲乙	木	青	肉(从东方来,裹以漆器)
丙丁	火	赤	赤肉、雄鸡、酒
戊己	土	黄	黄色索鱼、菫酒
庚辛	金	白	犬肉、鲜卵白色、肥肉、鲜鱼
壬癸	水	黑	酒、脯脩节肉

木日的肉来自东方,并且盛在漆器里,前文已有论述;火日的赤肉自然色赤,而雄鸡冠也是赤色的①;土日的黄色索鱼色黄,至于菫酒则不详何物②;金日的白色鲜卵、肥肉,鲜鱼的鱼鳞,均是白色的;至于水日的脯脩节肉这一类干肉、肉酱色深近黑。概而言之,《日书》中主要通过依照五行所配五色的分类,将祭品赋予了五行属性。

经过这样的分类之后,鬼神作祟和五行致病两种疾病观的致病物,看似颇为妥帖地合二为一了,而深究其原因,这依然是战国时期人们的疾病思想,或者称为广义上的医学思想,处在融合交替变动时期生成的产物。在此之后,这一思想随着历史的进程,理性化的色彩愈发强烈:它的五行模式得到保留并发展为理论的主体,而鬼神的影子则逐渐消失隐匿不见。

三、病程起伏模式的演进

在睡虎地《日书》的《病》与《有疾》两篇之中,都描述了一种病程随日干起伏的模式,即病人某日初染疾,某日病重,某日有起色,某日或可

---

① 按:《黄帝内经素问·五藏生成论》论人之五色,以"赤如鸡冠"喻赤色。又,在目前发现的秦简《日书》中,还不见五畜配五行的表述。若依《礼记·月令》,则夏"食麦与鸡",秋"食麻与犬",以鸡配火,以犬配金,恰与简文中雄鸡、犬肉的位置吻合。
② 吴小强将"菫""酉"二字分读,较笼统地解释菫为一种祭祀食物,见吴小强:《秦简日书集释》,第71页。王子今认为"菫酉"即菫酒,可能是宋元人文集中提到过的神秘药酒,见王子今:《睡虎地秦简〈日书〉甲种疏证》,第188—189页。张维慎从王说,进一步解释为用菫葵泡制的酒,见张维慎:《试释简帛医籍中的"菫"》,《秦文化论丛(第十一辑)》,2004年,第284—289页。笔者按,菫酒不见于其他早期文献材料,本文且存疑。

愈,若此日不愈,则最终死于某日。这种起伏过程,随病人染疾之不同日干呈现一种循环对称的整齐形态。特别值得注意的是,此种模式以及其叙述的语言方式,在医家经典中可以找到十分相似的文本。

《黄帝内经素问·藏气法时论》云:

……肝病者,愈在丙丁,丙丁不愈,加于庚辛,庚辛不死,持于壬癸,起于甲乙。……

……心病者,愈在戊己,戊己不愈,加于壬癸,壬癸不死。持于甲乙,起于丙丁。……

……脾病者,愈在庚辛,庚辛不愈,加于甲乙,甲乙不死,持于丙丁,起于戊己。……

……肺病者,愈在壬癸,壬癸不愈,加于丙丁,丙丁不死,持于戊己,起于庚辛。……

……肾病者,愈在甲乙,甲乙不愈,甚于戊己,戊己不死,持于庚辛,起于壬癸。……①

《黄帝内经素问·刺热》云:

肝热病者……庚辛甚,甲乙大汗,气逆则庚辛死。……
心热病者……壬癸甚,丙丁大汗,气逆则壬癸死。……
脾热病者……甲乙甚,戊己大汗,气逆则甲乙死。……
肺热病者……丙丁甚,庚辛大汗,气逆则丙丁死。……
肾热病者……戊己甚,壬癸大汗,气逆则戊己死。……②

《日书》与《素问》的文本在形式和内容上极其类似,这正提示着,二者之间存在某种渊源关系。③ 一般认为《黄帝内经》的编定已迟至东汉,从战国末叶的《日书》到较晚成编的医家经典,其间文献亡佚,缺环难寻,具体流变过程不得而知。在本文中,笔者关注的是二者的差异。为了便于解说,现将《日书》与《素问》中描述的病程起伏模式作示意图如下:

---

① 张志聪:《黄帝内经集注》,杭州:浙江古籍出版社,2002年,第178—180页。
② 同上书,第237—240页。
③ 这种文本的相似性也证明将"酢"读为"作",释为起床、痊愈,较释为"报祭"合理。

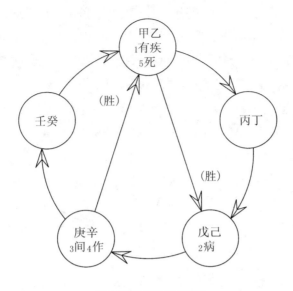

《日书》"甲乙有疾"图

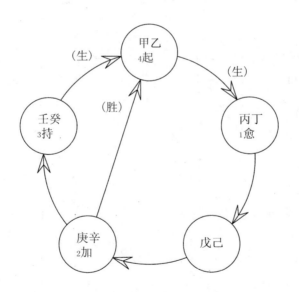

《素问》"肝病"图

二者之间的区别有两点最为关键。首先,在《素问》的文本中,循环的起点不再是日干,而是五脏之一的"肝",起病的日期被忽略了。虽然疾病依然按五行分作五类,但这种分类依附于五脏而非日期。另外,在《素问》中虽然与日书里的思维完全一致——"肝"的病势由"木"属性决定,不过其作用方法与《日书》恰恰相反:疾病是随"木"属性增强而好转的,较通俗地说来,就是"木"属性护卫着属"木"的"肝"。此外还有一点引起注意,在《日书》中,病程起伏源自五行相胜的关系,还不见五行相生观念的表达,而在《素问》中已经引入后一观念,使病程起伏中蕴涵的逻辑关系更复杂化了。

虽然文本形式上十分类似,然而从"某日有疾"的占《日书》到"五脏有疾"的医家理论作品,这之间却有着思想上的巨大跨越。尽管没有医家文献可供稽考,五行配五脏的观念在同期其他文献中多有体现,经典的例子如《五经异义》云:

> 今文《尚书》欧阳说:肝,木也;心,火也;脾,土也;肺,金也;肾,水也。古《尚书》说:脾,木也;肺,火也;心,土也;肝,金也;肾,水也。许慎按:《月令》春祭脾,夏祭肺,季夏祭心,秋祭肝,冬祭肾,与古《尚书》说同。①

今古文经说在五行配五脏问题上有不同方案,其间攻伐往来,解释纷纭,由此也可见这一命题的流行。与此同时医学上的五行配五脏已固定成说。学者郑玄不同意许慎的上述一段理论,进行了彻底批判,有趣的是,他拿出的凿凿证据之一是自医学角度的:

> 今医病之法,以肝为木,心为火,脾为土,肺为金,肾为水,则有瘳也,若反其术,不死为剧。②

所以我们可以这样总结:五行配五脏的观念,在东汉末,也就是《内经》已成书的年代,分化为经学和医学上各自的两个命题,前者依然具有争议,后者已固定成说,还纳入了阴阳气论等等观念,发展成颇为复杂的理论系统。自战国末至此时,"日干—五脏"这一变化的过程不妨如此推测:早期以日干为切入点的五行疾病观,之后又纳入了流行的五行配五脏

---

① 《礼记注疏》引,《十三经注疏附校勘记》,《礼记注疏》卷十四,第1354页。
② 同上。

的观念,在未曾改变的五行论框架下,实现了日干主导到五脏主导的转换。这种转换大约是因为医学思想中不断引入的气论阴阳经脉等观念与五脏说进一步的密切结合。总之,新的理论抛弃了《日书》中占日的因素、鬼神致病观念等,这种过程颇似一种"迷信"到"科学"的飞跃。然而,在文献材料中保留的这一病程循环模式,还是向我们揭示出它们之间千丝万缕的联系。

四、五色微诊的术数渊源

对于《日书》简文中的"某色死",学者曾有不同的解释①,"某色"指人指物,或有争议。若联系医家文献,我们就能得到十分肯定的答案。中国传统医学有五色微诊之法,属于望诊的一种。色诊法在现代的中医学实践中,泛指通过观察病人颜面五官气色变化诊病辨证。不过究其本意,是将病人面色分为青赤黄白黑五类,依色断病。

《黄帝内经素问·五藏生成论》云:

> 故色见青如草兹者死,黄如枳实者死,黑如炲者死,赤如衃血者死,白如枯骨者死,此五色之见死也。青如翠羽者生,赤如鸡冠者生,黄如蟹腹者生,白如豕膏者生,黑如乌羽者生,此五色之见生也。②
>
> 凡相五色,面黄目青,面黄目赤,面黄目白,面黄目黑者,皆不死也。面青目赤,面赤目白,面青目黑,面黑目白,面赤目青,皆死也。③

参考《素问》这段材料,显然在《日书》中的"某色死"指病人呈现某

---

① 刘乐贤据敦煌遗书《发病书》指出"某色死"是某色之人死,见刘乐贤:《睡虎地秦简日书研究》,第119—121页。吴小强解释为见到某色东西就会死掉,见吴小强:《秦简日书集释》,第73—74页。王子今否定吴说,并据《墨子》指出战国术数家喜欢把人分五色,见王子今:《睡虎地秦简〈日书〉甲种疏证》,186—187页。按:五形人为中医理论之一,其说最早见于《黄帝内经灵枢·阴阳二十五人》:"先立五形金木水火土,别其五色,异其五形之人……木形之人,比于上角,似于苍帝。其为人,苍色……"其说或来自战国术数家。
② 张志聪:《黄帝内经集注》,第81—82页。
③ 同上书,第89页。

色为死兆。更为重要的是,两类材料的相似性也显示,五色微诊的观念根源很可能就在以《日书》为代表的战国术数之中。战国术数家喜将人依五色分类,学者已论,仔细看来,《素问》中举的颜色之例与《日书》五色祭物的某些品类还有些类似,这一点前文已述。

在这种明显的继承背后,我们同样可以看到理性的进化。《素问》的文本较之日书引入了辨证的观念,于同一色的不同情形也可以区分对待。至于对面目颜色关系的讨论,已经不再依靠五行生克的固定循环,这种议论更可能是吸收了医学临床经验的成果。① 总体看来,《素问》的理论显得灵活合理,在解释运用上更富于适应性。同时,《素问》中的五色与五脏也有了直接的联系,如《痿论》云:

> 肺热者,色白而毛败;心热者,色赤而络脉溢;肝热者,色苍而爪枯;脾热者,色黄而肉蠕动;肾热者,色黑而齿槁。②

至此,源于术数家的五行辨色法完全被医家吸收化用。《素问》对病人面色的成因有了自医学理论角度的解释,不同的面色是在五脏说的理论下,一种客观的有逻辑可寻的呈现。中国传统医学借用了术数中的流行的概念,又将其内化,实现了理论上的完善与进步。同时,医家经典也显示,在实际的诊断活动中更需注重客观而全面综合的考察。《黄帝内经素问·五藏生成论》云:

> 夫脉之小大滑涩浮沉,可以指别;五藏之象,可以类推;五藏相音,可以意识;五色微诊,可以目察。能合脉色,可以万全。③

这段文字强调对病情进行充分且理性的分析,五脏的症状反映在人体的多个方面,需一一辨识了解,综合考虑。这种表达暗示了仅仅依据面色断病并不可靠,只有结合脉象才能"万全"。《素问》中这套脉色相合的理论被后代医学完整继承,直至清代的医学教科书依然讲道:

---

① 清代学者张志聪解释此段经文,使用了阴阳的概念,曰:"经云:人无胃气者死。面无黄色,无胃土之阳矣。面之青黑赤色,皆藏邪乘阳,纯阴无阳,故皆死也。"见张志聪:《黄帝内经集注》,第89页。
② 同上书,第319页。
③ 同上书,第86—87页。

色脉相合,清弦红赤,黄缓白浮,黑沉乃平。已见其色,不得其脉,得克则死,得生则生。①

　　此时中国传统医学业已发展成熟,在如上诊法的背后有着一整套理论体系作为支撑,不过它在形式上仍依稀可见古老《日书》中"断死生"的影子,这也是一种十分有趣的现象。

（李　蜜　北京大学历史学系博士研究生）

---

① 《医宗金鉴》卷三四《编辑四诊心法要诀》,北京:人民卫生出版社,2006年,第709页。

走马楼吴简库皮账簿整理与研究

凌文超

【内容提要】 襍皮入受簿是走马楼吴简采集简中仅见的库皮账簿。盆号、简文格式和内容为该簿书的整理提供了重要的依据。整理襍皮入受簿为探讨该簿书的制作、编排和内容构成,孙吴基层襍皮收缴的流程、调皮的目的和性质提供了新方法、新线索。襍皮入受簿的整理与研究有助于吴简文书学的建构。

长沙走马楼吴简采集简中的库皮简自刊布以来,引起了不少学者的关注与研究。学界最初主要根据其中的"调皮"记录,探讨汉晋"调"的传统问题[①];或根据"入皮"记录总结兽皮纳入简的格式,分析兽皮缴纳的方

---

① 王素:《吴简所见的"调"应是"户调"》,《历史研究》2001年第4期,第167—168页;高敏:《长沙走马楼吴简中所见"调"的含义》,《中华文史论丛》2007年第1期,收入其著《长沙走马楼简牍研究》,桂林:广西师范大学出版社,2008年,第131—142页;于振波:《汉调与吴调》,《走马楼吴简初探》,台北:文津出版社,2004年,第77—104页;杨际平:《析长沙走马楼三国吴简中的"调"——兼谈户调制的起源》,《历史研究》2006年第3期,第39—58页;阿部幸信:《长沙走马楼吴简所见的"调"——以出纳记录的探讨为中心》,《吴简研究》第3辑,北京:中华书局,2011年,第226—251页。

式和性质,进而研究孙吴长沙地区的相关社会生活,以及当时长沙一带的地理环境。① 这些研究主要利用吴简新材料来讨论传统文献中的老问题,或者采用过去简牍学集成研究的普遍做法,以简文基本格式的归纳总结为研究前提,然而,在研究中却未利用盆号等考古学整理信息和简牍形制、简文笔迹等简牍遗存信息对库皮账簿进行全面的整理,对簿书内容构成的关注也不多,以致库皮账簿自身的特色湮没于繁芜杂乱的散简之中。有鉴于此,本文拟在参考先行研究的基础上,借助盆号提供的原始留存信息,根据签牌和简文记录的内容,参考简牍形制和笔迹等,从整体上整理库皮账簿,并在解析簿书内容构成的基础上,探讨其中"调皮"、"口算皮"等关系到魏晋赋税制度变革且颇有争议的问题,或许能够提供某些新的启示。

一、整理"襍皮入受簿"

吴简采集简中频见的兽皮纳入简,由于久埋地下,编绳业已朽无,在出土时还经受了扰动,呈现在我们面前的并非简册,而是编连已失的散简,且与其他簿书中不同内容的简牍相互夹杂。不仅如此,库皮简因在地下长时期受到挤压、自然朽败以及出土时的毁坏,很多简牍仅存断简零墨,且格式内容比较单调。这些都给库皮简的有效利用带来了极大的困难。

如何利用这些零散、内容单一的采集简新材料,成为摆在吴简研究者面前的一个重要课题。显然,如果能将这些散乱的库皮简,尽可能地按照原来编连的样式整理为簿书,就不仅能够提高散简的利用

---

① 王子今:《走马楼简的"入皮"记录》,《吴简研究》第1辑,武汉:崇文书局,2004年,第288—308页;中村威也:《从兽皮纳入简看古代长沙之环境》,《吴简研究》第2辑,武汉:崇文书局,2006年,第245—257页。后来,沈刚先生在此基础上对入皮的格式、兽皮的缴纳时间、乡域和方式以及兽皮缴纳的性质又作了更为细致的分析(《长沙走马楼三国竹简所见入皮簿格式复原与相关问题探讨》,《简帛研究二〇〇七》,桂林:广西师范大学出版社,2010年,第194—203页)。

价值，而且能为我们从整体上准确认识库皮账簿及相关历史问题提供宝贵的线索和可靠的依据。要实现这一目标，探寻简册原始留存信息是基本前提。

整理者根据吴简采集过程中的原始记录，为我们提供了揭剥图、盆号和清理号。揭剥图是按简牍采集时的成坨原貌绘制的，直观地描绘了采集成坨简的原始留存状况。盆号是采集过程中按简牍清理盛装的先后顺序对各盆进行的编号，散简的编排虽然绝大部分丧失了原貌，但因每盆简出自同一采集地点，又因淤泥黏连在一起，其中简牍因此存在关联。清理号是室内整理时，按盆号依次清理简牍，给予每枚简的编号，我们所见的出版号基本上都遵循了清理号。揭剥图、盆号和清理号为我们复原整理吴简采集簿书提供了宝贵的考古学意义上的原始留存依据。另外，简牍形制、编痕、简文格式和内容等客观存在，受自然条件和人为因素的影响不大，可以说，对于任何简牍的整理，简牍本身就能提供很多编排信息，简牍学界以往在利用简牍形制和格式进行简牍学集成研究方面积累了丰富的经验，这值得我们继承和发扬。由于吴简采集简中缺少相关的揭剥图，以下库皮账簿的整理根据库皮简的留存状况，主要以盆号、清理号、简牍形制、简文格式和内容为依据。

库皮简虽然编连已失，但仍集中出现于第 13 盆和第 23 盆①，简文中记录有同文符，内容单调，是关于吏民缴纳褾皮入库，由库吏收受的券莂（下简称"褾皮入受莂"），简面残存编痕，可见，这些褾皮入受莂原来从属于编连成册的簿书（下简称"褾皮入受簿"）。吴简采集简中，组成同一簿书的简牍常聚集出现在少数盆号中，不仅褾皮入受簿如此，作部工师簿、隐核波田簿、库钱和库布账簿也是如此②，这表明每盆中的采集简并非杂乱无章，而是虽散却有簿可循。

吴简采集简中有关库皮的账簿只见褾皮入受簿。在大部分业已整理完毕的发掘简中，库皮简很少见。我们在整理吴简木牍的过程中，也仅发

---

① 《竹简〔贰〕》盆号信息参见宋少华：《长沙三国吴简的现场揭取与室内揭剥——兼谈吴简的盆号和揭剥图》，《吴简研究》第 3 辑，北京：中华书局，2011 年，第 3—4 页。

② 参见拙作：《考信于簿：走马楼吴简采集簿书复原整理与研究》，北京大学 2011 年博士学位论文。下文涉及的其他吴简采集簿书的复原整理均参见该文。

现一块与裌皮莂有关的签牌"库吏殷连起嘉禾元年七月讫三年三月卅日所受嘉禾元年裌皮莂"①,同时,采集简裌皮入受莂所记录的缴纳时间基本上都在嘉禾元年七月至嘉禾三年三月卅日之间②,可见,该签牌与采集简裌皮入受簿相对应。采集简中仅见库皮"入受莂",却未见诸如库钱、库布"承余"、"新入"、"出用"、"余见"等简,走马楼吴简中应只有裌皮入受簿③,而没有"新入承余簿"和"出用余见簿",这是我们在整理库皮账簿和分析相关问题时需要切实注意的地方。

裌皮入受簿中的入受莂是如何编排的呢?沈刚先生曾比照入米簿,结合裌皮统计简等内容,探讨了裌皮入受簿的编联方式:"首先是以乡为单位编制,在每一乡内,则按照不同税种的皮进行排列,然后按照一定时间段作一次合计,最后将各乡纳皮数量做一次月度统计。"④入米簿与裌皮入受簿是分属于仓、库的簿书,在簿书的内容构成和编排还未弄清楚之前,不同类簿书之间的类比容易导致结论产生偏差。由于裌皮入受莂为残存的散简,又缺少揭剥图描绘的简册原始留存状态,实际上,我们目前还不可能从整体上复原简册。因此,本文尝试着从裌皮入受莂的形制、笔迹、编痕以及简文格式、内容等方面,探索可供编排簿书利用的有关信息。

吴简券莂大多剖分不均,其长宽与书写内容之间并无明显的对应关系,裌皮入受莂同样如此,以嘉禾二年八月都乡裌皮入受莂为例:

  1. 入都乡麂皮一枚𠀾嘉禾二年八月十七日石城丘男子潘通付库吏殷连受(贰·8912/23)

  2. 入都乡嘉禾二年皮二枚𠀾嘉禾二年八月廿五日厌下丘郑叔(?)付库吏殷连受(贰·8917/23)

  3. 入都乡皮二枚𠀾嘉禾二年八月廿六日吴唐丘岁伍供便付库

---

① 宋少华主编:《湖南长沙三国吴简(六)》,重庆:重庆出版社,2010年,第29页。
② 吴简仅有一枚与皮相关的残简例外,"☐皮一枚𠀾嘉禾元年正月☐"(贰·7015/21),由于该简残甚,暂不予讨论。
③ 陈明光先生认为:"'皮'或'裌皮'是一个物品大类,有自己的收支总分类账。"(陈明光:《走马楼吴简所见孙吴官府仓库账簿体系试探》,《中华文史论丛》2009年第1期,第31页)然而,吴简采集简中未见库皮支出账簿,其原因值得探讨。
④ 沈刚:《长沙走马楼三国竹简所见入皮簿格式复原与相关问题探讨》,第196页。

　　　　吏殷连受(贰·8888/23)

　　测量图版,此3简的长宽(厘米)依次为:0.8×24.6、1.3×25.2、0.9×23.0,其形制参差不齐,其他各乡的裚皮入受莂也都如此。可见,裚皮入受簿的形制并不齐整。券莂的宽窄长短难以作为簿书分类编排的依据。

　　又从裚皮入受莂的笔迹和编痕来看,多种笔迹的存在表明这些券莂成于众人之手,甚至同乡同月的入受莂笔迹也不同,如平乡嘉禾二年十二月的入受莂简壹·8294/13 和8297/13,因此,笔迹亦难以作为分类编排的依据。简面编痕则比较模糊,难以根据编痕的衔接判断前后简的编连。不仅如此,裚皮入受簿不同于户籍簿、作部工师簿、隐核波田簿,简牍之间既无人名、亲属对应关系,又缺乏官文书前后连贯的语句,因而,无从判定券莂的前后编连。

　　考察裚皮入受莂的简文内容和书写格式,券书统计简为簿书的编排整理提供了重要的信息,兹列举几例如下:

　　　　4. ·右平乡入皮五十八枚(壹·8423/13)

　　　　5. ·右平 乡 入 皮 十六枚 中①(贰·8934/23)

　　　　6. 右平乡入皮六枚☐(叁·391/23)

　　　　7. ·集凡起八月一日讫卅日 所 一入皮一百八十五枚
　　其五十九枚鹿皮
　　其一百廿六枚麂皮　(贰·8899/23)

　　　　8. ·集凡诸乡起十二月一日讫卅日入裚皮二百卌六枚☐☐☐
　　(壹·8259/13)

　　上述简4—6为乡入受裚皮的统计简(下简称"乡计简"),简7、8为诸乡入受裚皮的按月总计简(下简称"总计简"),皆未具体记录皮的种类。而裚皮入受莂中对兽皮种类的记录比较随意,常记作"皮"、"裚皮"、"鹿皮"、"麂皮"、"枫皮"、"羊皮",或者这些名称前加上"调"和"所调",纳皮的名称比较驳杂。这些名称各异的裚皮入受莂在第13、23 盆中夹杂

---

① "中",原缺释,今据图版补。

着出现,而统计简未分门别类进行合计,裞皮入受簿内各乡券莂的编排可能并非如沈刚先生所认为的"按照不同税种的皮进行排列"。由于每乡裞皮乡计简存在多枚(如简4—6),诸乡总计简按月统计,总计简应是对每月乡计简的总计,同理,乡计简也应主要是各乡对单月内入受裞皮的合计。

总之,从裞皮入受莂的乡计简和总计简来看,裞皮入受莂是按乡别、月份序时编排的,且每月先按乡分计,然后诸乡总计。裞皮入受簿的基本格式整理如下①:

　　入〇乡〔嘉禾〇年〕〇皮〇枚╱╱嘉禾〇年〇月〇日丘〔身份〕(姓名)付库吏〇受

　　入〇乡〇丘〔身份〕(姓名)〔嘉禾〇年〕〇皮〇枚╱╱嘉禾〇年〇月〇日烝弁付库吏〇受

　　・右〇乡入皮〇枚

　　・集凡〔诸乡〕起〇月一日讫卅日入皮〇枚 其〇枚〇皮
　　　　　　　　　　　　　　　　　　　　　　其〇枚〇皮

只是,各乡的先后顺序已不可知,乡计简未记月份,难以确定它们所对应的裞皮入受莂。很多裞皮入受莂残断严重,记录有乡名和入受时间的简不多,采集简中的裞皮入受莂所占该簿书的比例亦不清楚。有鉴于此,为了直观和研究的方便,我们权按乡名音序和入受时间的先后分别编排可以确定乡别的裞皮入受莂,乡名残缺的入受莂按入受时间和出版号次序编排附于其后,文末附录的"裞皮入受簿的初步整理编排"供学界作进一步研究利用。

二、解析"裞皮入受簿"

裞皮入受莂是作为缴纳原始凭证的券书,以同文的形式分别写在单枚简上,并标记同文符,它连结着吏民与库吏之间裞皮的入受关系。裞皮

---

① 〔〕表示该项或有或无,( )则指代必备项。

入受簿由保存在库吏手中的襍皮入受莂汇集编连而成。襍皮的收受者是库吏殷连和潘珦(券书签署"连受"或"有/珦受"),库吏殷连在嘉禾元年又称作"县库吏"(如简壹·3732、叁·478),在嘉禾四年担任"东乡劝农掾"(J22—2543),其身份为县吏,潘有嘉禾五年的身份也为县吏(如简5·418),据此,襍皮入受之库为临湘县库。

从襍皮入受莂的记录来看,殷连主要收受嘉禾元年至二年十一月的襍皮,潘珦则负责收缴嘉禾二年十二月至三年的襍皮,其中,仅有 1 枚简例外:

9. ☐乡二年羊皮一枚ⅧⅩ嘉禾二年二月十一日敷丘潘丁付库吏潘☐(贰·6413/20)

这应该是书写者误记了缴纳的时间所致。理由是:一者,简 9 记录的敷丘或从属于乐乡(参叁·2695),或从属于桑乡(参壹·6905、贰·5572),在襍皮入受簿中,乐乡、桑乡缴纳时间为嘉禾二年二月的襍皮皆付给库吏殷连,而不是潘珦,其简例如下:

10. ☐麂皮十枚ⅧⅩ嘉禾二年二月十八日柚丘雷贡(柚丘雷贡对应乐乡,参简叁·2929、3767)付库吏殷☐(壹·1523/5)

11. 入桑乡皮五枚ⅧⅩ嘉禾二年二月十五日夫与丘男子黄苕库吏殷连受(贰·8887/23)

12. 入桑乡羊皮二枚ⅧⅩ嘉禾二年二月十七日乡吏刘卒(?)①付库☐☐连受(贰·8913/23)

13. 入桑乡嘉禾元年麂皮五枚ⅧⅩ嘉禾二年二月廿二日劝农掾刘平付库殷连受(贰·8883/23)

二者,襍皮按自然年度征调,但实际缴纳和结算的财政年度与自然年不同,从嘉禾吏民田家莂和县库账簿来看,三月很可能是账簿最后的结算和

---

① "卒(?)",核对图版,"卒""平"形近易讹,应作"平"字,桑乡乡吏刘平又见简贰·8879、8883 等。参见沈刚:《长沙走马楼三国竹简所见入皮簿格式复原与相关问题探讨》,第 200 页。

检校月份,代表一个财政年度的结束。因此,我们在裤皮入受簿中看不到嘉禾元年裤皮迟至次年三月以后缴纳的(仅简 9 除外),也未见嘉禾二年裤皮在同年三月之前缴纳的。据此,简 9 缴纳的既然是"嘉禾二年"裤皮,那么,其纳入的时间就当在该年四月以后,而不会提前到前一财政年度尚未结账的二月,故简 9 记录的"嘉禾二年二月"应为"嘉禾三年二月","二""三"形近,很可能是写手书写致误。裤皮入受簿中即有同为嘉禾三年二月缴纳的例证:

14. ☐㭪(麂)皮二枚⫽嘉禾三年二月廿七日亭傅丘月伍区哃付库吏潘☐(贰·6414/20)

由库吏潘琁收受裤皮,而不是殷连。总的看来,殷连和潘琁以嘉禾二年十二月为界,前后担任临湘县库吏。

既然殷连、潘琁二人前后担任库吏,为何裤皮入受簿签牌中仅记库吏殷连,而无潘琁呢?这与签牌的作用有关。签牌是簿书的简明标签,大致标示簿书的内容,不像簿书标题简那样格式严整且规范,内容全面而贴切。如吴简作部工师簿签牌为"兵曹徙作部工师及妻子本事"(J22—2580),而对应的标题简为"鑪师☐师☐师锦师母妻子人名年纪为簿如牒 见"(壹·5948),从该例可以看出,标题简比签牌描述详细、准确得多。签牌的作用在于标识简册,重在言简意赅,省略一些要素似乎并不妨碍使用。考察裤皮入受簿的签牌"库吏殷连起嘉禾元年七月讫三年三月卅日所受嘉禾元年裤皮莂",殷连作为这个时期裤皮的主要收受者而记录下来,省记了"潘琁"。另外,裤皮入受簿中明显存在"嘉禾二年"裤皮莂,并与"嘉禾元年"裤皮莂相夹杂,同时,库吏殷连收受裤皮的时间从嘉禾元年至二年十一月间,也包括这两年的裤皮,该签牌当在"裤皮莂"之前还缺记了"二年"。不过,省记"潘琁",缺记"二年"并不影响库吏通过该签牌找到裤皮入受簿。

殷连、潘琁前后担任库吏的结论还有助于我们探讨簿书的编排。采集简裤皮入受莂主要见于第 13 盆和第 23 盆,其中记录潘琁的券书主要集中在第 13 盆中,而记录殷连的竹莂在该盆中仅能确定 1 例(壹·8299/13),记录殷连的入受莂则集中出现在第 23 盆中,且该盆中未见记录潘琁的裤皮莂。盆号之内记录同一库吏收受的裤皮莂集中出现,表明由殷连和潘珇收受的襮皮入受莂分别编连在一起。① 即使其中许多券莂残缺库吏人名,但第 23 盆襮皮入受莂记录的时间一般要早于第 13 盆,这也与殷连、潘珇前后担任库吏相一致。由此亦可见,盆号保留的简册原始留存信息为簿书的编排提供了重要的参考。

下面再来分析襮皮纳入者的有关问题。从襮皮入受莂的记载来看,襮皮按乡丘征收系统缴纳,或由各乡丘遣人送诣直接入库,或由烝弁经手署名(券书皆签署"烝弁")付与库吏。② 这与库钱、布的缴纳方式基本相同,不过,缴纳者的身份有些差异。库钱、布多由编户民直接缴纳,而库皮的入受每乡多由"吏"负责。除负责县库物资征纳的烝弁外,还常见各乡丘的乡吏、㯺/劝农㯺、岁伍、月伍,如果再考察其他未载明吏之身份的缴纳者,我们在吴简中也能找到他们为吏的记录,如:

15. 入广成乡三州丘男子番郡二年鹿皮一枚⫼嘉禾二年十一月三日烝弁付库吏殷连受(叁·1241/23)

16. 库吏番郡年廿六(叁·269)

17. □□皮二枚⫼嘉禾二年十一月六日周陵丘民监宗付库吏殷□(叁·909/23)

18. ……⫼嘉禾二年正月十日书史监宗付三州仓吏谷汉受(叁·6190)

19. 入平乡鹿皮二麂皮二枚合四枚⫼嘉禾元年十一月十三日男

---

① 由两位库吏殷连、潘珇收受的券莂分见于第 13 盆和第 23 盆,这些襮皮入受莂缴纳时间涵括在一枚签牌之内。襮皮入受簿是序时账簿,如果这些券莂编连成同一簿书,又以简册收卷的形式废弃于古井,那么,该简册很难如此巧合地按库吏分属两盆。由此看来,第 13、23 盆中的襮皮入受莂有可能分别编制为两个简册,签牌对应着两个简册,或仅对应库吏殷连所嘉禾元年襮皮莂,该簿书的主体在第 23 盆中。当然,也有可能的是,两位库吏殷连、潘珇收受的券莂先分别编排,然后两部分拼连在一起,按序时原则,第 23 盆(由殷连收受)襮皮入受莂应编排在第 13 盆(主要由潘珇收受)券莂之前,这两部分在废弃时发生了断裂,从而造成同一简册的两部分分属两盆。由于签牌、盆号等提供的整理信息有限,且存在互相抵牾的地方,我们难以据此判定襮皮入受簿的简册构成。因此,文末附录仅按乡别、序时初步整理编排襮皮入受莂。在研究利用时,对于其简册构成的几种可能,则应予以考虑。
② 参见中村威也:《从兽皮纳入简看古代长沙之环境》,第 245—247 页。

子何盛付库吏殷连受(贰·8957/23)

20. □吏何盛 □(叁·1749)

21. □□乡二年羊皮一枚Ⅲ嘉禾二年二月十一日敷丘潘丁付库吏潘□(贰·6413/20)

22. 其五十斛六斗六升四合郡吏潘丁□□(叁·6416)

23. □皮一枚Ⅲ嘉禾二年十一月廿五日禁惕丘男子周鹊付库吏殷连受(叁·454/23)

24. □□里魃(魁)周鹊领□(贰·2890)

25. □斛□田周(?)鹊(?)主 ·(贰·8982)

虽然这些人在䊒皮入受莂中未记录吏之身份，但他们的姓名在吴简中很少见，其他简文记录同名者的身份为吏，他们为同一人且为吏的可能性很大。总的说来，各乡丘䊒皮多由吏负责缴纳。

又序时排列䊒皮入受莂，可以发现，乡丘䊒皮纳入者频重出，如东乡黄杨、模乡鉏霸、桑乡刘平等，其简例如下：

26. 入东乡吏黄杨备麂皮一枚Ⅲ嘉□(贰·7266/21)

27. 入□乡吏黄杨①调枫(麂)皮一□(贰·6907/21)

28. ·右吏黄杨入所备皮四枚　其二枚鹿皮
　　　　　　　　　　　　　其二枚麂皮□(贰·8931/23)

29. 入模乡鹿皮四枚Ⅲ嘉禾二年三月廿②日掾鉏霸付库吏殷连受(贰·8909/23)

30. 入模乡鹿皮六枚Ⅲ嘉禾二年三月廿日掾鉏霸付库吏殷连受(贰·8928/23)

---

① "杨"，原释作"林(?)"，今据图版改。
② "五"，原衍释一"五"字，今据图版删。

31. 入桑乡口算麂皮卅二枚⋊嘉禾二年正月七日乡吏刘平付库吏殷连受(贰·8879/23)

32. 入桑乡皮一枚⋊嘉禾二年正月十八日 乡① 吏刘 平② 付库吏殷连☐(贰·8884/23)

33. 入桑乡羊皮二枚⋊嘉禾二年二月十七日乡吏刘平付库☐☐连受(贰·8913/23)

34. 入桑乡嘉禾元年麂皮五枚⋊嘉禾二年二月廿二日 劝 农掾刘平付库殷连受(贰·8883/23)

不仅如此,还有的同丘同月缴纳者皆为同一人,如:

35. 入模乡二年林丘邓改口算麂皮二枚⋊嘉禾二年十二月廿日烝弁付库吏潘☐(壹·8264/13)

36. 入模乡二年林丘邓改口算麂皮二枚⋊嘉禾二年十二月廿一☐(壹·8249/13)

37. 入平乡巾竹丘烝③直二年鹿皮一枚⋊嘉禾二年十二月☐☐(壹·8294/13)

38. 入平乡巾竹丘烝直二年麂皮三枚⋊嘉禾二年十二月廿一日烝弁付库吏潘琄 受(壹·8268/13)

39. 入平乡杷丘男子番足二年乐皮二枚⋊嘉禾二年十二月廿一日烝弁付库吏潘琄受(壹·8214/13)

40. ☐ 男 子潘足二年枫皮四枚⋊嘉禾二年十二月廿一日烝弁付库 吏 ☐(壹·8668/13)

---

① " 乡 ",原缺释,今据图版及文例补。
② " 平 ",原缺释,今据图版及文例补。
③ "烝",原释作"祭",今据图版改。

41. 入中乡羊皮三枚🗵嘉禾元二①年二月六日东夫丘大男李敬付库吏殷连受(贰·8881/23)

42. 入中乡麂皮廿枚🗵嘉禾元二年②月六日东夫丘大男李敬付库☐(贰·8929/23)

43. ☐☐☐五 唐丘男子吴远二年麂皮☐(壹·8658/13)

44. ☐丘男子吴远二年麂皮一枚🗵嘉禾二年☐(壹·8335/13)

可见裈皮缴纳乡丘分别由专人负责,这些负责人多具有吏之身份。

值得留意的是,上述同乡同吏的入受莂(简26—34)与同丘同人券莂(简35—44)相比,在简文格式和笔迹方面存在一些差异。核对图版,同乡同吏的入受莂简26与27和简31—34简文格式或笔迹各不相同,但同丘同人裈皮莂的书写格式和笔迹一致。由此看来,裈皮入受莂的制作当不会在乡,因为如果由乡吏制作,简31—34就不会存在3种格式,4种笔迹;更不会在县库制作,否则裈皮入受簿不会存在如此随意的书写和繁杂的笔迹。丘应是裈皮入受莂的制作单位,例如桑乡乡吏刘平缴纳了多丘的裈皮,而这些裈皮入受莂应由4个丘分别制作,因而造成简31—34格式、笔迹的不同。丘应安排了专人(多为吏)负责裈皮的征收,或者由乡吏负责下辖各丘的裈皮收缴。从附录各乡简例来看,由丘遣人或由乡吏缴纳裈皮,这两种缴纳方式是同时并存的。

三、"口算皮"与"调皮"

从纳入裈皮的数量来看,每次缴纳的数量不一,大部分一次缴纳几枚,但也有例外,如桑乡乡吏刘平一次缴纳42枚口算麂皮(简31),中乡东夫丘男子李敬一次缴纳20枚麂皮(简42)。这些麂皮当然不会是乡吏刘平、男子李敬本人的缴纳义务,而应当是本乡丘吏民应缴的裈皮。那

---

① "元二"当衍一字。签牌记录的最早纳入时间为"嘉禾元年七月",此处"元"字当衍。
② 或"元二"当衍一字,月份阙如,或为"年二"之倒。

么,各乡丘是如何分配襃皮任务的呢?对此,"口算皮"提供了相关信息,相关简例见简31、35、36及以下:

45. 入南乡口算皮三枚⫽嘉▢(叁·988/23)

46. 入中乡嘉禾元年口算 四 枚⫽嘉禾二年正月八日五唐男子周便付库吏殷连受(贰·8895/23)【注】此简上段"口算"下文字有脱误,下段"五唐"下脱"丘"字。

47. ▢二年口算枳(麂)皮十三枚⫽嘉禾二年▢(贰·8979/23)

48. ▢嘉禾二年口算鹿皮▢(叁·993/23)

此前,学界一般认为"口算皮"是指以"皮"作为"口算"钱的实物替代。① 沈刚先生则进一步认为"兽皮也可折变成为其他税种。虽然兽皮收入不稳定,常需用钱来替代。有时兽皮也可折变成其他种类的税,口算钱就是其中之一"。② 他的这种观点与他理解"皮贾钱"、"皮贾米"有关,兹例举其简例如下:

49. 入东乡所备吏朱让文入皮贾钱三千 当……▢(壹·1696/5)

50. 入 西 乡皮贾钱一千▢(壹·2725/8)

51. 入都乡皮贾行钱▢(贰·5880/20)

52. 入三年皮贾行钱三百▢十▢万七千六百一十(叁·7273/38)

53. ·右中乡入皮贾钱一万(壹·58/1)

54. ▢右东乡入皮贾▢(壹·1486/5)

55. 右都乡入皮贾钱一万五千 ▢(贰·5894/20)

56. 定领二年皮贾行钱四百八十八万(叁·7189/37)【注】简中

---

① 王子今:《走马楼简的"入皮"记录》,第293页。中村威也、于振波、杨际平、高敏先生的看法与此相同。分见《从兽皮纳简看古代长沙之环境》,第248页;《汉调与吴调》,第94—95页;《析长沙走马楼三国吴简中的"调"——兼谈户调制的起源》,第58页;《长沙走马楼吴简中所见"调"的含义》,第142页。

② 沈刚:《长沙走马楼三国竹简所见入皮簿格式复原与相关问题探讨》,第202页。

有朱笔涂痕。

57. ☐皮贾行钱☐（贰·6445/20）

58. 入嘉禾三年皮贾米卅五斛四斗（叁·1899/24）
59. 入四年皮贾米二斛六斗（叁·2002/24）
60. 入嘉禾二年皮贾米十八斛　已（叁·2020/24）
61. 入嘉禾☐年皮贾米一百五斛☐☐☐（叁·7516/38）
62. 入运三州仓运嘉禾二年皮贾米五百七十一斛九斗九升　已（叁·1906/24）
63. 入运三州仓嘉禾二年皮贾米八十四斛七斗八升　已（叁·2003/24）
64. ·右嘉禾二年皮贾米九百六十九斛三斗七升（叁·1865/24）
65. ☐☐五十三斛二斗六升嘉禾二年皮贾米（叁·7248/37）
66. 其一百九十一斛五斗黄龙☐年皮贾米（叁·7913/39）
67. ☐皮贾米三斛☐（叁·7518/38）

需要说明的是，这些记录"皮贾钱"、"皮贾米"的简例不仅没有一枚出现在裌皮入受蒭集中出现的第13、23盆中，而且从内容来看，这些简并不属于裌皮入受簿，而从属于库钱簿、仓米簿。笔者以为单从字面上将"皮贾钱"、"皮贾米"视作与裌皮账簿有关的简牍，不加区分就进行讨论，此类研究方法有待商榷，请进而将"皮贾钱"、"皮贾米"考释如下。

学界对于"皮贾钱"有三种不同的看法：其一，杨际平先生认为官府所"入"的诸乡"皮贾钱"，显然是吏民于田租、口算之外的一项加征，其用途明确是市皮，此看法源自杨先生的推论"调皮都是官府用钱市买的"。①然而，这一推论在吴简中并无强证，且有反面的史料。正如杨先生指出的，吴简中明确记录了出钱市调布，如果上述推论正确，则吴简中也应有"布贾钱"，然而，在吴简采集简中未见此名目。又根据我们对库钱账簿

---

① 杨际平：《析长沙走马楼三国吴简中的"调"——兼谈户调制的起源》，第58、53页。

的整理,市调布的"出钱"主要来自常税,并无明确材料证明在常税之外加征市布钱,故此观点今不取。

其二,王子今先生认为:"贾",似当理解为"价","皮"的征收可能可以用"钱"抵押。① 沈刚先生也同意此种观点,并作申论"因为兽皮的收纳不稳定,所以就要缴纳皮贾钱替代","皮贾米也可作如是观。这也说明一般兽皮缴纳是一种常规的赋敛项目"。② 然而,如前所述,记录"皮贾钱"的简文并不在襍皮入受簿内,而是与"鋘贾钱"等一起出现在库钱账簿之中。既然学界一致认为"鋘贾钱"即官营盐铁体制下百姓交纳给官府的购买农具钱③,"皮贾钱"与"鋘贾钱"相同,也应是官府售出襍皮之所得。因此,中村威也先生认为"皮贾钱"是官方售皮所得的代价④,此观点当更接近事实。"贾",按《白虎通·商贾》:"贾之为言固也,固其有用之物以待民来,求其利者也。"《广雅·释言》云:"贾,固也。"⑤贾、固读音相近,以声训义,"贾"的常用义为"囤积营利",故贾钱应为官府将"有用之物"卖给民众的收入(钱)。"皮贾钱"、"皮贾米"应是官府将收缴的多余襍皮卖出所得的钱、米,与襍皮入受县库无直接关联。

学界普遍将"口算皮"理解为以"皮"作为"口算"钱的实物替代,这也值得商榷。嘉禾吏民田家莂中常见"准入米"替代钱、布缴纳,这种折纳制度与孙吴社会经济的发展、官府的行政需要,以及米的重要性息息相关。我们在吴简中就找不到钱、布、皮明确作为折纳物上缴的记录。倘若"皮"真的能够替代"口算钱",那么它也应能够替代田亩钱、租钱等,然而,我们在吴简中却未见相关例证。在笔者看来,"口算皮"蕴涵了分配调皮数量的信息。吴简中襍皮莂入受时间仅在嘉禾元年七月至嘉禾三年三月,未见年度统计,显然,入皮还不是一种常税,而是横调。沈刚先生认为"一般兽皮缴纳是一种常规的赋敛项目",今不取。既然吴简入皮是常

---

① 王子今:《走马楼简的"入皮"记录》,第298页。
② 沈刚:《长沙走马楼三国竹简所见入皮簿格式复原与相关问题探讨》,第202页。
③ 侯旭东:《三国吴简中的"鋘钱"》,《吴简研究》第1辑,第233页;高敏:《从长沙走马楼三国吴简看孙权时期的商品经济状况》,《长沙走马楼简牍研究》,第127页。
④ 中村威也:《从兽皮纳入简看古代长沙之环境》,第247—248页。
⑤ 陈立撰、吴则虞点校:《白虎通疏证》卷七《商贾》,北京:中华书局,1994年,第346页。

税之外的加征,无疑加重了吏民的负担,容易招致吏民的不满。为了不至于激发矛盾,官府一般会制定相对公平的征调政策。自秦汉以来,户口和田地是赋役征派的基本依据,针对编户民依照年龄等征收"口算钱"形成了一套严格的制度,至孙吴仍沿用。孙吴很可能借助长期以来征派口算钱的标准来分配调皮任务,于是这些调皮又被称作"口算皮"。由于各乡的人口多少和年龄构成存在差异,口算钱缴纳量有高低,因而各乡调皮任务也是不均衡的。① 秦汉以来,以"算"作为征派赋役的标准很常见②,如《九章算术·衰分》记载:

> 今有北乡算八千七百五十八,西乡算七千二百三十六,南乡算八千三百五十六,凡三乡,发徭三百七十八人。欲以算数多少衰出之,问各几何? 答曰:北乡遣一百三十五人一万二千一百七十五分人之一万一千六百三十七。西乡遣一百一十二人一万二千一百七十五分人之四千四。南乡遣一百二十九人一万二千一百七十五分人之八千七百九。③

县在向下属各乡发徭时,就是以各乡的"算"数为标准来计算的。"口算皮"的征调方式与此相近。

当然,有人会问,如果按口算征调襍皮,那么为何只有数枚简中出现"口算皮"字样呢? 这应与吴简券莂的作用及制作有关。吴简中的券莂作为整个账簿体系的基础,虽然是财务缴纳过程中的原始凭证,但上一级账簿的记账往往是以入受簿中的统计简作为记账凭证,库钱账簿就是如此,也就是说入受莂与上一级账簿并无直接的关联。另外,我们注意到,襍皮入受莂的统计简相当齐整,测量图版,简宽约0.8厘米,完整简长度

---

① 沈刚先生通过襍皮入受莂的记录讨论了"兽皮缴纳不仅在时间分布上如此不均,在地域分布上亦呈现不均衡的态势"(《长沙走马楼三国竹简所见入皮簿格式复原与相关问题探讨》,第198—200页)。各乡缴纳襍皮不均衡是否有如沈刚先生统计数据显示得那么大是值得考虑的。目前我们能考察的是残存的襍皮入受莂,在统计之前,这些券莂在该簿书中所占比重就值得考虑。比如,月总计简目前仅能确认两枚,相比出现的十多个月份,这实在太少了。襍皮入受簿可能残缺相当严重,其统计价值从而大打折扣。
② 参见杨振红:《从出土"算"、"事"简看两汉三国时期的赋役结构——"算赋"非单一税目辨》,《中华文史论丛》2011年第1期。
③ 白尚恕:《〈九章算术〉注释》,北京:科学出版社,1983年,第86页。

约 23.0 厘米,形制比较一致,简文笔迹相同,这些简当是根据襦皮入受莂统一制作的,是检校和记账的凭证,如拘校符号"中"就只记录在统计简的底端,参见简贰·8911/23、8934/23、8923/23 等。入受莂并不直接作为记账凭证,其书写格式的要求也就并不严格,因而无论是襦钱、品市布还是襦皮入受莂,简文各要素的书写都频见差异,但缴纳的数值却基本不见缺省,其原因是,我国古代财政坚持量入为出的原则,制定征收财物数量后,执行官员最关心的无疑是高效而顺利地将这些财物如数征缴上来,并且将征收的数额呈报上级机构,因此,数目的管理是政府财政税收中的关键环节。券莂的数值是制作记账凭证(统计简)的依据,因此需要认真地记录下来。其他要素只要不妨碍账目的转记,则书写要求并不严格。同时,襦皮入受莂由各乡丘制作,成于众人之手,书写习惯的不同也就造成了券莂之间存在颇多差异。

　　沈刚先生根据券莂是否记录"调"、"口算"等的差异,将襦皮入受簿中的兽皮分为三种类型:只记录"入皮"简的兽皮征收应该是一种常税;兽皮也可折变成为其他税种,如口算钱;调皮。① 然而,在各盆之中,记录了"口算皮"字样的入受莂与其他券莂夹杂在一起,两者并未分开集中出现,券书是否记录"调"的情况也是如此。又,如果兽皮征收是一种常税,那么,襦皮征收就应该同襦米、襦钱入受一样长年征收,且应存在诸如仓米、库钱等一整套账簿体系,然而,正如其簿书签牌所示,襦皮券莂仅见于"嘉禾元年七月迄三年三月卅日"之间,并且我们在吴简采集简中仅见"襦皮入受簿",未见"承余新入簿"和"出用余见簿"。此外,作为常税征收的襦钱入受簿中未见"调"的记录,且其账簿内容是单一的。襦皮入受簿也应如此,这些组成同一性质簿书的券莂所记录内容应当是相同的。总地看来,不论是否记录了"口算皮"、还是"调皮",皆为以"口算"为标准征收的"调皮"②,其性质不是常税,而是横调,并出现了按口算摊派的新变化。沈刚先生的对于库皮的分类方式,今亦不取。

---

① 沈刚:《长沙走马楼三国竹简所见入皮簿格式复原与相关问题探讨》,第 202—203 页。
② 杨际平先生推测:"入布"如果同于"调布","入皮"大概也同于"调皮",《析长沙走马楼三国吴简中的"调"——兼谈户调制的起源》,第 57 页。

吴简中仅有襮皮入受簿，而未见与"新入"、"出用"、"余见"、"承余"有关的简牍，可见，临湘县库只负责收受襮皮。襮皮与襮钱、襮米不同，当未进入县库领用支出的财政流程，而应当有其特殊的用途。与襮钱、襮米一般由编户民缴纳不同，襮皮多由吏负责征缴，吏与官府的联系紧密，便于掌控和驱使。这不仅表明官府重视襮皮的收缴，也说明襮皮的征收相对较难，带有强制性，否则官府不会主要安排吏员负责乡丘的襮皮征调。簿书签牌显示襮皮入受莂仅存于"嘉禾元年七月迄三年三月卅日"之间，这不同于襮米、襮钱常年出现，只是临时性的征调。上述种种迹象皆表明"调皮"具有特殊性。

在征调襮皮的同时，孙吴有两件大事，一件是嘉禾元年三月至嘉禾二年十二月经营与辽东公孙渊的关系①，另一件是黄龙三年二月至嘉禾三年十一月平定武陵蛮②，襮皮的征调很可能与此相关。襮皮入受簿中所见皮种基本上是各类鹿皮和羊皮，未见明确而完整地记录牛皮的券莂。鹿皮、羊皮往往制为服用，其中多体现礼仪意义，当然也可作军国之用。③襮皮入受簿中未见牛皮的记载，说明牛皮似非这次调皮的品种。牛皮多用作战具，吴简中亦有相关记录：

68. 言战具十种事　　　　七月七日仓曹史□□白　（柒·总
　　 言入水牛皮二枚事
50823）④

此牛皮当与制作皮革战具有关，作部工师簿中记录的"治皮师"（壹·5889/12、7466/13、叁·2196/25）当即制作者。而襮皮入受簿中不见犀、兕、牛皮的记录，故笔者推测调皮与战具制作的联系要小一些，而应主要用于服用。

总结本文研究的结果，盆号和简文格式、内容等为库皮账簿的整理提

---

① 《三国志》卷四七《吴主传》，北京：中华书局，1982年第2版，第1136—1138页；卷三《明帝纪》，第101页。
② 《三国志》卷四七《吴主传》，第1136—1140页。
③ 王子今：《走马楼简的"入皮"记录》，第300—305页。
④ 转引自徐畅：《走马楼简所见孙吴临湘县廷列曹设置及曹吏》，《吴简研究》第3辑，第313页。

供了重要的依据。盆号有助于簿书的整理编排,值得学界重视。简文格式以及签牌、统计简记录的内容为簿书的整理提供了直接的线索。本文利用盆号和简文格式、内容等对吴简采集简中仅见的襦皮入受簿进行了整理。襦皮入受莂并非由库吏统一制作,而是各乡丘分别制作,成于众人之手,因此,券莂形制参差不齐,书写也比较随意。调皮可能按乡丘口算的标准进行摊派,主要由乡丘吏以及烝弁负责收缴。库吏一般按月份序时编排各乡入受莂,并对每乡入受襦皮进行统计,再对诸乡调皮总数按月合计。吴简襦皮券莂仅见于"嘉禾元年七月迄三年三月卅日"之间,调皮还不是一种常税,而是具有临时性、强制性的横调,可能与孙吴经营与辽东公孙渊的关系和平定武陵蛮有关。通过吴简襦皮入受簿的整理与研究,我们不仅具体而微地了解了孙吴基层襦皮收缴的流程,并为进一步探索魏晋时期赋税制度的重大变迁提供了线索,也为吴简采集簿书的整理提供了新的方法,这无疑有助于吴简文书学的建构。

附:襦皮入受簿的初步整理编排

东乡:

　　入东乡吏黄杨备麂皮一枚▨嘉☑(贰·7266/21)

　　入□乡吏黄杨① 调 机(麂)皮一☑(贰·6907/21)

　　入东乡皮七枚☑(叁·1006/23)

　　·右吏黄杨入所备皮四枚　其二枚鹿皮　☑(贰·8931/23)②
　　　　　　　　　　　　　　其二枚麂皮

　　·右东乡入皮十五枚　☑(壹·8492/13)

都乡:

　　入都乡皮五枚▨嘉禾二年正月七日石城丘大男李助付库殷连受(贰·8925/23)【注】依文例,"库"下脱"吏"字。

　　入都乡嘉禾元年皮六枚　麂皮三　枚▨嘉禾二年正月七日恋中丘男☑
　　　　　　　　　　　　　鹿皮三

---

① "杨",原释作"林(?)",今据图版改。
② 按:黄杨东乡吏(贰·7266)。

（贰·8927/23）

　　入都乡皮五枚𠭊嘉禾二年四月廿三日吴唐丘 帅□☑（壹·8541/13）

　　入都乡麂皮一枚𠭊嘉禾二年八月十七日石城丘男子潘通付库吏殷连受（贰·8912/23）

　　入都乡嘉禾二年皮二枚𠭊嘉禾二年八月廿五日厌下丘郑叔(?)付库吏殷连受（贰·8917/23）

　　入都乡皮二枚𠭊嘉禾二年八月廿六日吴唐丘岁伍供便付库吏殷连受（贰·8888/23）

　　入都乡允中丘男子华湛鹿皮一枚𠭊嘉禾二年 九月廿 六 日 烝 弁 ☑（壹·8347/13）

　　入都乡皮五枚　其 四枚枫皮
一枚鹿皮 𠭊嘉☑（壹·8353/13）

　　入都乡嘉禾二年皮一枚𠭊☑（贰·2647/16）

　　入都乡调皮四枚　三枚枫(麂)皮
其一枚鹿皮 𠭊嘉禾☑（贰·7258/21）

　　入都乡皮廿四枚　其
十四（贰·7272/21）

　　□十枚鹿皮
　枚麂皮 ☑（贰·7315/21）①

　　右都乡入皮卌枚　中（贰·8911/23）

　　右都乡入皮十五枚　☑（壹·8378/13）

广成乡：

　　入广成乡所调皮二枚𠭊嘉禾元②年十二月九日里中丘男子邓□☑（叁·1254/23）

　　入广成乡鹿皮二枚𠭊嘉禾二年八月九日桐唐丘大男……（贰·8897/23）

　　入广成乡所调枫皮二枚𠭊嘉禾二年八月十☑（壹·8336/13）

　　入广成乡调麂皮一鹿皮四合五枚𠭊嘉禾二年八月十一日掾黄客(?)

---

① 简贰·7272和贰·7315同在第21盆中，简文内容前后衔接，似可拼合为一枚简。
② "元"，原释作"六"，"元""六"形近易讹，今据图版改。

付库吏殷连受(貳·8902/23)

入广成乡调枫皮一枚▨嘉禾二年八月十三日弹浭丘月伍李名付库吏☐(壹·8368/13)

入广成乡调鹿皮一枚▨嘉禾二年八月十五日☐☐(壹·8543/13)

入广成乡调羊皮一枚▨嘉禾二年十月十九日烝弁掾☐(壹·8298/13)

入广成乡三州丘男子番郡二年鹿皮一枚▨嘉禾二年十一月三日烝弁付库吏殷连受(叁·1241/23)

入广成乡调鹿皮四枚▨嘉禾元年十二月☐(貳·8971/23)

☐广成乡麂皮一枚▨嘉禾元年十二月十二日逢唐丘男子郭申付☐(貳·8962/23)

入广成乡调羊皮一枚☐(壹·8141/13)

入广成乡调麂皮一鹿皮一合二枚▨嘉☐(壹·8327/13)

入广成乡弹浭丘男子唐儿枫皮☐(壹·8579/13)

入广成乡调皮二枚☐(壹·8609/13)

入广成乡所调麂☐(壹·8714/13)

入广成乡调麂☐(壹·8811/13)

入广成乡调枫(麂)皮十一枚☐☐(貳·6975/21)

入广成乡所调麂皮☐(貳·8013/21)

入广成乡枫(麂)皮二枚▨☐(貳·8018/21)

入广成乡调①鹿皮一枚▨嘉禾☐年☐月四日乐(?)☐丘大男谢☐付库吏殷☐(貳·8908/23)

入广成乡月调羊☐(叁·1277/23)

右广成乡入皮九枚　☐(壹·8754/13)

☐右☐广成乡入皮十八枚　☐(壹·8755/13)

·右广成乡入皮卅六枚　☐(貳·7641/21)

乐乡：

---

① "调"，原缺释，今据图版补。

入乐乡元年调麂皮四枚⑾嘉禾元二☐（贰·2395/16）

·右乐乡入皮四枚☐（贰·6858/21）

模乡：

入模乡嘉禾元年鹿皮二枚⑾嘉禾元年十一月廿六日渐（？）丘潘根付库吏殷☐（贰·8894/23）

入模乡襦皮五枚⑾嘉禾二年三月十六日石唐丘男子文庆（？）付库吏殷连受（贰·8926/23）

入模乡鹿皮四枚⑾嘉禾二年三月廿①日掾钼霸付库吏殷连受（贰·8909/23）

入模乡麂皮六枚⑾嘉禾二年三月廿日掾钼霸付库吏殷连受（贰·8928/23）

入模乡二年林丘邓改口算麂皮二枚⑾嘉禾二年十二月廿日烝弁付库吏潘☐（壹·8264/13）

入模乡二年林丘邓改口算麂皮二枚⑾嘉禾二年十二月廿一☐（壹·8249/13）

入模乡鹿皮一枚麂皮十二枚⑾☐（贰·7299/21）

·右模乡入皮四枚　……（贰·8950/23）

南乡：

入南乡皮四枚⑾嘉禾元年十二月十二日☐丘大男周迟（？）付库吏殷连受（贰·8877/23）

入南乡皮三枚⑾嘉禾元年十二月十二日柤☐☐（贰·8972/23）

入南乡陷中丘男子雷踦调麂皮五枚⑾嘉禾二年十二月十七日烝弁☐（壹·8420/13）

入南乡口算皮三枚⑾嘉☐（叁·988/23）

·②右南乡入皮七枚　☐（壹·8364/13）

右南乡入皮☐☐（叁·749/23）

---

① "五"，原多释一"五"字，今据图版删。
② "·"，今据图版补。

平乡：

入平乡皮三枚▨嘉□年十一月十日□□□番航(?)付……(贰·8878/23)【注】"嘉"下似脱"禾"字。

入平乡鹿皮二麂皮二枚合四枚▨嘉禾元年十一月十三日男子何盛付库吏殷连受(贰·8957/23)

入平乡二年鹿皮一枚麂皮一枚合二枚▨嘉禾二年十一月廿三日寇丘☑(壹·8636/13)

入平乡巾竹丘烝①直二年鹿皮一枚▨嘉禾二年十二月□☑(壹·8294/13)

入平乡杷丘男子番足二年乐皮二枚▨嘉禾二年十二月廿一日烝弁付库吏潘珆受(壹·8214/13)

☑男子潘足二年机皮四枚▨嘉禾二年十二月廿一日烝弁付库吏☑(壹·8668/13)

入平乡三州下丘潘逐二年麂皮二枚▨嘉禾二年十二月廿一日烝弁付库吏潘珆受(壹·8221/13)

入平乡巾竹丘烝直二年麂皮三枚▨嘉禾二年十二月廿一日烝弁付库吏潘珆受(壹·8268/13)

入平乡二年洽丘吴有麂皮五枚▨嘉禾二年十二月廿六日烝☑(壹·8297/13)

入平乡东丘大男陈困嘉禾二年麂皮一枚▨嘉禾二年十二月廿九日☑(壹·8337/13)

入平乡嘉禾二年调机皮四枚▨☑(壹·8487/13)

入平乡皮☑(壹·8592/13)

入平乡东丘大男潘于嘉禾二年麂皮三枚▨嘉禾二年☑(壹·8751/

---

① "烝"，原释作"祭"，今据图版改。

13)

　　入平乡嘉禾二年枳皮☐（壹·8770/13）

　　入平乡二年枳皮二☐（壹·8822/13）

　　·右平 乡 入 皮 十六枚　　中①（贰·8934/23）

　　·右平乡入皮五十八枚（壹·8423/13）

　　右平乡入皮六枚☐（叁·391/23）

桑乡：

　　入桑乡嘉禾元年麂五枚⚋嘉禾元年☐月☐日唐下丘大男 李 鼠（？）付库吏殷☐（贰·8924/23）【注】依文例，"麂"下应脱"皮"字。

　　入桑乡口算麂皮卅二枚⚋嘉禾二年正月七日乡吏刘平付库吏殷连受（贰·8879/23）

　　入桑乡皮一枚⚋嘉禾二年正月十八日 乡②吏刘 平③付库吏殷连☐（贰·8884/23）

　　入桑乡皮五枚⚋嘉禾二年二月十五日夫与丘男子黄蓉库吏殷连受（贰·8887/23）

　　入桑乡羊皮二枚⚋嘉禾二年二月十七日乡吏刘卒（？）④付库☐☐连受（贰·8913/23）

　　入桑乡嘉禾元年麂皮五枚⚋嘉禾二年二月廿二日 劝 农掾刘平付库殷连受（贰·8883/23）【注】"库"下脱"吏"字。

　　入桑乡鹿皮四枚⚋嘉☐（贰·4429/16）

　　入桑乡所调皮一枚☐☐（贰·7437/21）

　　入桑乡唐下丘男子卢买麂皮一枚⚋☐（贰·7906/21）

　　·右桑乡入皮卅三枚（贰·8914/23）

---

① "中"，原缺释，今据图版补。
② "乡"，原缺释，今据图版及文例补。
③ "平"，原缺释，今据图版及文例补。
④ "卒（？）"，核对图版，"卒""平"形近易讹，应作"平"字，桑乡乡吏刘平又见简贰·8879、8883等。

・右桑乡入皮五十二☐（贰・7113/21）

西乡：

入西乡温丘男子陈让鹿 皮 ☐（壹・8352/13）

☐☐西乡入皮六枚　☐（壹・8695/13）

右西乡入皮　☐（壹・8659/13）

・右西乡入皮卅一枚　其十枚鹿皮
　　　　　　　　　其廿一枚麂皮　中（贰・8923/23）

㹞赏乡（？）：

入㹞赏乡嘉禾元年户①所出皮二枚☐（壹・8651/13）

小武陵乡：

入小武陵乡㮴丘黄斑麂皮二枚⦀嘉禾二年十月廿九日②烝弁付库吏殷连受（叁・1260/23）

中乡：

入中乡嘉禾元年口算 四 枚 ⦀嘉禾二年正月八日五唐男子周便付库吏殷连受（贰・8895/23）【注】此简上段"口算"下文字有脱误，下段"五唐"下脱"丘"字。

入中乡羊皮三枚⦀嘉禾元二③年二月六日东夫丘大男李敬付库吏殷连受（贰・8881/23）

入中乡嘉禾元年皮五枚⦀嘉禾二年二月廿☐（贰・2394/16）

入中乡鹿皮二枚⦀嘉禾二年八月四日☐ 下 丘 大 男 ☐☐付 库 吏 ☐☐☐（壹・8363/13）

入中乡鹿皮二枚⦀嘉禾二年十月六日☐☐（壹・8361/13）

入中乡麂皮廿枚⦀嘉禾元二④月六日东夫丘大男李敬付库☐（贰・8929/23）

入中乡鹿皮三枚⦀嘉 禾 ☐（壹・8334/13）

---

① "户"，核对图版，上有一横，或作"一户"。
② "日"，原缺释，今据图版补。
③ "元二"当衍一字。签牌记录的最早纳入时间为"嘉禾元年七月"，此处"元"字当衍。
④ 或"元二"当衍一字，月份缺如，或为"年二"之倒。

入中乡所调嘉禾年 鹿 ☐（壹·8563/13）【注】"嘉禾"、"年"间脱年数。

入中乡皮六枚⽤嘉禾二☐（壹·8572/13）

入中乡嘉禾二年鹿☐（壹·8590/13）

入中乡机皮☐（壹·8600/13）

入中乡皮七枚 其三枚鹿皮 四枚机（麂）皮 ⽤☐☐（贰·2427/16）

入中乡☐二枚⽤嘉☐（贰·7025/21）【注】"中乡"下一字有残损，似为"麂"字，其下脱"皮"字。

入中乡麂皮☐☐☐（贰·9029/23）

入中乡皮五枚⽤嘉☐（叁·606/23）

入中乡所调麂皮☐ 枚 ☐（叁·822/23）

·右中乡入皮卌六枚　☐（壹·8501/13）

总计简：

·集凡起八月一日讫卅日 所 一入皮一百八十五枚　其五十九枚鹿皮　其一百廿六枚麂皮（贰·8899/23）

·集凡诸乡起十二月一日讫卅日入禖皮二百卌六枚☐☐☐（壹·8259/13）

残缺简：

☐☐乡二年羊皮一枚⽤嘉禾二年二月十一日敷丘潘丁付库吏潘☐（贰·6413/20）

☐ 麂 皮十枚⽤嘉禾二年二月十八日柚丘雷贡付库吏 殷 ☐（壹·1523/5）

☐ ☐枚鹿皮 四枚麂皮 ⽤嘉禾二年二☐（贰·9046/23）

☐一枚⽤嘉禾二年五月廿日芲☐（壹·8485/13）

☐乡石下丘 民 （？）故皮四枚 其一枚麂皮 其三枚鹿皮 ⽤嘉禾二年七月廿☐日烝弁付库吏殷 连 受 （叁·265/23）

☐麂皮一枚‖X嘉禾年八月八☐（壹·8564/13）【注】"嘉禾"、"年"间脱年数。

☐皮☐枚‖X嘉禾二年八月十四日☐☐（壹·8566/13）

☐乡二年麂皮一枚‖X嘉禾二年八月十☐☐（壹·8583/13）

☐☐皮二枚 其一枚鹿皮一枚☐麂皮 ‖X嘉禾二年八月卅日……☐（贰·8968/23）

☐皮一枚‖X嘉禾二年八月☐（壹·8575/13）

☐禾二年皮一枚‖X嘉禾二年九月十一日扞梁丘男子程椎付库吏殷☐（叁·903/23）

☐下丘男子烝平鹿皮二麂皮二合四枚‖X嘉禾二年九月廿一日烝弁付库☐（壹·8355/13）

☐☐二年鹿皮二枚‖X嘉禾二年十月五日烝弁付库吏殷☐（壹·8299/13）

☐年鹿皮一枚‖X嘉禾二年十月五日烝弁付库吏☐（壹·8697/13）

☐☐☐☐皮一枚‖X嘉禾二年十月十五日☐丘……☐（贰·7201/21）

☐皮一枚‖X嘉禾二年十月廿九日烝弁付库吏殷连受（贰·8933/23）

☐男子鲁奇二年调麂皮一枚‖X嘉禾二年十☐（壹·8356/13）

☐禾二年麂皮一枚‖X嘉禾二年☐月三日杨溇丘☐☐付库吏殷☐（贰·7213/21）

☐☐皮二枚‖X嘉禾二年十一月六日周陵丘民监宗付库吏殷 ☐（叁·909/23）

☐☐二年麂皮二枚‖X嘉禾二年十一月十九日付库☐（壹·8292/13）

☐皮一枚‖X嘉禾二年十一月廿二日掾黄庚付库吏☐（壹·8429/13）

‖X枚‖X嘉禾二年十一月廿三日逢唐丘☐（壹·8312/13）

☐皮一枚‖X嘉禾二年十一月廿五日禁惕丘男子周鹊付库吏殷连受

（叁·454/23）

☑皮二枚⫽嘉禾元年十一月廿九日男子□□☑（叁·1265/23）
【注】前□下半残缺，上半从"广"；后□下半残缺，上半从"山"。

☑皮一枚⫽嘉禾二年十二月廿□□☑（贰·7260/21）

☑年鹿皮二枚⫽嘉禾二年十二月卅日☑（壹·8437/13）

☑枚合三枚⫽嘉禾二年十一月☑（壹·8140/13）

☑枫（麂）皮二枚⫽嘉禾三年二月廿七日亮傅丘月伍区峒付库吏潘☑（贰·6414/20）

☑□当麂皮十枚⫽☑（壹·1509/5）

☑□调麂皮七枚☑（壹·7953/13）

☑麂皮三枚⫽（壹·7959/13）

☑皮四枚　☑（壹·8150/13）

☑鹿皮一枚⫽嘉禾二年☑（壹·8293/13）

☑陶二年鹿皮一枚　☑（壹·8308/13）

☑番□枫皮一枚☑（壹·8330/13）

☑鹿皮一枚□□☑（壹·8333/13）

☑丘男子吴远二年麂皮一枚⫽嘉禾二年☑（壹·8335/13）

☑□□丘男子廖殷鹿皮一麂二合三枚⫽嘉☑（壹·8348/13）【注】"麂"下脱"皮"字。

入□□□□嘉禾二年羊皮一枚⫽嘉禾☑（壹·8349/13）

☑□三年鹿皮二枚羊皮一枚合三枚⫽嘉禾二年□☑（壹·8350/13）

☑麂皮一枚鹿皮一☑（壹·8372/13）

☑□年调皮一匹☑（壹·8383/13）【注】按："皮"称"枚"，"布"称"匹"。此处"皮"称"匹"，二者必有一误。

☑皮一枚　☑（壹·8387/13）

☑□皮三枚⫽嘉禾☑（壹·8555/13）

☑□二年鹿☑（壹·8602/13）

☒☒☒五 唐 丘男子吴 远 二年麂皮☒(壹·8658/13)

☒ 调 枛皮三枚ⅣⅤ嘉禾☒(壹·8709/13)

入☒乡……皮一枚……☒(贰·2490/16)

☒☒调枛(麂)皮☒☒(贰·2617/16)

☒乡皮一枚ⅣⅤ嘉禾二年☒(贰·2746/16)

☒ 乡 鹿皮二枚ⅣⅤ☒(贰·2754/16)

☒鹿皮六枚枛(麂)皮☒(贰·2766/16)

☒枛(麂)皮二枚ⅣⅤ嘉禾二年☒(贰·2785/16)

☒☒皮三枚ⅣⅤ嘉☒(贰·7032/21)

☒☒所调麂皮☒(贰·8052/21)

☒皮四枚ⅣⅤ嘉☒(贰·8064/21)

入☒乡嘉禾二年麂皮二枚ⅣⅤ嘉禾二年☒月廿☒日☒溲……付☒(贰·8940/23)

☒☒☒皮二枚ⅣⅤ嘉禾☒年……　☒(贰·8954/23)

☒二年口算枛(麂)皮十三枚ⅣⅤ嘉禾二年☒(贰·8979/23)

☒ 调 麂皮一枚ⅣⅤ☒(贰·9028/23)

☒一日讫卅日入襦皮☒(叁·335/23)

☒ 麂 皮一枚ⅣⅤ☒(叁·602/23)

☒　其十枚鹿皮
　　其六枚麂皮　中(叁·663/23)

☒ 皮 四枚☒(叁·777/23)

☒ 嘉 禾二年口算鹿 皮 ☒(叁·993/23)

☒☒皮二枚ⅣⅤ☒(叁·1030/23)【注】"皮"上☒残缺不清,据残笔,似为"鹿"或"麂"字。

☒ 鹿 皮二枚ⅣⅤ☒(叁·1076/23)

☒一枚 羊 皮(叁·1186/23)

☒☒入襦皮五百五枚　其一枚羊 皮 ☒(叁·1190/23)

☑□□皮廿一枚付库 吏 ☑（叁·1270/23）

☑ 羊 皮一枚☰☒（叁·1291/23）

☑□□ 麂 皮 二 枚 ☑（叁·1292/23）

☑ 年 入皮□枚　中（叁·7763/38）

（凌文超　中国社会科学院历史所助理研究员）

北宋仁宗朝的文书行政
——以内降为中心

周 佳

【内容提要】 内降是指君主不经正规颁诏程序，自禁中降出文字，以个人意见直接指挥诸司常务的现象。北宋内降政治开启于仁宗朝。仁宗朝内降主要涉及授官、减罪等予以个人的恩泽，颁行方式多由内侍传宣。朝廷多次出台举措整肃，最后将治理重点放在颁行环节，实行内降执奏法，其中二府的监督审核之责尤重。仁宗朝内降问题，反映出北宋中期在文书行政上的重要调整，以及在君权行使、君相权力分际等方面的关键变化。

宋代君主参与政务处理，并就政事与臣僚进行沟通的方式，除听政时当面交流外，主要依靠文书进行。至北宋中期，一方面随着制度完善，各类政务流程与规范基本建立，君主政务指挥的边界开始受到限制。另一方面，士大夫群体以不同于以往的观念和方式影响乃至主导朝廷政治运作，面对君主屡屡越出正常统治轨道的行为，如何规范皇权行使，成为他们最关心的问题之一。君主政务指挥方式的调整，遂成为这一时期政治变化的一大关键，表现在文书层面，最突出现象莫过于"内降"。本文对仁宗朝文书行政的考察便着力于此。仁宗朝君臣对内降问题的态度与措施,不仅引起北宋中期高层政令文书流程的调整,也在一定程度上改变了君相权力分际,展示出当时君臣合作理政的实态。

文书作为政务运行的重要物质载体,近年来逐渐受到宋史学界关注。就内降而言,现有研究多从颁行程序着眼,论述其对当时权力制约体制的破坏作用,关注时段多集中在北宋后期。① 仁宗朝内降现象及相关条法,横向上引起了北宋中期高层文书运行与权力格局的调整;纵向上开启了此后内降问题的源头,有助于我们厘清北宋内降政治的走势。但学界对此尚缺乏正面、深入讨论。

在宋代文书制度中,就广义言,"内降"指高层政令文书颁行中的一道环节,即君主对政务做出指示或批复后,以文字形式从禁中降出至二府等部门;有时"内降"也指称这种文字,用作名词。而狭义的"内降"往往特指发生在这一环节的某类特殊现象,即君主绕开政令颁行常规程序,将个人意见不经二府审覆而直接下达有司执行。仁宗朝士大夫批评和抵制的"内降"便是针对君主此类行为。本文研究的"内降"亦指其狭义而言,对承载内降指令内容的文书,则以"内降文字"称之,以示区别。

一、刘太后垂帘时期:内降问题的开启

宋人多认为,北宋内降之风开启于刘太后垂帘时期。宝元二年(1039)右司谏韩琦上疏云:

> 祖宗以来,躬决万务,凡于赏罚任使,必与两地大臣于外朝公议,或有内中批旨,皆是出于宸衷。只自庄献明肃太后垂帘之日,有奔竞之辈,货赂公行,假托皇亲,因缘女谒,或于内中上表,或只口为奏求。

---

① 参见王育济:《论北宋末年的御笔行事》,《山东大学学报》(哲社版)1987年第1期;杨建宏:《略论宋代"内降"与国家权力的运行》,《求索》2004年第11期;杨世利:《论北宋诏令中的内降、手诏、御笔手诏》,《中州学刊》2007年第6期;[日]德永洋介:《宋代の御筆手詔》,《东洋史研究》第57卷第3号。

是致侥倖日滋，赏罚倒置，法律不能惩有罪，爵禄无以劝立功。唐之斜封，今之内降，蠹坏纲纪，为害至深。陛下圣德日新，惟此久（敝）〔弊〕未除。①

韩琦指出，仁宗亲政后的内降弊政直接沿袭自垂帘时期。而垂帘时期的内降问题主要表现为：奔竞者通过向禁中上书或口头奏求两种渠道，促使太后或仁宗降旨，使自己得以躲避法律惩治或营求官位。这类奔竞者多为宗室、外戚、大臣亲属，亦不乏其他在朝官员。

值得注意的是，韩琦批评矛头虽主要指向"奔竞之辈"，但奏疏开头"祖宗以来……皆是出于宸衷"一句，却婉转表达了另一番意思。首先，韩琦认为君主在"赏罚任使"上不能独断，应与二府大臣商议后再颁布施行。北宋前期，在百废待兴、条法多阙的情况下，君主常常亲自裁断庶务，其将独断意见以"内中批旨"直接交付有司执行的事例，并不罕见。此后随着制度健全，君主指挥政务的方式逐渐从独断变成最终裁定。比如人事任免，一般应由相关部门拟定人选后，再上报君主批准，而不是由君主直接任命。君主若有批复意见，也需经二府等部门审覆后才能颁行。如太宗淳化元年（990）下令：

中外所上书疏及面奏事制可者，并须下中书、枢密院、三司，以其事申覆，然后颁行，著为定制。②

这类规定至北宋中期已稳定落实。因此尽管北宋前期就有内降现象，但直到仁宗朝，内降才开始被认为"不合法度"而受到士大夫的公开批评与抵制，这与北宋中期文书制度的完善有很大关系。

其次，韩琦担心"内中批旨"未必"皆是出于宸衷"，从字面看，是指内降并非出于君主本意，乃碍于请托所致。但结合垂帘听政的特殊背景，这很可能暗指刘太后冒用仁宗之名使用内降。垂帘时期，朝廷庶务由二府全权处理，军国重事禁中取旨。当时刘太后作为辅政者，其权力的合法有效性均依附君权而来。表现在文书上，即朝廷政务以文书形式入内取旨

---

① 韩琦：《韩魏公集》卷一〇《家传》，《丛书集成初编本》，第157页。
② 《宋会要辑稿》仪制七之十九，中华书局影印本，1957年。

时,尽管实际上主要是刘太后在禁中审阅,但这些文书最终均须印画后以君主名义降出,才具合法效力。而太后用以传达个人指令、意愿的文书则另称为"手书"。比如乾兴元年(1022),二府关于垂帘仪制争论不定,由太后"降手书"裁定。① 天圣二年(1024),太后"手书赐中书门下,以故中书令郭崇孙女为皇后"。②

尽管都是从禁中降出,但手书在行用范围与效力上,不如以君主名义降下的文书。在内外隔绝之际,刘太后是否会冒用仁宗名义降旨,也未可知。如史载:

> 始,太后临朝,有求内降补军吏者。(王)德用曰:"补吏,军政也,敢挟此以干军政,不可与。"太后固欲与之,卒不奉诏,乃止。……(太后崩)上阅太后阁中,得德用前奏军吏事,奇之,以为可大用,故擢任枢密。③

从仁宗亲政后读到王德用奏疏时"奇之"的反应来看,他对垂帘时"内降补军吏"一事并不知情。中央禁军直属于君主,时任禁军将帅的王德用必然明白此内降出自太后之意,故用"不得以私恩干涉军政"的理由拒绝执行。

仁宗亲政后,立即下诏禁止内降,这在某种意义上,是对垂帘时期内降"出于宸衷"的否认,并借此象征性地与刘太后执政阶段划清界限,开启属于自己的新局面。但此后亲政时期,内降现象非但没有消失,反有加重趋势,这使当时士大夫在如何对待皇权这一问题上陷入了两难的尴尬:他们既坚持尊王论,肯定皇权至上,维护人主在政治上的绝对主导地位;又认为对现实政治中的皇权行使需加以控制,皇帝不能将个人意志随意凌驾于朝廷法度之上。朝廷围绕内降问题,遂引发了新的争议。

---

① 《续资治通鉴长编》(以下简称《长编》)卷九八,乾兴元年二月癸亥条,北京:中华书局,1992年,第2272页。
② 《长编》卷一〇二,天圣二年九月庚子条,第2367页。
③ 《长编》卷一一二,明道二年四月己未条,第2614页。

二、仁宗亲政时期：内降问题的延续与应对

1. 内降的内容与颁行

仁宗亲政时期，不少臣僚都曾上疏批评内降问题。景祐时，度支判官谢绛奏言："请罢内降，凡诏令皆由中书、枢密院，然后施行。"①庆历时，秦州通判尹洙上疏："近时外戚、内臣以及士人，或因缘以求恩泽，从中而下，谓之内降。"②谢绛主要针对内降的"颁行"，尹洙则侧重内降"内容"。应该说，内降的"内容"与"颁行"密切相关：正因其内容违制，无法通过正常程序颁行，所以君主才会绕开常规流程，将其直接下达给有司执行。而现有研究多围绕内降颁行程序展开讨论，往往忽略其"内容"如何。

当时内降主要涉及哪些内容呢？韩琦曾上疏批评内降造成"法律不能惩有罪，爵禄无以劝立功"③的弊病，指出内降在当时主要涉及"法律"和"爵禄"两大内容，这一概括是较为精准的。

详言之，"法律"是指以内降减免量刑。如《宋史》卷三〇三《魏瓘传》记载皇祐时：

> （魏瓘）以给事中知开封府，政事严明，吏民惮之。内东门索命妇车，得赂遗掖庭物，付府验治，狱未上，内降释罪。

此案按正常程序，当由开封府审理完毕后，将结果上报审批。仁宗在尚未结案时以内降释罪，不仅干涉了开封府的政务权限，破坏了案件审理的规定程序，也是对相关法律条文的违犯。嘉祐三年（1058），知谏院陈旭言"有司断狱而事连权幸者，多以中旨释之"④，即指此类情况。

"爵禄"是指以内降特赐某人升迁本官或除授差遣等。庆历八年

---

① 《长编》卷一一四，景祐元年闰六月壬午条，第2683页。
② 《宋史》卷二九五《尹洙传》，北京：中华书局，1977年，第9836页。
③ 《韩魏公集》卷三《家传》，第157页。
④ 《宋会要辑稿》仪制八之三一。

(1048),殿中侍御史何郯上疏反对内降授官时曾云:

> 臣伏睹近日后族戚里,非次改官稍多。朝廷爵赏,本以宠待劳臣,非素有勋绩,即须循年考。今横恩过宠,轻授无度,窃恐近戚之家,迭相攀援,人怀异望。若各从所求,即是名器高下,皆以恩授。①

此言颇能代表当时大多数官员的态度:内降得官者多是外戚,其得官途径往往依靠近习女谒请托而非外朝正常选任程序,所得官违反朝廷迁次补用之法,于"勋绩"或"年考"标准均不符合。况且官爵乃朝廷公器,君主不当用于对嫔御亲姻的个人私恩。

此外,内降还涉及赏赐、免税等内容。如《宋史》卷四二六《张逸传》记载,景祐时,开封"有僧求内降免田税",而知开封府张逸固执不从,是为一例。

仁宗时内降主要涉及以上内容。其中,"法律"(减刑免罪)和"爵禄"(升官授职)占有较大比重,是官员批评焦点,也成为朝廷下诏禁止内降的惩治重点。

庆历年间,三司使张方平面对内降一日数下的局面,深感困扰,他向仁宗上疏提出:三司为应付内降,来回禀复,耗费不少时间精力。况且诸司各负专责,日常行政各有程序,君主不应随意横加干扰。② 嘉祐三年(1058)欧阳修亦云:

> 臣自权知开封府,未及两月之间,十次承准内降。或为府司后行,或为宫苑姨媼,或为内官及干系人吏等。本府每具执奏,至于再三,而干求者内降不已。③

开封府两月间接到十次内降,内容琐细,对公务妨害颇大。这些描述,应能反映内降承受部门长官的真实感受。

内降与其他政令一样,包括信息收集、决策制定、颁布施行三道主要

---

① 何郯:《上仁宗论后族戚里非次改官》,《宋朝诸臣奏议》卷三四,上海:上海古籍出版社,1999年,第330页。
② 张方平:《乐全集》卷二五《请止中使传宣诸司》,影印文渊阁四库全书本。
③ 欧阳修撰,李逸安点校:《欧阳修全集》卷一一一《请今后乞内降人加本罪二等札子》,北京:中华书局,2001年,第1686页。

环节。应该说,内降内容违法,问题主要出在决策环节。授官、量刑、征税等政务,各有部门专负其责,君主主要是对部门上报的处理意见进行最后裁定批准。但在内降问题上,仁宗显然突破行政终端的角色,包揽了整个决策过程。谏官唐介曾云:"宫禁干丐恩泽,出命不由中书,宜有以抑绝。"① 御史范师道也曾就"后宫周氏、董氏生公主,诸阁女御多迁擢"一事上疏,以"御宝白札并为才人,不自中书出诰"②的理由加以反对。唐、范二人所谓"出命不由中书"、"不自中书出诰",究其实质,乃是针对其决策过程未经二府公议。尽管这两封内降文字最后还是降至二府,但此时二府的作用已经从"决策"退至"执行"而已。

这种违反常规的决策方式,使侧近之人有可能通过对君主个人施加影响,进而干涉外朝政务,何况当时内降颁布主要通过内侍传宣。何为"传宣"?晚唐、后梁时期的"宣"乃"行出"之意,专指枢密使在禁中受旨后,再将上旨传达给中书。③ 至北宋,枢密院成为与中书并立的外朝机构,枢密使位居宰执,"宣传上旨"的职能遂由内侍承担。这里涉及一个问题,即传宣是否仅仅口头传达而没有文字凭据?真宗大中祥符元年(1008)曾规定,内侍向外朝机构传宣取物时,需持盖有御玺的文字作为凭据。④ 天禧四年(1020)又下诏,要求今后凡内侍传宣"迁秩加恩事"下二府也需持有文字凭证,再经入内都知司登记在案、二府审核覆奏等程序后,方可施行。⑤

然而在实际执行过程中,"传宣"存在许多弊端。首先,内侍越过二府或三司,直接将禁中指令交付具体事务部门执行,给政府有章可循的日常工作造成诸多不便。如天圣时曾出现"诸处营造,内侍直省宣谕,不由三司,而广有支费"的情况,仁宗与太后遂要求"自今传宣营造屋宇,并先下三司计度实用功料,然后给以官物"。⑥

---

① 《宋史》卷三一六《唐介传》,第10328页。
② 《宋史》卷三〇二《范师道传》,第10026页。
③ 参见李全德:《唐宋变革期的枢密院研究》,北京:国家图书馆出版社,2009年,第137—138页。
④ 《长编》卷七〇,大中祥符元年十月戊子朔条,第1567页。
⑤ 《长编》卷九六,天禧四年十二月乙酉条,第2228页。
⑥ 《长编》卷一〇〇,天圣元年三月甲申条,第2318页。

其次,内侍传宣有时未必持有凭据。天禧三年(1019)三司曾反映说:"使臣传宣取物,承前止是口传诏旨,别无凭由,致因缘盗取钱物。"①内侍是君主侧近亲密之人,其传达的名义上又是君主旨意,即便没有文字凭据,有司迫于君命或内侍权势,也会勉强执行。如天禧年间,内侍雷允恭"传宣取库物,皆不待文据,即给付之"。②

再次,内侍传宣时即使持有文据,此文据亦未必可靠。明道二年(1033),同监左藏库韩琦曾上言指出:

> 天禧中,入内内侍省置合同凭由司,凡传宣取库物,令内臣自赍合同凭由送逐处已,乃缴奏下三司出破帖。今内臣皆先以白札子传宣,而后降合同,其间或称禁中对换物色,及支外以余物还库,恐有妄伪。请自今非降合同毋得支。③

"白札子"既无君主亲笔押字,又未用御宝,不能确保其一定出自君命。④故韩琦主张,为避免妄伪,内侍传宣取物时即使持有文据,也需先经合同凭由司登录确认后,再降合同至三司。但传宣内容广泛,不限取物一项,因此内侍假传圣旨的可能依然存在。比如颇受仁宗信用的内侍阎文应,史载其"专恣不恪,事多矫旨以付外,执政知而不敢违"。⑤

内降内容多涉违制,颁行方式主要由内侍传宣,这些均给内侍、后妃、外戚、近臣等侧近干预外朝政务留下隐患。当时臣僚多视其为内宫近习干扰朝政之渐,唐鉴不远,在宋人看来,这种不经政府公议的"侧近政治"隐患极深,必须禁止。

2. 控制通进渠道与内降执奏法

内降问题的产生,首先在于侧近之人通过非正常渠道向君主因缘请托。因此禁止内降的最根本措施,是从"防患于未然"的角度,堵住这些

---

① 《长编》卷九三,天禧三年正月末条,第2136页。
② 《长编》卷九七,天禧五年十月癸卯朔条,第2255页。
③ 《长编》卷一一三,明道二年十月辛丑条,第2638页。
④ 周必大:《文忠集》卷九九《缴张宏特支请给奏状》中曾云:"既非御笔,又非宝批,止用白札子而已。臣不知此命何自而出?"影印文渊阁四库全书本。
⑤ 富弼:《范文正公仲淹墓志铭》,《名臣碑传琬琰集》中编卷一二,影印文渊阁四库全书本。

不正常的通进渠道。仁宗于明道二年(1033)亲政之初便下诏：

> 比来臣僚、宗室、外戚、命妇多以进纳为名，干祈恩泽。自今非著例，一切罢之。凡表奏，毋得缘亲戚投进。①

此诏反映出当时外廷向禁中请托的渠道，主要是"臣僚、宗室、外戚、命妇"等人借"进纳"之名当面干请或托人投递表奏。

相对而言，章奏通进这一渠道比较容易控制。《长编》卷一九一，嘉祐五年(1060)五月戊子条载：

> 侍御史陈经言："刘沆子瑾以张瓌撰父赠官告辞不当，五状诉理，朝廷已黜瓌知黄州，夺瑾校勘之职。风闻瑾所奏状并于内东门进入。瑾身居草土，名落班籍，未知何缘得至于彼。虑瑾阴结左右内臣，谕令收接，并乞根鞫情倖，严行降责。"中书寻取到御药院状，乃内降指挥从瑾奏请，依晏殊例，凡陈乞沆身后事，并于御药院投进。

当时文书通进的常规渠道是阁门、通进银台司、登闻院、理检院、进奏院。但内东门司、御药院、入内内侍省这三个内侍机构也有文书通进职能，且更具时效性和保密性，是君主用于获取机密信息的私人机要渠道，官员未经允许，一般不得经此渠道递入章奏。② 刘瑾作为守丧去官之人，本无权由御药院向禁中呈递奏章，故台官风闻此事后，第一反应是怀疑刘瑾"阴结左右内臣"。此事经澄清后，朝廷遂下诏：

> 今后臣僚乞于入内内侍省、御药院、内东门投进文字者，令逐处申中书，再取旨。③

通过内侍系统投进的章奏，未必尽属干求内降，但经中书门下审核取旨这道把关后，其中有干求内降嫌疑的文字，至少在一定程度上得到控制。由此中书门下对抵制内降所负的责任也更大。相对而言，其他请托渠道就

---

① 曾肇:《曲阜集》卷二《上哲宗进仁宗朝戒饬内降诏书事迹乞禁止请谒》，影印文渊阁四库全书本。
② 参见王化雨:《北宋宫廷的建筑布局与君臣之间的沟通渠道：以内东门为中心》，《国学研究》第21卷，第351—378页。
③ 《长编》卷一九一，嘉祐五年五月戊子条，第4622页。

不易控制。《长编》卷一〇七,天圣七年三月癸未条载:

> 内侍皇甫继明等三人给事太后阁,兼领估马,自言估马有羡利,乞迁官。事下群牧司,阅实,无羡利。

这是内侍向刘太后口头请托,若非太后向群牧司查问,外朝官员便无从得知此事,更无法在禁中旨意下达前予以制止。

对各种渠道的请托内降行为,朝廷多次下诏戒饬,但从官员上疏情况看,效果并不明显。这主要是由于内侍、后妃等侧近乃帝王朝夕相处之人,较难防范,而仁宗本人亦非意志坚定之君。再者请托既然不经正常通进渠道,外朝官员往往难有真凭实据进行弹劾。正是在这种情况下,对内降颁行这一最后环节的控制才显得至关重要。

仁宗在明道二年(1033)亲政后首次下诏禁止内降,其中除戒饬上行请托外,也涉及内降的下发环节。史料对此记载有所出入,今并录于下:

> 今后内中传宣,委逐处具实封覆奏。其三司、开封府并合系上殿之处,仰次日审奏取旨。①

> 禁中事有传宣,令有司实封覆奏。内批改官及与差遣,未得即行,委中书、枢密院审取处分。②

综合上述对同一封诏书内容的不同记载来看,仁宗朝内降文字的直接承受者,主要是中书门下、枢密院、三司、开封府这几个部门。其中涉及"改官及与差遣"内容的通常降至二府。需要说明的是,宋人常批评内降"不经二府",但从记载来看,当时有相当数量的内降文字实际就是发给二府的,这与内降"不经二府"之说是否矛盾?

当时常态的中央政务决策是分层次的:一部分政务由二府直接裁决施行;一部分政务由二府议定后,上报君主批准;一部分政务直接呈递到君主面前,君主先作出批答,即给出初步处理意见,再以文书形式降至二府审覆。在后两种情况下,无论事先"议定"还是事后"审覆",二府对政

---

① 《宋会要辑稿》仪制六之八。
② 《曲阜集》卷二《上哲宗进仁宗朝戒饬内降诏书事迹乞禁止请谒》。按《长编》卷一一二,明道二年四月壬子条收录此诏书作"若传宣,有司实封覆奏,内降除官,辅臣审取处分",文字多有省略,今不取。

务决策都有充分发言权,基本保证了最终颁布的政令,是经君臣合议而非君主个人独断。最后,这些政令一部分由二府自己执行,一部分由二府转发给次级事务部门执行。而内降文字一部分由禁中直接交付具体事务部门执行,并未经过二府审覆;另一部分虽然仍旧发给二府,但只是要求二府照此执行。无论哪种情况,实际都取消了二府对此项政务决策的发言权。何况按照常规,内降涉及的政务,大多本不该由君主直接插手指挥。因此,内降是否"经过二府",关键不在于二府是否参与"执行",而在于其是否参与"议定"或"审覆"环节。

明道二年的诏令,意在将内降文字重新纳入常规颁诏程序。诏书规定二府等部门接到内降文字后,不得立即执行,必须先"覆奏"即再次请旨,此称为内降执奏法。覆奏主要有两种方式:一是以实封文书形式取旨;二是由部门长官上殿向仁宗当面取旨。继明道二年诏令之后,终仁宗一朝,朝廷多次下诏重申内降执奏法。而执奏法颁后,朝野对抵制内降的关注点,逐渐从请托、决策环节转向颁行环节。当内降现象抬头时,台谏往往将弹劾矛头指向内降直接承接部门的长官。如至和二年(1055)三月十八日,"一日之中,内臣无名改转者凡五六人,俱是过恩,不合法律",知谏院范镇立即上疏"乞明正中书、枢密大臣之罪"。① 因为事关授官的内降文字,是由二府负责执奏的。又如《宋史》卷三〇三《魏瓘传》载:魏瓘知开封府时治一狱,未结案而内降释罪,"谏官吴奎言法当执奏,而(魏)瓘不即奏行,请以废法论",魏瓘遂降知越州。

仁宗时期,从数量上讲,二府是与内降文字打交道最多的部门;从内容上讲,内降中比重最大、遭批评最强烈的部分是授官,而这部分文字基本是交付二府审核处理的。加之前文所言,请托环节中,非正常渠道的章奏通进亦需申报中书门下审核。因此对抵制内降而言,二府无疑负有最重要的责任,二府长官也因此承担了最多的舆论批评。史料中对仁宗朝二府长官执奏内降文字不下的行为多有记载,其中突出事例往往来自枢密使,最具代表性的人物当属杜衍。史载杜衍在庆历年间担任枢密使时:

---

① 范镇:《上仁宗论传宣与内臣转官二府不执奏乞正其罪》,《宋朝诸臣奏议》卷二三,第223页。

> 公(按指杜衍)尤抑绝侥幸,凡内降与恩泽者,一切不与,每积至十数,则连封而面还之,或诘责其人至惭恨涕泣而去。①

因为内降恩泽大多授予与君主关系亲密的宗室、外戚、宦官、伎术官等群体,他们的升迁事宜主要由枢密院负责,故这类命令多发至枢密院执行,此时枢密院长官执奏与否就起到关键作用。

仁宗朝内降遭到官员普遍抵制的原因,主要在于其内容违反法度,且君主以一己私意干扰了各部门正常行政。朝廷经多次整顿,最后将整治重点放在颁行环节,各内降文字承受部门均有权执奏,其中二府的监督审核之责尤重。故每当内降现象抬头,朝野指责对象往往指向二府。可以说,"内降"的关键在于"决策"环节,而"抵制内降"的关键在于"颁行"环节。

三、从内降看北宋中期文书行政与权力格局的调整

仁宗朝内降处理的,多系君主希望简单了结的日常事务,通常并非军国重事。换言之,内降的行用是限制在一定范围内的。尽管如此,我们依然能透过内降现象,看到北宋中期在文书行政、君权行使、君相权力分际等方面的重要变化。

唐宋时期,君主更加走向政务前台,自主决断日常政务。表现在政令文书领域,据《长编》卷四十,至道二年七月丙寅条记载,参知政事寇准因擅用中书札子而遭罢相后:

> 上(按指宋太宗)又曰:"前代中书有堂帖指挥公事,乃是权臣假此名以威服天下。太祖朝,赵普在中书,其堂帖势重于敕命,寻亦令削去,今何为却置札子?札子与堂帖乃大同小异尔。"张洎对曰:"札子盖中书行遣小事,亦犹京百司有符帖、关刺,若废之,则别无公式文字可以指挥。"上曰:"自今大事,须降敕命。合用札子,亦当奏裁,方

---

① 《欧阳修全集》卷三一《太子太师致仕杜祁公衍墓志铭》,第46页。

可施行也。"

这段对话集中反映了当时高层文书制度围绕君主而发生的变化。首先，唐代宰相机构用于独立指挥政事的文书即"堂帖"，到宋初，其中涉及"大事"者必须以诏敕下发。从堂帖改为诏敕，不仅在名义上改属王言之制，而且在实际运行中，也保证了政令必须经过君主裁定批准后才能颁行。其次，中书门下虽然还能使用中书札子来指挥"小事"，但札子在体式规格上轻于堂帖，而且札子实际上仍需"奏裁"方可施行。唐宋之际关于堂帖的这一变化，反映的是当时宰相独立处理政务权力的削弱，以及君主对政务参与范围的扩大和控制力度的加强。①

上述变化，在文书体式和处理程序上都着力强调"政自天子出"的理念，需"入内印画"方具效力。这同时意味着，在政令颁行中，君主成为一道独立于宰相机构之上的重要环节。在这道环节中，君主需要能够单独表达个人意见的空间与方式，这一要求在文书领域集中体现为御前文字的活跃使用。但是由于君权至高无上的特殊地位，在实际政令颁行中，君主个人意见往往占据主导作用，若君主将个人意见强力下达，直接指挥诸司执行，就会对朝廷正常行政造成干扰。在这种情况下，君臣双方都逐渐意识到，需要为实际政治生活中的君权行使重新划定边界，以适应上述形势变化。

仁宗朝"抵制内降"行为的出现，某种程度上正是对君权行使边界的一种调整。当时各种所谓"抵制"的意见与举措，实际上并不是要"取消"内降文字，而是力图将内降文字"纳入"现有的常规文书运行体系，从而保证在国家政务决策中，君主既能充分表达个人意见，同时又能受到制度约束而不至于滥用权力。当时内降文字的主要承受部门是二府，执奏的主要责任也在于二府，因此由抵制内降而引起的君主权力边界变化，也意味着君主与二府之间权力分际的重新调整。而这种调整的端绪，在内降问题出现之前，实际已逐渐发生。

---

① 参见李全德：《从堂帖到省札——略论唐宋时期宰相处理政务的文书的演变》，载北京大学中国古代史研究中心"中国中古时期的文书传递与信息沟通"课题组编：《"文书·政令·信息沟通"国际学术研讨会论文集》，2010年，第158—169页。

建国初期，太祖、太宗在建立君主独裁体制的同时，已开始将君主个人权力行使逐步规范化，并将其纳入整个国家政务运行体系，成为终端一环。宋初君主独断有司细务的做法，某种程度是出于当时百废待兴政治环境的需要。此后刘太后垂帘期间，外朝士大夫无论政治主体意识还是实际权力空间均有提升。到仁宗亲政时期，随着制度环境的健全和士大夫政治的成熟，像祖宗朝那样的君主独断细务做法就显得不合时宜了。当时政务决策和日常行政均有规章程式可循，君主逐渐退居政务终端，其角色更多是作为终极权力的拥有者，对已经政府公议的重要政务做出最终裁定批准；而不是以个人意志直接决策、指挥诸司常务。

与此同时，二府在中央日常政务中的地位和作用日渐增强。目前学界对于宋代君权与相权问题的讨论，仍未摆脱将二者二元对立、比较谁大谁小的思路。但在实际政务中，排除个别极端情况不论，君主与宰执首先是合作关系。即使君主推翻宰执入内熟状的议定结果，或宰执审覆禁中指令时不同意君主的批示意见，都属于君相双方通过文书进行商议、沟通的正常行为。仁宗时期，一方面随着君主政务角色的转变，日常政务的决策压力主要落到二府肩上。另一方面，因为仁宗"圣性宽仁"以致"宗戚近幸有求内批者，上咸不违"①，在约束内降上主要依靠二府执奏。元祐四年(1089)，御史中丞李常曾在上疏中指出：

> 臣愚不佞，熙宁中常预编中书条例，伏见仁宗皇帝屡诏中书，欲令内降三省执奏，及未得便令行下。如此之类，指挥不一。臣方是时窃怪诏旨重复如此。细详仁宗圣意，盖为非时内降，亦有不得已而出者，正赖臣僚执持覆奏以拒止之也。②

"三省"乃误用神宗改制后名称，据其意当作"二府"为确。在这种情况下，二府对政务所负权责较之北宋前期大大加重，故当时官员对政令决策"必经二府"这一点尤为强调。庆历初年，三司使张方平就曾上疏主张：

> 欲乞今后除有指挥中书、枢密院事，特降中使外，自余细务，合下

---

① 司马光撰，邓广铭、张希清点校：《涑水记闻》卷八，北京：中华书局，1989年，第148页。
② 李常：《上哲宗论内降乞有司执奏》，《宋朝诸臣奏议》卷二三，第231页。

三司、提举司、开封府等处者,只乞传宣中书、枢密院,札下逐处有司。或敢违慢,自应合行勘责。即事干急速,不容留滞,即乞宣付入内内侍省相度事体缓急,须即施行者,具录宣旨,报下所司,所冀出纳有章,上下得体。①

张方平建议除"事干急速,不容留滞"情况外,其余原本直接发往三司等部门、事关"细务"的内降文字,一律直接发至二府,再由二府以札子形式转发有司。札子是宰相机构指挥公务的常用文书。内降文字送至二府后,需经审核认可,才会以札子形式发往具体部门执行。

即使直属于君主的部门,出于决策稳妥考虑,君主在对其直接下达指令的同时,也会考虑征求二府的意见。比如嘉祐二年(1057):

> 诏学士院承内降处分,自今并关白中书、枢密院施行。先是,澶州言河流坏浮桥,后数日而完修之,遂下本院降诏奖谕。而中书言:"官吏护视不谨,已为部使者劾罪。"既令免勘,而诏亦追罢之。②

降诏奖谕本属学士院的常程事务,但当时仁宗要求学士院凡接到从禁中批出的文字处分,在降诏之前需与二府有所沟通、协调,以免因信息掌握不全而做出不适宜的判断,导致降诏失误。

不过,仁宗朝内降问题所引发的君相权力分际调整,也引起了宰执之外的官僚群体新的担忧。当时以范仲淹为代表的新兴士大夫,一方面以"未经公议"的理由对内降加以抵制,另一方面又积极主张君主在政治上的绝对主导性,希望仁宗能够恢复祖宗时"君主独断"做法,成为一位强有力的天子。如何解释这两种现象之间的矛盾?当时官员在上疏建议仁宗恢复"独断"做法的同时,往往论及宰执权力过重问题。这里可能涉及宰执与一般官员之间的权力分配关系。换言之,官员们要求"君主独断"的呼声背后,实际是对宰执权重现状的担心,以及对自身能否"得君"的焦虑。从官员对君权既维护又限制的矛盾态度来看,他们既不赞成权力集中于君主之手,也不赞成完全委之宰执手中,而是希望在维持君主与宰

---

① 《乐全集》卷二五《请止中使传宣诸司》。
② 《宋会要辑稿》职官六之四九。

执权力平衡的同时,为士大夫群体争取到更大的参政空间,从而与君主、宰执达成一种新的权力制衡。

最后需要说明一点,自上世纪 20 年代由日本学者提出"唐宋变革论"之后,宋代作为中国近世的开始,在政治上结束了此前贵族政治,开启君主独裁统治的这一观点①,逐渐深入人心。按照宫崎市定的解释,宋代君主独裁统治依靠的不是君主个人能力,而是一整套政治制度。② 这套制度保证了皇权独一无二的至高地位,使君主个人拥有对政务的最终裁决权。值得注意的是,"君主独裁制"并不等于"君主个人独裁",换言之,君主本人也要按照制度行使权力。而目前在不少大陆学者的研究中,"独裁制"被径直等同于"独裁",进而君主不顾制度约束作出决定并强力施行的这种行为,也被误视为"君主独裁制"的题中应有之意。在关于内降的讨论上也存在类似问题。高端正常文书运行构成君主独裁制度的重要依托,君主偏离正常文书运行轨道的违规指挥行为,虽然往往因为君权至上的绝对地位而获得执行,却是对常态下君主独裁制度的破坏。因此在内降问题上,君主独裁制、君权与君主这三个概念是需要加以区别的。

(周　佳　浙江工商大学人文学院历史系讲师)

---

① [日]内藤湖南:《概括的唐宋时代观》,刘俊文主编:《日本学者研究中国史论著选译》第一卷,北京:中华书局,1992 年,第 10—18 页。
② [日]宫崎市定:《东洋的近世》,《日本学者研究中国史论著选译》第一卷,第 153—241 页;《宋代官制序说:宋史职官志的读法》,《大陆杂志》第 78 卷第 1、2 期。

北宋河东路安抚使司的设置及其军事运作

古丽巍

【内容提要】 北宋河北、河东、陕西三路,共处京师开封所在京畿路以北,从东到西形成一组战略防御地带,直接面对契丹和西夏的军事压力,构成北方综合防御区。河东路虽不及河北路、陕西路全路直接面临敌对压力,但其防御自有特色。此特色即体现为河东路在战略部署上分为西、北两块战略单元,形成以并州为中心,辐射西、北二边的军事防御结构。在具体防御操作中,宋廷重视土豪力量的使用,使河东路的军事运作呈现出自身的特色。

北宋的河东路,设于太宗太平兴国四年(979)灭北汉时,始以转运使路的职能为主。设立以后,辖境变化不大,至哲宗元符(1098—1100)时,辖境有所扩大。河东路与河北、陕西两路①,共处京师开封所在京畿路以

---

① 河北、河东、陕西为简称。具体而言,河北路包括东、西两路,陕西路包括秦凤、泾原、环庆、鄜延四路,稍后设永兴军路,后又增设熙河两路,共六路。由于河北、陕西分别主理对辽和西夏的战事,是以习惯上与河东路并举时,多作为一个整体区域看待。陕西、河北分路设置安抚使司的大致情况,见《宋史》卷八六《地理二》,北京:中华书局,1997年,第2121页;同书卷八七《地理三》,第2143页。

北,从东到西形成一组战略防御地带,直接面对契丹和西夏的军事压力。三路地理位置和军事职能相近,从行政制度上看,三路有很强的一致性:三路转运司作为民事与财政的最高负责机构,地位在全国同侪中最高;三路置军事机构安抚司最早,三路的主要功能,不在于财赋而在于军事,可作为一个综合政治区,即"北方防御区"。①

三路设置安抚使司,是为因应对外战事的变化,职能虽然相同,均主要负责边务军事,但三路设置还是存在不小的差异。陕西分路设司的区域和数量变动不常,河北路也经历了由一路设司到庆历八年(1048)设置四安抚司的变化。② 相对河北和陕西两路,河东路安抚司的设置则相对稳定,基本维持不变。此与河东路的地理形势、河东路在北宋对外防御的战略功能,以及当时朝廷利用当地具体情况而采取的措置相关。三路安抚司的设置,基本自北宋真、仁以后③,其中河东路的战略格局基本确定下来,变化较小。因此,本文即主要以真、仁两朝河东路安抚使司的设置状况为入手点,意在探讨在当时军事形势下宋廷的应对之策,以及由此所带来的制度变化,从而呈现其军事运作的特点。

一、河东路对辽的形势及安抚使司之设置

北宋初期,河东路代州、忻州地区灭北汉后即屯驻重军,先后以潘美、杨业、张齐贤守代州及三交口④,河东与辽接壤的边境同河北一样,一直处于紧张状态,需要集中兵力以应付军事变故。宋自景德元年(1004)与辽签订澶渊之盟后,来自辽朝的军事压力大为减轻,两国关系由战备状态转入正常的边界防务。景德四年四月,河东路着手重新部署其边防重镇

---

① 余蔚:《两宋政治地理格局比较研究》,《中国社会科学》2006年第6期,第171—206页。
② 两路具体的建置沿革,参见李立:《北宋安抚使研究——以陕西、河北路为例》,北京大学博士论文,1999年。
③ 吴廷燮:《北宋经抚年表·序》,北京:中华书局,1984年,第3页。
④ 李焘:《续资治通鉴长编》(以下简称《长编》)卷二〇,太平兴国四年八月癸亥,北京:中华书局,2004年,第460页十一月辛卯条,第464页;《宋史》卷二七二《杨业传》,第9302页;卷二六五《张齐贤传》,第9153页。

的防守：

> 初，并、代、泽、潞分辖禁军，后并于太原。上以地广兵众，苟失机会，或致生事，又简士阅马，禀命尤远。故析泽、潞、晋、绛、慈、隰、威胜七州军戎籍，不复隶并代，委（吴）元扆专总焉。①

> 四年七月，帝谓知枢密院王钦若等曰："河东一方就粮禁军数多，朕常以为若措置失宜，久恐非便。今又并令并代州总管司一处管勾，事权非轻，已议差吴元扆知潞州。其并代州总管司所辖兵马，可割泽、潞、晋、绛、慈、隰、威胜等七州军就粮禁军，令吴元扆提举管辖，更不隶并代总管司。②

在宋辽对峙时期，并代、泽潞所辖的禁军集中统辖于并代州总管司（都部署司）。宋辽盟好以后，继续集中屯驻重兵失去意义，反而是禁军人数众多，且过于集中，给日常管理带来不便，原有统辖于并代州总管司的军队被分散于七个州，并委派专人主理军务。由于"太原地控北门，今边境虽安，亦要大臣镇抚"，对于留驻于并代总管司的兵马，并没有放松管理，景德四年（1007）六月，枢密直学士刘综知并州、同管勾并代兵马事。③

大中祥符元年（1015）八月，河东路设置缘边安抚司。据《长编》载：

> 置河东缘边安抚司，令河北安抚副使、都监一员掌其事。④

河北路于景德三年设置河北缘边安抚司，处理包括榷场的管理等在内的边务。⑤ 值得注意的是，河东缘边安抚司设置之始即由河北安抚副使和都监主理其事，暗示出河北路和河东路在对待辽朝相关事务时，有许多相关性。河东缘边安抚司所掌事务，应同河北缘边安抚司所掌之事有类似之处，除了军务，河东路缘边安抚司还负责管理一些使节往来之事⑥，河东路自设置缘边安抚司后，成为河东路主要负责边务的官司，朝廷规定其

---

① 《长编》卷六五，景德四年四月丁丑条，第1452页。
② 《宋会要辑稿》兵制五之一、二，北京：中华书局，1957年。
③ 引文并见《长编》卷六五，景德四年六月癸丑，第1463页。
④ 《长编》卷六九，大中祥符元年八月庚子，第1555页。
⑤ 《长编》卷六二，景德三年四月乙酉，第1394页。
⑥ 《长编》卷七七，大中祥符五年正月乙酉条，第1751页。

每半年一奏边事,急切事务则随事入奏。① 边务的管理趋向日常化。

仁宗庆历时,在讨论西北边事时,欧阳修认为:

> 契丹若寇边鄙,当先自河北,不应便出河东。若云出吾不意,则兵衅未成,必未突然入吾险地,是北虏必不攻河东矣。②

契丹"必不攻河东",虽然出于欧阳修的推测,如果仅就对辽的战略地位而言,河东路地势险要,较之河北路,不是契丹最易进攻的地区。因此从战略防御的角度看,河东路整体面临的军事压力要略逊于河北路。然而随着西夏战事的兴起,北方三路的防御侧重点发生改变,以往战略防御格局被打破了,河东路的防御职能变得重要起来。

二、河东路对西夏的形势及安抚使司之设置

在太宗及真宗前期,西夏不断骚扰宋朝西部边境,势力逐渐拓展到夏州临近的地方,彼时宋对夏的军事虽趋向内缩,但尚未处于劣势③,直到咸平五年(1002)灵州陷落,宋、夏军事形势开始发生变化。元昊继立后,西夏军力大盛,扭转了对宋的军事弱势。仁宗宝元元年(1038)正月,元昊即遣人以去代州五台山供佛为名,意欲勘探河东道路。④ 是年十月,元昊称帝。宋廷很快对此做出反应,十二月,诏令"陕西、河东缘边旧与元昊界互市处,皆禁绝之"⑤,陕西与河东缘边对西夏的策略是一致的。在河东路与陕西路军事地位的关系上,河东路的麟、府、丰三州形成麟府路,隔在黄河西岸,河东路其他州军均在黄河以东。麟、府二州地势尤为险

---

① 《长编》卷七三,大中祥符三年五月己丑,"诏河东安抚司半年一入奏边事。如有急切,不拘此限"。第1671页。李昌宪《宋代安抚使考(代前言)》认为此"河东安抚司"乃"河东沿边安抚司"之省称,下文亦有论及,第23页。
② 欧阳修著,李逸安点校:《欧阳修全集》卷一一五《论西北事宜札子》,北京:中华书局,2001年,第1748页。
③ 李华瑞:《宋夏关系史》,石家庄:河北人民出版社,1998年,第2639页。
④ 《长编》卷一二一,宝元元年正月癸卯,"元昊请遣人供佛五台山,乞令使臣引护,并给馆券,从之。元昊实欲窥河东道路故也"。第2849页。
⑤ 《长编》卷一二二,宝元元年十二月甲戌条,第2888页。

峻,依山建城,与陕西路鄜、延二州连成一体,共同防御西夏。①

不久,宋军与西夏在三川口、好水川发生两次大战,皆告失败,战事日炽。庆历元年(1041)七月,元昊发起了针对麟、府二州的进攻②,八月,元昊攻陷丰州,随即引兵屯驻琉璃堡。③ 九月,张亢领并代钤辖,专管勾麟府军马公事,才得以收复琉璃堡,筑寨护城。④ 此后,宋、夏战争成为宋廷对外战事的重点,其主战场在陕西,其次是河东路。河东路军事上应对的主要对象由北方的契丹转向西夏。

经此一役,麟府路引起了宋廷的关注,河东路的战略安全也得到了重视。如知谏院张方平所言:

> 夫麟、府辅车相依而为河东之蔽,无麟州则府州孤危,国家备河东重戍正当在麟、府。使麟、府不能制贼后,则大河以东孰可守者?故麟、府之于并、代,犹手臂之捍头目也。⑤

麟、府二州凭借险峻地势,勉强能力战守城,但八月丰州陷落,切断了两州一体的优势,元昊屯兵琉璃堡,纵兵抄掠,对河东路的军事安全造成严重威胁。可见,若麟府路能固守天险,把西夏的攻势控制在黄河以西,就能成为河东路的屏障。麟府路的军事安全,对于河东路防御契丹的重镇代州和并州,同样具有重要意义。河东路对西、北二边的作用,陕西经略安抚使陈执中有同张方平类似的看法,陈执中曾上言:

> 贼围麟府,有大河之限,难于援救。且河东一路,介于二虏,若首尾合而内寇,则其为患大于关中。宜急募敢死士,权给禁军钱粮、衣赐,不刺面,分隶主将,与官军并用。赏宜加等,罚宜减科,俾之勇奋而悦附。俟贼平,愿在军者优与名额,欲归农者免其徭役。仍选大臣

---

① 麟府路于陕西形成一个军事单元而依然划入河东路的原因,据程龙《北宋西北战区粮食补给地理》,认为麟府路主要为屏蔽河东,而河东路则主要承担了麟府路粮食供给。北京:社会科学文献出版社,2006年,第149页。
② 《长编》卷一三二,庆历元年七月,第3154页。
③ 《长编》卷一三三,庆历元年八月乙未,第3168页;九月庚戌,第3172页。
④ 《长编》卷一三三,庆历元年九月庚戌,第3172页。
⑤ 张方平:《乐全集》卷二〇《论事·陈政事三条》,影印文渊阁四库全书本。因张方平在此奏章中反对杨偕新建麟州,杨偕于庆历元年十月由知并州罢知邢州。此上书时间应在十月后。

> 为一路招讨安抚使,治并州,委其节制,所贵速于成功。①

陈执中的意见不囿于麟府地带,而充分注意到河东路整体的重要性。河东路地处京畿路以北,有捍御京师之责,同时也处于契丹、夏交界处,一旦契丹、夏联合进攻河东,京师开封将直接面临威胁②;同时,麟府路对于西夏固然是屏蔽河东的天险,但一旦战事展开,此天险对于宋方而言,要进行战争中的粮草补给、军事救援也同样是一件十分棘手的事情。陈执中更进一步指出,欲巩固河东路的防守,有必要设置专使统一节制一路防务。

河东路对契丹而言,所面临的军事压力略逊于河北路;对西夏而言,其军事压力则逊于陕西诸路,然而在西夏和契丹双重的军事压力下,河东路的战略地位,就不容小觑。正是意识到这点,宋廷对河东路的经略随着元昊大举进攻麟、丰二州而紧急展开,庆历元年(1041)八月:

> 己丑,中书、枢密院言,已发在京神卫等二十指挥赴河北路。诏权遣赴并代路,以丰、麟州危迫故也。③

由于丰、麟二州正处于元昊攻击的危迫境地,这支原本被调往河北路的禁军,被仁宗遣赴河东路,紧急屯驻并、代地区,加强对麟、府、丰三州的军事支援。九月,又令知并州杨偕:

> 除并州合驻大军外,麟、府州比旧增屯,余即分布黄河东岸诸州御备,交相应援。④

此番布置是对八月紧急部署所进行的巩固措施,而更有计划性。含有一重军事防御的意味:若丰、麟二州被元昊攻破,宋、夏两军就不免隔黄河形成东西相持的状态,若夏军趁河水冰冻攻渡黄河,大河以东再无天险可

---

① 《长编》卷一三三,庆历元年八月丙戌,第3162页。
② 富弼早在宝元二年即曾对西北联合的可能性有过估计,见《长编》卷一二四,宝元二年九月,第2925页。陶晋生《宋辽关系史研究》第四章"北宋庆历改革前后的外交政策"中对此期宋、契丹、夏之间的国家形势及相互关系有清晰的论述,庆历二年开始宋、契丹间的外交活动目的之一就是要防止契丹和西夏之间的联合。台北:联经出版社,1995年第4版,第59—95页。
③ 《长编》卷一三三,庆历元年八月己丑,第3164页。
④ 《长编》卷一三三,庆历元年九月庚戌条,第3173页。

守,便可直入河东腹地,而屯驻并、代的重兵正可用于阻隔元昊渡河东侵。此后不久,宋廷又诏令:

> 雄州、代州安抚司,每得契丹事宜并报麟府军马司。①

此措置暗含另一重军事防御的意思:若元昊不夺取麟府横渡黄河,而与契丹联合,两军合兵从契丹境内南下,那么首当其冲的就是河东路,而非河北路。这一安排显示出宋廷在河东路的军事安排上,是要把对契丹和对西夏战事做一体经略的努力。无论契丹、夏是否能够实现联合,作为北宋的战略防御布局,在河东路并代地区屯聚重兵的意义显然不言而喻。加强河东路的防守措施具有双重军事防御意义,针对的对象同时包括契丹和西夏,这是宋廷对河东路战略经营的特色。

自麟州地区战事兴起,河东路的战略地位陡然升高,大量军队的屯戍和调度,将士卒伍的遴选,使安抚使职的专任成为必然。庆历元年:

> 十一月丁未朔,四方馆使、昭州刺史高继宣为恩州团练使、捧日天武四厢都指挥使、知并州兼河东路经略安抚缘边招讨使,代杨偕也。②

河东路在庆历元年十一月,继陕西四路各置经略安抚缘边招讨使后③,也设置了经略安抚缘边招讨使,以并州知州兼任首任者为取代杨偕的高继宣,这与《宋史》杨偕本传记载不同,据本传载:

> 明年(庆历元年),改左司郎中、本路经略安抚招讨使,赐钱五十万。偕列六事于朝,一、罢中人预军事;二、徙麟州;三、以便宜从事;四、出冗帅;五、募武士;六、专捕援。且曰:"能用臣言则受命,不然则已。"朝廷不从,偕累奏不已,乃罢知邢州,徙沧州。④

杨偕在康定元年十一月知并州前,曾任河东都转运使⑤,从本传来看,朝

---

① 《长编》卷一三七,庆历二年六月辛巳,第3277页。
② 《长编》卷一三四,庆历元年十一月丁未,条3195页。
③ 《长编》卷一三四,庆历元年十月甲午,第3190—3191页。
④ 《宋史》卷三〇〇《杨偕传》,第9956页。
⑤ 《长编》卷一二九,康定元年十一月丙子,"河东都转运使、龙图阁直学士杨偕为枢密直学士、知并州"。第3058页。

廷有意以杨偕为首任经略安抚使,李昌宪先生在《宋代安抚使考》中亦据此认为杨偕是北宋在河东路设置经略安抚使之始。① 不过,在《长编》记载高继宣任经略使后,对其取代杨偕原因又加以说明:

> (杨)偕尝列六事于朝:一、罢中人预军事;二、徙麟州;三、以便宜从事;四、黜冗帅;五、募武士;六、专补授。且曰:"能用臣言则受命,不然则已。"朝廷难之,偕累奏不止,乃罢知邢州。②

在这一点上,《长编》与《宋史》本传的说法相同,朝廷确有意授命杨偕为经略安抚使,但由于杨偕列六事于朝,声称朝廷接受他的意见,那么他就接受朝廷的任命,若否,则拒不授命;加之杨偕与本路总管不协,要求便宜行事亦被朝廷回绝。③ 朝廷没能接受杨偕的种种要求,遂以高继宣取代杨偕,杨偕并没有出任河东路经略安抚使一职。

三、河东路军事机构变化及相互间的关系

河东路在仁宗朝形成的安抚使司边防军事体系,处于北宋地方军事系统由都部署司体制向安抚使司体制转变的过程中。④ 在安抚使司形成之前,前述文中所涉及的并代路(州)都部署司(总管司)负责河东路一路军务。河东路还设有石隰路(州)部署司及麟府路浊轮寨都部署,级别略低于并代路都部署司。此外,都部署司所在地为屯兵重镇,但在本路要津,仍需分置兵力,河东路即曾在代州设部署司,统辖对北边驻防大军。

河东路安抚使司设置之后,逐渐取代了都部署司,成为河东路军务的

---

① 李昌宪:《宋代安抚使考(代前言)》,第23页;吴廷燮:《北宋经抚年表》卷三:"庆历元年,杨偕,《长编》康定元年十二月丙子,河东转运使杨偕知并州。是年十一月丁未,改知邢州。是月,高继宣自雄州知并州。"第170页。杨偕罢任期不确,据《宋会要辑稿》职官六四之四一,杨偕于十月降知邢州,但《年表》未言其为"河东经略安抚使"。
② 《长编》卷一三四,庆历元年十一月丁未,第3195页。
③ 《宋会要辑稿》职官六四之四一。
④ 关于都部署司的形成及终结,参见赵冬梅《文武之间:北宋武选官研究》第五章《军壁董戎,维护边防》,北京:北京大学出版社,2010年,第172—212页。

主要负责机构。不过,早在景德元年(1004),石隰路部署司即废,改置石隰缘边都巡检使。① 麟府路都部署司则于天圣元年(1023)左右改为麟府路军马司。② 这一时期河东路主要军事机构即由河东路缘边(沿边)安抚司、河东路经略安抚缘边招讨司,以及麟府路军马司、石隰缘边都巡检司组成。那么,这几个机构间的关系如何呢?

具体而言,在涉及对契丹事务时,多半由河东路缘边(沿边)安抚司负责。前述曾引大中祥符五年(1012)的规定:"契丹每遣人至宁化军,诏于横岭铺治馆舍以待之。从河东缘边安抚使之请也。"③河东路缘边安抚司,也可简称为河东安抚司,如大中祥符七年:

> 河东安抚司言,北界自景德二年后,汉口被掠自归者千六百二十五人。④

二年之间,北宋对辽边情未有大变,必非是新设一河东安抚司,此即是用简称。此后,这一机构及职能就此确定下来,以负责对契丹事务为主。

此外,河东缘边安抚司也会管理一些与西界相关的边务。据《长编》载:

> 辛未,河东缘边安抚司言府州五族、八族蕃部,先挈其属散耕河东诸州,欲遣还河西故地。从之。⑤

> 枢密院言河东安抚使段少连,乞罢陕西、河东钤辖等巡边名目,或欲令兵马司臣僚视兵甲城寨、经度邻界事由等,即令简径出入,不须张皇。从之。⑥

府州和与陕西的边务,均属西界事务,这两件事均发生在河东路另一个安抚使司——河东路经略安抚缘边招讨司——设置之前。

与河东缘边安抚使司的省称类似,"河东经略使"亦是"河东路经略安抚缘边招讨使"的省称,一般由知并州担任。如明镐,本为"知并州兼

---

① 《长编》卷五八,景德元年十二月丁未,第1301页。
② 《长编》卷一〇一,天圣元年十二月辛酉,第2344页。
③ 《长编》卷七七,大中祥符五年正月乙酉条,第1751页。
④ 《长编》卷八二,大中祥符七年三月己酉条,第1869页。
⑤ 《长编》卷一〇二,天圣二年六月辛未,第2358页。
⑥ 《长编》卷一二四,宝元二年七月甲寅条,第2918—2919页。

河东经略安抚缘边招讨使",但史籍中也称其为"河东经略使明镐"①;再如郑戬,曾任知并州兼河东路经略安抚缘边招讨使,但其后也称其为"河东经略使郑戬"。② 在不引起混淆的情况下,以省称来代替全称在史籍中是很常见的现象。此外,《宋史·地理二》以太原府领河东路经略安抚使;以代州置缘边(沿边)安抚司。③ 河东路经略安抚缘边招讨使司和河东路缘边安抚司各有所司,二者分别可简称为河东经略司和河东安抚司,区别在于更具军事色彩的"经略"二字。河东路在一路境内,设置了两个安抚使司。在同一路内设置两个安抚使司并非河东路独有,如秦凤路,也是既有经略司又有缘边安抚司,各自有一定的独立性,两司可分别处置事务。④

从河东路诸司的关系上看,诸司各有所职,制度上没有明确的统属关系,但在实际运行中,职权难免交错。河东路安抚司和经略司虽各有责任,但经略司有时会插手安抚司事务。⑤ 又如在河东路安抚司设置前,代州部署司曾统摄麟府路军务⑥;河东路安抚司和经略司对麟府路事务有一定职责⑦,元丰时期,曾以太原府路钤辖管勾麟府路军马事。⑧ 不过,诸司各自的独立性也相当明显。元丰四年(1081),北宋出兵攻取灵州时,

---

① 《长编》卷一三七,庆历二年六月乙未,第3279页;卷一五四,庆历五年正月甲申条,第3740页。
② 《长编》卷一三七,庆历二年六月癸未,第3277页;卷一五八,庆历六年六月辛酉,第3831页。
③ 《长编》卷一三三,庆历元年八月庚子,"河东经略司言丰州陷"。第3169页。此是唯一一条出现在庆历元年十一月前用"河东经略司"之称的史料,未明所以,或为误写。
④ 《长编》卷二三〇,熙宁五年二月己卯条,"上谓执政曰:'秦凤缘边安抚司与经略司事宜与分别处置,不知吕公弼到又何如。'"第5605页,《长编》卷二三五,熙宁五年七月戊子,第5700页。
⑤ 《长编》卷三一一,元丰四年二月庚辰,第7545页。
⑥ 《宋史》卷八六《地理二》:"府州……旧置麟府路军马司,以太原府代州路钤辖领之。"第2135页。
⑦ 《长编》卷二三八,熙宁五年九月辛亥,"河东路安抚司言:'府、丰番兵续入队丁壮有下户无力者,欲乞御贼器械并从官给,常时与免上番。'从之"。第5796页。
⑧ 《长编》卷三二九,元丰五年九月壬辰条,第7930页。太原府路并非单独设置之路级机构,而是总管、钤辖、都监系统官员为区别于安抚司系统官员身份采取的称呼,在河东路经略司设置之前,太原府路钤辖也称并代钤辖。

麟府路为配合陕西四路出兵,曾以"措置麟府路军马司事"为名①,受宦者王中正节制,独立于河东路经略司。② 元丰五年四月,沈括请建葭芦、米脂等寨,此后又先后设置了葭芦、吴堡寨缘边都巡检使、岚石路缘边安抚司。③ 岚石路缘边安抚司的设置更增强了麟府路的军事防御能力。④ 元丰五年,有规定称:

> 诏:"河东路经略司指挥接连西界缘边州、军、城、寨官司,应系西界边事及探报事宜,不得申牒河东缘边安抚司。"⑤

强调河东路经略司负责西界边务,此职权不应属于河东缘边安抚司,对两司职责加以区别,即使二司职能曾经有所混淆,从中仍可看到朝廷对置司原则的把握。各司之间既有独立性,又曾相互配合调度,既可保证朝廷对各司的控制力度,在一定情况下又可能协作起来。

从诸司的地理分布上看,河东路缘边安抚司设在代州,与忻州、宁化军、岢岚军一起形成对辽军事防御;西北的麟府路,辖下麟、府、丰三州处于黄河以西,与陕西四路共同形成对西夏的军事防御,岚石路设置后加强了麟府路的职能,河东路安抚司与麟府路、岚石路也可互相呼应,这是河东路最外层的军事防御层;其次,石隰州都巡检司,以石州为治所,合石、岚、隰三州⑥,沿黄河形成次一层军事防御带;河东路在首州并州置经略安抚使司,使并州成为河东路对西、北二边的防御重心,形成控扼之势,尤以西事为主。哲宗元祐时期又在忻、代二州和岢岚军增置了都巡检使司⑦,加强以民兵为主的军事防御。元符二年(1099),以葭芦寨为晋宁

---

① 《长编》卷三一五,元丰四年八月戊午,第7617页。
② 《长编》卷三一六,元丰四年九月丙申,第7641页。
③ 《长编》卷三二五,元丰五年四月甲子条,第7820页;卷三三一,元丰五年十一月辛酉条,第7986页;岚石路具体设置时间不详,至少在元丰七年三月已经有"河东四路"的说法(《长编》卷三四四,元丰七年三月庚申条,第8246页)。
④ 《长编》卷五一四,元符二年八月甲午,枢密院言,河东路经略使司林希奏称:"先帝元丰中于鄜延路进筑米脂、葭芦、吴堡三寨,以葭芦、吴堡隶河东路,自是岚石之人始戍河西。……自此岚、石遂为次边,麟、府不为孤绝,实自先帝经始葭芦。"第12227页。
⑤ 《长编》卷三三〇,元丰五年十月壬子条,第7947页。
⑥ 《长编》卷三一七,元丰四年十月癸亥小注,第7669页。
⑦ 《长编》卷四一九,元祐三年闰十二月丙辰条,第10154页。

军,以知军为岚石路沿边安抚使兼岚石隰州都巡检使①,则再次加强了极边的军事防御能力。

四、北宋对麟州的经略

河东路与西夏战事中,麟府路首当其冲,不仅与陕西互为犄角,且关系到并代地区的军事安全,麟府路又以麟州为重。麟府路是多民族混杂居处之地,府州折氏、丰州王氏、麟州杨氏均世居其地,折氏属党项大族,王氏为党项藏才族②,世袭知州,两州土豪常常结姻;杨氏亦属党项。不过麟州的知州,不似府州和丰州,仍多由朝廷派人出任知州。③从庆历元年(1041)元昊攻袭麟州之始,宋廷就出现了两种对麟州的态度,一种以知并州杨偕的意见为代表,认为守麟州则粮食补给将给河东带来非常大的财政压力,主张放弃麟州,退守河内④;另一态度是从军事战略的角度出发,认为放弃麟州等于把黄河西岸拱手让人,同时陕西也失去犄角之势。这两种意见一直争论不休。为解决麟州弃留问题,庆历四年(1044)欧阳修奉使河东,回来后上《论麟州事宜札子》,宋廷才最终决定保守麟州。《札子》分析了麟州弃守的利弊,提出解决方案,其中最重要的一点就是委任土豪。

从欧阳修的《论麟州事宜札子》"委土豪"条中,可知宋廷依靠当地土豪的措置方案:

> 委土豪者,今议麟州者,存之则困河东,弃之则失河外。若欲两

---

① 《长编》卷五一四,元符二年八月甲午小注引《曾布日录》,第12227—12228页。
② 聂崇岐:《麟州杨氏遗闻六记》,《宋史丛考》,北京:中华书局,1980年,第376—387页;周群华:《"折家将"与辽、金和"杨家将"的关系述论》,《社会科学研究》1990年第6期,第99—103页;李裕民:《折氏家族研究》,《陕西师范大学学报》(哲社版)1998年第2期,第55—68页。
③ 包伟民:《北宋麟州史事丛考》设专篇考订了麟州的守臣,只有两人为当地人,其中之一为太祖朝杨重勋。《首届全国杨家将历史文化研讨会论文集》(待刊),2007年8月,第81—96页。
④ 《长编》卷一三四,庆历元年十月丁亥,第3188页。

> 全而不失,莫若择一土豪,委之自守。麟州坚险,与兵二千,其守足矣。况所谓土豪者,乃其材勇独出一方,威名既著,敌所畏服,又能谙敌情伪,凡于战守,不至乖谋。若委以一州,则其当自视州如家,系己休戚,其战自勇,其守自坚。又其既是土人,与其风俗情接,人赖其勇,亦喜附之,则蕃、汉之民可使渐自招集。是外能捍贼而战守,内可辑民以实边,省费减兵,无所不便。比于命吏而往,凡事仰给于朝廷,利害百倍也。
>
> 必用土豪,非王吉不可。吉见在建宁寨,蕃、汉依吉而耕于寨侧者已三百家,其材勇则素已知名,况其官序,自可知州。一二年间,视其后效,苟能善守,则可世任之,使长为捍边之守。①

委任土豪最大的好处就是减兵省费,这是宋廷对麟州弃守之议的核心问题。其一,土豪一般有自己的武装组织,且能自负粮草供给,无需宋廷筹措;其二,土豪对边界蕃、汉两边均有很强的号召力;其三,土豪熟知边事,长于战守。②

欧阳修推荐的王吉就曾在庆历元年与西夏的战斗中发挥过重要的作用。据《长编》记载:

> 有王吉者,麟州通引官。州被围急,苗继宣募吏民通信求援,吉应募。继宣问须几人从行,吉曰:"今敌骑百重,无所用众。"请变服为敌装,挟弓矢、赍糗粮,诈为敌人。夜缒出,遇诘问,则为番语答之。两昼夜,然后出敌寨之外,走诣府州告急,府州遣将兵救之。吉复间道入城,城中皆呼万岁。及围解,除吉奉职、本州指使。③

王吉成为解麟州之围的关键人物。随后《长编》又记载了王吉在多次战

---

① 《欧阳修全集》卷一一五,第1752—1755页。
② 北宋的麟府路,学界多有关注,对宋廷经略麟府路的许多要素已有涉及,如麟、府、丰三州的建置、战略地位,宋夏双方在麟府一路的军事活动,北宋在沿边堡寨的军事设置,粮食补给,麟府路的地方势力等。如韩荫晟:《麟府州建置与折氏源流》,《宁夏社会科学(试刊号)》,1981年;李昌宪:《北宋时的麟府路》,《南京大学学报》1992年第1期;畑地正宪:《关于宋代的麟府路》,《东洋史研究》第51卷第3期;刘建忠:《宋麟府丰三州建置及其战略地位》,《四川文物》1995年第6期;畑地正宪:《五代、北宋的府州折氏》,《史渊》第110辑等等。
③ 《长编》卷一三三,庆历元年九月壬申条,第3181页。

斗中的武勇事迹，称"吉每战所杀（发）不过一矢，即舍弓肉袒而入，手杀数人，然后返"，王吉也自称"吾前后数十战，未尝发两矢也"。① 可见，王吉在边事的历练中，实是勇悍习战之人。

类似王吉这种类型的人在边地并不少见②，如当时与王吉齐名的张岊③，府谷人，府谷地属府州，张岊是当地人无疑，与王吉一样，张岊在沙场上也是能征惯战，在宋夏边事中曾以过人的胆色和武略赢得了番人的尊敬和器重，使边事迎刃而解。④ 从上引王吉史料中也可以看到，王吉同样是对番族很了解的"土人"："（王吉）夜缒出，遇诘问，则为番语答之。"通语，使人容易把土豪王吉的族属归入番族。《宋史》王吉无传，《长编》的记载中也未涉及王吉的族属问题。然欧阳修对土豪定义是"其材勇独出一方，威名既著，敌所畏服，又能谙敌情伪，凡于战守，不至乖谋"。就是熟知当地风物人情、能招揽番汉之民的"土人"，其族属如何反而并不重要。他们有可能为"熟户"，是汉化的番人；也很有可能是熟知番情，接受了不少番俗的番化汉人。但无论是何种族属，他们不仅是北宋倚以御边的劲旅，也是联系北宋政府和当地番族间的纽带。边地特殊的地理位置和宋廷经营边地的策略为他们的活动提供了广泛存在的空间，从而使他们在史书上留下了浓墨重彩的一笔。

五、结语

河东路作为"北方防御区"之一，军事防御特点不同于其他两路。当宋、辽之间军事矛盾比较突出时，相对于河北路，河东路整体处于"次重点"的防御地位，并、代二州作为河东路的防御重点，同河北路一体，组成一

---

① 《长编》卷一三三，庆历元年九月壬申条，第3181页。
② 彭百川《太平治迹统类》卷七"康定元昊扰边"条，也记载了金明寨李士彬事迹，称"士彬世居金明，有兵近十万人，延州专使控扼中路，众号'铁面相公'，夏人畏之"。台北：成文出版社，1966年，第580页。
③ 《长编》卷一三三，庆历元年九月壬申条，"（王）吉与张岊齐名，卒皆不至显官"。第3182页。
④ 《长编》卷一三三，庆历元年九月壬申条，第3180页。

个对辽的战略防御单元。仁宗时期,宋、夏战争日趋激烈之时,陕西是直接面对西夏军事攻势的主要地区,河东路整体并非西夏直接进攻的对象,而河东麟府路,位处黄河以西,多与陕西诸路作为一个战略防御单元,共理西夏战事。其战略部署,分为西、北两块,要点地区突出而稳定。

然而,西夏战事兴起后,辽、夏联合成为潜在威胁,因而牵动了河东路对辽军事防御体系。对西、北二边同时负有双重军事责任的河东路,虽非战事攻略的重点地区,但其战略地位却由此得以凸显。北宋应对西夏入侵,继在陕西设置四路安抚使司后,在河东路设置缘边经略安抚使,以知并州兼任,形成河东路的军事防御布局:以并州(太原府)为重心,与西北部麟府路、北部河东路缘边安抚司各自连成一线,同时在黄河沿岸设置次一层军事防护带,共同控扼西、北,把二线战事做一体经略。在河东路一路内,形成两个安抚使司。

就河东路军事经略的具体地区而言,乃特重麟府一路,麟府地处三界,是多民族聚居的地区。宋廷在财政压力与军事经略的张力下,选择利用当地土豪镇戍边地。这样的政策也为当地土豪提供了一个可供施展才华的生存空间,从而使他们有机会在边地继续晚唐五代的流风余韵。

(古丽巍　中国人民大学历史学院博士后)

龙湾之战与元末建康水道

李新峰

【内容提要】 关于元末朱元璋部与陈友谅部的龙湾之战，以往研究信赖官方宣传材料《实录》，缺乏对战斗所在地建康城西水道格局的认识，对战役真相的了解和对双方行动的理解尚有深化余地。本文以明初俞本《纪事录》和武将传记等与《实录》对照，辨析、解释战斗过程，以现代地图与历代地方志记载对照，复原元末建康城西的水文地理形势，然后以地理状况进一步解释双方的策略与行动，以战况进一步验证所推断的水道格局，初步廓清了地理和战争两个领域的史实。通过这个细节论证，本文在发掘新材料、严格取舍与深入解读、不同领域史料间的对照互补等三方面，尝试拓展明初乃至明代前期史料的使用空间。

一、元末明初的旧材料与新视角

元至正二十年（1360）夏，陈友谅军顺江而下，兵临建康，朱元璋军在龙湾设伏邀击，大获全胜，史称龙湾之战。这是明朝建国历程中最凶险的时刻之一,朱元璋军以寡敌众,一旦失利,江南红军政权势必全盘崩溃。出乎意料的全胜结局,使朱元璋部转危为安,一跃成为南方最强大的势力,奠定了败陈灭张乃至一统全国的基础。明初的官私撰述特别是《明太祖实录》,对于这场战役的具体过程有浓墨重彩的记载,向来被记述、考订元末明初史事者瞩目,为深入了解战斗过程提供了良好的基础。

不过,现代研究者对井井有条的记载出现了理解歧异。中山八郎、爱德华·德雷尔根据相关原始史料,对此战过程进行了卓有成效的还原与推测①,但所述过程的演绎成分较多,与史料原文有明显抵牾。台湾与大陆的军事史专家各曾探究双方战略、地利、兵力,进而对此战进行解读和图示②,所述虽与原始史料一致,图示的路线、方位却有违常理、常识。可见,对这场战役的理解仍停留在文字叙事层面,未知其然,更未知其所以然。究其原因,一为史料记载单薄且不尽合乎事实,一为尚未了解与战役过程密切相关的建康城入江水道。明代《实录》来自起居注、日历等官方编年记载,最早的日历在洪武七年(1374)修成,记录"从皇上兴临濠、践天位,以至六年癸丑冬十又二月"的内容。③ 甲辰年(1364)朱元璋称吴王以前,这个草创的政权只具备行省名义,不可能专设史官、施行起居注制度。所以,《明太祖实录》的早期记事,有大量应出自回忆,并非来自官方的即时编年记载,系统性与真实性均容斟酌。龙湾之战中的人物事迹关涉明朝建国历程中的内部政治斗争,遵循官方定论的《实录》尤其不可遽信,作为官方修史原料的《皇明本纪》④以及宋濂等文臣所作武将传记大

---

① [日]中山八郎:《陈友谅の第一次回南京攻击》,《东洋史论丛:铃木俊教授还历记念》,东京:铃木俊教授还历记念会,1964年,第447—472页;[美]爱德华·德雷尔著、张书生译:《明代的军事起源》,[美]复礼等编,张书生等译:《剑桥中国明代史》,北京:中国社会科学出版社,1992年,第82—85页。
② 三军大学:《中国历代战争史》第十四册《陈友谅进攻应天作战经过图》(1:100000),北京:军事译文出版社,1983年,附图14—510;《中国军事史》第二卷《兵略》(下),北京:解放军出版社,1988年,第488页。
③ 宋濂:《宋濂全集·翰苑续集》卷五《大明日历序》,杭州:浙江古籍出版社,1999年,第874页。
④ 王崇武:《明本纪校注》"序",上海:商务印书馆,民国三十七年(1948),第1、10页。王氏认为本书或为纂修《实录》时的修史原料,或为实录早期本的节录。按,本书言辞朴拙,绝非出自《实录》,记事止于洪武五年(1372)底,比日历只早一年,应即洪武初期的官方宣传品,为日历而非《实录》的修史原料。

体不出《实录》范围。与官方记载不合者,唯有明初老兵俞本的回忆录《纪事录》,明末钱谦益曾有征引①,可惜此书清初即失传,钱氏摘录不具首尾,与《实录》不合的记载难辨真伪。所以,明初以来的撰述者和研究者所采信的,主要是不尽属实的《实录》等官方宣传材料。

幸运的是,俞本在20世纪70年代已重见天日②,述龙湾之战的文字详于钱谦益摘抄者,前后之文提供了诸多相关信息,足资对照《实录》来考辨战斗过程。不过明初而言,对常见史料的深入发掘比发现利用新史料更加重要,因为明代档案、文书、谱牒、调查报告等原始资料主要对应明中后期,《纪事录》那样的新发现更是寥若晨星,不足以改变明初史料的基本状况。明前期史料篇幅不大,头绪混乱,既难采用统计、对比、取样等方法,又难对关键材料进行细节分析和推断演绎。但是,若对庞杂的史料慎加取舍,剔除大量转述材料,则明初原始史料的头绪并不复杂③,只要逾越了繁琐的头绪和矛盾的例证,大量间接证据就可供深入解读关键史料了。记载龙湾之战的史料,就提供了一个明初史料取舍与解读的范例。

当时,陈友谅水军远比朱元璋水军强大,陈氏船队若冲进建康城壕,就可稳操胜券,双方的攻守进退一定是围绕掌控建康城入江水道展开的,所以了解建康的入江水道格局是理解战役过程的前提。元末、明初、明代中后期乃至清代、近代,均有方志记载并图示建康城的水道状况,但是建康沿江水道格局的变化十分频繁,元末《至正金陵新志》与明初《洪武京城图志》的记载即有所不同,后来方志的文字与地图经常沿袭旧志,记载更是粗率零乱。研究建康水道者多重视秦淮河在城区的路线及变迁,于

---

① 钱谦益著,张德信等点校:《国初群雄事略》卷四《汉陈友谅》,北京,中华书局,1982年,第89—90页。
② [美]陈学霖:《俞本〈纪事录〉与元末史料》,《元史论丛》第七辑,南昌:江西教育出版社,1999年,第154—172页。
③ 杨讷等汇集元末战争史料,广征而严选,于龙湾之战独重《实录》、《纪事录》和四篇传记(杨讷等:《元代农民战争史料汇编》中编第一分册,北京:中华书局,1985年,第293—297页)廓清了史料记载的混乱局面。唯所据《纪事录》来自《国初群雄事略》的较劣版本,多有错漏,传记来自宋濂、金幼孜和黄伯生,其间取舍尚有推敲余地。

城外入江水道则往往简单标示,或以"达于江"一笔带过。① 顾祖禹对入江水道有较为详细的考证,但苦无精确地图,只能就各条水道的名称分列史料。② 牟复礼根据现代军用地图绘制了洪武时期的南京地区地图,爱德华·德雷尔绘制了这次战役发生时的南京地区示意图,均认真标示了入江水道,且彼此不同,可惜均未提供文字证据。③ 石尚群等系统梳理了历代南京水道状况,所制南唐与明朝水道示意图精详可征,并总结了宋元时期的变迁,但对变迁的详细过程特别是明代中期以前的水道格局未予深究。④

现代大比例尺地图较精确地勾勒地形、标示地点,验证文字记载的能力远远超过顾祖禹可能寓目的示意图。南京地区的水系从明初到现代变化不大,但在20世纪发生了彻底变化,所以成图越早的现代地图,与明初的情况越接近。牟复礼采用了20世纪40年代的地图,石尚群等参考了1929年的图件,与此相比,20世纪30年代的官方南京地图兼收精确与示意之效,清末私人绘制的江宁府图标示尤详⑤,更加便于推想元末明初的水道状况。

龙湾之战是在建康水道格局提供的可能性和限制下展开的,根据现代地图和陈友谅军的进攻目标、朱元璋军的防守重点以及双方的策略、行动,可以更加精确地推导方志语焉未详的水道格局,对水道格局的新认识反过来又能进一步解释史料记载中貌似不合理的战役进程。本文即拟以

---

① 最重要的著作为陈沂:《金陵古今图考》"明都城图",《洪武京城图志 金陵古今图考》,南京:南京出版社,2007年,第89页;朱偰:《金陵古迹图考》,北京:中华书局,2006年,第32—36页。
② 顾祖禹:《读史方舆纪要》卷二十《南直·应天府》,北京:中华书局,2005年,第949—963页。
③ [美]牟复礼著,叶光庭译:《元末明初时期南京的变迁》;[美]施坚雅编,叶光庭等译:《中国帝国晚期的城市》,北京:中华书局,2000年,第149、173—174页;[美]爱德华·德雷尔:《明代的军事起源》,第83页。
④ 石尚群等:《古代南京河道的变迁》,《历史地理》第八辑,上海:上海人民出版社,1990年,第65—69页。
⑤ Gaillard, L., *Plan de Nankin* (1898), Chang-hai: Imprimerie de la Mission Catholique, 1916 ([法]路易·盖拉德:《江宁府城图》(1898),上海:天主教印刷所,1916年,实测比例尺1:14000);《南京1936》地图(1:20000),复制苏甲荣《最新南京地图》日新舆地学社民国二十五年(1936)印本,北京:学苑出版社,2005年。

龙湾之战和建康入江水道的关系为例，探索军事与地理两个领域的史料记载互证、互补的可能性，拓展元末明初史料的使用空间。

二、战役过程的辨析与解释

《明太祖实录》记载龙湾之战，可分为定策、用计、设防、作战四个阶段：

> 庚申，陈友谅既僭号，乃潜遣人约张士诚来侵建康。群议，皆欲先复太平以牵制之。上曰："不可。太平，吾新筑垒，濠堑深固。向使彼陆地来攻，必不能破，乃以巨舰乘城，遂为所陷。今彼既居上流，顺势来寇，舟师十倍于我，猝难敌也。"或劝上自将击之，上曰："此亦不可。敌知我出，以偏师缀我，我欲与战，彼不交锋，而以舟师顺流直趋建康，半日可达。吾步骑亟回，非一日不至，纵能得达，百里趋战，兵法所忌。皆非良策也，吾有一计，足以破之。"

> 于是召指挥康茂才，喻之曰："有事命汝，能之乎？"茂才曰："惟所命。"上曰："陈友谅欲来为寇，吾欲速其来，非汝不可。汝与友谅旧，且佯欲为叛，遣人致书，约其来当为内应，彼必从。"茂才曰："诺。吾家有老阍者，尝事友谅，颇信之，且忠谨不泄。具书令赍以往，则必达信，来无疑。"将行，以所谋问李善长，善长曰："方以寇来为忧，何为更诱致之也？"上曰："此策不可失失，今不为，久则患深，使二房相合，吾何以支？先破此房，则东寇胆落矣。"遂遣阍者持书，乘小舸，径至友谅军。友谅见阍者，即呼问曰："尔何为来？"阍者曰："康相公令我来。"友谅曰："康公何言？"阍者出书进之，友谅观书毕，甚喜，问阍者曰："康公今何在？"曰："见守江东桥。"又问："江东桥何如？"曰："木桥也。"乃与酒食，遣还，谓曰："归语康公，吾即至，至则呼'老康'为号。"阍者诺，归具以告。上曰："虏落吾彀中矣。"

> 乃命李善长撤江东桥，易以铁石，通宵治之，及旦而桥成。适有富民自友谅军逸归，言友谅问新河口道路，又令于新河口跨水筑虎口城，以兵守之。命冯国胜、常遇春率帐前五翼军三万人伏于石灰山

侧,徐达军于南门外,杨璟驻兵大胜港,张德胜、朱虎帅舟师出龙江关外,上总大军于卢龙山,令持帜者偃黄帜于山之左,偃赤帜于山之右,戒曰:"寇至则举赤帜,举黄帜则伏兵皆起。"各严师以待。

  乙丑,友谅果引舟师东下,至大胜港,璟整兵御之。时水路狭隘,仅容三舟入港。友谅以舟不得并进,遽引退出大江,径以舟冲江东桥,见桥皆铁石,乃惊疑,连呼:"老康!老康!"无应之者,始知阍者之谬己。即与其弟号五王者,率舟千余向龙湾,先遣万人登岸立栅,其势锐甚。时暑酷热,上衣紫茸甲,张盖督兵,见士卒流汗,命去盖。众欲战,上曰:"天将雨,诸军且就食,当乘雨击之。"时天无云,众莫之信,忽云起东北,须臾雨大注,赤帜举,上下令拔栅。诸军竞前拔栅,友谅麾其军来争,战方合,适雨止,命发鼓,鼓震,黄帜举,冯国胜、常遇春伏兵起,徐达兵亦至,张德胜、朱虎舟师并集,内外合击,友谅兵披靡不能支,遂大败。溃兵走趋舟,值潮退,舟胶浅,卒不能动,杀溺死者无算,俘其卒二万余人。其将张志雄、梁铉、俞国兴、刘世衍等皆降,获巨舰名混江龙、塞断江、撞倒山、江海鳌者百余艘,及战舸数百,友谅乘别舸脱走。于其所乘舟卧席下得茂才所遗书,上笑曰:"彼愚至此,诚可嗤也。"①

  按照《实录》记载,龙湾之战有两个关键环节,先是朱元璋成功地欺骗了陈友谅,使陈军连攻两处无功,钻进朱军的埋伏圈,后是决战时刻朱元璋审时度势,把握战机,一举得竟全功。这值得进一步推敲。

  按《实录》所言,陈友谅轻信诈降,不谙情报,仓促无备,一副愚蠢透顶的形象,而朱元璋排众定策,力行奇计,设防埋伏,甚至预知天时以创造战机,智勇之状有如神助,这显然是胜利者的自我渲染。康茂才奉命诈降

---

① 《明太祖实录》卷八,庚子年闰五月庚申、乙丑,影校明抄本,台北:"中研院"历史语言研究所,1962年,第102—105页。

之举,《皇明本纪》、宋濂、黄金皆有记录①,细节各有参差,可知此事当非杜撰。可是,陈友谅为一代枭雄,说他相信敌营大将通款,把作战计划寄望于一封叛降信,无疑是对历史的小说演义化。陈军倾国而来,志在必得,建康为名都大郡,其水陆通道纵非为时人熟知,也必不难打探,陈军居然对进攻目标的水道宽狭、桥梁材质一无所知,居然征询不明来历的送信人和普通民众的意见,这也太近乎儿戏了。假如陈氏在江东桥下意识到中计,也会持重观望甚至暂时退兵,断不可能贸然深入下游。所以,陈军舰队先攻大胜港、再攻江东桥、后攻龙湾的行动,不可能是一个盲目试探、轻信中计、仓促应变的过程,而一定是在执行根据入江水道格局制订的合理计划。

　　对比之下,朱元璋军刚刚丧失了太平府,局面被动,只有固守建康一途,所谓收复失地或南下决战,最多是众将表现士气的姿态。正如朱元璋指出,太平府败于"巨舰乘城",建康城壕深广,联通长江,想抵挡陈军,首先需把"十倍于我"的庞大舰队拒于城壕乃至入江水道外的长江上,然后寻机与登陆的陈军决战。所以,朱元璋的策略是唯一选择,即在各入江口驻兵坚守,在后方集中主力,随时开赴陈军登陆点决战。朱元璋以康茂才诈降,"告以虚实,使分兵三道,以弱其势"②,后来陈军果然连攻大胜港、江东桥、龙湾等三处,并不能证明陈友谅中计,只能说明这三处是双方公认的必争之地。

　　令陈军"分兵三道",即诱使陈军从三条水道攻城,意味着朱军需要分兵抵抗,本来弱小的朱军更加不利。朱元璋为什么要这样谋划呢?大

---

① 佚名著,赵子富点校:《皇明本纪》,邓士龙辑,许大龄等点校:《国朝典故》,北京:北京大学出版社,1993年,第32页;宋濂:《宋濂全集·銮坡前集》卷二《蕲国公康公神道碑铭》,杭州:浙江古籍出版社,1999年,357页;黄金:《皇明开国功臣录》卷九《康茂才》,《明代传记丛刊》第23册影印明正德刻本,台北:明文书局,1991年,第556—557页。按,宋濂为与战役同时代人,撰此碑铭犹在日历初修之前的洪武四年(1371),黄金撰文在弘治时期,均未参考《实录》,二人所记均非来自《实录》、《本纪》系统的史料,故可资对照。
② 宋濂:《宋濂全集·銮坡前集》卷二《蕲国公谥武义康公神道碑铭》,第357页。

胜港由不甚重要的将领杨璟把守,江东桥更是无人防守①,朱元璋显然既认为陈军会在这两处浪费兵力,又放心地放弃了它们,说明这两处并非通城大道。陈军连攻三处,其实在大胜港和江东桥既无象样的战斗,也未作认真停留。陈友谅与老阍者定约、富民被征询意见后得脱归,陈军又作出"分兵三道"甚至呼唤"老康"的举动,与其说是陈友谅中了朱元璋的诱敌分兵之计,倒不如说是陈友谅也根本没有寄希望于这两处,其行动是在将计就计,诱使朱军分兵南下,陈军主力则径趋龙湾。

双方都力求迷惑敌人而不成,最终还是要在龙湾决战。按《实录》记载,朱军在后方的军队为驻石灰山的帐前五翼军,和驻南门外的徐达军,战斗打响后,陈友谅军聚集在龙湾岸上,朱元璋的守军、水军和这两支部队一齐上阵,"内外合击",遂获全胜。陈军实力在朱军之上,登陆后"势甚锐",接战之后却迅速一败涂地,若归因于朱元璋利用大雨,调度有方,恐未得要领。② 亲历实战的俞本,则叙述了全然不同的战斗过程:

> (陈友谅)遣其弟领大船侵应天府。及抵江上,见龙江城下,兵精将勇,城坚堑深,又创莲花椿于江濒二里许以拒舰。友谅船至,不能近城,友谅弟五王移海船于石灰山,其虎口城双刀赵之兵攻龙湾……
>
> 上调徐达、常遇春、邵荣领兵拒之。常遇春拒长张之兵于龙湾,邵荣拒五王之兵于石灰山,徐达驻中道,以待左右之援。数战不利,蔡镇抚率骑士数十在后,力战,俱死于阵。陈氏弃船赴敌,渐远,上调邵荣兵沿江而西截战。友谅兵前后不能相继,遂大败。长张船被风急水涌,不能开帮,率众俱降。上于石头城山上立马督战。天晴,盛暑,占者曰:"今日午时有雨,敌大败。"至其时,大雨如注,顷刻复晴,再战,大破友谅之兵。五王仅免,登舟而遁。败兵登舟不及,死者不可胜计,其被伤及死横于道者,兵不得行。生擒数万人……

---

① 杨璟出身元朝义兵,加入红军较晚,时仅任行枢密院判官(黄金:《皇明开国功臣录》卷九《杨璟》,第583—584页),远不足以独当一面;江东桥易为铁石,并不能作为工事,最多起震慑作用。要想抵挡舰队,还是需要守军。可是,不但"老康"不在,朱元璋干脆就没有在江东桥预留任何守军。

② 王崇武根据《皇明本纪》先雨后战的记载,指出《实录》是以预知阴晴的谎言来神化朱元璋(《明本纪校注》,第74—75页)。美化之事应无疑义,唯《皇明本纪》叙事与《实录》同源,仍宜以《纪事录》来对照《实录》。

先是,上于己亥年预料,敌兵临城,安能俱备,遂起溧水、溧阳、上元、江宁、丹徒、丹阳六县之民及作弊吏胥,自龙江至聚宝门,挑疏河道,阔五十余丈,深二丈,能容海船周旋。及谅兵至,海船悉泊于内,友谅不能获。诸将皆曰,此天祐上有此先见也。①

俞本只是普通一兵,所见不如《实录》所载之全面,但作为亲历战阵者,俞本记载两军表现和战役过程的原始程度和可信程度,均超过《实录》。俞本记载的独特之处,在于说陈军于龙湾和石灰山两处发动进攻,龙湾由新降部众佯攻,在石灰山登陆的才是主力,朱军"数战不利",但陈军主力深入后,"上调邵荣兵沿江而西截战",一举扭转了战局。

邵荣为当时江南红军的第二号人物②,后来被朱元璋诛杀,其事迹是明朝官方讳莫如深的话题。邵荣在石灰山与敌军主将对阵,所统率的一定就是《实录》所言埋伏在石灰山、由冯国胜和常遇春统率的帐前五翼军三万人。朱元璋于洪武七年(1373)回忆说:"当是时,吾伏精兵三万人于石灰山之阳,至斯而举旌帜,军如我约,一鼓而前驱,斩溺二万,俘获七千。"③同年,宋濂作传记说:"友谅兵大至,兵阵既交,杀伤相当,而伏兵忽起山坳,友谅兵大败,擒戮无算。"又说:"上授诸将方略,设伏于险。赤帜一挥,伏甲尽出,大败伪汉兵。"④他们都强调石灰山伏兵的关键作用,正如俞本所述,龙湾之战的决定性因素是石灰山伏兵袭击深入的陈军主力⑤,而非朱元璋巧夺天时和诸军力战之功。

《实录》载水军先"出龙江关外",又从长江里杀回龙湾,"内外合击",实在匪夷所思,而俞本载水军躲在入江水道里,"友谅不能获",应得

---

① 俞本:《明兴野记》卷上,庚子年五月"是月",明天启刻本,台湾"国家图书馆"藏。按,俞本原书名《纪事录》,今存明天启刻本妄改《明兴野记》([美]陈学霖:《俞本〈纪事录〉与元末史料》,第154—155页),故本文叙述称《纪事录》,征引时称《明兴野记》。
② 李新峰:《邵荣事迹钩沉》,《北大史学》第八辑,北京:北京大学出版社,2001年,第76—89页。
③ 朱元璋:《明太祖御制文集》卷十六《阅江楼记》,《中国史学丛书》影印明初内府刻本,台北:台湾学生书局,1965年,第16页。
④ 宋濂:《宋濂全集·銮坡后集》卷一《梁国公赵公神道碑铭》、《瀚苑续集》卷六《淮安侯华君神道碑铭》,第571、888页。
⑤ 爱德华·德雷尔误以为邵荣初战即被俘(《明代的军事起源》,第84页),所以对此后战斗过程的叙述和解释,与《实录》、《纪事录》均无法吻合。

其实。不过,水军将领的确多在龙湾之战建功,如张德胜"阵既交,杀伤相当。德胜乃从中大呼,麾诸将士奋击,友谅败走",水军主将廖永忠"兵既交,永忠率所部大呼杀入,诸兵皆奋击,友谅败走"①,水军诸将应是弃舟登岸,参加了对陈军主力的陆战。陆军将领中,在龙湾正面抗敌的常遇春、徐达其实无功②,而冯胜"冲其中坚,败之于龙湾",具体而言是"与诸将击友谅于石灰山,杀伤相当,胜率敢死士直冲其中坚,敌披靡,遂大破之"。③石灰山伏军的决定性意义是毋庸置疑的。

总之,在龙湾之战的前半程,双方围绕三个入江口各用疑兵之计,均未成功,后半程决战中,陈军佯攻龙湾,主力迂回后方石灰山登陆,初获成功,旋为早已埋伏在侧的朱军主力所乘,一败涂地。换言之,双方都在用计,但朱军技高一筹。至此,战役的真实过程、两军行动的策略、决定胜败的关键因素都得以明确,不过,只有成功地把史料记载的战役过程精确还原到地图上,才能从合理的文句上升到真相的复原。当时的入江水道,有且只有这三条并以龙湾水道为主吗?为什么双方都选定远离入江口和建康城、偏在一隅的石灰山,作为登陆和伏兵之所呢?史料中提及的各个要冲,能否给出现代的具体方位并与战况吻合?这需要暂时搁置关于战事的记载,从完全不同的史料来源去探究当时的地理状况。

三、宋元明变迁过程中的元末水道

历代地方志记载宋代以来建康的地理,比其他绝大多数城市详尽得多。明代中期,陈沂在《金陵古迹图考》中图示历代城市、水道变迁,惜于

---

① 黄金:《皇明开国功臣录》卷二《张德胜》、卷五《廖永忠》,第253、373页。
② 朱元璋为徐达亲撰神道碑铭,干脆不提龙湾之战,宋濂不遗余力地为常遇春铺陈战功,于龙湾之战则仅言"共谋击败之"(徐纮辑:《皇明名臣琬琰录》卷一《御制中山武宁王神道碑》,《明代传记丛刊》影印明嘉靖刻本,第一册第20页;宋濂:《宋濂全集·銮坡前集》卷二《鄂国常公神道碑铭》,第350页),可与俞本所记"数战不利"对照。
③ 刘三吾:《坦斋刘先生文集》卷上《宋国公冯胜追封三代神道碑铭》,《北京图书馆古籍珍本丛刊》第99册影印明万历刻本,北京:书目文献出版社,1998年,第38页;黄金:《皇明开国功臣录》卷一《冯胜》,第171页。

水道仍多粗略示意,于元明之间的区别未加详解。建康城西的长江淤刷无常,水道变迁极为繁复,地方志的记载实多讹误、矛盾之处,所以关于元末明初的水道,即使明中期人亦难明辨。石尚群等指出,南唐以后,"长江日益西移,秦淮河口沙洲发育,导致了紧逼城西的夹江逐渐淤塞,但仍在地面上留下汊河、湖沼和池塘等遗迹。秦淮河则沿细流北上,经石城门至三汊河附近,沿今名惠民河的水道在老江口附近入江。"① 石氏所述是当代的秦淮河道,宋代以来秦淮河的改道与夹江的淤塞是一个持续变化的过程,当代与元明以前的情况可能不同。元末《至正金陵新志》和明初《洪武京城图志》是记载龙湾之战前后水道格局的主要史料,元末的情况可参考南宋后期《景定建康志》,明初可参考明代中后期志书记载乃至清代方志的初步研究,如果能梳理出水道从南宋到明末的主要变化趋势,更有利于判断龙湾之战时的水道格局。

在南宋方志的建康府辖境图中,秦淮河穿城而西,在白鹭洲与陆地之间的夹江出口处入江,入江口西北是茫茫江面;但在两幅附郭县境图中,原来的茫茫江面上出现了沙洲,秦淮河遂与南来的水道略呈十字交叉状。② 秦淮河出城向正西,即今汉中门到江东门一线,白鹭洲在建康城西,即今江东门西南的白鹭村一带③,这应该是五代宋元秦淮河的主流。图中的新沙洲应该是宋代河口持续淤积的结果,所以县境图当更接近元明之际的情况。

在县境图中,白鹭洲与陆地之间的夹江是一条巨流,自板桥附近入陆,在毛公渡以北会秦淮河。板桥附近的入陆口应即今板桥镇西北的水

---

① 石尚群等:《古代南京河道的变迁》,第66页。
② 《景定建康志》卷五《皇朝建康府境之图》、《上元县图》、《江宁县之图》,《宋元方志丛刊》影印清嘉庆刻本,北京:中华书局,2005年,第1376、1380页。在《上元县图》中,新沙洲似乎指江东门东北与当代秦淮河之间的陆地,但当时秦淮河能流至白鹭洲,必因江东门东北早已成陆,所以图中所示应是江东门西北新出现的沙洲。
③ 《景定建康志》卷十九《山川·洲浦·白鹭洲》,第1615页;朱偰:《金陵附郭古迹路线图》(1:100000),《金陵古迹图考》,末页;《南京市区》地图(1:50000),《江苏省地图集》,江苏省地图集编辑组,1978年,第19页。

道入口大胜关①,毛公渡在明初江东桥以南、驯象门以西②,则此夹江在今大胜关北经沙洲镇至江东门一线。③ 在府境图中,杨吴城壕向西南有一条岔流,在此夹江以东,两者必相通。同书又载,"新河,在白鹭洲西南,流通大江二十余里"④,位置与夹江相当,但是仅仅"二十余里",比板桥近得多,应是在白鹭洲南入陆汇入夹江下游的水道。由此,南宋后期通达建康的入江水道有二,城壕西北岔流约当今秦淮河干流⑤,城壕西南汊流通夹江,新河横贯夹江与长江但不通建康城。

元代,水道格局发生了重要变化。在《至正金陵新志》的山川总图中,秦淮河向北、向南两条紧靠陆地丘陵的入江河道与长江干流构成了一个三角形,三角形内河汊密布,分出许多沙洲,其中最偏西临长江干流的为白鹭洲,靠近东南河道的为沙洲乡。⑥ 偏北河道即原西北岔流,偏南河道即原西南汊流与夹江南段。同书记录了城市内外所有三个水路驿站的情况:

> 在城金陵驿:水站在正东隅……南至大城港水站六十里,北至龙湾水站三十里。

---

① 朱偰:《金陵附郭古迹路线图》(1∶100000),末页。
② 《洪武京城图志》"街市桥梁图",《北京图书馆古籍珍本丛刊》第24册影印清抄本,北京:书目文献出版社,1998年,第8页;陈沂:《金陵世纪》"纪津梁",《金陵世纪 金陵选胜 金陵览古》,南京:南京出版社,2009年,第65页。
③ 《南京市 江宁县 江浦县》地图(1∶250000),《江苏省地图集》,第20页。
④ 《景定建康志》卷十九《山川·河港·新河》,第1597页。
⑤ 秦淮河出城口向西直到江东门,乃至以西曾被明朝疏浚的地方,至清末仍有很明显的河湖遗迹(Gaillard, *Plan de Nankin* (1898)([法]路易·盖拉德《江宁府城图》(1898));明代中期南京遭洪水,江东门至三山门可以行舟(顾起元:《客座赘语》卷一《水灾》,北京:中华书局,1987年,第24页),均可为旁证。又,在上述府境图中,城壕向西北有一条岔流延伸到卢龙山一带,位于石头城、马鞍山以东。但是,这一带是连绵的丘陵,不可能有水道存在,而位于城、山以西的今秦淮河下游主河道,正是从杨吴城壕西北端向西北延伸出来,并迤逦而至卢龙山下的。秦淮河口沙洲发育,逐渐向北推移,必然在沙洲与江岸之间留下汊流,所以图中的西北水道,应上承城壕与秦淮河,在今秦淮河干流一线。这张地图是为凸显城区周围的水道形势与临江风物,而把西北水道和石头城的方位反置了。古地图为突出主题而扭曲方位者,不胜枚举。本文概取主题与方位相关者,以下辨析从略。
⑥ 张铉著,田崇校点:《至正金陵新志》卷一《金陵山川封域图考》,南京:南京出版社,1991年,第7页。

  江宁县……大城港水站,在沙洲乡,去县三十里。
  上元县:龙湾水站,在金陵乡,去县十五里。①

  显然,图中偏北河道就是通往龙湾水站的水道,秦淮河干流已经北移至此,龙湾必位于秦淮河口。沙洲乡东南的偏南河道就是通往大城港的水道,大城港本名大城冈,即明代大胜关港②,必即《实录》所言大胜港和现代的大胜关。无疑,南宋夹江已逐渐淤积,不再是莽流巨川,所以元代以大胜港而非西南汊流通原夹江之处为入江口了。

  南宋的新河在元代改称新开河,在《至正金陵新志》的驻防图与江宁县图中,大城港水道与新开河平行排列,各自联江。③ 在《洪武京城图志》中,大城港水道与秦淮河的南北对峙格局与元末无异,但"三角形"中的河汊大为减少,在南北两个入江口之间只有一条河道向东北深入内陆,与大城港水道以两条河汊相连,主流则向北与长江平行,过江东桥汇入秦淮河下游。④ 这个格局与南宋的根本区别是,偏西的新开河一线取代了偏东南的原夹江南段,成为新的夹江,其江东门以北部分至今可见。⑤ 由此可知,元末的入江口有龙湾、新开河、大城港三处,原来的西北岔流延伸为龙湾水道,西南岔流延伸为大城港水道,新开河作为新的夹江,北入龙湾水道、南联大城港水道。在《洪武京城图志》另一张地图中,新开河过江东桥后,未至秦淮,先已入江⑥,应该是沙洲淤积较少的早期情况。而到

---

① 张铉:《至正金陵新志》卷四《疆域志·铺驿》,第 210—211 页;陈沂:《金陵古今图考》"境内诸水图",第 96 页。
② 《正德江宁县志》卷二《山阜附冈垅·大城冈》、《川泽·大江》,《北京图书馆古籍珍本丛刊》第 24 册影印明正德刻本,第 713、714 页;《中国历史地图集》第七册,北京:地图出版社,1982 年,第 29、49 页。
③ 张铉:《至正金陵新志》卷五下《山川志·河港·新河》、卷一《地理图考·益都新军万户府镇守地界图考》、《江宁县图考》,第 247、17、18 页。驻防图明了各河道入江口的驻军名目,新开河与三山矶之间有一条与两者平行的河道和一支驻军未注名目,三山是自古以来建康西南方更远处的要冲,则此河道为大城港水道无疑。又,江宁县图放大了建康城西南的形势,大城港水道被视为一条贯穿南北的江流,新开河则是在沙洲群北部进入陆地,与大城港水道大致平行。
④ 《洪武京城图志》"京城山川图",第 5 页。
⑤ 《南京市区》地图,第 19 页。
⑥ 《洪武京城图志》"楼馆图",第 8 页。

明代中期，秦淮河口已经形成了三汊河①，即河口外沙洲进一步发育，秦淮河与新开河夹江呈十字交叉状。元末明初的情况到底是这两种之一，还是两者交汇后沿秦淮河干流方向西入江，或者沿夹江方向北入江呢？在整个明清时期，夹江水流的规模足够与秦淮河抗衡，保持着三汊河的南北水道，并使秦淮河的主流到三汊河后转向北，从草鞋夹入江②，到清末甚至出现了三汊河向西的汊流淤塞的局面。③ 从明中期开始，从西向东的新开河（宋元新河）淤塞不存④，南北贯通的夹江上游仅存来自大胜港水道的汊流，连这样的水量尚能保持新强秦弱的局面，则元末以新开河为水源，强盛自不待言。所以，元末明初的秦淮河口，应是秦淮与夹江在今三汊河相汇后，向北沿今惠民河，在卢龙山以西入江。⑤ 元末标龙湾在卢龙山或西或北⑥，俞本称秦淮入江水道为龙江，而《实录》提及的龙江关在仪凤门外⑦，正当卢龙山西，无不为证。这样一来，新开河虽为夹江，却也算汇入秦淮河的一支，其上游通江口也是建康城西的入江口之一。

总之，根据宋元明清时期的河道变化趋势，可知元末龙湾之战时的入江口有三个，其中秦淮河口在卢龙山（今狮子山）西，新开河河口在江东

---

① 《正德江宁县志》卷二《川泽·大城港》，第714页。
② 陈沂：《金陵古今图考》"明都城图"，第89页；顾祖禹：《读史方舆纪要》卷二〇《南直·应天府·新开河》，第956页。
③ Gaillard, *Plan de Nankin* (1898)（[法]路易·盖拉德《江宁府城图》(1898)）。
④ 《正德江宁县志》卷二《川泽·白鹭洲》，第715页。按，同书卷首《县境图》仍标出一条与大胜关水道并行的新开河，显系承袭元代方志，故不取。
⑤ 明清时期三汊河向西的水道称下新河（陈沂：《金陵古今图考》"境内诸水图"，第96页），应与上新河、中新河皆为明朝开挖疏浚者，元末尚无。
⑥ 张铉：《至正金陵新志》卷一《地理图考·金陵山川封域图考》、《旧建康府城形势图考》，第7、14页。《封域图考》标龙湾城于卢龙山东北，远离河口，《形势图考》则标龙湾于山以西，近河口，当以比例尺较大的《形势图考》为准。
⑦ 《大明一统志》卷六《南京·应天府·关梁》，影印明天顺刻本，西安：三秦出版社，1990年，第117页。按，若认为秦淮河西流入江，就得把偏北的仪凤门外的大片空地解释为"出入长江边的必经之路"等（权伟：《明初南京山水形势与城市建设互动关系研究》，陕西师范大学硕士学位论文，2007年，第56、55页），但这是洪武初年龙江船厂所在地（李昭祥：《龙江船厂志》卷四《建置志》，南京：江苏古籍出版社，1999年，第97页），在元末应是河流冲积而成的河汊纵横的沙洲，冲积者只能是秦淮河，所以秦淮河当时必系北流。

门西南方①,大胜港河口与当代无异,水道格局与明初《洪武京城图志》所示最为接近,与元末、明中期方志所载多有参差。更值得重视的是,沙洲和夹江格局一直在变化,时称新开河、穿越江东桥的夹江在宋元时期尚非主流,明代中期以后则已湮废,只有在这时才处于河流发育过程中水流充沛、河道深广的时期。同样,夹江与秦淮河的关系,既非宋元时期的各自入江,也非明代中期以后的三汊河格局,更非现代的以秦淮河流向为主流②,而是恰好处于河口发育过程中南北夹江强盛、入江口单有北流一处的阶段。一言以蔽之,龙湾之战时的水道格局只存在于历史的一瞬间。

四、战役过程与水道地理的相互验证

入江口有三、新开河可通航、秦淮河纳新开河入江,这三项基于方志记载的推测,能否进一步解释战况呢?

有且只有三个入江口,可以圆满地解释陈军的前期进攻行动。首攻大胜港,是尝试沿着宋元以来的大胜港水道直抵城壕西南角。次攻江东桥,是进入新开河后向北行驶,意图折入秦淮河后溯流而上,直抵西城壕。后攻龙湾,是想从秦淮河入江口直抵西城壕。

宋代以来,建康城西的沙洲不断淤高成陆,向西扩展,主要夹江汊流随之西移,从大城港水道到新开河,再到上新河、中新河等,直至当代更加偏西的夹江。大城港水道虽依傍陆上高地而有固定航道,号称"阴山运道"③,但宋代以来水流必然持续减少,航道逐步萎缩,正合龙湾之战时"仅容三舟出入"的情况,所以双方均未真正重视。新开河作为当时主要的夹江,正处于水量相对充裕的时期,可容舰队行驶,所以双方围绕横跨新开河中段的江东桥斗智,俱为攻守。新开河与秦淮河在河口以西形成

---

① 上新河"在江东门外稍南五里通大江"(《大明一统志》卷六《南京·应天府·山川》,第114页),当今上新河镇一带,则"流通大江二十里"的新开河河口,最有可能在今夹江北折的双闸至李圣村一带(《南京市区》地图,第19页)。
② 《南京1936》地图。
③ 陈沂:《金陵古今图考》"元集庆路图"、"境内诸水图考",第87、97页。

了沙洲,秦淮河只有向北在龙湾附近的唯一入江口,而秦淮河与新开河交汇后水量较大,河口通往建康的水道又得到了疏浚,必可容大船通行,所以龙湾入江口既是陈军舰队的主要目标,也是朱军的防守重点。

从大胜港、新开河口到龙湾,到处是平整的滩头,但是水量较大的新开河横亘在建康西城壕与江岸之间,新开河东岸往北有水深河阔的秦淮河,往南有与大城港水道之间的多条河汊,这就消除了步军在这一带江岸或新开河东岸登陆攻城的可能性。只有秦淮、大胜港水道以东的丘陵和平地,才提供了走陆路去往建康城或者侧击入江口的通途,是陈军舰队不能近城时登陆的唯一选择。与从太平府方向由南向北进攻相比,迂回到龙湾以北、以东登陆具备起码的突然性,江岸高地则可成为登陆后指挥和巩固的制高点。所以,正是基于城西的天然水道屏障,双方陆军都放弃了在城西沙洲和城南大道的攻守,而来到城北丘陵地带决战。

三个入江口的存在、三条水道的不同水量、新开河水系形成的屏障,使得战役的焦点虚虚实实,最终落在秦淮河入江口与东岸紧邻的卢龙山。卢龙山南接马鞍、清凉、石头诸地,是建康城西北一线丘陵的北端,西扼河口,东瞰平地,必然成为陈氏水陆两军的合击目标。尽管朱军故布疑阵,多处布防,其实当时的水道体系已经消除了在其他地方决战的可能性,战役结局只取决于卢龙山的得失。陈军为此制订了最合理的计划,即偏师佯攻、主力迂回登陆、分进合击,朱军也认定陈军主力必然来争卢龙山,主力只能在龙湾下游登陆,所以朱元璋本人坐镇卢龙山,主力则大胆埋伏在貌似偏僻的卢龙山以东的石灰山南麓。这样,陈军主力的迂回恰恰进入了朱军的埋伏圈,尽管"甚锐"、"杀伤相当"甚至令卢龙山正面的朱军"不利",最终还是在朱军主力的伏击下崩溃了。

上述经过梳理和解释的战况,能否反过来推测水道状况呢?

宋濂载赵德胜"守虎口城。虎口城,龙江第一关也"①,似虎口城在龙湾。龙湾正面对抗的是长张所部,但是赵德胜此战并无大功。王祎载:

---

① 宋濂:《宋濂全集·銮坡后集》卷一《梁国公赵公神道碑铭》,第571页。

"庚子秋……相龙湾、虎口形势,筑二城以卫京师"①,《实录》也载本年"筑龙湾、虎口城"②,可见宋濂把二城混为一谈了,说明赵德胜所守虎口城另有所在,当在《实录》所言新河口。③ 由俞本所记"其虎口城双刀赵之兵",可知陈军先锋一度占领了虎口城,所以才有机会冲击江东桥。虎口城与龙湾城并列,可略见新开河的重要性。

《实录》载陈军入大城港后"遽引退出大江",但到江东桥后没有提到"引退",而至迟到明代中期新开河已经湮废了。有无可能当时新开河已经让位于"江东门稍南五里通大江……洪武初新开"④的上新河,陈军是从长江干流中向东走捷径,"径以舟冲江东桥"呢?同治《上江两县志》即根据中新河简称新河,判断龙湾之战中的新河口即中新河河口,为防御江东桥的前哨,陈军是从中新河冲向江东桥的。⑤ 爱德华·德雷尔在江东桥北标出一条向西通江的水流⑥,约当中新河一线,应即作类似判断。明代中期"白鹭洲少下阙南岸,以达江东门坝,为上新河"⑦,可见江东门外的南北水流向西有坝,并不联通长江,上新河、中新河主要用作避风河港,均非水源⑧,且晚至明初才开挖。所以,陈军"以舟冲",应非沿上新河或中新河,当时一定存在着一条后代不熟悉的通畅的新开河。⑨

古代秦淮河口在宋元以来淤塞,其正西干流有无可能当时还可以通航,新开河还是北流直接入江的夹江,龙湾之战的江东桥所指不是明初横跨新开河者,而是横亘在直通建康城的秦淮故道上?果如此,陈军会是从

---

① 王祎:《王忠文公集》卷二二《参军胡公行述》,《北京图书馆古籍珍本丛刊》第98册影印明嘉靖刻本,第401页。
② 《明太祖实录》卷八,庚子年十二月"是岁",第110页。
③ 顾祖禹已经指出虎口城应在新开河上,唯未明言城与江东桥的方位关系(《读史方舆纪要》卷二〇《南直·应天府·江宁县·新开河》,第956页)。
④ 《大明一统志》卷六《南京·应天府·山川》,第114页。
⑤ 同治《上江两县志》卷四《考水》,第111页。
⑥ [美]爱德华·德雷尔:《明代的军事起源》,第83页。
⑦ 《正德江宁县志》卷二《川泽·白鹭洲》,第715页。
⑧ 陈沂:《金陵古今图考》"境内诸水图",第96页。
⑨ 明代后期方志或以秦淮河干流为"宋元凿"的"新开河"(万历《应天府志》卷十五《山川·新开河》,第467页),或干脆以"新开河"为目照抄宋元方志"新河"条内容(万历《上元县志》卷三《地理·山川·新开河》,明万历刻本,北京大学图书馆藏),说明当时已经见不到宋元方志记载过的新开河。

新开河这条"大江"中攻击江东桥未果,沿江北上,进攻位于今三汊河一带的秦淮河入江口的。方志的文字、地图均有信息滞后的问题,既然元末方志已经把古代秦淮河干流一带标为沙洲河汊,明初更是杳无痕迹,则龙湾之战时当已无航道。"新河口"可以跨水筑城,朱元璋在三年后救援南昌时"过新河口"①而非出新河口,显然新河并非北入干流、常通舰队的夹江巨川。所以,江东桥的确是横跨南北流淌的新开河,联通陆地和向北延伸的巨大沙洲,新开河的规模不大。② 陈军的确抵达江东桥并为石桥所阻,但陈军主力舰队并未进入新开河③,朱军也未扼守这条通往秦淮河的河道,而且河上有一座可以迅速替换的桥。这说明,当时新开河的河道不算太宽,水量也没有大到令陈氏舰队视同长江干流。

明代中期到当代的地图,标示江东桥往南的水道已经不是新开河,而是向南偏东的细流,在西南城壕外与大城港水道相汇。明代中期的陈沂认为:"自三山门外达于草鞋夹,经江东桥出大城港,与阴山运道合者,皆新开河也。"④明初新开河流经毛翁渡,而《洪武京城图志》载:"毛翁渡在聚宝门外瓦屑坝南……麾扇渡,后讹称毛翁渡,今名因之。"又载:"瓦屑坝,旧毛翁渡。"⑤这些的确是西南城壕外的地名,有无可能明初已是这种格局,明初地图上的新开河只是大城港上游一带循江入港的小河汊,或者新开河一直向东延伸到西南城壕附近才北折南联呢?战斗中,陈军进入新开河后向北抵达江东桥,而根本未考虑向东进发。如果新开河在南段汇入了大城港水道,陈军可由新开河径冲西南城壕,如果新开河离西南城壕不远,陈氏舰队可以直接登陆,威胁建康城。这说明新开河一定是早已在偏西地区北折,东以水量较小的汊流接西南城壕一带,即当时新开河与

---

① 《明太祖实录》卷十二,癸卯年七月癸酉,第157页。
② 永乐时期的宝船厂位于今三汊河西南(王亮功:《〈龙江船厂志〉的点校出版——兼论龙江船厂遗址与宝船厂的关系》,《江苏地方志》2005年第3期,南京,第17页),即当时新开河与秦淮河交汇口西南,可见明初此地已成陆,新开河并非独立入江。
③ 假如陈军主力进新开河、至江东桥受阻而退,《实录》必大肆宣扬。况且对舰队而言,一座石桥也不能构成真正的障碍,朱军也不会寄希望于陈友谅怕埋伏不敢前行。
④ 陈沂:《金陵古今图考》"境内诸水图考",第97页。
⑤ 《洪武京城图志》"桥梁",《永乐大典方志辑佚》,北京:中华书局,2004年,第449页。

大城港水道是各自独立的航道。①《洪武京城图志》又载,瓦屑坝在西南城壕外的驯象门之外,其西的江东桥正南、新开河以西又有茅翁渡或毛公渡②,并非西南城壕附近者,可为旁证。

至此,根据方志记载推测的元末明初水道格局,对陈、朱两军的策略和行动作出了圆满解释,双方围绕江东桥的微妙活动,又验证了对新开河流量、走向的判断,确认了对城西入江水道的认识,地理和战争记载提供了互补的史料。

五、结语

通过辨析《实录》记载和严加筛选的原始资料(主要为俞本《纪事录》和明初诸将的传记),可知龙湾之战其实并无太多曲折,只是一个合乎战争逻辑与地理条件的简明过程(见附图《龙湾之战示意图》):战前,陈友谅与朱元璋围绕进攻路线和防御重点较量计谋,战斗中,双方各施策略但均未奏效,在龙湾决战中陈军主力遭朱军主力伏击。陈军并非一开始就落入朱军的圈套,而是将计就计,执行了偏师佯攻、主力迂回的计划,但朱军技高一筹,以逸待劳,获得全胜。

通过分析历代方志的相关记载,剔除方志承袭前代的叙述,并以现代地图为准消除古代地图的示意、夸张影响,元末建康城西的入江水道格局得以展现:在南方大城港水道和北方秦淮河干流之间,存在着名为新开河的夹江,从新河口入陆向东北,向东南有汊流通大城港水道,主流则向北

---

① 清代后期的同治《上江两县志》已经注意到了明代江东桥正南正北有一条联通大城港的水道,认为即陈沂所述新开河(卷二七上《明应天府外郭门图》,《中国方志丛书》影印清同治刻本,台北:成文出版社有限公司,1970年,第649页)。在其示意图中,大城港与联通处、江东桥相距很近,但其实两地相去甚远,不能证明元末明初的新开河上游来自大城港水道。
② 《洪武京城图志》"京城山川图"、"街市桥梁图",《北京图书馆古籍珍本丛刊》第24册,第24、5、8页。《图志》的自相矛盾早在明代后期已有质疑(万历《应天府志》卷十五《山川·麾扇渡》,《四库全书存目丛书》史部第203册影印明万历刻本,济南:齐鲁书社,1996年,第468页)。

穿过江东桥会秦淮河。新开河的水量较大,秦淮河与之相汇后北折,在龙湾入江。这个格局在宋代以来城西沙洲发育过程中,只存在于元末明初这一个短暂时期。

水道格局圆满地解释了双方的策略、行动:大城港水道与新开河都可以通航近城,但水量有限,所以双方均佯为攻守,其实意在唯一可行的秦淮河干流。城西的新开河、汊流、秦淮河干流等形成了格外有效的屏障,要控制秦淮河干流就必须控制河口东岸的高地卢龙山。为此,陈军以偏师佯攻河口的龙湾,主力迂回到下游石灰山北登陆,占领滩头后进逼卢龙山。但朱军早已认清形势,在石灰山南麓埋伏了主力,待陈军初战告捷、战线拉长后突然袭击,大获全胜。

战况细节则验证了对水道格局的推测:双方围绕江东桥、新河口的微妙行动,既说明新开河的水量比正常夹江略小,又证明当时确实存在着与大城港水道不相混淆的、偏西的新开河,还证明当时必无上新河、中新河,也无可通城壕的古代秦淮河干流遗迹。

龙湾之战的真相和背景究竟如何,当时的建康城西水道究竟如何,只是一个很微小的史实问题,但围绕这个问题的考证展示了充分利用元末明初史料的可能性。对头绪众多的史料的严格取舍(特别是舍弃大量后代转述)与深入解读(特别是对细节的合理化解释),不同领域的材料间的对照、互补,更新了战争与地理领域的认识。明初乃至明前期史料的规模,不足以与明中后期相比,而全面超越宋元,对此,以往研究稍微存在考证辨析不如宋元、分析利用不如明中后期的弱点。除发掘新材料、引入新方法外,加深对常见材料的解读取舍和对照互补,也是拓展明代前期历史研究视野的一个途径。

附：龙湾之战示意图

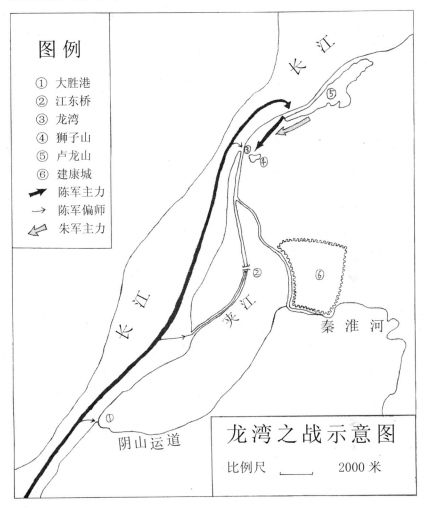

（李新峰　北京大学历史系副教授）

清代北京内城演剧与相关禁令
——档案资料的一项考察

村上正和

【内容提要】 本稿利用档案资料,考察了清朝政府对演剧活动的控制。清朝政府对演剧的控制很严格,这一点已为不少学者所指出,但是控制的实际情况及其背景还未得到详细考察。档案是考察这些问题最合适的资料之一。本稿介绍并利用了已经广为人知的"升平署档案"之外的"军机处录副奏折"、"内阁大库档案"等档案资料,考察了乾嘉年间控制演剧活动的历史特点、北京戏园经营者与步军统领衙门的勾结、清朝宗室的演剧活动等演剧史研究中的重要问题,以说明这些档案资料的重要性。

众所周知,有清一代,政府都控制着演剧活动。例如在良贱制背景之下,优伶被规定为贱业从事者。关于戏曲的内容也有限制。已有很多学者论及了清朝政府控制之严格,但是对于控制的背景和实际执行情况,还未得到详细的考察。其原因之一是史料上的不足。这里笔者想介绍关于演剧的档案资料。关于演剧档案,已经广为人知的有"升平署档案"。但是本稿将论及的是升平署档案之外的"军机处录副奏折"、"内阁大库档案"等,这些档案包含有很多宝贵的资料。本稿将利用北京中国第一历史档案馆、台北"中研院"所藏档案,以乾隆(1736—1795)、嘉庆(1796—1820)时期为中心,在介绍演剧档案资料的同时,考察清朝演剧控制概况以及北京的演剧环境。

一、清代北京内城演剧禁令的出台过程

在北京,演剧控制的重点有两个。一是旗人出入剧场,一是内城的剧场开设。整个清代,政府都强调旗人要保持勇武,他们出入剧场被视为享乐和浪费的象征,几乎受到清朝所有皇帝的批判。乾隆四十一年(1776),清朝制定了对出入剧场的旗人处杖一百的法令。在对内城剧场开设的限制上,可以看到同样的理由。

比如嘉庆帝曾以旗人的浪费和放荡为由,禁止于内城经营戏园。虽然早在康熙十年(1671)就发布了相关禁令,但是从康熙年间上奏申请禁令的魏象枢所言"其耗民财而坏人心者,莫如戏园、戏馆为最甚","臣巡视北城时拿获贼犯计四等,供出同伙盗贼俱系戏馆伙计,一经发觉在逃未获,则戏馆为窝盗之薮,并当严禁者也"。① 可知,当时的理由是治安问题和浪费,旗人的问题尚未被视为重点。而乾隆年间,内城的剧场则被部分允许。乾隆三十年(1765)有如下事件:

> 准提督衙门奏称:为参奏事。从前京城内大街小巷,搭盖高大席棚开戏馆,不惟于观瞻不雅,且失烛可畏。是以提督衙门传行八旗,令将所有搭盖席棚拆毁,改造房屋者准其开设,但搭棚开设者概行禁止。在案。今于本年闰二月初五日,据番役头目徐成访禀"正红旗满洲旗分所属西四牌楼大街搭盖席棚,开设戏馆"等语。臣随派本衙门员外郎传通主事顾林前往查看。去后,据传通等禀称:"职等赴新开戏馆,踏勘门前已设有门牌,院内已将搭盖席棚木架拴妥属实,随将违禁开馆之正红旗满洲都统佐领皂常保家奴项得功拿获询问。

---

① 魏象枢:《寒松堂全集》卷三《教化首戒淫巧民心务尚淳朴等事疏》,北京:中华书局,1986年,第77—78页。

项得功乃旗下家奴,从前屡次生事,俱经刑部提督衙门枷责发落在案。本年正月二十等日,又欲在阜成门内大街南边开戏馆,预先向正红旗满洲都统副步军尉皂常保随甲四德求说,欲在院内搭盖席棚,门前设立门牌开馆,俟开馆后每日给皂常保钱三百文,给四德钱一百文。四德随乘隙回明皂常保。皂常保允从,四德就回复项得功。项得功又央烦该甲喇邀箭兵花什,步军领催双全呈报,先给钱三千五百文,步甲花什随给步军校僧保色、布生额各钱六百文,所剩钱文花什与伙伴各分用不等。又言定自开馆起,每月许给步军尉三人钱三百文,给步军校等三百文,兵丁等钱六百文之处。步军领催双全等回明步军尉,于二月初间动工,先在门前设牌。查例载,凡此等事件俱先行呈报提督衙门查核,如系理应准行者,俟批准后,始行遵照办理。此事并未报本衙门,伊等即私自办理。"①

即出于防火的目的,内城的"搭盖高大席棚开戏馆"被禁止,但是"改造房屋者准其开设"。皂常保家奴项得功开设"搭盖席棚"戏馆,为逃避衙门的审查,行贿邀箭兵(邀箭兵的职务是负责北京防火)花什以及步军统领衙门的人员。此时限制内城的剧场开设,主要是为了防火。② 到了乾隆三十九年(1774),内城的新剧场开设被禁止,规定"内城统计旧存戏园共九座,不准再行加增"③,即允许九个旧有剧场的经营。

那么,为什么乾隆年间增加内城剧场? 其原因可能与万寿庆典有关。万寿庆典是清朝的国家级庆典,康熙五十二年(1713)和乾隆五十五年(1790)曾为皇帝举办,乾隆十六年(1751)、二十六年(1761)和三十六年(1771)也曾为皇太后举办过该庆典。

通过现存的康熙五十二年和乾隆五十五年万寿庆典图,我们可以了解到该庆典的详细情况。康熙《六旬万寿盛典图》(王掞等撰《万寿盛典初集》所收)描绘的是康熙五十二年庆祝康熙帝六十岁生辰时的盛况。

---

① 台北"中研院"藏:《内阁大库档案》,170289—001。
② 关于北京防火的研究,可参考[日]今堀诚二:《北平市民の自治构成》,东京:文求堂,1947年;[日]高嶋航:《水龙会の诞生》,载《东洋史研究》第56卷第2号,1997年;周允基、刘凤云:《清代消防组织与救火工具》,载《故宫博物院院刊》2002年第6期。
③ 《钦定大清会典事例》卷一一六〇《步军统领》。

当时清朝政府大建戏台,演奏戏乐,来表现万民对康熙帝六十岁生辰的祝福。万寿庆典的费用和所用戏班数目不详,但是从《六旬万寿盛典图》中可以看到,从康熙帝所滞留的畅春园到故宫的神武门,一路都是张灯结彩。而且各衙门设立戏台,足以让人想象到该庆典的规模。①

乾隆十六年,为了祝贺皇太后六十岁大寿,也举办了万寿庆典。赵翼如此描述此庆典的概况:"每数十步间一戏台,南腔北调,备四方之乐,侲童妙伎,歌扇舞衫,后部未歇,前部已迎,左顾方惊,右盼复眩。游者如入蓬莱仙岛,在琼楼玉宇中,听霓裳曲,观羽衣舞也。"②法国传教士钱德明也有关于这次庆典的描述,他说:"在举行大典的日子之前数周,便规定街道(本处的街道极其宽敞)将被划分为三部分,以使那些步行和骑马的来来往往的人,总之是当时在该京师的人数奇多的人员,都得以自由自在地欣赏表演。大街中部要比两侧宽敞得多,其目的在于供骑马人或结队而行的人使用。其一侧供前来此处的人使用,另一侧则供离却此地的人使用。"而且乾隆帝还特别设了专供女性观览的日子:"但本处的习俗是妇人不能抛头露面并混杂在男人群中。此外,如果让她们失去欣赏主要是为她们这些女性准备的节目之机会,那也不符合理智。皇帝指定某些日子专为女性提供一切表演。在这几天,不允许任何男人在那里,也确实未曾有男人在那里出现过。"③可见清朝的意图是让所有的北京民众都能参加该庆典,所以在庆典举办时,北京的女性也可以自由地外出看戏听音乐。

乾隆二十六年的庆典则因为皇太后的意向而缩小了规模,但是到乾隆三十六年和乾隆五十五年,该庆典又恢复原来的规模。对此赵翼记道:"皇太后见景色巨丽,殊嫌繁费,甫入宫即命撤去。以是辛巳岁皇太后七十万寿仪物稍减。后皇太后八十万寿,皇上八十万寿,闻京师巨典繁盛,

---

① 关于康熙万寿庆典有以下研究:朱家溍:《〈万寿图〉中的戏曲表演写实》,氏著《故宫退食录》下册,北京:北京出版社,1999年;樱木阳子:《康熙〈万寿盛典〉戏台图考释》,载《中华戏曲》第40辑(2009年第2期);丘慧莹:《乾隆时期戏曲活动研究》,台北:文津出版社,2000年。
② 赵翼:《檐曝杂记》卷一"庆典"条,北京:中华书局,1982年,第9—10页。
③ [法]杜赫德编,朱静译:《耶稣会士中国书简集:中国回忆录》中卷,郑州:大象出版社,2005年,第378—379页。

均不减辛未,而余已出京不及见矣。"①乾隆二十六年庆典的规模虽然被缩小,但预算是一百一十一万两白银,其后实际支出白银八十四万两左右。②乾隆十六年、三十六年和五十五年庆典的开支不详,应该超过二十六年的庆典。

乾隆二十六年庆典后,北京社会依然残存游乐的风气,所以乾隆二十七年(1762),清朝发布了三个禁令:"乾隆二十七年奏准:前门外戏园酒馆,倍多于前,八旗当差人等前往游戏者,亦复不少。嗣后应交八旗大臣、步军统领衙门不时稽察,遇有此等违禁之人,一经拿获,官员参处,兵丁责革。仍令都察五城、顺天府各衙门出示晓谕,实贴各戏园酒馆,禁止旗人出入。""乾隆二十七年又奏准:在京如有需次人员出入戏园酒馆、不自爱惜名器者,交步军统领,顺天府及五城御史严行稽察,指名纠参,以示惩儆。"③"乾隆二十七年又奏准:五城寺观僧尼开场演剧,男女概得出资随附,号曰善会。败俗酿弊,所关非细。应交步军统领、五城、顺天府各衙门严行饬禁。倘有设为善会,煽聚妇女者,立将该庙为首僧尼查拿治罪。至有职人员,罔顾官常,滥与庙会,及纵容妻妾入庙,一经查出,指名纠参。"④

以上禁令中所提到的旗人出入戏园,以及借善会名义聚饮演戏,是清初以来的现象。比如雍正十二年(1734),兵部左侍郎喀尔吉善曾提议:"近见八旗官员人等,因不能到园馆酒肆演戏聚饮,乃于京城寺庙中假托善会为名,布散请帖,敛取分金,或演戏,或唤歌童,聚饮作乐,官员兵丁等间杂无别。不惟滋靡费之渐,而诚属人品攸关,且以寺庙清净之地,转为借端嬉戏之场,亦非体统。臣请嗣后除民人遇有善会等事毋庸禁止外,如八旗官员等有借端敛分,演戏聚饮者,请饬令步军统领、五城御史严行晓

---

① 赵翼:《檐曝杂记》卷一《庆典》条,第10页。
② 丘慧莹:《乾隆时期戏曲活动研究》,第195—198页。
③ 光绪《钦定大清会典事例》卷一〇三九《戏馆》。提议禁止官员出入戏场的是王启绪,他认为官员"声色迷心,任情挥霍,必至辗转借贷……始则部照作质,继则以文凭为信。甚至债主逼迫,仓皇无计,昏夜遁脱,及抵任后索道者接踵,而至维时,非侵那库项,即勒借民财"。见中国第一历史档案馆藏:《宫中档朱批奏折》,乾隆二十七年九月十九日,04-01-01-0252-082。
④ 延煦:《台规》卷二五。

谕禁止。"①但是乾隆帝大办庆典,甚至为女性特别设置观览日,使得以善会为名目的演戏活动受到刺激,从而更加活跃。以此推测,乾隆三十九年内城的新剧场开设禁止令,与乾隆三十六年的庆典应该有关联。可能是庆典后内城的戏园日渐增加,所以清朝政府为了抑制该趋势,而禁止了新戏园的开设。

关于外城茶馆,乾隆二十八年(1763)有南城吏目盛朝臣被怀疑收受茶馆经营者贿赂的事件。当时遭受该质疑的盛朝臣申辩道:"五城开设园馆,于乾隆二十五年十一月奉河南道牌,开各城新开演唱歌词茶酒等馆,该司坊查照中和园之例,取具不致滋事甘结,造入卯册,送都察院点卯等因,原无禁止明文。有愿开曲馆者,不过具结报名,并非违禁私自开设。"②从这一事件中盛朝臣所作已按规定报告南城御史的申辩来看,茶馆经营者只要提出甘结,即可经营。

到了嘉庆四年(1799),内城情况完全改变了。嘉庆帝亲政伊始,便禁止内城的剧场经营:

> 向来京城九门以内,从无开设戏园之事。嗣因查禁不力,夤缘开设,以致城内戏馆日渐增多。八旗子弟征逐歌场,消耗囊橐,习俗日流于浮荡,生计日见其拮据。自正月初间,大臣科道等陈递封章及召对面奏者,多有以禁止城内开设戏园为请。朕因两次面询步军统领定亲王锦恩,惟称系粉饰太平之事,不宜禁止。夫太平景象,岂在区区歌舞为之粉饰?况城内一经开设戏园,则各地段该员役即可藉端讹索,为舞弊肥囊之计,朕亦有所闻知。在步军统领衙门司员,或有所利于其间,自不愿将此事禁止,而锦恩亦坚以不宜禁止为词,其意殊不可解,其故亦不必究,存于朕心,再观后效。现当遏密之时,除城外戏园将来仍准照旧开设外,其城内戏园,著一概永远禁止,不准复行开设。并令步军统领先行示谕,俾原开馆人等,趁时各营生业,听其自便,亦不必官为抑勒。自禁止之后,并著步军统领、八旗满洲都统一体查察,如该旗地段有违禁开设,经该都统查奏,即免置仪。尚

---

① 《宫中档雍正朝奏折》第二十三辑,雍正十二年八月二十八日。
② 台北"中研院"藏:《内阁大库档案》,147918-001。

不奏闻、别经发觉者,除将步军统领及司员等严加议罪外,并将该旗都统,一并严加议处。①

也就是说,虽然步军统领锦恩反对禁止内城演戏,但是嘉庆帝认为步军统领衙门可能存在不正当的动机,最终还是对内城剧场的开设和经营加以禁止。其实步军统领定亲王锦恩将北京的演剧视为太平景象的看法,并不一定有特别用意,康熙和乾隆的《万寿盛典图》中也有步军统领衙门等官府设立戏台的情况。乾隆二十九年(1764),巡视中城山西道观察御史戈涛提议禁止剧场夜唱,他的提议中没有批判演剧,反倒视演剧为和平和繁荣的象征:"窃查京师戏园曲馆,外城为盛。比年以来,时和人乐,开设日多,衢歌巷舞之风,自属太和盛事,惟是尽日歌唱,已足增气象而庆升平。"但是他同时也指出"盖缘昏夜之中,流连过度,易滋事端",所以提议:"故于昼不妨宣畅人情,而于夜则必节制其流荡也。臣自去年十一月奉命巡视中城,到任后即申明旧例。嗣因时届新正庆赏佳节,传谕该园馆人等,暂弛夜禁。今元宵已过,正月已阑,人当各务其业,月宜曲防其淫,自应仍照旧例办理。但查五城三营,向来所办殊不画一。合无仰恳圣恩,敕下各该衙门,一体遵照定例,禁止夜唱。"②戈涛认为时当新年,可暂弛夜禁,但是夜唱事关治安问题,所以提议过了元宵节就恢复原来的禁令。但是对这样的看法,嘉庆帝完全予以否定,始终实行了限制。此时开始,茶馆内的杂艺演唱也被禁止。嘉庆十四年(1809),步军统领录康上奏称:

嘉庆四年四月内钦奉谕旨,以八旗子弟不准入戏园听戏,俾循节俭,随将内城各戏园全行禁止,不准开设。后因各馆民人以十锦杂耍向所不禁,呈请开设。经奴才录康面奏,仰蒙圣恩,准其演唱坐腔戏及堂名戏在案。嗣后又因各馆影射唱戏,并有旗人图桑阿等登台唱戏事案,是以于嘉庆十一年间,将各戏馆全行饬闭,查禁维严。屡据该民人等纷纷递呈乞求开设十锦杂耍茶馆,俱未准行。今又据唱演什锦杂耍数十余人联名具呈,称伊等向习八角鼓说书为业,别无营

---

① 《嘉庆道光两朝上谕档》第四册,嘉庆四年四月初二日。
② 《宫中档乾隆朝奏折》第二十辑,乾隆二十九年正月三十日。

生,前自各馆关闭后,迄今三载,或沿街摆档籍以赚钱度日,又不敢填塞通衢,每值阴雨不时,即无养赡。……恳请仍准开设茶园,俾伊等得资度日,各等语。①

在此,录康对戏园表示出了同情的态度,他说:"今阅伊等呈词,实有失业无依,迫于贫寒之状。"②结果,嘉庆帝也批准了经营者的请愿。③ 但是嘉庆十六年(1819),内城茶馆里有唱戏现象④,结果录康以疏于监督之名,遭到了嘉庆帝的斥责。⑤ 同年御史景德以管束过于严格为由,奏请将万寿节演戏定例化。对此嘉庆帝勃然大怒,痛斥其上奏为"任意妄言"、"一片狗吠之声",而将之革职。⑥ 由于嘉庆帝的态度非常严格,如此一来,北京的演剧环境完全改变。光绪年间的震钧记述道:"京师内城,旧亦有戏园,嘉庆初以言官之请,奉旨停止,今无知者矣。"⑦综上述可知,嘉庆年间,清朝演剧控制和北京演剧环境有重大转变。

二、北京戏园经营者与步军统领衙门

嘉庆帝指出戏园经营者可能与步军统领衙门人员相互勾结,通过行贿得以在茶馆和茶园唱戏。那么此类勾结的详细情况会是什么样的呢?关于这一问题的资料不多,以下仅通过有限的几个事例予以考察。

乾隆八年(1743),护军校富成在内城经营茶馆。有一天护军穆滕额的家奴王四来访,他提议雇佣说书艺人,每天付钱六十文给富成,余下的三股均分。但是富成表示"恐地方官不准"。于是穆滕额就商于其亲戚步军校沈尚仁,获得了他的同意,王四再次拜访富成,要求宴请步军统领衙门的官员。因此富成宴请步军参尉张克信及步军校沈尚仁、汪朝宗、李

① 中国第一历史档案馆藏:《军机处录副奏折》,03-1524-015。
② 同上。
③ 《嘉庆道光两朝上谕档》第十四册,嘉庆十四年七月初七日。
④ 中国第一历史档案馆藏:《军机处录副奏折》,03-1602-043。
⑤ 《嘉庆道光两朝上谕档》第十六册,嘉庆十六年六月十五日。
⑥ 中国第一历史档案馆藏:《军机处录副奏折》,03-2173-080。
⑦ 震钧:《天咫偶闻》卷七,北京:北京古籍出版社,1982年,第174—175页。

培俊等四人。① 这说明为了在茶馆里安置说书艺人,需要取得步军统领衙门人员的同意。

在前述项得功的事件中,也可以看到随甲四德索取贿赂之事:"四德又向四牌楼路南开设咸宁戏馆民人陈老儿每日要钱三百文,内给副步军尉皂常保钱二百文,伊私用钱一百文之处,一并供出。"另外,据说这陈老儿"每日给头甲喇邀箭兵哈儿钱八百文,内分给步军尉三人各一百文,分给步军尉长成、阿尔京阿、它尔炳阿钱各一百文,管理街道章京五什太钱四十文,其余钱文哈儿与同伴分用不等"。②

可见,戏园经营者与步军统领衙门的"勾结"一直存在。道光十八年(1838),内城隆福寺附近景泰茶园经营者李大,"约素识之万新堂刘二格等,每日指杂耍为名,影射唱戏,可以多赚钱文。正月初四日起连日在李大茶园穿用彩衣,影射唱戏。看街步甲罗喜儿,因李大曾于年内许给节钱一吊,应于初十日付给,明知李大茶园影射唱戏,并不栏阻"③。同治五年(1866),"阜和园系镶黄旗人玉三,由刘姓手内租赁开设,言明有戏之日,刘姓取钱五百文,雇伊在园卖座。玉三在园内巡堂,照管色五在园帮工。该管地面官厅步军校戴老爷,无论演唱何样戏剧,每日来取钱四百文"。"奉西城察院发下禁止告示一张,经官府人粘贴茶园门首,后被玉三撤去。于八月初六日开市先演杂耍,自十三日起定小福胜戏班唱戏四天。"④

从上述这些事例来看,贿赂一般采用按日付酬的形式。清代,步甲的工资是比较低的,每月银1.5两,每年米10.6石。所以对于他们的生活来说,每日收取的贿赂十分重要。值得一提的是,这些步甲人员以旗人的家奴为主,而且清代商人中也有旗人的家奴。⑤ 项得功也是旗人的家奴。因此,剧场在经营和管制两方面,旗人(特别是旗人的家奴)的存在都很重要。

---

① 台北"中研院"藏:《内阁大库档案》,054024—001。
② 台北"中研院"藏:《内阁大库档案》,170289—001。
③ 中国第一历史档案馆藏:《军机处录副奏折》,03-2808-003。
④ 中国第一历史档案馆藏:《军机处录副奏折》,03-4670-087。
⑤ 杜家骥:《八旗与清朝政治论稿》,北京:中国人民大学出版社,2008年,第481—484页。

三、档案资料所见精忠庙情况

在清朝的演剧控制方面，精忠庙有很重要的地位。宫廷演剧研究者王芷章曾经推测，"到雍正七年，就完全把教坊司撤销，合并到和声署内作外廷承应去了。但是，掌管演出事务和负责贯彻政府法令的工作，是不会间断的。很有可能在这时候便已设立了管理精忠庙事务的衙门，以代行教坊司的职务"。① 另外周明泰指出："按北京在咸丰以前，业梨园者皆散漫无系统，同治中叶程长庚统领四大徽班，始出而组织梨园公所。"② 其实，由于没有详细的资料，上述关于精忠庙等管理演剧组织的描述，都是未经实证研究的推测。但是台湾"中研院"所藏乾隆四年（1739）的档案中，有关于清朝中叶精忠庙管理的内容。这个档案内容很重要，故不避冗长，全文引用如下：

> 和硕庄亲王臣允禄谨奏，为遵旨明白回奏事。乾隆四年五月二十三日，内阁抄出都察院奏折，内称："大成班吴三儿，身本旗人，习学戏旦。今忽捏称已授庄亲王府中铁匠总管官，公然肆用金顶蟒袍，补服素珠，马系踢胸，妄行无忌。又称王谕令充当会首，于乾隆二年十二月刊刻龙边信票，内载条约，每班需索规礼银十两、五两、三两不等，钤盖'王谕'字样，条记于年月之上，内外颁行。又设立公案签筒于精忠庙内，审事行刑，严于职员无异。查戏班虽有会首之名，不过班中私自推举，约束戏子，遇有生事，公同罚处。臣等确有闻见，理合奏闻。仰请皇上饬令该都统查明吴三儿所用龙票条记，尽行销毁，蟒袍补服素珠尽行追缴，并将吴三儿交该管处，严行约束，不许在外生事。"等因，具奏。奉旨："这所奏是。著庄亲王明白回奏。"钦此钦遵。窃臣向闻精忠庙大会首、小会首，屡有需索各班规礼之弊，此系

---

① 王芷章：《清朝管理戏曲的衙门和梨园公会、戏班、戏园的关系》，载《京剧谈往录》，北京：北京出版社，1985年，第516页。
② 周明泰：《道咸以来梨园系年小录》，北京：中国戏曲艺术中心（内部资料），1985年，第73页。

雍正元年以来臣所管辖之事。看得吴三儿即吴锁住，其所谓吴三儿者，市井俗称也。因效力年久，年已五十岁，人尚去得，是以令其充当大会首，约束各班戏子。因系旗人，遂于本年三月内放为臣府八品铁匠头目，臣已别放人充当大会首，不过令其照料新派之大会首，如有应行禀臣事件，令彼呈禀。今经都察院参奏，如此招摇生事，臣闻知不胜骇然。臣随将参奏各款逐一究讯。据吴锁住供称："奴才既放八品头目，原带金顶、穿补子是实。蟒袍原无禁例，但自得头目两月有余，并未遇穿蟒袍之日，并未穿着蟒袍。奴才原系旗人，向日即知六品以下不准带数珠踢胸，亦并未曾带过。至于刊刻龙边信票，每班需索规礼银自十两、五两、三两不等，钤盖'王谕'字样条记一节，窃思精忠庙会首相传已久，并非新设。因京中所有戏班人数繁多，屡屡有不安本分生事之人。是以将奴才于雍正十三年间，放为精忠庙大会首，谕令约束各班戏子，不使招摇生事。但京中凡有新出戏班，旧定规必须先往精忠庙挂号出牌，是以此庙香火，每逢新出之班，量其班之大小，出银十两五两不等，以为本庙香灯人工之资，并不归于奴才己囊。且亦各出本愿，循照旧规，并非需索众班戏子。各本庙僧人等之所共知，不用奴才细辩。至龙票条记，原因令奴才约束各班戏子，若无凭据，不为人信，恐有无知小人假冒庙上之名，讹诈各班，是以刻一石图书，钤盖在信票之上。其设立公案签筒于精忠庙审事行刑一节，因精忠庙神前旧有供桌一张，有签筒二个，签二十根，签上填写罚钱若干数目并香纸等物。如戏子中有生事者，公同小会首等，令其各自抽签受罚，如不愿受罚者，即用戒尺公同责处。此亦是戏班旧规。奴才不过办得认真些，那有审事行刑的事呢？"等供，各在案。臣复加详查，吴锁住乃系无知小人，放八品头目，自当小心谨慎，杜绝来往，乃慢不经意，竟容众戏子来往贺喜，致滋招摇，即属不合。况所有信票签筒，甚属烦琐，应行即时销毁外，将吴锁住革退八品铁匠头目，效力赎罪。其京都大庙会首字样图书，无甚关碍，仍给以为凭信。臣并将会首图书钤盖一张，送都察院存案。此外如另有招摇生事之处，即行参奏。若止似此琐屑小事，即行咨臣料理，如此则伊等各知谨饬矣。窃臣才短事繁，所辖人员在外不守本分，致生事端，臣不能检查微细于前,即臣疏忽之咎,理合遵旨明白回奏,伏乞皇上圣鉴。臣不胜惶悚待命之至。为此谨奏。于乾隆四年五月二十九日,交奏事郎中张文彬等转奏。奉旨:"知道了。"钦此。①

此上奏中提及的吴三儿是旗人,是大成班的优伶,庄亲王"管辖"北京的精忠庙时,任命他为精忠庙大会首。大会首的工作有两项,其一是掌管新戏班以及外来的戏班,其二是用签筒等对优伶进行处罚。从庄亲王所说"窃臣向闻精忠庙大会首、小会首,屡有需索各班规礼之银,此系雍正元年以来臣所管辖之事"来看,精忠庙会首是雍正元年以前就有的,而且雍正元年开始交给庄亲王管理。对于这一时期的京城演剧文化,庄亲王的影响力显然很大。关于这一点,今后还需要留意相关资料,予以细考。

四、清朝宗室与北京演剧

除了庄亲王之外,其他的清朝宗室也爱好演剧和杂艺,他们拥有自己的戏班,是众所周知的。但是,有关王府戏班的具体情况,以前缺乏详细的资料。以下将介绍乾隆年间庄亲王戏班和嘉庆年间庆郡王戏班的情况。

乾隆三十九年(1774),御史鲁赞元和他的同乡企图在财神会馆的堂会演戏。鲁赞元令家人"转托广和楼掌柜吴四定王府戏班。定京钱六十千,定于二十四日全班早演"。庄亲王的戏班是六十人的大班,但是二十四日到财神会馆的优伶只有十三人,于是鲁赞元的家人和优伶发生了争吵,鲁赞元还殴打了优伶。其后鲁赞元同乡替鲁赞元支付白银二十六两(因为戏班的人员不足而减价),鲁赞元家人把这些银两交给广和楼掌柜吴四,由他转交戏班。但是戏班要求全额付款,将这些银两交吴四退回鲁赞元,从而引发纠纷。事后鲁赞元被革职,而士大夫们也因此回避约请王府戏班之事。②

---

① 台北"中研院"藏:《内阁大库档案》,160450—001。
② 中国第一历史档案馆藏:《军机处录副奏折》,03-1415-031。参见蕊珠旧史:《辛壬癸甲录》,载张次溪编:《清代燕都梨园史料》,北京:中国戏剧出版社,1988年,第280页。

嘉庆年间庆郡王府戏班的规模也差不多。嘉庆二十四年(1819),庆郡王府因姚兰生事件,提供了戏班的清单。姚兰生事件的详细情况并不清楚,但是这个档案中含有优伶的出生地、居住地址、家族构成、角色、参加时期等信息,非常珍贵。① 庆郡王从嘉庆二十二年(1817)到嘉庆二十四年,逐步组织了自己的戏班,优伶的居住地址各不一样,但是居住在隆福寺旁的优伶(旦)比较多。其出生地如下:北京39人,苏州5人,天津3人,通州1人,宝坻1人,沧州1人,共计50人。可见来自江南的很少,只有5人,大部分是北京人,这是庆郡王府戏班的特点。角色则包括:老生一,小生五,武生二,旦四,老旦四,正旦四,老外二,红净一,花面五,黑面一,末一,丑八,看一,杂一,勔斗一,家伙三,鼓二,笛二,管箱二。

此外还有一个道光十七年(1837)庄亲王组织儿童26人戏班的例子。从直隶献县到北京学习裁衣的贾花亭也被典卖,其契约是三年京钱十五吊。庄亲王不仅让贾花亭等卖唱,还鸡奸他们。不久他的劣行被发觉,这些儿童被解救回乡。②

如上所述,清代王府戏班的规模比较大,一般为五六十人的大戏班,甚至还有为性服务而组织起来的儿童戏班。

除了组织戏班以外,清朝宗室还积极参与北京的演剧和杂艺。宗室中有人自己经营茶园。比如光绪七年(1881),丁鹤年告发在紫禁城附近某茶园里有演戏之事。③ 关于此事件,李慈铭《越缦堂日记》里有如下记述:"按十刹海演剧,恭邸子贝勒载澄为之,以媚其外妇者。大丧甫过百日,即设之。男女杂坐。内城效之者五六处,皆设女坐。近文采饰靡演,一无顾忌。载澄所眷,日微服往观,悖邸欲掩执之。故恭邸谕指鹤年疏上,即日毁之。外城甫开茶园,一日亦罢。"④由此可知清代有经营茶园(其实是戏园)的贝勒。这里被提及的贝勒载澄还喜欢八角鼓,见于崇彝《道咸以来朝野杂记》记载。⑤

---

① 中国第一历史档案馆藏,《军机处录副奏折》,05-0604-006。
② 台北"中研院"藏:《内阁大库档案》,128718-001。
③ 中国第一历史档案馆藏:《军机处录副奏折》,03-5511-015。
④ 李慈铭:《越缦堂日记》,光绪七年闰七月七日。
⑤ 崇彝:《道咸以来朝野杂记》,北京:北京古籍出版社,1982年,第20页。

除了上述地位较高的宗室之外，普通的宗室也爱好戏剧和杂艺。道光十四年（1834），有宗室向庆春戏园出资京钱一百吊。道光二十五年（1845），有宗室因为茶馆经营被处罚。① 道光十九年（1839），宗室瑞珠（三等侍卫）开设茶馆。值得关注的是，瑞珠张贴"王府八角鼓"的帖子，贝勒弈绮亲自登台演唱，因此被革去贝勒，不许出门。② 清代旗人不问地位高下，都爱好八角鼓。例如清末大官张桐的日记中，就有很多家人生日时召唤八角鼓艺人的记录。

正因为八角鼓广受欢迎，于是发生了下述西勒绷阿事件。嘉庆十二年（1807），满洲正白旗人西勒绷阿被革去前锋之职，以八角鼓为生。十年后，他在苏州一带活动，后来回到北京，改名阿尔绷阿，于贝勒弈绮府内演唱。其后，"与弈贝勒谈及我现时寒苦，希图进用。又更名西拉布，捏称已销除旗档，叩求恩赏。弈贝勒赏给我府外住房五间，并许月给工钱五吊"。由于弈绮器重，"又赏给我护军校翎顶，仍照旧月领工钱，不时令我邀素识打八角鼓及变戏法的人进府演唱，从未派过别项差使。后弈贝勒与我闲谈，我将未经销档情由，据实禀知弈贝勒。因我在府日久，并未唤斥，弈贝勒有时身穿便服到东城宝庆堂饭铺吃饭，及往各庙闲逛，都是我跟去"。③ 这一事件显示，由于清代旗人生计问题日益深刻，虽然清朝采取了各种对策，但是终于在旗人之间也出现了雇佣和服役的关系。④ 这种关系有时又与旗人的演剧和艺能爱好相结合，成为清代中期一个值得注意的社会现象。

以上利用档案资料，大致地介绍了清朝演剧控制与北京演剧环境的一些侧面。关于这些方面，以前因为资料的不足，所知较少。但是正如本稿所示，"军机处录副奏折"、"内阁大库档案"等档案中有不少宝贵的资

---

① 赖惠敏：《天潢贵胄：清皇族的阶层结构与经济生活》，台北：近代史研究所，1997年，第294页。
② 《嘉庆道光两朝上谕档》第四十四册，道光十九年九月二十六日。
③ 中国第一历史档案馆藏：《军机处录副奏折》，03-4032-023。
④ 有的贫穷旗人为了生活，成为优伶。早在乾隆十三年，就有闲散旗人佛保离开北京，到地方演戏为生。参见定宜庄：《清代北京城内の八旗鰥夫》，载《東アジア近世都市における社会の結合——諸身分・諸階層の存在形態》，大阪：清文堂出版，2005年，第249页。

料值得发掘。当然,由于目前掌握的资料比较零碎,还不足以对清朝的演剧环境及控制提供整体性的论述。希望日后能利用本稿所介绍的各档案资料,并结合其他各资料,予以详考。

(村上正和　日本学术振兴会特别研究员)

"新则毁旧,旧则毁新"
——宣统元年四川威远团保变乱案本末

孙 明

　　【内容提要】 本文综合考察有关档案和口述材料,在后人传诵之"天保大元帅刘香亭领导农民和矿工反清起义"的阶级斗争故事之上,揭示宣统元年四川威远民变的主导实是包括刘香亭在内的团保首领群体。本文认为,行政体制实为社会权力秩序的安排,既反映社会权力结构,又平衡着社会权力结构。团保制度与行政、家族、阶层、秘密社会等元素相结合,型塑了威远的基层社会政治权力形态。新政推行,基层行政模式的变革触动此既有之结构,引发新旧权力的嬗蜕与诉求,相关势力各自运作,遂致变乱。

宣统元年(1909),四川举行户口调查新政。施行期间,威远县发生了以团保组织为主导的民变。在其时的官方定论文书中,仅集中于"匪"刘香亭而不及其他。在解放后的文史资料中,亦仅从阶级斗争的角度,采访、整理了刘香亭起义的有关史实。① 本文在复原此次团保变乱事件本末的同时,希望可以描绘其时的团保组织与行政、家族、哥老会等方面如何或显或隐地相互关联,成为一个含纳矛盾而又相依相维的复杂有机体,新政施行期间的政策变化又如何触动机关,引发整体的反动。由此,我们或可从这个案例出发,丰富对于团保组织和清末新政之社会意义的认知。

一、新旧之争与六月二十八日新场之变

清制,门牌悬于户首,为王朝编户齐民之标识。新政编查户口的政策落实到民户即是新钉门牌,是否接受这新钉的门牌也就成为是否接受户口新政的标志。威远的团保变乱案,曾限于毁弃门牌、打毁局所、禀官处

---

① 对于刘香亭领导的民变,三篇文史资料提供了口碑史料和初步研究成果,分别是周善道:《记一九〇九年威远天保大元帅起义》,《四川文史资料选辑》(第三辑,四川省政协文史资料研究委员会1962年编印),第88页;龙彻渊:《天保大元帅刘香亭领导农民和矿工武装起义述略》,《威远文史资料选辑》(第一辑,威远县政协文史资料研究委员会1983年编印),第8页;刘述恒:《天保大元帅刘香亭领导农民和矿工反清起义始末考》,《威远文史资料选辑》(第七辑,威远县政协文史资料研究委员会1989年编印),第293页。以下引用简称周善道文、龙彻渊文、刘述恒文,只标注页数。据刘述恒文介绍,周善道文写于龙彻渊文之前,他的资料主要来自连界场出身商界后来参加"一贯道"的钱吉安。钱吉安在刘香亭起义时已是三十几岁乃至四十几岁,是知情较多较详者之一。而龙彻渊文写作较迟,采访资料时,健在的知情人已寥寥无几,向他提供情况的主要是刘香亭起义时年仅18岁的闵福和,加以当时的年轻人眼界不开阔,对社会上的事变很不注意,更由于他住在刘香亭活动区域的山崖之下,对山崖上发生的事知之不详。据笔者拙见,龙彻渊文的叙事也较为粗疏。刘述恒文则以"考"为名,宗旨为以周善道文为主线,以龙彻渊文及《四川总督赵尔巽奏平定威远等县乱事情形片》(该片因收入《辛亥革命前十年间民变档案史料》而为刘述恒、罗克斯安·普罗兹尼亚克(Roxann Prazniak)等所注意,即本文中的《遵拟威富匪案片》)、《资中县志》和《刘氏族谱》中《刘熙宇寿文》及口述材料为基本材料,对已有叙事做了对照鉴别、订正错误、补充遗漏并提出疑问的工作。普罗兹尼亚克在所著 Of Camel Kings and Other Things: Rural Rebels Against Modernity in Late Imperial China (Lanham, Md.: Rowman & Littlefield Publishers, 1999) 一书中辟有讨论刘香亭案的一章(p.131),主要依据以上三篇文史资料和赵尔巽奏片,考察同盟会与社会中下层领导的反新政变乱脱离,反新政与增税、改革派的西化等因素之关系等问题,对刘香亭案的介绍大体限于文史资料的内容,亦与本文以团保组织为主线观照行政模式变革触及团保、家族、哥老会组织之整体社会的旨趣不同。清末威远县衙档案今已不存,也使得对本事件及清末威远政治的还原仅得鳞爪而不能窥全貌。

理的范围。事情起于新七区①,发挥作用的主要是新场街面上的团首、豪棍等,而非"山后一带愚民"刘香亭。具体过程是:宣统元年六月初八日(1909年7月24日),铺户张式之将已钉门牌毁弃,并散布谣言"此牌一钉,使人迷性",调查员长当面质询时,张式之"认毁不讳,尤云某大户均称可毁",知县德寿闻知后批示:"编查户口系部文饬办之件,张式之辄敢毁弃门牌,布散谣言,实属不法,候签唤查讯严究,以儆效尤。所有未钉各户赶紧一律钉毕造报。如果乡愚无知,误听谣言,务须剀切开导,毋任疑阻,致误要公。"②但并未传讯张式之。六月二十三日(8月8日),新场"豪棍"杨晓峰又毁弃门牌,反称被人盗去。至此,尚无公然挑衅钉门牌、查户口之新政的行动。六月二十八日(8月13日)集期,聚众突变。团首刘松泉、唐为桃等鸣锣击鼓齐团,二千余人手执团旗枪炮,在红土地唐孝本家集商后,拥至新七区调查处、劝学局等新政机构所在的新场万寿宫③,打破门窗,入内毁坏门牌等调查户口用品、调查员生活用品、劝学局的学务用品等,并将场上已钉门牌砍烂。德寿到新场弹压时,"伊等恃众要挟,县主畏伊人众,只得温言数语,而以为得势,逗钱、挂红、放炮,送县主于十里外。殊县主忠厚长者,既畏其众,又沽其名,是以迭禀请究,均置诸不闻不问,伊等愈加放恣,时而鸣金,聚散无常"。④ 铺户试探,豪棍继之,团首齐团挟官,此联合行动反映了场镇上精英群体的自发抵制行为模式,挂红放炮、送县令于十里之外的仪式性胜利既先声夺人,也标明了集体行动的限度。

　　二十八日事发之后,调查员长等呈请知县作主,惩办作乱之团首。而蒋海山、刘松泉等以"合场团首"的名义在回应的禀呈中声言:"首等充当

---

① 威远新乡包括山王、兴隆、连界、新场四场,亦即此设新仁、新智、新礼、新义四保。新政中划区调查人口,兴隆、连界属新六区,新场属新七区。材料中也有新仁、新智、新礼、新义四区的说法,无从查考。
② 新七区调查长黄明新等禀,宣统元年六月,赵尔巽档案,卷343,盒66,号1,中国第一历史档案馆藏(下略)。
③ 保路运动中,新场杨绍南即在万寿宫树旗起事,可见万寿宫是当时新场重要的公共活动场所。参见黄宗扬:《辛亥革命史上一支英勇顽强的工人革命武装力量》,《威远文史资料选辑》(第十辑),威远县政协文史资料研究委员会1992年编印,第14页。
④ 新义区劝学员周帜登等禀,宣统元年六月;黄明新等状词,宣统元年八月,赵尔巽档案,卷343,盒66,号1。

该场各处团首,体恩办理。兹设调查员长,特为丁数而举,效前门牌无异,不过察详而已。""变更重举,民众不服。"民众固然可能因为借牌敛财、"牌列十字"(以为强迫信仰洋教)等有疑而不服。但是,户口本为团保权力范围,现行转移,因此不服的主要是团保首人,这从"特为丁数而举,效前门牌无异,不过察详而已"的语气中即可感知。调查期间,调查员长"帖请"各保团甲向民众传达调查户口有关部章、张贴政府白话告示,俨然凌驾于团保首人之上;甚至"擅条示格团首姜美堂",以团底作调查经费,更在人事和财务层面加剧了冲突。知县给调查员长们的回复是:"该乡编钉门牌、查造户口事件已札饬保总、保长办理,仰即遵照前次面谕。"①这也正是"温言数语"的内容,在这一回合中,保总团首们夺回了失落的户政权力。原任之新七区调查长黄明新,调查员、"学生"(对川督之自称,不知其确切功名)萧治泉、吴兆鸾、唐光表、夏云奇又一纸状词,将刘松泉、唐为桃、杨晓峰、张式之一众人等告上省府。

省府责嘉定府彻查,"学生"陈伦受知府之命调查事情经过,了解到户口新政启动后团保首人失权恐慌这一更大背景。"威邑向来保总居政界最高之地位,此次实行调查章程,有'户口册造成,保甲坐废'之语,保总寓于目而棘于心。故隐存坐视之念,恐其速于成立而当已转置诸闲散之乡也。邑中新乡肇祸,此为起点。"②当地的口碑材料也显示:"新乡每一个场,都由威远县官委派当地的一名秀才总理其事,称为'调查长',下设两名调查员。这些调查人员,依仗官势,又系办'新政',比较总保、团首倒是洋气得多,因此,总保、团首们感到相形见绌,对调查便采取隔岸观火的态度,甚至冷言冷语,激动人民,以增加对调查的阻力。"③团保权力失而复得,他们正是整个集体行动中的关键动员元素。黄明新等称查悉乡人初知恩临点团,一人不到,罚金一千,团旗军械概由团保首人经手,

---

① 黄明新等为具实声明协恳作主禀及知县批示;团首蒋海山、刘松泉等禀,宣统元年六月,赵尔巽档案,卷343,盒66,号1。
② 陈伦禀文,宣统元年九月初十日,赵尔巽档案,卷309,盒60,号7。
③ 周善道文,第92页。当然也不可一概而论,六月二十八日之变,新义区保总萧荣德、永清保保长萧治民等即曾出面拦阻,被执刀砍伤面部。

"非特别事故,不能拿出,若非弊串助虐,乡民从何而来?"①陈伦亦言,新六区保总杨范卿趁势朦称款项支绌、请调查归并保甲办理,"即此而观,保甲之心显然可知。不然,乡民鸣锣集众,其先岂毫无闻?知者不力阻之,而又请归自办,非坐视而何?"②对于鸣锣齐团,蒋海山等并不否认,但强调其齐团系为保卫治安、配合调查起见,只是"众皆不服",遂酿此变。③为治安缉盗、传达公事而齐团,本是团保首人对民众的动员管道,为官方所认可,此时则转化为团首们聚众肇事的平台。

其时的威远,新政已经成为启动权利竞争的轮匙。"局所林立,而办事绅士各结团体以相抵抗,如款项稍裕之局所则为款项不裕之局所垂涎,均以握事为权利,以公款为利薮,动辄挑拨,几有势不两立之现象,故旧则毁新,新则毁旧,此肇祸之由来也。"新政策寓示新利益,也是权势竞争的关节所在。"各局所则糜烂无底,查其情形,非一二任因循所能致。""查现在稍裕之局所,如三费、学务、官膏、社仓,不独靡费过重,且有侵挪之形。其它如警察教练所、统计、自治诸要政,不但款无的确,且有刻不可支之象。"④透露出来的虽有"款无的确"的短绌,更多的是主事者的贪腐,以及利薮所在,"垂涎"即可生出争斗。

在"各结团体"中,学界为一大宗。而当日威远学界内部,在与新派人物的竞争中,旧学界实居上风,这突出表现在全县第一所官办高等小学堂,即当时县内最高学府威远县立高等小学堂的人事变动上。自光绪二十九年(1903)开办,其总理(后称监督,即校长)吴天成、胡素民都是当时趋新人物,胡素民和自日本东京速成师范毕业的刘泌子都是同盟会会员,延聘多名有革命思想的教师。但在"地方保守势力的猜忌和排斥"之下,光绪三十四年(1908),外籍教师、同盟会员彭劢农、曹笃先后离开了学堂;同年十月,刘泌子请假,秀才姚斯盛代理学堂监督。宣统元年

---

① 黄明新等为声恳辞退禀,宣统元年六月,赵尔巽档案,卷343,盒66,号1。
② 陈伦禀文,宣统元年九月初十日,赵尔巽档案,卷309,盒60,号7。
③ 蒋海山、刘松泉等禀,宣统元年六月,赵尔巽档案,卷343,盒66,号1。
④ 威远知县润民:《谨将威远县肇祸原因及各局所糜烂情形据实开具清折恭呈宪鉴事》,宣统元年十一月廿七日,赵尔巽档案,卷333,盒64,号5。

(1909),县劝学所总董傅炳熙兼任学堂监督。胡素民也已远赴天津。① 在与新派学人的竞争中,旧派取得了胜利。

宣统元年,旧学界还在选举、调查等自治新政中取得了一系列的胜利。当年正月间,县中举行选举,即因学界与非学界争端而"大起风潮",知县"因循敷衍,含混了结,祸之胚胎即于此时"。及至调查人口,知县"初意原欲混合选充以昭公允。后因学界啧有烦言,乃恐该界势力过大别生事故,竟纯然改用素行附合学界之人,并不审察能否胜任,而以素无历练、狂妄不羁之书生充之,斯时非学界即捏造不经之谣,以为推倒此事,即可夺回利权"。②"旧则毁新,新则毁旧",在"非学界"看来,趋新的旧学界即是新派人物。在调查户口一事中,"非学界"具体何指尚未全悉,但可知团保为其主要。当新政触及了"居政界最高之地位"者的利益时,他们即动员力量发起进攻。调查长黄明新等指称张式之系受某"本场土豪"或称"大户""暗支"、众团首系受豪棍杨晓峰"暗支",但在相关档案中找不到相应的证据。结合如上事实,只能说张式之这样敢于试探性闹事的铺户,杨晓峰等豪棍、大户,与团保在调查户口一事上表现出相同的利益,共同推动了集体行动的演成。宣统三年(1911)时,杨晓峰已为保总,或其本来与团保势力的距离就不远。③ 而当更多的元素附着在团保系统上时,就有人还要往前走,刘香亭等"张贴广告云:保总杨范卿等前不以调查为然,今复自办调查,必得洋银云云。并约资州、仁寿之民纠阻,广告亦同。保总等始知一发难收"。④

---

① 毛建威:《百年华诞话西小——威远县西街小学早期校史述略》,《内江文史选粹(内江市政协成立二十周年纪念专辑)》,内江:内江市政协编印,2005年,第230页;胡一戢:《纪念胡驭垓烈士殉国七十周年》,《威远文史资料选辑》(第一辑),威远县政协文史资料研究委员会1983年编印,第24页。
② 润民:《谨将威远县肇祸原因及各局所糜烂情形据实开具清折恭呈宪鉴事》,宣统元年十一月廿七日,赵尔巽档案,卷333,盒64,号5。
③ 黄宗扬:《辛亥革命史上一支英勇顽强的工人革命武装力量》,《威远文史资料选辑》(第十辑),第31页。
④ 陈伦禀文,宣统元年九月初十日,赵尔巽档案,卷309,盒60,号7。

二、移民地域社会与刘香亭之乱

新乡在威远西北,是移民乡:"国朝召集流亡,故家先占四乡,外省后至者有司安置于此,名曰新乡,谓新民之乡也。"① 刘家系康熙五十二年(1713)自湖南保庆府新化县侯家冲入蜀,五年后契买威远县连界镇礼嘉堂即李家塘(又称"李家凼")田业。其始迁祖仁浩公有二子,长子义元,生四子,为四公会;次子义学,生五子,为五常会。这就是礼嘉堂刘氏祠九大房人的来历。② 刘家有一定家业和地位,咸丰十一年(1861)三月,族中援贡刘毓棠等在新乡练团筑登云寨。③

刘义元次子礼富之孙信临(1807—1873)是当时刘氏家族中的精英,其族弟、拔贡信明在族谱中对他的赞词是"威仪抑抑,为族所钦;经营祠宇,竭力殚心"。他是修建刘氏宗祠的"经理"之一,并在刘氏宗祠的管理中发挥了很大的作用。其妻段氏为监生段延贵之女,也可见信临的声望。④ 刘香亭的侄孙刘钦治自祖辈闻得,刘信临曾做过团首,他的名望与此有很大关系,这也与"威仪抑抑"相合。同据刘钦治口述,信临的儿子为规、为矩、为畅、为泽与人打官司致家产败落。在修于民国五年(1916)的族谱中,其序为本序、榜名、恒光撰,谱的纂修者为本蕃、本序、本荃、自第、自钦、自倬、自峻、自树,而其时宗祠的祠首为本苏、自崶、辛酉年(1861)祠首为本潭、本楚,甲子年(1894)祠首为本序、自杰,都不是信临后人;在该族谱中,信临后人再没有获得表彰功绩的"赞"词,凡此都说明了这一脉在族中的没落。"丁繁居析,门户纷而关山睽。"⑤ 乃是当时的实情。刘香亭与族中晚辈、秀才、调查员刘辑熙"互相轻视、冰炭不相容"。

---

① 光绪《威远县志》卷一《建置志·乡场》,光绪三年刻本。
② 刘钦治:《刘氏族谱》,2001年,"序"。
③ 光绪《威远县志》卷二《武备志·团练寨堡》,光绪三年刻本。
④ 《刘信临赞》、《四川威远县礼嘉堂刘氏宗祠碑记》(不著时间,应为咸丰年间),载《刘氏族谱》,1916年。
⑤ 《刘氏族谱》,"序",1916年。

刘氏家族后人刘述恒说:"刘辑熙的一家是族中有钱有势的,而他本人又考上了秀才。那时在乡间,秀才老爷是很神气的。"①刘辑熙家住在宗祠所在地礼嘉堂;而刘香亭家在其父一代则已把礼嘉堂的房子卖给了有钱的本家,迁至八里之外的石碓窝,也说明了在族中地位的不同。

威远多山,有铁矿,连界场有土炉三座,桥板沟有两座。②刘香亭家附近属于自己所有的一座小荒山上也有个"土铁矿",他在农闲时就采铁矿石。"中年以后,他的体力支持不了,便把主要的采矿和种地的工作交给了他的大儿子刘勉斋和二儿子刘福安,他自己每天赶着一头黄牛驮运铁矿到桥板沟、连界场铁厂里交称。"厂矿是个小社会,威远的厂矿也是哥老会活跃之所。光绪二十年(1894)时,川省矿务尚未兴起,川督刘秉璋便曾结合前任丁宝桢的"教训"奏道:"川省众所指称矿产多在番夷境内,且自兵灾后,腹地伏莽未净,会匪、啯匪时虞窃发。前督臣丁宝桢于光绪九、十两年(1883、1884)间试办矿务,不独无利可取,且几外酿边衅,内炽匪氛,旋即停止。"③民族及"边衅"问题姑且不论,矿场与秘密社会的关联确是灼见。具体到清末威远的情况,亦为刘秉璋所言中。刘香亭因家贫而采矿,由采矿、送矿而在"袍哥码头"加入哥老会,既表征了哥老会借着乡土社会的人员流动而铺展网络,也说明了矿业对威远农村社会的影响。哥老会桥板沟码头有大仁会、大义会、大礼会、大智会四个"堂口",刘香亭是大义会堂口的"舵把子"。作为义字堂口的掌舵,刘香亭有相当的号召力,"当地大都知道刘香亭常自豪地说:'我随便到哪里,只要喊一声恭喜发财,叶子烟就有四十八皮,可以摆个小小的烟摊子。'"④

据笔者所见材料,没有对清末威远团保组织结构的可靠记载。结合此次案件反映的情况及采访材料,大体情况是每场设一保总,其下依次为

---

① 刘述恒文,第296页。
② 《威远经济概况》,《四川文献》1970年第90期;周善道文,第88页。
③ 刘秉璋:《奏沥陈川省近事微臣苦衷疏》(光绪二十年二月初四日),《刘尚书(秉璋)奏议》,台北:文海出版社,1968年,第771页。
④ 周善道文,第90页;刘述恒文,第294、296页。

保长、团首和甲长。① 刘香亭被公举担任甲长多年。周善道根据采访所得的一段总结很能反映民举官任的甲长刘香亭的角色:"清王朝设保甲,一面为的是防止人民反抗,一面为的是便利征收税款,但人民对团首、甲长中一些人的希望,是在消极方面也要有应付官府的给、骗、推、拖的能力和办法。这本是一个矛盾。若果有人站在群众的立场,对群众的利益能够担当担子,甚至于坐牢杀头都担当下来,那是人民最爱戴的自己的首事人了。刘香亭作甲长,正是平时在一些事实中,经过群众考验,由人民公举出来的。"②刘信临去世时,刘香亭已经二十四岁了,他是否曾从祖父那里习得团保系统基层领袖为人处事的一招半式,我们虽不得而知,却是可以想象的。

至此,已可构建集于刘香亭一身的复合角色:在家族中,他属于没落的一脉;但他是袍哥大爷,对自己掌舵的码头的农民、矿工有动员力量,与更大区域的袍哥组织系统有联系;他又是团保组织的底层首人,在自己负责的区域中,在百姓里有威望,并且这种威望既来自为乡邻作主的"生肩头""耍龙头"之举,也来自朝廷赋予的行政权力。在刘香亭身上,展现了一个乡土精英的复杂多面,这多个面相中,家境贫困是他不能进入团保和袍哥组织上层(仁字堂口)的主要原因,但或许也促使他重视团保和袍哥两方面权力来源而在与族中富者的冲突中有所凭靠。这多重面相的权威相互维系,其复杂多面既存在于平时,也能在动荡中发挥作用。

团保首人与调查员长的矛盾是威远团保变乱案的主要矛盾。在刘香亭案中,这一矛盾又集中表现为刘氏家族中刘香亭与刘辑熙的矛盾,他们分别是贫穷的长辈与富裕而有功名的晚辈。时人为刘辑熙之父刘熙宇撰写的寿文中说"刘香亭之变,遣子弟(指辑熙——刘述恒注)晓解之,悍然不以为然。益其平素贫富之见深,相形者相妒,相妒者相图,久蓄其谋,未逢其会。一有可乘,勃发莫遏"。③ 刘述恒说刘辑熙"本属刘香亭的晚辈,

---

① 周善道认为最底层是牌首,但在当时的记载中未见有此一级设置,事后秘密通缉的刘香亭起事同党也包括五个甲长而不含牌首,故可基本确认,清末威远即使存在牌首,也不能在民众动员中发挥关键作用。混合了团练、保甲体制的清末团保组织,在很多地方是存在牌首的设置的,但不一定适用于威远。
② 周善道文,第91页。
③ 申维翱:《刘熙宇寿文》,转引自刘述恒文,第296页。

却常以教训的口吻干涉刘香亭的行为"。这仅是贫富对立的具体场景，冬至会之争折射了尊卑秩序问题的更大语境。"封建社会的宗祠本是序尊卑长幼、讲礼、讲义的场所。可是李家凼(刘姓聚居和宗祠所在地)的富家子弟自恃有钱有势，认为'有钱之人高三辈'，看不起族中长辈，特别是看不起贫苦的长辈。在宗祠中入席，往往旁若无人，不问同席有无长辈，自己就高踞首席之位。刘香亭于每年冬至在宗祠赴会时，看不惯那些平素自视高人一等的鱼肉乡民、违犯礼教的一伙富家纨绔子弟的晚辈高踞上席。他愤急地说：'你们穿靴子的坐得上霸位(首席)，我穿草鞋的也坐得。'"①周善道记道，刘辑熙在清明会上和端午节对刘香亭不认尊长，还骂其是酒醉鬼。②"清明会和端午节"应为冬至会之误。据咸丰年间的族谱记载，道光十六年(1836)营建宗祠之后，即重冬至之会，"每岁仲冬，少长咸集"。1916年的《四川威远县礼嘉堂祠规》为了解1910年代的情况提供了参考。据此祠规，族中祭祀共有三次：冬至、中元和迁蜀始祖仁浩公冥诞纪念日。这三个祀日也是族中重要的议事之日，"议事期间以冬至、中元、仁浩公冥诞日为常会"。其中，冬至会是唯一的一次"阖族协祭"。③ 在阖族重要仪式上的尊卑之争，自然加剧了本已有之的贫富矛盾。刘香亭起事后集数千人围居住在礼嘉堂的保总、"州同"刘觐光、曾担任调查长的附生刘自峻(其祖父为"富甲新乡"的铁商)，更抓刘辑熙不获而火烧其住宅，等于是向族中有钱有势者雪辱示威。④

  刘香亭起事则是袍哥和团保两个组织动员网络的共同发动。起事之初，他的手段主要是立足本地齐团议事、聚码头。"到了晚上，邻近的甲长姜美堂、刘松乔也被本甲的农民包围着赶来参加，桥板沟的码头，除了上堂口几个有点钱的袍哥没来参加以外，整个码头的人，都涌来了。"⑤宣统元年九月初十日(1909年10月23日)，陈伦回禀情况时已听到刘香亭

---

① 刘述恒文，第296页。
② 周善道文，第93页。
③ 《咸丰丙辰四川续谱序》、《四川威远县礼嘉堂祠规》、《刘氏族谱》，1916年。
④ 陈伦禀文，宣统元年九月初十日，赵尔巽档案，卷309，盒60，号7；刘述恒文，第298页。
⑤ 周善道文，第94页。

"接棒客"的传闻,担心"果然,则大局糜烂矣"。① 他所闻不虚,随着反抗官府态势的形成,刘香亭等进一步通过袍哥和团保组织扩大联络范围,并以袍哥组织为蓝本构建组织机构:"一面联络各码头,一面通知向来联络好的邻近各甲,杀牛宰马,祭天告神,吃血酒,坐香堂,把哥老会的海底搬了出来(成都刘师亮写有汉留史一书,'海底'因传抄大同小异),姜美堂、刘松乔两甲人也开了来,声势浩大,群情欢忭,公推刘香亭为天保大元帅掌正印,姜美堂、刘松乔同掌副印,行用'海底'所定名义,列为五营四哨,出山大哥作证明,三哥管执法,五牌管交涉、交际。""新场码头也派了管事当家人等登上官山坡峰顶前来慰劳刘大元帅",刘香亭还想请新场袍哥、曾从军较久的"闲牌老拜兄唐林章"当军师而不成。② 除了上文中提到的甲长姜美堂、刘松乔,在事后通缉的刘香亭"供出逸匪"名单中,也能看到这样的人物:谢和团甲长杨少安、清吉团甲长杨兴顺、仁义团甲长杨玉和、富恩团甲长何模杰、人和团甲长刘本全等"五甲长";高龙场张保正则曾约打资州糖捐局,因回马场之败未能成行;"江湖大帽顶"甘东山,仁寿县"窝匪"杨威海。③ 至于张保正、五甲长是否如刘香亭一般,也是哥老,则不得而知。"地方团总保正,其人倘系会党,遇有著名棒匪强盗过境,睹知会则争馈程仪舆轿垂帘。"④有经世之心者的这一条见闻与总结,可以帮助我们理解当日多路哥老来投、刘香亭的队伍开赴威远和资中各地吸纳哥老及团保加入之情形。正所谓"暗纠匪党,乘机肇乱,僭设伪元帅等名号,树旗出示"。⑤

三、"旧则毁新,新则毁旧"

"不料竟以一极小之私忿,轰动山后一带,愚民刘香亭等藉此倡

---

① 陈伦禀文,宣统元年九月初十日,赵尔巽档案,卷309,盒60,号7。
② 周善道文,第94、97、100页。
③ 资州速转威远赵令,宣统元年十一月十八日,赵尔巽档案,卷343,盒66,号1;赵尔巽札各道、统领按名拿办逸匪文,宣统元年十一月十九日,赵尔巽档案,卷339,盒65,号1;致资州电,宣统元年十一月十八日,赵尔巽档案,卷373,盒73,号4。
④ 《靖蜀议上篇》,不著作者、年月,赵尔巽档案,卷492,盒89,号3。
⑤ 赵尔巽:《遵拟威富匪案片》,宣统二年八月廿五日,赵尔巽档案,卷373,盒73,号4。

首。"①在宣统元年威远团保变乱案中,新六区、新七区的保总、团首和甲长们采取了不同的立场,形成了"轰动"的链条。事件过程中,保总最为保守,当六月二十八日新场团首蒋海山等打毁万寿宫调查处时,新六区保总萧荣德和保长萧治民即出面阻止,萧治民面部被砍伤。② 新七区保总杨范卿亦未参加公开的变乱,只是借势要求调查归保甲办理,即是归自己办理。但同时,他们也没有积极站在政府一方配合治安,对于民众变乱采取了"知者不力阻之"的坐视态度;乡间口碑亦传,对于威远知县要求查复刘香亭情况的命令,新七区、新六区的保总也没有认真办理。③ 刘松泉等团首则利用并扩大洋教恐慌、调查员长贪污等挑起民愤,以利行动的正当性与合法性;而待打毁调查处、收回调查权后,转而采取合法的行政解决方式,与调查员们在状告中争胜负,使事件进入正规解决轨道。威远知县接受了团保首人的挂红、放炮和送官之礼,并予其调查之权;赵尔巽汇报此事的奏折中也未提及团首聚众闹事,即因其不是超出政府容忍限度的激变。刘香亭等甲长们则采取了最为极端的抗争方式,作为团保组织的最底层,他们与政府沟通的管道不那么直接,更是户口调查之行政成本的直接负担者,不能从官方获益,遂完全立足于自身精英权威所自的民间土壤,与袍哥组织结合走向政府对立面。制造乱局第一波的保总、团首继而成为反动的对象,这又是他们所没有想到的。

　　威远新乡户口调查中的新旧之争并未及学界失势而止。威远县令札保总"兼办"调查后,"各团与之挂红放炮。自此以后,愚民尽信其牌子之不可钉,藉官之不敢担当为口实。斯时前办调查者既失权利,又损声名,愤恨之词几达四境。于是,造假批捏虚语层次迭出。新乡一带已不成体制矣"。④ 翻阅川省县志,光绪以后,新政之前,四川的户口统计大都是通

---

① 润民:《谨将威远县肇祸原因及各局所糜烂情形据实开具清折恭呈宪鉴事》,宣统元年十一月廿七日,赵尔巽档案,卷333,盒64,号5。
② 黄明新等状;保总萧荣德、保长萧治民等禀呈,宣统元年七月,卷343,盒66,号1。
③ 周善道文,第95页。
④ 润民:《谨将威远县肇祸原因及各局所糜烂情形据实开具清折恭呈宪鉴事》,宣统元年十一月廿七日,赵尔巽档案,卷333,盒64,号5。

过团保来实施的。这是"团练保甲之法寓于户口"①的制度设计的直接功用,也是因为行之已久的粮册仅载粮户无从核丁口,而团保要全面清查户口以保障治安,"由户房粮册查核粮户,又由兵房团册查核烟户,于是丁口之在烟户内者,亦遂朗若列眉云"。②但是效果却未必如人所愿。光绪二十六年(1900)修成的《蓬溪县志》未载户口,民国修志者既感慨:"当时已设团保局,专司编联保甲,发散门牌,书每户丁口。春秋二季,汛厅把总奉知县命,按团点验,当可得其确数,何竟付阙如!"但是也怀疑究竟是修志前辈遗漏,还是因为编审不详实而不得不阙其文。③富顺宣统元年(1909)调查户口比光绪二十一年(1895)多出近六十万,则可确证"前此之保甲门牌以意造之"。④所以,户口调查之际,川督赵尔巽就指出地丁并赋之后仍通过烟户门牌稽查户口,但是,"日久玩生,保甲清查究属虚文"。故饬巡警道编查户口,分区设处派员调查。所派之"员"为自治职员,自治未成立处则由绅董负责,总之都要排除团保。⑤虽有如什邡者实仍由团保调查,但毕竟已是残光余照。⑥与团保乡职比较,威远的户口调查员长们纯由政府任命,自上而下、自官而民推行新政,仅有功名而不居官位,是绅而又缺乏乡土权力根基,政府一纸委任是其唯一权源;设调查处、委任专人负责,似乎延续着"开局延绅"的思维,但以往的公局乃源于乡场,更不曾妨害户政这一团保既得的基本权力。在过渡时代,团保失势已成方兴未艾的趋势。川督赵尔巽已经明确提出"改革团保"的政策导向,即是要"裁团"。⑦各地的警政办理中也普遍对团保倚靠的练费和练丁形成冲击。即使发生了民变,知府委派调查情况的还是威远学界成员陈伦。陈伦受命后"即向邑之新乡调查各处学校并密询近日情形",认为

---

① 参见民国《简阳县志》卷一九《食货篇·户口》,1927年;民国《苍溪县志》卷九《食货志上·户口》,1928年;民国《眉山县志》卷三《食货志·户口》,1923年。
② 光绪《永川县志》卷四《赋役·户口》,光绪二十年。
③ 民国《蓬溪县近志》卷七《风土篇·户口》,1935年。
④ 民国《富顺县志》卷五《食货·户口》,1931年。
⑤ 赵尔巽:《奏报川省人户总数各情形折》,《广益丛报》宣统二年五月第235期;《奏川省调查户口一律报齐折》,《广益丛报》宣统三年二月第258期。转引自鲁子健:《清代四川财政史料》(上),成都:四川省社会科学院出版社,1984年,第34页。
⑥ 民国《重修什邡县志》卷七《风土篇·户口》,1929年。
⑦ 赵尔巽:《咨询改革团保案》,宣统元年十月,赵尔巽档案,卷308,盒60,号6。

乡民对于门牌的恐慌,乃是因为新乡"地居偏隅,文人绝少,一簧百鼓,吠影吠声",基于学界立场,有着鲜明的价值判断。① 事发前学界的"烦言"可以影响知县的人事决策,事发后的状告与密禀也可能会影响上官的好恶,而他们的目的不过是要更多承担政府事务。废科举之后,昔日科举制度塑造出来的旧学界的权力延展、转变和作用模式不一而足。但行政权力模式的嬗蜕必然导致社会权势的升降,学界要获取行政权力,也就难免与团保系统发生冲突。光绪三十二年(1906),巴州提练费作警费遭到团绅阻挠,川督痛斥:"地方劣绅刁棍平日经手公款,朋串分肥,一旦提款归公,以之实办要政,动辄捏造浮言,多方挠阻,冀便私图,此等情形实堪痛恨。警察系奉旨饬办之件,就原有练费提拨以为常年的款系属正办,该武举张炳南、文生陈云门、监生杨模之、职员丁昭明等经管练费,辄敢任意把持,抗不遵缴,殊属貌玩。"② 但是,直到宣统二年(1910)时,云阳县警署、三费局奉命将团保费归并警署办理巡警,练丁在其首领的带领下仍"否恃不允提并,滋闹不已",警署、三费局只得多次上报川督作主,可见提练费之艰难。③ 人民对于警察在卫生等方面的新规定也还不能完全理解,在团总的鼓动下,即可成为排警之众。④ 威远的案例就是在这样的时代变动中发生的。

四、简短的结语

以往对清末新政中民变起因的研究,多集中于苛捐杂税激发官民冲突、直接利益矛盾(如庙产兴学等)、绅权伸张等,或者更为宏观地归因于历史急剧转型过程中的社会矛盾的集中体现。⑤ 通过本文的论述,我们

---

① 陈伦禀文,宣统元年九月初十日,赵尔巽档案,卷309,盒60,号7。
② 《督宪批巴州开办警察并请革武举张炳南等禀》,《四川官报》光绪三十二年第六册。
③ 赵尔巽与云阳县往来函电,宣统二年九月十四日至十月二十日间,赵尔巽档案,卷307,盒60,号5。
④ 《护督宪批涪州陈警兵舍被毁起衅情形禀》,《四川官报》光绪三十四年第八册。
⑤ 参见樊翠花、池子华:《辛亥革命前十年间民变问题研究综述》,《盐城师范学院学报》2005年第4期。

却发现民变的背后是一幅行政改革触动社会秩序的图景:在行政上,是延续民举官任的团保制度,还是政府径行任命专办之员施政;在家族中,尊卑是由辈分、长幼决定,还是由贫富、功名、政府差使决定;于哥老会而言,承担民举官委的"公事"是否还有可能。也就是说,如果我们注意到行政体制的社会意义,就能看到更具基础性的社会政治变迁。行政的安排实为一种社会的安排,既是社会权力结构的反映,又平衡着社会权力结构。在威远,团保之制既是杨晓峰、刘松泉等团保首领区别于调查员来源群体的权柄,也是刘香亭与家族中富有的读书人一支抗衡的依靠,还是哥老会组织立足于社会的一种渠道。移民地域、矿业社会、市镇街头政治等诸多元素均附着其上,相系相维。但在宣统元年(1909)的威远新乡,似乎一切都将要发生变化:团保的权力向学界转移;刘香亭本来以甲长和哥老掌舵身份构筑的精英角色,受到因负责人口调查而权势张大的族中富家子刘辑熙的威胁;已经习惯于团保组织调查户口的民众的利益则可能在新政中受损。而这一切都源于调查户口新政,源于官府径任学界人士充当调查员而没有充分考虑到传统行政体系的社会韧性。新政触动了团保这一环,破坏了原本相对平衡和稳定的社会权力结构,相关因素即应声而动。既然"新则毁旧",就一定会"旧则毁新"。乡民中流传,举义前,刘香亭说他看到"扫帚星"落在屋后山上,这象征他要当几天乱世头头,但不长久。① 刘香亭还曾说过"我的脑袋,许了坛神菩萨已很久了"。② 凡此都是以他心中的观念应对眼前变化。挟多年的新潮冲击与古今代谢之势,新统治模式虽初露端倪但影响深入乡间,来自中央的政令与竞争中的地方政治势力,与家族中的矛盾双方、码头间奔走的哥老乃至人心之间建立起微妙而又息息相关的联系,激化了旧矛盾,激发了传统组织临危一击的慷慨,为今日理解新政在地方社会中的反响提供了一个生动的例子。

(孙　明　北京大学党委组织部干部)

---

① 刘述恒文,第300页。
② 周善道文,第99页。

常乃惪与新文化运动[①]

杨彩丹　郑　伟

【内容提要】 常乃惪是新文化运动中的重要人物,其间,他的思想转变是一个突出的现象。五四运动爆发,他一改在新文化运动前期对待传统文化的温和态度,表达了引进现代西方文明以解决中国问题的激进立场。这种转变是对"五四"后社会思潮变动的回应,也符合常乃惪在进化论视域中重新思考新文化建设的思维理路。由于对进化论的过分信仰,常乃惪看不到阶级斗争的历史功绩,奉行渐进式的改良路线,最终成为国家主义派的一员。

常乃惪(1898—1947),字燕生,山西榆次人。这位被遗忘的思想家直到近年来才逐渐引起学术界的关注。已有的研究多将其纳入国家主义的理论框架之中研究其学术蕴含的极权主义政治倾向,而对其与"五四"

---

① 基金项目:山西省教育科学"十二五"规划 2011 年度规划课题,项目编号 GH-11001。

新文化运动之关系则很少述及①,这不能不说是一个缺憾。事实上,常乃惪自18岁考入北京高师起,即已投身新文化运动。其间他与主将们的思想论争,对中西文明的独特见解,使他在1920年代的思想界备受瞩目。新文化运动退潮之后,他不满意多数人将精神气力转向政治方面,遂将思想启蒙的任务重新提上日程,以期完成主将们未竟的事业。此间他对新文化运动的深刻反思给后人诸多启迪,而反共的错误主张成为其被遗忘的一个主要原因。常乃惪与新文化运动的关系涉及诸多方面,其构建新文化的思想进路如何?其角色的转变是否遵循内在价值的一致性?其参加中国青年党走向反共道路的文化逻辑是什么?这些都需要做一番深入的探讨。

一、激进主义氛围中的温和面孔

按照学界通行的界定,新文化运动的时间范围大致在1915—1923年间。但是,常乃惪似乎持有一种更宽泛的理解。他将新文化运动的上限,推溯到《新青年》创刊前的"甲寅时代"②;对于下限,没有明确的界定,但从其《近二十年来中国思想运动的总检讨与我们最后的觉悟》一文看,他显然是认为,新文化运动的余波一直延续到了1930年代。故考察常乃惪与新文化运动之关系,也应该适当兼顾他在1930年代的思想文化活动。

常乃惪18岁进入北京高师史地部学习,这一年是1916年。他原本是受到了"教育神圣"思潮的影响,准备学成之后"做一名教师"。③ 但是他很快转变了自己的兴趣,如其弟子黄欣周指出的,学生时代的常乃惪很

---

① 目前仅散见于葛兆光:《思想史研究历程中薄薄的一页——常乃惪和〈中国思想小史〉》,《江海学刊》2004年第5期。王栋:《晋商后裔常燕生五四前后的文学活动评述》,《晋中学院学报》,2008年第6期。陈来:《人文主义的视界》,南宁:广西教育出版社,1997年。郑大华:《民国思想史论》,北京:社会科学文献出版社,2006年。
② 常乃惪将"甲寅时代"作为"新文化运动的黎明时代",参见《中国思想小史》第二十章。上海:上海古籍出版社,2005年,第139页。
③ 常乃惪:《无常与无我》,《常燕生先生遗集》第8册,台北:文海出版社,1967年,第8页。

少注意实际的教育问题,而是集中精力于历史文化的理论研讨方面。①若论转变之所由,自然要归结为"新文化的初潮"对他的感召。常乃悳最初是以反思者的角色投入到这场运动之中去的,在思想界急于和传统相决裂的时刻,青年常乃悳对待传统文化的态度却是甚为温和,这与中年陈独秀的激进态度适成鲜明的对比。其间,他冷静地质疑主将们的过激主张,建言陈独秀、胡适等人"提倡积极之言论,不提倡消极之言论。提倡建设之言论,不提倡破坏之言论"。② 据统计,在 1916—1917 年间,常乃悳与陈独秀通信多达四次,涉及"古文"、"孔教"与"新道德"等多方面的内容。

其一,1916 年 12 月,常乃悳致信陈独秀,质疑胡适关于古文之弊,尤以骈体、用典为最的观点。虽然常乃悳对胡、陈二人的文学改革主张持有相当的"同情",但他坚决反对"废骈体"和"禁用古典",以为此二者乃"真正之国粹……而非可以漫然抛弃者也"。③ 常乃悳的文学改革路线与胡、陈并有不同,后者强调的是文学的道义与责任,弘扬批判现实主义精神与资产阶级人道主义精神;而常氏则立足于文学的审美"自性",意图"严判文史之界","改良文学,使卓然成为一种完全之美术"。④

其二,关于孔教问题。常乃悳既反对康有为要求定孔教为"国教"的政治诉求,也不赞成陈独秀"孔教与帝制有不可离散之因缘"的观点。为此他撰文《我之孔道观》⑤,主张应当把后人"所依傍之孔教"与"真正孔子之教"区别开来,认为前者具有宗教的性质,是封建专制政体的粉饰,自然应当打倒;但是后者"与宗教之实质,全然殊科。孔子之言,未尝专主于专制政体",因此反"孔教"不可以全盘否定"孔学"。至于对待"孔学"的态度问题,他主张客观公正,"据学理以平亭两造者耳"。常乃悳主张采取中立的立场,以学理行公断之言,是非常难能可贵的。

---

① 黄欣周:《常乃悳》,载于中华学术院编《中国文化综合研究》,台北:华冈出版部,第 567 页。
② 《通信》,《新青年》第 3 卷第 1 号,1917 年 3 月 1 日,第 15 页。
③ 《通信》,《新青年》第 2 卷第 4 号,1916 年 12 月 1 日,第 2 页。
④ 同上书,第 3 页。
⑤ 《通信》,《新青年》第 3 卷第 2 号,1917 年 4 月 1 日,第 1 页。

其三,常乃惪也不赞同陈独秀对待旧道德的简单态度。他指出道德不是铁板一块,而是包括"元知"和"推知"两部分,"有本心所自有者,谓之元知。有习惯所养成者,谓之推知。其一可不变,其二未有不变者也"。① 常乃惪认为旧道德中的"元知",即人类本心所固有的良知良能,是亘古不变的。而"推知"是依照进化论处于不断变化之中的,当代的"推知"必然胜过古代,因此应该反对"旧推知",提倡"新推知"。常乃惪在分析西方个人主义新道德的基础上提出了适用于今日社会的新推知——"自利之道"。

常乃惪与陈独秀的论争构成了新文化运动初期的一道独特的文化景观,他们之间年龄与立场的鲜明反差,令人颇感兴味。不过,并不能据此论定此时的常乃惪就是一位食古不化的复古主义者,事实上他对于主将们的思想观点仍然抱有相当的"同情"。他说:"若不是陈、钱诸人用宗教家的态度来武断地宣传新思想,则新思想能否一出就震惊世俗,引起绝大的反响尚未可知。"②此番"同情的理解"从一个侧面表明他是自觉地归属到《新青年》派的思想谱系中去的。实际上,即使在与陈、胡的论争中,常乃惪对二人的文化主张从总体上也是同意的,比如对于胡适的文学改良主张,常乃惪"极端赞成,亦无庸赘言";又认为陈独秀的新道德学说"于道德之真象,可谓发挥尽致"③,并整理成《记陈独秀君演讲辞》发表在《新青年》上;又说:"先生辟孔道另具苦衷,仆亦颇能领悟。"④这些充满敬意的表述并非晚辈的溢美之词,而是同道自述。若要追问他们的区别所在,主要有两个方面。

其一,主将们认为"不经破坏,不能建设",要在革除一切封建旧习之后,建设"民主"与"科学"的新文化。但是常乃惪以为现代西方文明的引进、消化不能建立在思想的空地之上,而是有赖于中国传统的导引、承接和整合,即需要民族精神这一强大的支柱。因此他很不赞同胡、陈等人仅从当下价值来批判古人的做法,而要在对传统文化的剥离剔抉之中力图

---

① 常乃惪:《记陈独秀君演讲辞》,《新青年》第3卷第3号,1917年5月1日。
② 常乃惪:《中国思想小史》,第139—140页。
③ 常乃惪:《记陈独秀君演讲辞》,《新青年》第3卷第3号,1917年5月1日,第2页。
④ 《通信》,《新青年》第3卷第2号,1917年4月1日。

找到民族精神的内核。

其二,主将们"激进"的反传统主张立足于"用",是对袁世凯尊孔复古逆流的反动,是辛亥革命失败后中国人反思历史对"矫枉过正"的必然选择,而常乃惪对于传统的温和态度则主要是基于学理上的推演。

这一点尤其值得注意。放在中国古代学术思想史的背景中来考察,我们惊奇地发现常乃惪对传统文化的剥离剔抉其实是继承了"辨彰学术,考镜源流"的古代学术传统。具体来说,他认为文学革命"首当严判文史之界,一面改革史学,使趋于实用之途,一面改良文学,使卓然成为一种完全之美术"。① 这延续了六朝以来文史之辨的传统话题。常乃惪十四岁即作《孔子之教非宗教议》,新文化运动期间又主张将"孔教"与"孔学"区别开来,其思想也是渊源有自。关于孔学的分期及其与宗教之关系,在古代特别是宋朝以来不断有人提起。再如上文提到常乃惪将道德分为"元知"和"推知"两部分,从中我们隐约感受到"良知"与"习性","天赋之性"与"气质之性"两分的古代性理学说的影子。

理解了前期常乃惪文化思想与古代学术的关系,我们就不会盲目地在"生物史观"(或曰社会达尔文主义)的框架内来解析他对主将们激进言论的质疑。没有证据表明常乃惪在1916—1917年就已经接受了这个源于西方的史观流派,我们宁愿相信是中国古代固有之"通变"历史观支配着前期常乃惪的思想进路。"名理"有常,"通变"无方,对常乃惪来说,"元知"、"古典之美"及"真正孔子之教"等普世性的文化元素是恒定的"名理",是贯穿变化始终的精神内核,一切变化只有植根于此内核之中方能生生不息,反之则气竭势亏,新文化运动之"缺乏建设的新生力",其弊正在于此。

二、文化回潮期里的西化主张

五四运动的爆发成了常乃惪思想的转折点。这有两层含义:一是思

---

① 《通信》,《新青年》第2卷第4号,1916年12月1日。

想关注点的转移,由此前偏重于历史文化的理论研讨转而从事于培植国民实际基础的教育事业。1919年,常乃惪加入北京高师的新教育组织——工学会和平民教育社,"五四"期间被推选为北京"学联"教育组主任。次年夏于北京高师毕业后,他先后执教于北京高师附中、上海吴淞公学、燕京大学历史系。常乃惪投身教育事业,一方面积极译介、试验国外先进教育理念和教学法(如推行"工"、"学"合一,试验"道尔顿制");另一方面继续批判旧教育,并倡导"革命的教育",鼓吹一种"革命的精神"、"革命的信仰"。在1924年刊载的《全民教育论发凡》中,常乃惪自述从教四年来,"我对于这种教育制度的怀疑的信念伴着自己的年龄经验逐渐增长"。又说:"我们尽可以怀疑不要组织,不要学校,不要教育。"①我们注意到,常乃惪对旧教育的怀疑和批判,其激进立场大异于前期对待传统文化的温和态度,而他对"革命教育"的提倡,显然不同意"近二十年来"教育界"改良又改良"的保守主义方案。

　　二是指其新文化构建思路的调整。如前述,常乃惪激烈批判旧教育表明他对于传统文化的信仰开始松动,而西方文化先进性则成为他改造旧教育的认识起点。这里要说的是,常乃惪基于欧战结束后国内外的思想情势,在中西文化比较这样一个更为宽阔的视野内,改变了前期单从传统内部生发出新文化的思想进路。欧战的惨剧暴露出西方工业文明的弊端,打破了欧洲中心论的神话,就在西方陷入普遍的迷茫、混乱的思想危机之时,东方古老的中国却洋溢着一种乐观的氛围,东方文化派迅速扩大其影响。1920年,梁启超发表《欧游心影录》,梁漱溟出版《东西文化及其哲学》,孙中山发表《民族主义》的演讲,标志了文化回潮期的到来。在这种情势下,常乃惪一改前期的温和态度,表达了引进现代西方文明以解决中国问题的激进立场。也是在1920年,常乃惪撰文《东方文明与西方文明》,同意一者"重过去、重保守、重宗教、重退让、重自然、重出世";一者"重现在、重进取、重实际、重竞争、重人为、重入世"。② 常乃惪对于东西文明之差别的体认和东方派的梁漱溟颇有相似,后者在《东西文化及其

---

① 常乃惪:《全民教育论发凡》,《民铎杂志》第5卷第3号,1924年第3期。
② 常乃惪:《东方文明与西方文明》,《国民》第2卷第3号,1920年10月1日,第5页。

哲学》一书中,将西洋文化定义为"向前求"的文化,中国文化为调和、持中的文化。不同之处在于:梁漱溟将文化的本质看成是"人生态度"的问题,断言现今世界文化正折入第二路向,趋于"中国化";而常乃惪则根据孔德的"三阶段"社会进化论,将东西文明之异点归结为"实在就是古代文明和现代文明的特点",或"第二期的文明"与"第三期的文明"的区别,并由此以为中国社会的发展当遵循进化的法则,"从第二期向第三期进行,没有从第三期倒退着往第二期走的道理"。① 10年后,常乃惪著《生物史观与社会》(上海:大陆书局,1933年出版),进一步完善了他的看法。他将人类社会的进化分为三个阶段:"家族社会"、"民族社会"、"国族社会"。常乃惪认为中国文化属于"民族社会"的"第二期文明",在性质上是古代的;西方文化属于"国族社会"的"第三期文明"。中国的根本问题,就在于"仍然滞留在民族社会阶段,丝毫不曾进步,而来征服我们的,却都是些已经完成近代国家机构的国族社会的先进者"②,再次表达了借鉴西方文明寻求出路的急切心态。

所以直到"五四"之后,常乃惪才被胡适引为同道中人。后者在1922年5月25日的日记里面曾说,有一篇署名"燕生"的《反动中的思想界》,"真是有卓识的文章,远胜于我的前作",但是"燕生不知是何人"。③ 5月28日胡适在日记的旁注中引了钱玄同的话,说明燕生就是常乃惪。④ 后来在1930年1月23日的日记中,胡适就以"朋友"来称呼常燕生先生了。⑤ 而此时期的常乃惪也承认:"在文化和思想问题上,我是根本赞同胡先生的意见的,我们现在只有根本吸收西洋近代文明,决无保存腐败凝滞的固有旧文明之理。"⑥在引进西方文化解决中国固有问题这一点,常乃惪与自由主义者的胡适最终走到了一起。

1935年,常乃惪写《二十年来中国思想运动的总检讨与我们最后的

---

① 常乃惪:《东方文明与西方文明》,《国民》第2卷第3号,1920年10月1日,第6—7页。
② 常乃惪:《现实生活与理想生活》,张葆恩编:《国难文选》,上海:大光书局,1936年,第114页。
③ 同上书,合肥:安徽教育出版社,2001年,第675页。
④ 曹伯言整理:《胡适日记全编(1919—1922)》(三),第675页。
⑤ 曹伯言整理:《胡适日记全编(1928—1930)》(五),第612—613页。
⑥ 常乃惪:《东西文化问题质胡适之先生》,陈菘编:《五四前后东西文化问题论战文选》,北京:中国社会科学出版社,1985年,第676页。

觉悟》,认为《新青年》派并没能从根本解决"中国人将何来何往何去何从"的问题。他说:"在消极上对于家族主义制度和理想的攻击,使这障碍国家发展的最后残垒倒了下去,这是《新青年》对于中国唯一的功绩。然而,不幸他们在积极方面,对于未来中国的建造并没有提供出有力的意见。"缺乏建设性正是常乃惪反思新文化运动的一贯评价。1928年常乃惪写成《中国思想小史》,称《新青年》"是非常幼稚浅薄的,他们的论断态度大半毗于武断"。① 这和运动初期他建言陈独秀、胡适等新文化主将"提倡建设之言论,不提倡破坏之言论"前后呼应。常乃惪认为"五四"以后,家族主义破坏了,传统的文化道德破坏了,原有的国家基础破坏了,新的东西却没有建立。中国的思想界在"五四"以后变成了一片"空地",思想革新的结果造成了思想的荒芜,"怀疑、烦闷、混乱"成为时代的忧郁症。新文化运动的症结到底在哪里?常乃惪不同意周作人将病根归结为《学衡》、《古学危言》之类国粹主义的流行,因为继新潮之后的反动复古运动,主事的并不是食古不化的遗老,反而是倡导革新的维新人物。常乃惪发人深省地指出"五四"以后"真正的反动思潮"就存在于"新思潮内部",由于缺乏"建设的新生力",一切反传统的努力注定重新落入传统织造的襁褓之中。

常乃惪将东方文化派纳入到《新青年》派的文化谱系中加以考察,将其保守主义的文化立场溯源到前期新文化运动"建设的新生力"的缺失,这是他的卓见。1928年常乃惪撰文《前期思想运动与后期思想运动》,他说"五四"的时代似乎结束了,当时代需要我们向前冲的时候,可是"有的人已经回到国故的坟墓里去了"。常乃惪呼吁一个自觉的、有计划、有理想的后期文化运动的到来。后期思想运动要改变前期新文化斗士只有批判和破坏的消极倾向,但要继承前期的理想与文化谱系——以西方现代文明为参照,建设新的具有国民意识的"少年中国"。结合这一系列的著述和文章来看,青年常乃惪构建新文化的思想进路其实是相当清晰的,那就是始终保持"中国人将何来何往何去何从"的思想前瞻性,以一种变革的观念引导中国思想文化的变动,而在古与今、中与西的交流融汇中构建

---

① 常乃惪:《中国思想小史》,第139页。

具有民族特色和普世价值的新文化。换言之,常乃惪主"变",要在古今、中西的张力平衡中寻求"建设的新生力",而变化的关键在于如何处理好传统与现代的关系问题。缘是之故,常乃惪前期捍卫传统与后期主张西化,就不应被视为前后两个时期的思想断裂,而应被看作在内在价值一致的前题下,针对运动前后期的思想情势所作出的一种自觉的回应。

有学者认为常乃惪前后期思想转变的依据是西方新兴社会学或实证哲学的引进,为《醒狮》派由文化保守主义走向激进主义提供了学理上的可能性。① 这个判断是不错的。在1920年代的中西文化大讨论中,常乃惪始终认为一般所谓的东、西文明实际上乃是古代文明与现代文明。这个看法最初出现在1920年的《东方文明与西方文明》一文中,后来在1926年的《东西问题质胡适之先生》文、1927年的《中国民族与中国新文化之创造》等文也有类似表述。需要指出的是,新文化运动时期的常乃惪接受实证主义的社会历史观其实还是相当表面的②,仅在于用孔德的"三阶段"社会发展论来论证"一元文化进化观"的合理性。换句话说,运动后期的常乃惪依然主"变",这是他继承《新青年》派文化和理想谱系的一面,但是其指导思想则由前期的"通变"观转而为"进化论"。若论转变之由,固然有实证的哲学思想为推动,但也是针对思想的现实而发。在《中国民族与中国新文化之创造》中,常乃惪说"五四"之后中国青年的精神才力已从文化转向了政治一途,但他认为中国现时之急务仍然是新文化的建设问题,因为政治运动"常是文化运动结出来的果";政治运动成功之后亦需继之以文化运动,方能使民族精神得到充分发挥。至于对待未来的新文化,应当采取何种态度?常乃惪说:

> 自鸦片战争以来,八十年的中国历史就是这种旧文化逐渐澌灭的历史。到现在虽仅止八十年,然而中国人的精神方面物质方面其变化之程度已超越数世纪有余……这不是理论,乃是事实,事实证明了文化的固有方式已经感到了变化的需要,和已竟实际从事变化了。

---

① 敖光旭:《1920—1930年代国家主义派之内在文化理路》,《近代史研究》2006年第2期。
② 1930年代常乃惪创立以"国家主义"为价值核心的"生物史观",可被视为社会达尔文主义在中国发展的新阶段。

单是理论不能挽回事实的要求,中国的固有文化是万不能完全保持或恢复,大约除了极少数的旧思想家外,没有不明白或默默承认这个事实的正确性的。①

在常乃惪看来,"旧思想家"的文化保守论和中西调和论只是一厢情愿的想法,因为它们建立在对于传统文化单纯的热情与信仰的基础上,丝毫没有顾及鸦片战争以来旧文化逐渐湮灭,"万不能完全保持或恢复"的客观事实。尽管我们无从判断后期常乃惪对于逝去的旧文化是否仍然心怀留念,但有一点可以确认,那就是他思考问题的方式已由玄学转入实证一途,反映在历史观上即是由"通变"观转而为"进化论"。常乃惪说:"民族和社会是时时刻刻向前活动的,它所表现的文化是时时刻刻向前活动的。"②进化是人类社会发展最基本的现实,中国文明由"第二期"(古代时期)进向"第三期"(现代时期)符合这个现实,这样常乃惪就把"西化"的主张建立在了实证主义的思想基础上。

基于这种"一元文化进化观",常乃惪对国人由欧战所激起的"傲慢心"与"夸大狂"心态进行了激烈的批判。在1920—1930年代的西化派与本位文化派之间的论争中,常乃惪对思想界意识形态之复古、保守倾向,表现出决绝之态度,声称:"一切迷恋骸骨的复古保粹运动,是国家民族生存发展的大障碍,必须用全力来打倒它。"③他不满意思想界"拿汉唐宋明的老牌号来遮掩目前的丑态"④,批判国粹派"眷恋旧骸骨"的"苟且"心理⑤,坚持认为中国社会要进步,必须坚持走上"民主"与"科学"的第三期道路,而不能以中国文化为本位调和中西。欧战以后,面对严重的社会危机,欧洲出现了反省现代性的思潮,国内东方文化派的兴起正是对这种新思潮的回应。常乃惪的批判的确切中了东方文化派忽视文化时代性的弊病,但他接受进化论思想,将反省的现代性思想支点剔除出去,否

---

① 常乃惪:《中国民族与中国新文化之创造》,《东方杂志》第24卷第24号,1927年12月。
② 同上。
③ 常乃惪:《国人对于中国共产党运动应有的认识》,《国论月刊》第1卷第5期,1935年12月2日。
④ 常乃惪:《东方文明与西方文明》,《国民》第2卷第3号,1920年10月1日,第4页。
⑤ 常乃惪:《反动中的思想界》,《学灯》,1922年5月9日。

定文化民族性,从而陷入了另一个误区,所以常乃惪不能正确认识欧战后国际社会文化思潮的新变动,也不能正确认识东方文化派的思想价值,而是简单地将其视作"反对物质的复古主义"、"傲慢心"与"夸大狂"心态,这种认识显然是偏颇的。

三、进化论视域中的马克思主义

常乃惪尝作《学人与政治》文,表达了"学者不宜从政"的观点,后来他的友人就特别拈出此文作为其一生的总结。余家菊也认为:"其兴趣在学术,不在政治。其过问政治,实迫于义务感。"①常乃惪之被卷入实际的政治运动,始于1925年年底经人介绍加入中国青年党,由于后来青年党和国民党的"合作",他成为了反俄反共的中坚分子。若论其反共之所由,或谓因国内"赤化"而起,有意无意间忽视了1920—1930年代常乃惪的马克思观与中共先进分子原本之不同。

人所共知,由于中国在巴黎和会上的失败和俄国十月革命的影响,"五四"之后的学生运动一变而倾向社会主义,与此同时,国内宣传马克思主义也逐渐达到了高潮。当时的知识分子宣传、接受马克思主义主要是两点,即唯物史观与阶级斗争,这是恩格斯在《共产党宣言》德文、英文版序言中指出的"构成《宣言》核心的基本原理"的两个方面。常乃惪本来有机会选择马克思主义,并且对真正"马克思派"一直抱有"同情"。1920年,他翻译拉尔京的《马克思历史的唯物主义》,连载于1920年《国民》杂志第2卷第2、3号。后来,他著《中国思想小史》,以为共产主义思想的传播是"新文化运动的一大实绩"。常乃惪所反对者,最初只在于苏俄式的马克思主义。1925年年底他抛出《我反对苏俄的一个最大的理由》,称"俄国的马克思派是依托的",其对于中国最大的危害是"苏俄式的少数专制政策",认为其将以"专制之榜样"诱导青年放弃民主信仰转而迷信"武力万能"和"党化政治"。与之形成鲜明对比的是,常乃惪赞同

---

① 余家菊:《怀常燕生》,《大中国月刊》1947年第4、5期合刊本。

德国的马克思主义,"尤其喜欢的是德国社会民主党的运动方法和精神"。这里所指即为伯恩施坦的修正主义路线,其价值核心是和平非暴力的改良与民主的社会主义,而在哲学上则"用庸俗的进化论诡辩论代替革命的辩证法"。① 1920 年代初期的常乃惪即已接受进化论思想,并成为其忠实信徒,他说:"从达尔文以来,我们已知道'生存竞争,优胜劣败'是生物界根本的大法。"1920 年他用孔德的"三阶段"社会进化论论证东西文明发展的阶段性问题,1921 年译介鲍尔文的《发展与进化》,认为社会的发展应当像生物进化一样遵循循序渐进的原则,反对任何形式的过激行为,加之他对国内大革命风暴与日俄出兵东北深具警惕之心,故而常乃惪在列宁主义与伯恩斯坦的修正主义之间毫不犹豫地选择了后者。

和当时大多数知识分子一样,常乃惪宣扬进化论是希图通过强调生存竞争的严酷性,来唤起广大民众的爱国心和救国责任感。1930 年,他著成《生物史观与社会》一书,从而将进化论在中国的发展推进到一个新的阶段。他认为社会的发展当遵循生物进化的法则,从家庭而部族,由部族而民族,并渐进到国族社会,此后民族意识上升为国民性,成为社会成长的原动力。常乃惪反省洋务运动以来中国的失败,认为其症结就在于始终没有认识清楚这种社会演进阶段的问题,他说:

> 中国之所以失败,不但不在区区兵器问题,也不仅在政治上的不良或科学物质文明不发达的问题,中国的问题根本是一个整个社会进化阶段的问题,中国的失败,是非国族社会对于国族社会生存竞争的失败。这完全是生物演化阶段高低的问题。②

以此为思想的基点,常乃惪以为中国想要在列强环伺的"新战国时代"获得生存的权利,其根本的出路不是"政治革命"而是"社会革命",即要改变旧的意识形态与组织形式,尽快进入集团主义的"国族"社会,因为"社会集团的范围越大,组织越坚固,生存竞争的能力也越大,优胜的机会也越多"。不过在经由社会革命进入国族社会以前,还有一个思想革命的问题,革除忍辱偷生的人生态度,代之于"甘为国死"的民族精神。

---

① 范平:《党的建设词典》,上海:上海人民出版社,1989 年,第 707 页。
② 常乃惪:《现实生活与理想生活》,张葆恩编:《国难文选》,第 59 页。

从生物史观的角度来审视共产主义,常乃惪认为后者处于进化过程的中间阶段。他说:"阶级主义只是个人主义进化到集团主义的一种中间的思想,他比个人主义较能认识集团生活的意义,但他们所谓集团仅限于一个阶级,还没有进化到整个民族国家的观念。"① 又说:"我以为二十世纪的社会主义正和十九世纪的自由主义一样,是一个不可避免的高潮,是国家有机体发展上必然经历的局面。"② 常乃惪清晰地描述了思想文化进化的谱系,即由个人主义进向马克思的阶级主义,又进向国家主义。在此谱系中马克思主义虽有它存在的合理性,但却并非进化的终极。

常乃惪说马克思主义的社会革命是一个阶级打倒另一个阶级,注重的是经济利益。在进化论的视域中,他"发现"这种从经济史观出发的阶级斗争的根本错误,在于"不知社会组成和演进的基本原则是生物的而非经济的"。③ 常乃惪以生物史观对抗马克思主义的经济史观,有两点值得注意:

其一,他认为国家、社会和民族应当像生物进化一样,有一个循序渐进的历史过程,在这个过程里面,任何过激的革命都不合理。由此,常乃惪并不赞成突然的革命会带来突然的进步,影响到他的政治主张,便是继续以渐进式的改良主义对抗暴力夺权的革命路线。

其二,将全部的精神气力转移到"国民性"的养成上来,以思想文化的革命取代基于经济利益的阶级斗争。"国民性"是源自法国学者勒庞(Gustave Le Bon)的概念,指民族全体分子中可以观察出的心理要素(类似于民族精神)。勒庞指出从"国民性"中生发出一个民族的历史与文化,各民族被其民族精神之固有的基础之情绪、需要、习惯、传统、心愿等的集体遗产所支配。常乃惪沿用了勒庞的国民性概念,以之指称一种社会集团人格,并以为"国民性是决定人类一切历史的基本因子"。他说:"在社会革命之先还须来一个思想革命。思想是社会形态的反映,这句

---

① 常乃惪:《二十年来中国思想运动的总检讨与我们最后的觉悟》,《生物史观研究》,上海:大光书局,1936年,第59页。
② 常乃惪:《二十年来中国思想运动的总检讨与我们最后的觉悟》,《生物史观研究》,第60页。
③ 常乃惪:《现实生活与理想生活》,张葆恩编:《国难文选》,第130页。

话在我们的意义虽与马克司派不同,然而表面上是一样承认的。"①相对于马克思派以唯物史观与阶级主义为主要方面的思想宣传,常乃惪所谓的思想革命端在于"国民性"的培养,即是要打倒"明哲保身"的旧学说,破除"苟全性命于乱世"的旧习惯,培养"甘为国死"的精神,他认为日本、法兰西和爱尔兰的独立正是得力于这样一种民族精神的支撑。这样常乃惪就在新文化运动退潮之后,将思想启蒙的任务再次提上了日程。在他看来,新文化运动是一项未完成的事业,《新青年》派摧毁了家族主义的制度和隐忍自欺的"阿Q"相,常乃惪则从积极的方面主张越过"阿Q"的时代,"将消极的怀疑的中立态度改变而成为积极的勇猛的前进态度,将冷酷的批评变成了热血的呼喊"。②缘是之故,他不满意"五四"之后多数人将精神气力转向政治方面,加之现实与思想信仰的双重制限,他尤其对无产阶级的政治运动心怀敌意。

张镜予于1925年10月在《时事新报》上发表评论,将近年来的反共浪潮分成"政客之反共派"和"学者之反共产派",前者纯为自身利害关系,后者"太偏于学理上的争辩"。③若按此分类,常乃惪可谓兼而有之。他于1925年年底经陈启天介绍加入中国青年党,继承了该党一贯的反共立场。即便如此,我们也不可视常乃惪为一纯粹之政客,其所忧心者不在于自身利害,而是"中国人将何来何往何去何从"的问题。余家菊说:"其孜孜不倦以谋革命、谈国事也,一出于对国家之责任感。(于名利)不但无所希求,亦且不感兴趣。"④这个评价是公允的。更重要的是,常乃惪一生始终以教育及思想文化活动为重心。据他自述,"自始的兴趣便偏重于历史文化的理论探讨",1929年以后,"提出'生物史观'的主张……此后十余年来一直为此理论阐发"。1937年"入川以来,对于哲学日感兴趣,于是从生物史观进展到哲学的有机论,从历史相对论进展到历史认识

---

① 常乃惪:《现实生活与理想生活》,张葆恩编:《国难文选》,第130页。
② 常乃惪:《越过了阿Q的时代以后》,《长夜》第3期,1928年5月1日。
③ 张镜予:《赤色帝国主义与中国》,《时事新报》,1925年10月2日。
④ 余家菊:《怀常燕生》,《大中国月刊》1947年第4、5期合刊本。

论"。① 常乃惪以学者的身份从事于实际的政治活动,其主张因"偏于学理上的争辩"不免有迂阔之嫌。他以思想启蒙取代阶级斗争总带有一些理想的色彩,他以生物史观对抗唯物主义,以抽象的学理演绎取代现实的生活体验,这决定了他那种超阶级的国族社会的乌托邦永无实现之可能。从生物史观出发,常乃惪诬称马克思主义为一种宗教的信仰,殊不知自己在对"国民性"决定论的宣传中事实上建立了一种新的宗教。

(杨彩丹　山西大学历史文化学院讲师；
郑　伟　山西大学文学院讲师)

---

① 常乃惪:《历史哲学论丛·自序》,黄欣周编:《常燕生先生遗集》,第 1 册,台北:文海出版社,1967 年。

一九四八年东北决战若干问题研究

李宝明

【内容提要】 在1948年的东北战场上,毛泽东和林彪有共同的战略目标,即阻止东北国军撤入关内,在东北境内完成决战。但是,二人在国军是否会于1948年初撤军、锦州战役是否会引发国共决战等问题上存在分歧。最终,毛泽东基本同意了林彪的判断和建议,野战军提前实现了东北决战。

对任何一次大战役的获胜方而言,其决策过程往往是战争全局的指挥者与战场最高指挥官之间良性互动的过程,而绝非其中一人之功。但多年以来在对1948年中共东北决战的研究中,论者多强调毛泽东在战略战役决策中的主导作用和林彪对攻打锦州的犹豫,而淡化甚至忽略了林彪在相关决策中的作用。[①] 本文梳理史料后认为:林彪在攻打长春、南下

---

① 军事科学院军事历史研究部编著:《全国解放战争史》第4卷,北京:军事科学出版社,1997年,第112—129、139—145、179—184页。李建国:《辽沈战役研究》,长沙:湖南人民出版社,1998年,第175—230、359—373页。刘统:《中国的1948:两种命运的决战》,北京:三联书店,2006年,第281—337页。佟玉东、鲍庆丽:《辽沈战役国共两党东北战略构想研究》,《辽宁工学院学报》2006年第6期。

作战、围歼西进兵团等决策中提出了独立见解。毛泽东基本上接受了他的建议,提前实施了东北决战。

一、东北国军撤军问题的研判与应对

1947年下半年,随着东北战局的顺利发展,毛泽东开始考虑东北战场的决战问题。

经过半年的思考,毛泽东逐渐形成了决战思路。这一思路可以概括为"先入关后出关"。具体而言,东北民主联军首先"占领中长北宁两路之大部,相机夺取长春、四平、辽阳、锦州等城",将东北国军压缩到沈阳等少数大城市中,然后于1948年春入关作战,占领除北平、天津之外的华北大部,最后民主联军返回东北采用攻坚作战的方式占领沈阳等大城市,完成决战。① 毛泽东这一决战计划还内含着一个大的前提,即就地歼灭东北国军,不容许其撤入关内。

之所以为东北民主联军制定"先入关再出关"的决战计划,毛泽东有两点考虑:一是为充分利用东北地区军事工业的优势支援关内战场,必须尽快"占领平绥路,打通华北与东北联系,使华北、西北我军获得军火接济"。二是,东北民主联军长期从事运动作战,其攻坚作战能力较弱,因此"我军作战方针,仍如过去所确立者,先打分散孤立之敌,后打集中强大之敌;先取中等城市及广大乡村,后取大城市;以歼灭敌军有生力量为主要目标,不以保守及夺取地方为主要目标"。② 即,民主联军应充分发挥运动作战的特长。

不过,1947年刚刚过去,毛泽东开始担心无法实现全歼东北国军的

---

① 《晋察冀野战军下半年的行动部署》(1947年7月3日)、《一年作战总结及今后计划》(1947年7月10日)、《东北我军应于九月下旬开始作战以配合南线》(1947年8月29日)、《关于东北冬季作战的部署》(1947年12月23日),《毛泽东军事文集》第4册,第121、135、220、348页。

② 《一年作战总结及今后计划》(1947年7月10日),《毛泽东军事文集》第4册,第134—135页。

目标了。时值冬季攻势正在进行中,东北野战军(1948年1月1日由东北民主联军改称)连续攻克彰武、公主屯、新立屯,切断了北宁路。北宁路是国军控制的沟通关内与关外的唯一一条陆路通道。毛判断东北国军在这种情况下有可能撤军,他电告林彪等人:"如果我军能完全控制阜(新)、义(县)、兴(城)、绥(中)、榆(关)、昌(黎)、滦(州)地带,对于应付蒋军撤退是否更为有利。对我军战略利益来说,是以封闭蒋军在东北加以各个歼灭为有利。"但是毛泽东对东北野战军是否有能力控制北宁路以阻止国军撤退并无把握,"如果我军尚无足够力量阻止其撤退,则撤退后的蒋军似将控制锦州、承德、北平、天津四角及其中间地区……这些可能情况亦须预先见到。"①也就是说,毛担心无法全歼国军于东北。

对于毛泽东在东北就地歼敌的意见,林彪是赞同的。林称:"我们同意与亦认为将敌堵留在东北各个歼灭。"但是林彪并不认为国军马上会从东北撤军,在林看来:"敌主力自锦州以北撤退的时机,大约在我军歼灭吉林、长春、四平等地敌人以后,又加上关内他的局势甚紧张时,即会开始。但只要吉林、长春敌被我抓住和未歼灭前,沈阳的敌人是不会退的。"②长春、吉林两地是国军在东北占据的最北面的两座孤城,林彪认为蒋介石不会置两地国军于不顾而下令放弃东北。国军只有在两地失守之后才可能撤军,因此对于野战军来说只要能牵制住两地守军,即可阻止国军撤入关内。

在随后的半个月里,东北野战军相继攻克沈阳以南的辽阳、鞍山、营口等城市。营口港是当时关内国军直接增援沈阳国军的唯一海港。至此,东北国军与关内联络的两条通道全部被截断。这就意味着此后沈阳等地国军的补给只能依靠空运解决了。依据常理分析,国军无论撤军与否,势必要恢复与关内的交通,而最有可能的行动是:锦州国军策应沈阳国军,共同打通沈阳至锦州的北宁路交通。林彪权衡冬季攻势后东北野战军的兵力部署方案,称:"如我军摆在沈、锦之间,则敌必害怕,不敢出

---

① 《东北野战军应利用冰期歼灭大批敌人》(1948年2月7日),《毛泽东军事文集》第4册,第391页。
② 《林彪关于将敌堵留在东北各个歼灭致毛泽东电》(1948年2月10日),中国人民解放军历史资料丛书编审委员会编:《辽沈战役》,北京:解放军出版社,1993年,第51页。

来打通铁路,则我军即难寻战机。"林主张"将部队部署在四平和吉林、长春之间,一面进行补整,一面防止吉林之敌退集长春。同时,吸引沈、锦间敌人出来,打通交通和分散兵力"。① 林彪的兵力部署有很强的针对性,即应对沈阳国军的出兵。毛泽东同意林彪的部署计划。

确如林彪所预料,国军暂时不从东北撤军。1948年2月,在东北兵力不足、关内无法增派援军的情况下,蒋介石没有下令撤出东北,而是决定将国军主力由沈阳撤往锦州。② 蒋介石的这一命令遭到刚刚上任的东北"剿匪"总司令的卫立煌拒绝。卫坚持固守沈阳,主张部队应先事休整,方可打通锦沈交通。③ 最终,卫立煌的意见占了上风,直至1948年10月,国军主力一直固守沈阳。

1948年3月13日东北野战军攻占四平,结束了冬季攻势。国军被分割在以长春、沈阳、锦州为中心的12个城市中(3月12日,吉林守军撤往长春)。其中沈阳地区聚集着东北国军的主力。

冬季攻势结束后的一个月里,沈阳国军毫无出兵的征兆。即便如此,林彪仍然坚信自己的判断,认定"敌目前在东北基本方针为集中兵力固守沈、长、锦三大城,藉以阻止我军入关并企图利用辽河、太子河的掩护,经辽中、台安相机打通沈阳、锦州间的汽车路的交通"。不过,林彪放弃了坐等战机的计划。在林看来,一时还无法判断沈阳国军何时出动,"如我军等候敌人打通锦沈线,则不知要等到何时,且即令敌出来打通,但我主力一向锦沈线前进时,而敌必自动收缩,使我军扑空"。林彪又否定了另外一种作战可能,即南下锦州作战。他认为"如我军攻锦州,则所遇敌人更较长春强大"。④ 林所称"所遇敌人更较长春强大",指的是野战军攻打锦州会受到华北傅作义部和沈阳国军的两面夹击。

---

① 《杨罗杨部应按时进入冀东》(1948年2月25日)注释2,《毛泽东军事文集》第4册,第404—405页。
② 秦孝仪:《总统蒋公大事长编初稿》卷七(上),1948年2月22日,出版者不详,1978年,第42页。
③ 郑洞国:《从猖狂进攻到放下武器》,中国人民政治协商会议全国委员会文史资料研究委员会编:《文史资料选辑》第20辑,北京:中华书局,1961年,第76—77页。
④ 《林彪、罗荣桓等关于敌我形势和攻打长春的意见致毛泽东等电》(1948年4月18日),《辽沈战役》,第52—53页。

基于上述考虑，林彪提出北上长春作战。考虑到沈阳国军有北上增援的可能，林彪进行了两种作战准备：以主力围攻长春，"极力吸引沈阳敌人北上增援。如敌增援，则我军主力南下，在四平附近野战中展开大规模的反击，歼灭敌人"；如果沈阳国军按兵不动，野战军即攻占长春。相应的兵力部署方案是：以七个纵队围攻长春，以两个纵队准备阻击沈阳国军。①

林彪的这一提议中断了毛泽东此前设想的1948年春入关作战的计划。但北上长春作战既可牵制国军撤军、化解毛的顾虑，也是沿袭东北野战军围城打援作战方式、发挥擅长运动作战的优势。因此，毛泽东同意北上长春作战，只是提醒林彪不要强调南下作战的困难。② 毛泽东的这一表态说明他认可了林彪关于东北国军暂时不会撤军的判断。

然而，野战军出师不利，5月下旬的长春外围作战损失2100多人，没有达到预期目的。在致中央军委的电报中，林彪分析失利原因，认为野战军进攻长春的准备和高级指挥员攻坚作战的信心均不充足。同时考虑到"长春城敌防御工事据查甚为巩固……依据敌之战力、兵力、工事，综合看来，则我军攻长春即会付出最重大的伤亡，最后仍可能无法解决战斗"，林提出下一步行动的方案：野战军使用一部分兵力围困长春，主力南下承德、古北口之线作战。③ 毛泽东请林考虑能否用两个月的时间打下长春，并询问"沈阳国军反应如何，有无增援准备"。④ 6月1日，林彪称准备使用八个纵队攻城，"我攻城兵力与守城兵力对比，不到三与一之比"，没有绝对的优势，"攻城战中逐屋争夺，消耗必大"，与敌军易成相持不下之势。届时，沈阳敌军可能北上增援。而东北野战军担任阻援任务的两个纵队与敌人援军相比力量"绝对悬殊"，因此有可能出现沈阳援军

---

① 《林彪、罗荣桓等关于敌我形势和攻打长春的意见致毛泽东等电》（1948年4月18日），《辽沈战役》，第53页。
② 《可先打长春但不应强调南下困难》（1948年4月22日），《毛泽东军事文集》第4册，第455页。
③ 《林彪、罗荣桓、刘亚楼致中央军委电》（1948年5月29日），黄瑶主编：《罗荣桓年谱》，北京：人民出版社，2002年，第546页。
④ 《是否可能以两个月时间夺取长春》（1948年6月1日），《毛泽东军事文集》第4册，第472页。

与长春国军会合的局面。① 人民解放军总司令朱德针对长春作战提出自己的意见,即根据攻城作战物资的多寡,采取强攻或长期围攻的方法攻占长春。② 毛泽东倾向于朱德的意见,要求林彪认真考虑。③ 从上述往来电文中可以看出,毛泽东和林彪的出发点不同:林彪不愿立即强攻长春,而毛泽东则暂未考虑南下作战。

6月5日,林彪最终提出了三套方案:一是立刻强攻长春;二是以少数兵力围困长春,主力到北宁路、热河、冀东作战;三是以2—4个月的时间对长春实施围城打援的战法,力求吸引沈阳主力出援并乘机歼灭,然后攻取长春。林彪本人倾向于第三个方案,他认为前两个方案均有不妥之处:立即进攻长春没有取胜的把握,是"一个无把握的仗,成功的可能较少,不能成功的可能较多"。而主力南下作战则"可能到处扑空",长春敌军"无疑的会在沈阳敌人接应下退回沈阳"。④ 毛赞同林彪提出的第三个方案,理由是长春受到围攻,沈阳国军"必然增援"。⑤ 毛泽东和林彪均把作战重点指向了沈阳国军。

出乎意料的是,一个半月过去了,沈阳国军并无北上的迹象。7月20日,东北局开会深入讨论作战方案,认为继续攻打长春有两个顾虑:一是以七个纵队攻城,兵力不足敌人的三倍,形成不了攻坚作战的绝对优势,有可能重演1946年四平战役失利的一幕;二是估计长春作战打响后,由沈阳北上的敌军可能有20万人,野战军只能抽调四个纵队参加阻援;阻援部队"只能迟滞和部分消灭敌人,不可能全歼和阻止敌人"。会议认为,长春作战"带着很大的勉强行和冒险性,如不成功,则影响今后作战

---

① 《林彪、罗荣桓、刘亚楼关于长春外围战及正式攻长春的形势分析致中央军委电》(1948年6月1日),《辽沈战役》,第61页。
② 《打长春可强攻或长围》(1948年6月3日),《朱德军事文选》,北京:解放军出版社,1996年,第405页。
③ 《请林罗刘回答朱总司令提出的三个问题》(1948年6月3日),《毛泽东军事文集》第4册,第476页。
④ 《林彪、罗荣桓、刘亚楼关于进攻或围困长春方案致中央军委电》(1948年6月5日),《辽沈战役》,第66—67页。
⑤ 《攻克长春的攻城与打援问题》(1948年6月7日),《毛泽东军事文集》第4册,第479页。

太大"。鉴于上述顾虑,东北局建议放弃长春作战,南下入关作战。① 东北局的上述意见与6月1日林彪电文中的意见是一致的。毛泽东复电同意:"攻击长春,既然没有把握,当然可以和应当停止这个计划,改为提早向南作战的计划。"② 显然,毛泽东对东北野战军的攻坚能力亦无十分把握。

综上所述,自1948年2月至7月,毛泽东和林彪一致决定在东北完成决战,二人对野战军的攻坚作战能力均没有充分的把握。毛泽东在国军撤军研判、东北野战军作战目标选择等问题上均尊重了林彪的意见。

二、攻打锦州的共识与分歧

毛泽东和林彪一致决定南下作战后,二人围绕攻打锦州问题上有过两次讨论。

第一次讨论发生在7月底8月初。

林彪确定南下作战后,拟定的计划是:首先歼灭北宁路上的国军,然后入关作战。入关之后有两个作战方向,一是经承德到绥远省,配合晋察冀野战军"夺取张家口和打增援,并肃清平绥路上大小据点,将傅作义在西面的力量全部打掉",二是经山海关进入冀东,"攻唐山打增援"。③ 毛泽东倾向第一个作战方向④,林彪接受。

对于北宁路作战,毛建议应首先攻占锦州,他致电林彪等人:"只要有可能就应攻取锦州、唐山,全部或大部歼灭范汉杰集团,然后再向承德、张家口打傅作义。"否则,"卫立煌将以大力集中锦(州)唐(山)线,卫、范

---

① 《林彪、罗荣桓、刘亚楼关于宜南下作战不宜攻长春致中央军委电》(1948年7月20日),《辽沈战役》,第72—73页。
② 《林罗刘部应做好南进作战的各种准备》(1948年7月22日),《毛泽东军事文集》第4册,第541页。
③ 《林彪、罗荣桓、刘亚楼关于宜南下作战不宜攻长春致中央军委电》(1948年7月20日),《辽沈战役》,第73页。
④ 《林罗刘部应做好南进作战的各种准备》(1948年7月22日),《毛泽东军事文集》第4册,第542页。

协力向西援傅,那时你们可能处于很困难地位"。① 范汉杰时任东北"剿总"副总司令,节制北宁路上锦州至山海关段的国军。毛泽东提出这一建议的出发点是,锦州的范汉杰部和沈阳的卫立煌部必然会危及野战军的后路。

可是,在林彪的北宁路作战目标中并不包括锦州。林的理由之一是:卫立煌和范汉杰仍将采取固守战略,不会危及野战军的后路,范部"万一出来增援,在增援中歼灭其大部时,那时当然可以乘胜攻锦州,但根据去年冬季在沈阳附近作战的经验,敌人是不敢出来增援的"。林彪估计在长春敌人未撤退或未被歼灭前,沈阳、锦州的敌人向热河和关内增援的速度不会很快,兵力也不会很大,特别是野战军在占领北宁路锦州以南至山海关段后,两地敌军更难很快策应傅作义。②

林彪关于卫立煌不愿出援锦州的判断是正确的。在卫立煌看来,即便东北野战军进攻锦州,沈阳主力也只能在关内援军与锦州国军会师并东渡大凌河、进出沟帮子之后才能西进。③ 也就是说,沈阳国军不会轻易出援,只有在锦州固守、并有关内军队接应的情况下才可能转移到锦州。

林彪不打算攻占锦州的另一个考虑是:情报显示锦州城内有七个师,其中第五十四军所辖三个师战斗力较强,加之锦州"城市工事业已完成",因此攻坚作战困难较大。④ 随后,林彪等人重申观点:先攻占北宁路上义县、锦西、兴城、绥中、山海关等五个城市,然后再攻取承德。⑤

林彪对攻坚作战的担心并非毫无根据。东北野战军长期以来擅长运动作战,攻坚作战较少,且有四平和长春作战失利的阴影。锦州的防守工事比较坚固,攻坚作战必将会有较大伤亡。此后在没有第五十四军守城

---

① 《应首先考虑对锦州唐山作战》(1948年7月30日),《毛泽东军事文集》第4册,第548页。
② 《林彪、罗荣桓、刘亚楼关于向南作战计划致中央军委电》(1948年8月1日),《辽沈战役》,第81页。
③ 廖耀湘:《辽西会战纪实》,中国人民政治协商会议全国委员会文史资料研究委员会编:《文史资料选辑》第20辑,第106页。
④ 《林彪、罗荣桓、刘亚楼关于向南作战计划致中央军委电》(1948年8月1日),《辽沈战役》,第81页。其实,这一情报有误,国军第五十四军并未驻扎锦州。
⑤ 《林彪、罗荣桓、刘亚楼关于攻承德及杨成武部应速行动等问题致中央军委电》(1948年8月6日),《辽沈战役》,第83—84页。

的情况下,野战军在锦州战役中伤亡仍高达2.4万人,国军伤亡1.9万人。①

至此(1948年8月6日),毛泽东和林彪在南下作战问题上达成的共识是:攻占北宁路,经承德入关作战。存在的分歧是,毛主张占领锦州,而林则打算绕过锦州。从现有资料看,毛泽东在一个月内没有再次强调攻占锦州的观点。

然而不久之后,两份情报引起了毛泽东的重视。一份情报显示锦州国军可能增援华中。② 另一份情报称关内国军将从营口登陆。毛泽东认为后一份情报意味着沈阳国军在关内国军的增援下有可能在协助长春国军突围后撤出东北。本着在东北就地歼敌的既定目标,毛泽东要求林彪"准备于攻占锦榆后回师歼击由沈阳撤退之敌军,务使长沈敌军不能向华中撤走"③,即野战军首先南下攻占北宁路,然后再北上阻止沈阳等地国军从营口撤退。

与毛泽东的判断不尽相同,林彪分析沈阳国军"可能先策应长春之敌突围,后向北宁线增援,也可能直接向北宁线增援"。总之,沈阳国军不会置锦州国军于不顾而撤军。基于这种判断,林彪没有完全接受毛泽东的建议。林主张调用野战军主力监视沈阳国军,"并准备歼灭由沈阳向锦州增援之敌或歼灭由长春突围南下之敌",野战军另以一部兵力攻打北宁路。④

9月5日,毛泽东同意林的兵力部署计划,指出野战军南下作战的重点对象是北宁路国军和来自沈阳的敌军,建议野战军在攻占义县、高桥、兴城、绥中之后趁势攻取锦州。这是毛在一个月后重提攻占锦州。同时,毛叮嘱林彪不要急于攻占承德,应在北宁路上开展大规模作战,"主力不要轻易离开北宁线,要预先涉想继续打锦州、山海关、唐山诸点,控制整个

---

① 军事科学院军事历史研究部编著:《全国解放战争史》第4卷,第150页。
② 《林彪、罗荣桓、刘亚楼关于南下作战因粮食等困难时间难定致中央军委电》(1948年8月11日),《辽沈战役》,第88页。
③ 《务必抓住可能从东北大量转移之敌》(1948年8月12日),《准备回师歼击由沈阳撤退之敌》(1948年9月3日),《毛泽东军事文集》第4册,第563、590页。
④ 《林彪、罗荣桓、刘亚楼关于预定作战计划致中央军委电》(1948年9月3日),《辽沈战役》,第97页。

北宁路(除平津段)于我手,以利尔后向两翼机动"。毛泽东的这一作战设想改变了此前由承德入关作战的计划。按照毛的最新考虑,野战军将由山海关进入关内。值得注意的是,毛泽东虽同意林彪的兵力部署方案,但这并不意味着毛赞同林对沈阳国军动向的判断。毛认为沈阳国军不会轻易出援,"恐怕要在你们(指东北野战军)打锦州时才不得不出动"。① 两天后,毛泽东的这一看法更加明确,并由此下令林彪改变兵力部署方案。

9月7日,毛泽东在致林彪等人的电报中,否定了将主要兵力部署于沈阳周围的方案。毛的理由是,野战军"以主力位于新民及其以北地区准备打长、沈出来之敌,则该敌因受你们威胁太大,可能不敢出来",另一方面北宁路国军也会乘野战军兵力过少之机而集中于锦州和唐山两地,由此增加野战军作战困难。基于上述考虑,毛泽东命令林彪改变部署方案,将主要兵力用于北宁路,"置长春、沈阳两敌于不顾,并准备在打锦州时歼灭可能由长、沈援锦之敌"。在这份电报中,毛泽东还为东北野战军提出了下一年的作战任务,即在次年6月前应配合华北野战军"攻占北宁、平绥、平承、平保各线除北平、天津、沈阳三点以外的一切城市"。② 毛再一次明确提出了东北野战军"先入关再出关"的决战方案。

上述电文中,毛泽东一方面准备歼灭沈阳出援的国军,同时又做出了次年攻占沈阳的计划,这似乎有些矛盾。因为如果沈阳国军出援锦州,东北野战军可以乘机歼灭之,并顺势占领沈阳,不必等到1949年6月之后才能攻占沈阳。即不必"先入关再出关"。对这一份看似矛盾的电文的合理解释是:毛泽东固然希望沈阳国军大举出援锦州,但是毛更加理性地认为:沈阳国军出动的可能性较小;即便出动,投入的兵力也不会太多。

对于毛泽东在9月5日电报提出的攻占锦州的建议,林彪表示同意。

---

① 《东北秋季作战重点应放在卫立煌范汉杰系统》(1948年9月5日),《毛泽东军事文集》第4册,第592—593页。
② 《中央军委关于攻占锦榆唐及打前所未有的大歼灭战致林彪、罗荣桓、刘亚楼电》(1948年9月7日),《辽沈战役》,第103—104页。17天后毛泽东又一次重申他的这一计划。《东北全军和华北第二第三兵团第三年的作战计划》(1948年9月24日),《毛泽东军事文集》第5册,第17页。

一方面是因为锦州国军有撤军的可能,野战军必须予以阻止;另一方面是林彪对攻占锦州的顾虑减少。林彪获悉国军第五十四军已经调离锦州,留下的五个师战斗力较弱。林彪提出在攻取义县等五个城市后集中主力攻占锦州。①

但是,林彪没有完全接受9月7日毛泽东关于集中兵力于北宁路的建议,此刻林有两个方面的担心,一是沈阳国军协助长春国军突围,二是沈阳国军南下"进占营口,然后由营口上船向葫芦岛增援"。第二个担心表明林彪改变了此前关于沈阳国军由陆路直接援助锦州的判断。林决定将兵力一分为二,以六个纵队即一半的兵力攻占北宁路,另以六个纵队分别监视长春和沈阳国军,待正式进攻锦州时,再从长春和沈阳周边抽调部队。林彪认为,这一部署方案的好处在于"既不妨碍锦州附近之打援,又能不放过消灭长春突围敌人的机会"。②

至此(1948年9月14日),林彪和毛泽东达成的共识是:攻打锦州。存在的分歧是:林彪判断沈阳国军有可能接应长春国军突围,也有可能经营口、葫芦岛增援锦州,而毛泽东则认为沈阳国军可能直接增援锦州,但这种可能性较小。二人围绕攻打锦州开始了第二次讨论。

9月12日,东北野战军发起了北宁路作战,切断了义县敌军的退路,包围了兴城、绥中。26日,野战军主力陆续到达锦州附近,林彪计划依次歼灭义县、高桥、锦西、兴城、山海关、锦州之敌。③ 这一歼敌顺序是本着先易后难的原则。

毛泽东建议林彪改变歼敌顺序,出其不意地先占锦州,再克山海关。毛的理由是:沈阳国军对东北野战军的行动尚处于麻痹状态,如果先打山海关,然后回师攻占锦州则"劳师费时,给沈阳之敌人以增援的时间。如先打锦州,则沈阳之敌很可能来不及增援,继续陷于麻痹状态"。毛泽东

---

① 《林彪、罗荣桓、刘亚楼关于随时准备歼灭长春撤退之敌致中央军委电》(1948年9月6日),《辽沈战役》,第102页。
② 《林彪、罗荣桓、刘亚楼关于对北宁线敌情估计及我军部署致中央军委电》(1948年9月10日),《林彪、罗荣桓、刘亚楼关于防沈阳之敌进占营口致辽南军区等电》(1948年9月14日),《辽沈战役》,第111、119页。
③ 《林彪、罗荣桓、刘亚楼关于锦州地区作战计划致中央军委电》(1948年9月26日),《辽沈战役》,第127页。

给出的上述理由似乎表明他改变了对沈阳国军的判断。其实不然,在这份电报中,毛同时谈到野战军在攻占锦州后应挺进天津,以"迫使国民党用空运方法从沈阳调兵增防平、津"。之后野战军"分为两个集团,以一个集团第一步攻占平承线,第二步攻占平张线;以另一个集团攻沈、长"。① 在毛泽东看来,由于沈阳国军出援锦州的可能性很小,因此野战军调动沈阳国军的最能见效的办法是入关攻打天津。

旋即,毛泽东得知蒋介石电召卫立煌到南京,他判断蒋介石"必是决定接出长春之敌和增援锦州之敌无疑"。毛泽东指出,如果卫立煌置长春国军于不顾而直接援助锦州,野战军就更应该迅速攻克锦州,"否则敌援接近,你们(指林彪等人)集中全力去打援敌时,锦州、锦西两处之敌势必集中一处扰我后路,并使尔后难于歼击该敌"。② 毛泽东继续强调野战军先占锦州是为了应对有可能出现的沈阳国军,从而获得战役主动权,避免腹背受敌。

林彪同意毛泽东关于先占锦州的建议③,但是林彪认为锦州作战将引发沈阳和锦西两地国军的增援,他尤为担心野战军不能阻击锦西敌军。锦西国军虽然数量少,但因驻扎有第五十四军,实际战斗力要强于锦州国军,加上锦西紧临葫芦岛海港,有利于关内国军登陆增援。而锦西与锦州之间的距离和地形也不利于东北野战军设立阻击阵地,一是两地相距50公里,而两地国军阵地相距则不过30余公里,这对于野战军来说意味着回旋余地较小;二是阻击阵地狭窄,宽不过10余公里,野战军无法展开较多兵力。

为保障锦州战役的顺利进行,林彪向毛泽东建议:华北野战军出兵冀

---

① 《先打锦州可使我军完全处于主动地位》(1948年9月27日),《毛泽东军事文集》第5册,第22页。
② 《攻占义县锦州锦西是东北整个战局的关键》(1948年9月29日),《毛泽东军事文集》第5册,第28—29页。
③ 《林彪、罗荣桓、刘亚楼关于先打锦州再打锦西的作战计划致中央军委电》(1948年9月28日),《辽沈战役》,第131页。

东以牵制关内敌军增援。① 旋被毛告知华北部队暂难东调。稍后,林彪又获悉国军新编第五军及独立第九十五师将分别从山海关和天津海运葫芦岛。在华北野战军不能配合作战的情况下,林彪担心东北野战军难以阻挡来自关内的援军,10月2日他向毛泽东提出两套作战方案:一是继续进攻锦州,二是回师攻打长春。② 未等毛泽东答复,3日林彪决定继续攻打锦州。为尽快攻占锦州并增加锦西方向的阻援兵力,林彪从沈阳方向的阻援部队中抽出第一、第二纵队进攻锦州,再从原围攻锦州的部队中抽出第四纵队阻击锦西方面敌军。③

接到林彪10月2日的电报后,毛泽东虽然不赞成北上长春作战,但是林的担心不无道理。毛给出的解决办法是"首先歼灭由锦西增援锦州之四个师,然后打下锦州"。④ 接到林彪10月3日的电报后,毛重新回到先占锦州的思路上。⑤ 稍后,毛又为林彪鼓气,认为来自沈阳和锦西的两路援军的"攻击精神必不强,你们以六个纵队阻援必能胜任愉快"。⑥ 也就是说敌人援军不会对锦州战役构成太大的威胁。

至此(1948年10月5日),林彪和毛泽东达成的共识是:先占锦州。存在的分歧是:林彪认为锦州战役最大的困难在于阻击来自关内的国军,而毛泽东则认为关内国军对锦州战役影响不大。此后战役的发展表明毛泽东有些轻敌。蒋介石调动了关内和锦西地区的11个师组成东进兵团,该兵团对野战军造成了相当大的威胁,10月11日、14日曾先后突入野战军的塔山阻援阵地。

---

① 《林彪、罗荣桓、刘亚楼关于攻锦州兵力部署致中央军委》(1948年9月29日),《林彪、罗荣桓、刘亚楼建议杨得志、罗瑞卿兵团向唐山滦县进击致中央军委电》(1948年10月1日),《辽沈战役》,第137、143页。
② 《林彪、罗荣桓、刘亚楼关于攻锦州还是打长春致中央军委电》(1948年10月2日),《辽沈战役》,第146页。
③ 《林彪、罗荣桓、刘亚楼关于仍攻锦州致中央军委电》(1948年10月3日),《辽沈战役》,第147—148页。
④ 《攻占锦州计划不应再改》(1948年10月3日),《毛泽东军事文集》第5册,第35页。
⑤ 《把作战重点放在锦州锦西方面是正确的》(1948年10月4日),《毛泽东军事文集》第5册,第40页。
⑥ 《同意对付援敌的处置》(1948年10月5日),《毛泽东军事文集》第5册,第42页。

三、东北决战实施的时间

前文已述,9月27日毛泽东为东北野战军制定了在北宁路战役结束后进攻天津以迫使东北国军分兵,最后野战军再出关与之决战的作战计划。也就是说,在毛泽东看来,东北地区的决战要等到1949年,锦州战役不会引发东北地区的决战。

而林彪则预测锦州战役会引发国共两军的决战。林认为"由于锦州之敌兵力薄弱又系敌之战略要害,故沈敌必然增援,我军必可求得大的运动战、歼灭战……此次攻锦州和打援战役带有全东北的决战性质"。"可能演成全东北之大决战。"①林彪预感到先占锦州将引发沈阳国军的大举增援,因此,野战军有可能在锦州战役结束后就直接面临与沈阳国军的对决。

基于对锦州战役是否会引发东北决战的不同判断,林彪和毛泽东对锦州战役结束后的下一个作战目标也有不同看法。毛泽东几乎始终认定野战军的下一个作战目标是锦西葫芦岛方向的东进兵团。② 而林彪在关注东进兵团的同时,把更多的注意力投向了沈阳国军。林虽然一度受到毛泽东作战思路的影响,同意攻占锦州后继而进攻东进兵团③,但是稍后林判断"敌宁可放弃沈阳,而必保持和恢复锦州"。据此,林判断锦州战役有两种可能后果,一是野战军阻击两路敌军失败,被迫放弃锦州,原因是"我打援力量仅能迟滞敌人,而无歼灭敌人的可能"。④ 另外一种可能

---

① 《林彪、罗荣桓、刘亚楼关于做好攻锦准备致各纵队等电》(1948年9月29日),《林彪、罗荣桓、刘亚楼关于防长春敌突围部署致第一兵团等电》(1948年9月29日),《林彪、罗荣桓、刘亚楼关于攻锦州兵力部署致中央军委电》(1948年9月29日),《辽沈战役》,第134、135、137页。
② 《先打锦州可使我军完全处于主动地位》(1948年9月27日),《把作战重点放在锦州锦西方面是正确的》(1948年10月4日),《毛泽东军事文集》第5册,第22、40页。
③ 《林彪、罗荣桓、刘亚楼关于先打锦州再打锦西的作战计划致中央军委电》(1948年9月28日),《辽沈战役》,第131页。
④ 《林彪、罗荣桓、刘亚楼关于仍攻锦州致中央军委电》(1948年10月3日),《辽沈战役》,第147页。

是，野战军在西进兵团赶到锦州前占领锦州。如果发生后一种情况，林彪认为届时西进兵团将"进退两难"，在这种情况下，东北野战军应该回师歼灭该兵团，以确保锦州；当然，如果东进兵团未及撤退，野战军亦可首先消灭之。①

可是，林彪的这一计划未得到毛泽东的回复。10月10日毛一度认为：如果西进兵团进展较快，野战军可以在锦州接近攻克之时转移兵力将其包围歼灭。②但是两天后，毛又回到了原来的判断上，认为西进兵团在蒋介石的严令下可能到达打虎山一带；但如果野战军在一周内攻占锦州，西进兵团"必立即后撤，使你们无法寻歼该敌，此种可能性似乎很大……假定如此，则你们于攻克锦州之后，仍以向南各个歼灭北宁线上之敌为最有利"。③ 14日，在得到野战军已突入锦州城内的报告后，毛建议林彪引诱东进兵团至锦州地区予以包围歼灭。④

应该说，林彪对沈阳国军行动的判断较为正确。锦州战役开始后，蒋介石即下令沈阳国军迅速救援。这一命令遭到卫立煌、廖耀湘等高级将领的抵制。卫立煌等人判断东北野战军采取的是"围城打援"战术，即围攻锦州的目的是吸引并歼灭沈阳国军。为了打消高级将领这种顾虑，蒋制定了迂回救援方案：沈阳国军以11个师组成西进兵团，兵团首先攻占野战军后方补给线上的彰武、新立屯两地，然后经阜新到义县，协同锦西方向的东进兵团，在锦州附近给予野战军以歼灭性打击。⑤ 西进兵团出动后，蒋介石不断督促，并表示万一锦州不保，也应尽全力恢复。⑥ 结合上文，我们可以认为：在对沈阳国军救援锦州的判断上，林彪比较准确地抓住了蒋介石的心理。

---

① 《林彪、罗荣桓、刘亚楼关于攻锦时对付援敌方针部署致中央军委电》(1948年10月4日)，《辽沈战役》，第157页。
② 《中央军委关于尽快攻克锦州致林彪、罗荣桓、刘亚楼电》(1948年10月10日)，《辽沈战役》，第171页。
③ 《对援锦敌军动向的分析》(1948年10月12日)，《毛泽东军事文集》第5册，第70页。
④ 《将锦西援敌诱至锦州附近包围歼灭之》(1948年10月14日)，《毛泽东军事文集》第5册，第86页。
⑤ 廖耀湘：《辽西会战纪实》，《文史资料选辑》第20辑，北京：中华书局，1961年，第109、117—119页。
⑥ 秦孝仪：《总统蒋公大事长编初稿》卷七(上)，1948年10月12日条，第149—150页。

10月15日黄昏,东北野战军攻占锦州,此时西进兵团距锦州尚有150余公里之遥。毛泽东判断西进兵团的下一步行动有两种可能:一种可能是返回沈阳并与留守国军南下营口经海路撤入关内,另一种可能是北上协助长春国军撤退,然后重占锦州。为应对前一种可能,毛建议野战军须在11月份进攻锦西。之所以选择进攻锦西,"因锦、葫守军是国民党嫡系,和锦州守军多为杂牌不同。我克锦州,卫立煌实际上坐视不救,必为许多人所不满。故我攻锦、葫时,沈敌可能增援"。沈阳国军如果增援锦西作战,就无法从海路撤出东北。因为11月后海面结冰,无法海运。为应对后一种可能,毛建议野战军在攻占锦西葫芦岛后,派出一部兵力入关作战,"威胁平津,迫使蒋、卫空运一部兵力增援平津,以利回头歼灭敌主力"。① 总之,不论出现哪一种情况,毛泽东均选择进攻东进兵团。

　　然而,林彪仍将西进兵团放在下一个作战目标的考虑范围之内。他判断长春国军可能突围,因此野战军应首先布署围歼准备突围的长春国军,继而消灭西进兵团,对东进兵团则采取守势;如果西进兵团停止前进,"则我军拟佯攻锦西,以诱该敌大胆前进"。② 也就是说,林彪没有把东进兵团列为首要作战目标。

　　不过,战场形势瞬息万变。10月17日午夜长春国军第六十军起义,东北野战军进入城内与国军新编第七军对阵。长春的解放已是指日可待,野战军十余万围城部队亦可分兵南下作战。在这种情况下,西进兵团如继续向锦州方面前进,势必受到野战军的前后夹击。基于常理推断,林彪和毛泽东均断定西进兵团不敢继续前进,林彪下决心进攻东进兵团,称"我们认为只有攻锦、葫为好"。③

　　确如毛泽东和林彪的判断,卫立煌和西进兵团司令廖耀湘在锦州战役结束后不愿意继续向锦州进军。二人一致断定东北野战军将回师攻打

---

① 《下一步行动宜打锦西葫芦岛》(1948年10月17日),《毛泽东军事文集》第5册,第94—96页。
② 《林彪、罗荣桓、刘亚楼关于先打长春突围之敌等部署致中央军委电》(1948年10月17日),林彪、罗荣桓、刘亚楼关于攻锦西、葫芦岛致中央军委电》(1948年10月18日10时),《辽沈战役》,第197、202页。
③ 《林彪、罗荣桓、刘亚楼关于攻锦西、葫芦岛致中央军委电》(1948年10月18日10时),《辽沈战役》,第202页。

西进兵团,但对兵团的下一步具体行动方案存在分歧:廖耀湘主张转兵营口夺取撤军的出海口,卫立煌则力主退守沈阳。① 二人的建议均被蒋介石否定。蒋介石仍旧命令西进兵团继续前进、重新占领锦州。在争取蒋介石收回成命的等待中,廖耀湘命令所属新编第一军继续前进,为兵团进军锦州或转移营口抢占战略要地黑山。

根据新编第一军继续南下这一动态,林彪提出应立刻围歼西进兵团。他接连向毛泽东发出了四份重要电报,第一、二份电报汇报已经命令负责阻击西进兵团的部队后撤,诱使该兵团向锦州前进。② 19日凌晨长春新编第七军宣布起义后,林彪在第三份电报中建议:如果西进兵团继续前进,野战军则"来不及先歼锦、葫之敌,而只有先歼灭由沈阳向锦州前进之敌";如果该兵团因长春守军起义不再西进,野战军则可以选择进攻东进兵团或西进兵团。③ 7个小时后,即10月19日21时林彪在第四份电报中指出:西进兵团有两种行动可能,一是退回沈阳并向营口撤退,二是继续向锦州前进。如果发生第一种可能,本着全歼国军于东北的既定原则,野战军主力势必要北上歼敌。如果发生第二种可能,野战军选择攻打东进兵团则有弊而无利,一是野战军因锦西"地区狭隘",不易展开兵力,"敌则扼原有强固工事抵抗,战斗不能很快解决";二是西进兵团必会"乘虚进占锦州"。基于上述分析,林彪提出应把西进兵团作为下一个作战目标。④

四份电报发出之后,林彪陆续接到毛泽东的三份复电,第一份复电称如果西两兵团继续前进,野战军"采取诱敌深入打大歼灭战的方针甚为正确"。⑤ 10月19日22时毛在第二份复电中指示林彪放弃进攻东进兵

---

① 廖耀湘:《辽西会战纪实》,《文史资料选辑》第20辑,第125—129页。
② 《林彪、罗荣桓、刘亚楼关于我两师已接国民党军第六十军防地致中央军委电》(1948年10月18日20时),《林彪、罗荣桓、刘亚楼关于准备在锦沈间歼敌致中央军委等电》(1948年10月19日9时)《辽沈战役》,第206、211页。
③ 《林彪、罗荣桓、刘亚楼关于沈敌动向及我军对策致中央军委电》(1948年10月19日14时),《辽沈战役》,第212页。
④ 《林彪、罗荣桓、刘亚楼关于打沈阳西犯之敌的方针致中央军委电》(1948年10月19日21时),《辽沈战役》,第216页。
⑤ 《占领长春后的作战方针和部署》(1948年10月19日15—17时),《毛泽东军事文集》第5册,第103页。

团,强调无论西进兵团是否继续前进,野战军应在休整一周之后迎击或主动进攻该兵团,东进兵团"应由攻击目标改变为钳制目标"。① 第三份复电同意立即围歼西进兵团。② 从电报发出的时间上看,10月19日21时林彪下定了围歼西进兵团的决心,早于毛泽东一个小时。

林彪围歼西进兵团的决心也早于蒋介石撤军营口的决定。在杜聿明的调和下,蒋介石最终确定了西进兵团的行动目标和路线,即,兵团先行转移至打虎山、黑山以南,切实控制通往营口的后方联络线,再向打虎山、黑山攻击。如得手即重占锦州,否则即向营口转移。③ 蒋的这一决定比林彪围歼西进兵团的决定晚了一天,从而为东北野战军主力由锦州北上包围西进兵团提供了宝贵的时间。野战军堵住了该兵团撤往营口和沈阳的退路,10月27日将其歼灭。

毛泽东对卫立煌消极援锦的判断是正确的,但是他低估了蒋介石援助和重占锦州的决心,故长时间内考虑锦州战役结束后歼灭东进兵团。林彪与毛泽东恰恰相反,他预感到锦州战役将引发国共两军的大决战,故而始终关注西进兵团,因此更能敏锐地抓住围歼该兵团的战机,提前实现了毛泽东计划在1949年6月进行东北决战的设想。

四、结论

东北决战方案是毛泽东最先提出的。这一方案的最高原则是抑留国军于东北境内而歼灭之,同时该方案也表明了毛泽东对东北野战军攻坚作战能力的信心不足。林彪认同该方案的最高原则,亦认同东北野战军的攻坚作战能力不及运动作战能力。

在决战方案实施过程中,林彪在东北国军是否将于1948年年初撤

---

① 《准备各个歼灭廖耀湘部》(1948年10月19日22时),《毛泽东军事文集》第5册,第105页。
② 《立即动手部署全歼廖耀湘兵团》(1948年10月20日4时),《毛泽东军事文集》第5册,第109页。
③ 杜聿明:《辽沈战役概述》,《文史资料选辑》第20辑,第28—34页。

军、沈阳国军增援锦州的可能性、关内援军的威胁程度、沈阳国军重占锦州的决心等问题的判断上提出了独立见解,而毛泽东亦能充分尊重林彪的意见,二人形成良好的互动。作战方案得以不断修正:从北上长春到南下北宁路,从绕过锦州经承德入关作战到占领锦州经山海关入关作战,从锦州战役结束后攻打东进兵团到攻打西进兵团,最终抓住了稍纵即逝的战机,提前实现了东北决战。

与毛泽东和林彪的良性互动不同,国军方面的蒋介石和卫立煌始终未能在重大决策上达成一致。1948年年初,蒋介石命令沈阳国军撤往锦州;锦州战役开始之后,蒋多次命令沈阳国军迅速救援;锦州战役结束后,蒋又下令西进兵团重占锦州。卫立煌对于上述命令均采取了抵制态度。二人均坚持己见,国军最高指挥层面不能弥合的分歧为东北野战军攻占锦州、围歼西进兵团提供了战机。

(李宝明　北京联合大学应用文理学院历史系副教授)

乌鲁克末期巴比伦尼亚分裂的新证据

王献华

【内容提要】 本文讨论大体断代至乌鲁克末期的一组印章资料,特别是乌鲁克城市滚印(Archaic City Seal)、乌鲁克城市封印(Uruk City Sealing)和乌尔一号封印(Ur City Sealing, No.1),将它们放在历史时空内来认识。此前学界忽略了乌鲁克城市封印和乌尔一号封印彼此之间的一个重要对照,即前者之中没有乌尔(Ur)城名而后者之中没有乌鲁克(Uruk)城名。在分析基本资料并对相关理论问题做出澄清的基础上,本文认为这个对照不是偶然的,其实佐证了乌鲁克末期南部巴比伦尼亚的分裂,尤其是地理位置极为接近的乌鲁克(Uruk)和乌尔(Ur)城之间的冲突。这可以为认识这一时期的两河流域区域政治提供一条新的证据,甚至可以作为一条线索来理解乌鲁克末期及之后一段时间的巴比伦尼亚地区。

两河流域考古学中的欧贝德时期(Ubaid Period)指的是以南部巴比伦尼亚欧贝德考古文化为代表的时期,具体指公元前5500—前4000年,而随后的乌鲁克时期(Uruk Period)则以乌鲁克城的考古文化为代表,具体指公元前4000—前3000年。本文更为关心的乌鲁克时期,考古学家们根据乌鲁克埃安那区域的地层学又作出细分：约公元前4000—前3800年为早期乌鲁克时期（Early Uruk Period），对应埃安那第XII–XI层；约公元前3800—前3600年为中期乌鲁克时期（Middle Uruk Period），对应埃安那第X–IX层；约公元前3600—前3200年为晚期乌鲁克时期（Late Uruk Period），对应埃安那第VIII–IV层。一些学者将埃安那第III层，大体为公元前3200—前3000年，也划入晚期乌鲁克时期。学者们或直称乌鲁克三期（Uruk III），或称之为捷姆迭·纳西尔时期（Jemdet Nasr Period）。后者是将巴比伦尼亚北部的捷姆迭·纳西尔考古文化和埃安那第III层做出对应之后的结果。本文标题中所说的乌鲁克末期具体指的就是这个时期，即乌鲁克三期或捷姆迭·纳西尔时期。这是两河流域进入早王朝时期（Early Dynastic Period）的前奏，是认识早期两河流域区域政治发展的一个关键时期。

目前已知最早的两河流域文字资料大体来自晚期乌鲁克时期，包括本文所说的乌鲁克末期（约公元前3500—前3000年）。这批资料总量大概有6千片泥板和碎片，其中90%是档案资料，有10%左右是各种词表。① 使用这批档案资料，需要对记录这些档案的文字，包括书写和语法有可靠的知识，对档案的生产和制作规范也需要有充分的了解。但乌鲁克时期的泥板文书档案几乎只记录数字和名词，极少甚至没有能够说明其读音和语法的可靠例证。对于当时的文字使用者来说，这些信息都是不言自明的，他们不必要一一用文字记录下来，他们在他们的世界之中熟知这些符号的所指，也清楚不同的格式意味着怎样的档案上下文。只是对于几千年后的解读者来说，却不可避免地造成了理解上的巨大困难。也正是因此，虽然有足可称道的研究出现，迄今很少有学者敢于以这批文字资料为主要依据，就晚期乌鲁克时期前后的重大历史问题做出系统的

---

① 不同学者给两河流域文字出现的最早年代会略有不同。对乌鲁克早期文字最晚近的介绍可见 Christopher Woods, "The Earliest Mesopotamian Writing," in Christopher Woods, ed., *Visible Language: Inventions of Writing in the Ancient Middle East and Beyond*, Chicago: The Oriental Institute of the University of Chicago, 2010, pp. 33-84. 此处从 Robert K. Englund, "An Examination of the 'Textual' Witnesses to Late Uruk World Systems", 收入拱玉书、陈贻绎编：《东方研究：古代东方文明专辑》，北京：经济日报出版社，2007年。

回答。①

本文讨论大体断代至乌鲁克末期的一组印章资料,将它们放在历史时空内来认识,尤其参考考古学者的研究提出一种不同的解读,为认识这一时期的两河流域区域政治提供一条新的证据,从而为进一步的研究提供一个可能的有效起点。印章资料,包括印纹及其制作材料和考古语境,虽然与文字资料性质上有所不同,但在早期两河流域的上下文中,二者有着密切的联系:首先,印章往往是早期两河流域文字档案环境的一个有机组成部分,共同为社会活动的组织化管理服务,例如下文介绍的乌鲁克城市滚印;其次,笔者此前的研究让笔者意识到,早期两河流域印章上的印纹,应该是楔形文字书写符号的来源之一,或者说这些印纹中的部分符号和楔形文字书写系统中的部分符号共享同一个源头。就本文语境中印章资料的研究来说,还有一点值得提起,即印章资料也是此前学者们研究早期两河流域的关键信息来源之一。对它的重新研究,也是学术研究在自我批评中进步的有效做法。

本文认为,本文所讨论的印章资料经过重新解读放在一起,可以佐证乌鲁克末期南部巴比伦尼亚的分裂,尤其是地理位置极为接近的乌鲁克(Uruk)和乌尔(Ur)城之间的冲突。如果成立,这对理解早期两河流域区域政治格局的变化具有重要的意义,甚至可以作为一条线索来理解乌鲁克末期及之后一段时间的巴比伦尼亚地区。本文的思考肯定还有不成熟

---

① 可喜的是,这种情况正在得到改善。在过去三十年中,以美国学者罗伯特·恩格伦(Robert K. Englund)和德国学者汉斯·尼森(Hans J. Nissen)为首的一批欧美学者在整理和研究乌鲁克时期文字资料方面做出了巨大努力,出版了一系列重要著作,并且已经将大多数已知的晚期乌鲁克文献资料整理成电子数据库(http://cdli.ucla.edu),大大方便了学者们对这批文献的研究。其中值得特别推荐的是 Hans J. Nissen, Peter Damerow, and Robert K. Englund, *Archaic Bookkeeping: Early Writing and Techniques of Economic Administration in the Ancient Near East*, Chicago: University of Chicago Press, 1993。值得一提的是,作为世界范围内在乌鲁克文献方面最重要的专家之一,恩格伦一直反对过早地对晚期乌鲁克文献的语言背景做出判断。也就是说,早期文献的语言背景是否苏美尔语尚无定论。恩格伦对自己立场的最近说明可参见 Robert K. Englund, "Smell of the Cage," *Cuneiform Digital Library Journal*, No. 4, 2009, pp. 7-8,特别是注释 18 中对不同看法的回应。中国学者在利用乌鲁克文献探讨历史问题方面,特别见拱玉书教授在拱玉书、颜海英、葛英会著《苏美尔、埃及及中国古文字比较研究》(北京:科学出版社,2009)一书第 287—306 页对两河流域语境中文字起源和国家缘起的关系的讨论。

之处，但考虑到问题的重要性，而且早期两河流域研究领域中相关问题上难有成说的现实，笔者还是决定将这丁点的发现作为假说发表出来，以求得同行的批评。由于本文所关注的资料从数量来说并不多，相关的研究更屈指可数，而且除正文介绍的有数努力之外重点都不在具体历史信息的提炼上，这里不再作特别的学术史回顾。相关资料的发掘与出版史，可参考后文所引马修（Roger J. Matthews）的著作。这组印章资料都不是晚近考古发掘的新发现，都不是"新"器物，只是在本文的解读之后，因为具有了新意义才成为一组新证据。

一

这一节介绍本文研究的主要资料，介绍的同时对现有的解读做出分析和回应，并在可能的情况下，提出笔者不同的看法，为后文的重新阐释奠定基础。本文讨论的第一件关键资料，也是断代上最早的一件，是所谓的乌鲁克城市滚印（Archaic City Seal）。这么指称是为了方便，因为虽然考古断代上这件滚印的时代应该是乌鲁克晚期，它既不出自乌鲁克城，也不是一个看得见摸得着的滚筒印章。也就是说，考古发掘并没有发现这件印章的原件，今人对它的了解，都是根据该印章施用的痕迹重构出来的。但没有理由否认这样一件印章曾经存在过。

具体而言，北部巴比伦尼亚的捷姆迭·纳西尔（Jemdet Nasr）和乌卡尔（Tell Uqair）两地分别出土的十三片泥板文书上（出自捷姆迭·纳西尔的 MSVO 1 161, 163, 166, 167, 168, 169, 170, 172, 173, 174, 176, 178, 180, 和出自乌卡尔的 ATU 1 656）施用了同一个滚筒印章。[1] 在1993年出版的《城市、印章和书写》一书中，英国学者罗杰·马修（Roger J. Matthews）经过仔细研究，基本上重构了整个印纹，并做了比较深入的讨论（见图示一）。本文的介绍主要参考马修的重构和研究，并对其内容的解读进行

---

[1] MSVO 指 *Materialien zu den frühen Schriftzeugnissen des Vorderen Orients*（Berlin: Gebr. Mann Verlag, 1991- ）丛书，ATU 指 *Archaische Texte aus Uruk*（Berlin: Gebr. Mann Verlag, 1936- ）丛书，编号分别为这些泥板在丛书中出版时的分册编号。

一些初步的辨析。根据施用这块印章的泥板文书上文字部分的布局来推测,这些泥板在书写文字的时候,已经为施用这枚滚筒印章特意留出了空间。这也可见这块印章在当时文书来往上下文中的重要性。

图示一　乌鲁克城市滚印印纹重构

资料来源:Roger J. Matthews, *Cities, Seals and Writing:Archaic Seal Impressions from Jemdet Nasr and Ur*, Berlin,1993,Fig. 10a。

经过仔细测量,马修判断这个滚筒印章的凸面周长应该有 4.93 公分,相比于其他当时的滚筒印章,这个印章应该是体积较大的。也许更为重要的是,根据重构出来的印纹的特征,该印章上的纹理和绝大多数后来的滚筒印章不同,是正面雕刻而不是镜像表达。所以施用到泥板上之后,出现的纹理反而是镜像式的,而不是正面的符号。后来的滚筒印章一般在用印之后才显示正常的印纹。① 用简单的语言来说,这就意味着,这个印章的原物应该更像是个滚筒印章形制的微型浮雕,画面更适合直接阅读,上面的符号也更接近三维立体的浮雕,而不是二维的线条勾勒。施用过这个印章的十三片泥板文书所记录的内容也有一致性。虽然并非捷姆迭·纳西尔和乌卡尔出土所有记录干果或织物的泥板文书都用过此印,施用过此印的这十三件文书记录的却都是数目不大的干果或者织物。特别引起学者注意的是,不仅记录的内容十分类似,这些泥板中有多块用一个相同的短语来标记记录的内容:$NUN_a\ TAK_{4a}\ KI_a\ NI_a + RU\ 3N_{57}\ MUŠ_{3a}\ UNUG_a$结尾(见文书 MSVO 1 161,163,165,166,167,168,169,172,173)。

尤其引起学者们兴趣的是,这个滚筒印章印纹中的符号,相当一部分可以和巴比伦尼亚重要城市的名称的写法作出对应。在他的研究中,马修根据乌鲁克城市表(Archaic City List)的起首部分(见乌鲁克出土的泥

---

① Roger J. Matthews, *Cities, Seals and Writing: Archaic Seal Impressions from Jemdet Nasr and Ur*, Berlin:Gebruder Mann Verlag,1993,p. 34.

板碎片 W21126),依次将印纹中的 URI$_{3a}$. AB$_a$ 读作乌尔(Ur)城的名字,之后的 UD$_a$. AB$_a$ 读作拉尔萨(Larsa),之后的 EN$_a$. NUN$_a$ 读作尼普尔(Nibru),之后的 UNUG$_x$ 读作乌鲁克(Uruk),再后是凯什(Keš),然后是写作 MUŠ$_{3a}$. AB$_a$ 的扎巴拉(Zabala)。其中读作凯什的符号像个带盖的陶罐,不好用转写来直接表达,但和楔形文字中凯什城市名的写法相似。①

哈佛大学亚述学教授施坦克勒(Piotr Steinkeller)后来对马修的辨读作出了一些批评,最关键的是对尼普尔和乌鲁克城市名的解读,施坦克勒持不同看法。关于前者,施坦克勒的基本看法是,马修将公元前2600年前后才见于文字资料的 UD. GAL. NUN 书写系统应用到乌鲁克末期,从而将 EN$_a$. NUN$_a$ 读作尼普尔,这是时代错位。这一点,笔者已经在别处有过分析,认为马修的辨读经过改进,也就是不读作 EN$_a$. NUN$_a$,而是读作 EN$_x$. KID$_x$. NUN,将印章上的第三组符号读为尼普尔的城市名是没有问题的。事实上,这么读有可能解开一个关于早期两河流域历史的死结,也就是尼普尔城及其主神恩里尔的早期历史。② 施坦克勒不同意马修辨读的另一个城市名是乌鲁克。因为在印纹中,马修读作乌鲁克的符号并不是我们常见的楔形文字书写中乌鲁克名字的符号 AB$_a$. gunû/UNUG$_a$,而是更像 URU$_a$,也就是在形似祭坛的 AB 符号左边又多出了像阶梯一样的东西。施坦克勒谨慎地对待书写系统和印章符号系统之间的细微差别,当然有其意义。但考虑到这件印章物理上的特殊性,也就是在某种程度上刻写的是三维浮雕,施坦克勒的质疑无法否定马修的辨读,而笔者认为后

---

① Matthews, *Cities, Seals and Writing*, pp. 34-35.
② 参见 Xianhua Wang, *The Metamorphosis of Enlil in Early Mesopotamia*, Münster: Ugarit-Verlag, 2011, pp. 43-47, 91-94。在笔者将博士论文交付出版之前,曾将论文稿电子本(与成书页码有别)发给施坦克勒教授请益。施坦克勒教授随后在一篇文章中对笔者的看法做出了回应,坚持他对早期尼普尔城市名的看法。但他回避了笔者这里对乌鲁克城市滚印,特别是对尼普尔城市名和乌鲁克城市名的解读,并对笔者提供的与此紧密相关的其他证据的重要性有所低估。考虑到尼普尔和恩里尔(Enlil)对早期两河流域的关键性,笔者将就此具体问题专门作出详细的回应,以期对此问题有一个更有说服力的解决。施坦克勒教授的回应见 Piotr Steinkeller, "More on the Archaic Writing of the Name of Enlil/Nippur," in *Why Should Someone Who Knows Something Conceal It? Cuneiform Studies in Honor of David I. Owen on His 70th Birthday*, eds., Alexander Kleinerman and Jack M. Sasson, Bethesda: CDL Press, 2010, pp. 239-244。

者对乌鲁克城市名的辨读是正确的。楔形文字书写已经经过了二维的转化,无法在辨读三维符号时生搬硬套。

本文讨论的第二件资料是出自乌鲁克城的一块封印,故且叫做乌鲁克城市封印(Uruk City Sealing),具体指的是埃安那第三层垃圾坑出土的一块泥质封印。由于是从垃圾层中出土,这块封印应该在断代上略晚于乌鲁克末期,但同样原因,其间的时间差也不会太大。这块封印上的印纹也一样包含巴比伦尼亚城市名。根据马修的依次辨读,其中的 EN_a. KID 指尼普尔,U_4. AB_a 指拉尔萨,UNUG 指乌鲁克,而 DŠG 指凯什(图示二)。① 从这块封印的风格来看,和后文介绍的早王朝一期的乌尔城市封印有一定类似之处。不同之处在于,这块封印的印纹虽然已经已经开始分行刻印,分界线却并不规则,而早王朝一期的乌尔城市印纹,分行刻印已经比较规范化了。这可能暗示出,这块乌鲁克封印要略早于早王朝一期的乌尔封印。

图示二　乌鲁克城市封印印纹(乌鲁克出土编号:W11456)

本文讨论的第三件关键资料,或者更合适地称做第三批关键资料,可能也是读者更熟悉的,是出自早王朝一期乌尔城的一批封印碎片,出土于著名的乌尔王家墓地地层之下。也就是说,这批封印碎片断代上要比后者早一些。著名亚述学者托基尔特·雅各布森(Thorkild Jacobsen)曾主要依据这批乌尔封印来探讨早期两河流域的区域政治格局,提出了著名

---

① Matthews, *Cities, Seals and Writing*, p. 39.

的苏美尔联盟(Kiengir League)理论。① 笔者会另文讨论所谓苏美尔联盟理论的有效性,这里可以提起的是,雅各布森的苏美尔联盟论事实上错误地将苏美尔(ki-en-gi)当做早王朝时期已经固定的一个地理术语来使用,没有认识到它这时候还不是一个囊括整个南部巴比伦尼亚的地理概念,其实并不合适用来作为关键词描述当时的区域政治格局。此问题更并非简单的一个术语问题,有必要做出进一步的澄清。② 雅各布森的洞见和局限都很有代表性,而其影响之深远,以至于迄今仍主导亚述学内外多数关于早期两河流域政治发展的讨论,更不得不对他不够准确的说法作出调整。

对本文关心的内容来说,最为关键的是从这批封印中的两块重构出来的一个完整印纹,即马修的乌尔一号封印(图示三)。③ 在已知的乌尔封印碎片中,共有124块可以大体判定其用途,其中85件用作封门印泥,39件用作封存其他储物器皿。而这个乌尔一号封印,完整封印6.8×5.2×4.9立方厘米大小,马修只能判定它使用在木制材料上,却无法断定是木门还是别的什么储物器皿。④ 印纹如下图所示,分上下两层,上层的中间三个

图示三:早王朝一期乌尔一号封印

资料来源:Matthews, *Cities, Seals and Writing*, fig. 12。

---

① Thorkild Jacobsen, "Early Political Development in Mesopotamia," *Zeitschrift für Assyriologie und Vorderasiatische Archäologie* 52 (1957), pp. 91-140. 收入 Thorkild Jacobsen, *Toward the Image of Tammuz and Other Essays on Mesopotamian History and Culture*, ed. William L. Moran, Cambridge, MA: Harvard University Press, 1970. 此处参见后书第140—141页。
② 见笔者未刊稿《早期两河流域作为地理概念的苏美尔》。
③ Matthews, *Cities, Seals and Writing*, figs. 12-25.
④ Ibid., pp. 44-45.

符号可以读作 UD. EN. KID,指的是尼普尔,而其两侧的符号在滚筒印章上是相连的,可能可以读作 EDINNU,指肥沃的平原。① 而在第二栏中,可以辨认出 AN. DÙG + DÙ,可能指凯什,然后是所指不明的 ÙR + AN,然后是 ÙRI + AB 指乌尔,UD + NUN 指阿达布(Adab),以及 UD. AB 指拉尔萨。

二

已经提及的施坦克勒教授曾以上文介绍的乌鲁克城市滚印为主要依据,就早期两河流域的区域政治发展提出了一个泛巴比伦尼亚祭祀同盟论,也就是以乌鲁克城主神伊南娜为核心的一个宗教性联盟,施坦克勒称之为伊南娜祭祀同盟(Inanna Amphictyony)。② 这是在雅各布森之后亚述学者对早期两河流域的区域政治格局提出的系统看法之一,由于事关重大而相关资料难于解读,类似的尝试可说极其少有,因此值得特别的重视。③ 施坦克勒并没有作什么长篇大论,只是这个问题的重要性决定了他的研究的价值,必须对他的认识有一种清醒的估量。何况,施坦克勒所关注的问题,也正是本文希望能够有贡献的地方。

只是在对施坦克勒的新理论作出回应之前,有一个理论问题需要交代。如上文介绍,马修在乌鲁克城市滚印的引文中依次辨认出了乌尔、拉尔萨、尼普尔、乌鲁克、凯什和扎巴拉的地名。马修的辨读参考了著名的乌鲁克城市表(见乌鲁克时期泥板碎片 W21126)的证据,比如从乌尔城的名字处开始辨读。乌鲁克城市表的前四个城市是乌尔、尼普尔、拉尔萨和乌鲁克。上文介绍的乌鲁克城市封印保留的城市名依次为尼普尔、拉

---

① 马修对此符号的读法从 Leon Legrain, *Archaic Seal-Impressions*, *Ur Excavations* 3, London: British Museum, 1939, p. 39。
② 参见 Piotr Steinkeller, "Archaic City Seals and the Question of Early Babylonian Unity," in *Riches Hidden in Secret Places: Ancient Near Eastern Studies in Memory of Thorkild Jacobsen*, ed. I. Tzvi Abusch, Winona Lake: Eisenbrauns, 2002。
③ 另外值得一提的是乔色普·维西卡托(Giuseppe Visicato)的"六城之国(Hexapolis)"论。详见 Francesco Pomponio, Giuseppe Visicato, and Amedeo Alberti, *Early Dynastic Administrative Tablets of Šuruppak*, Napoli: Istituto Universitario Orientale di Napoli, 1994。

尔萨、乌鲁克和凯什。① 初看这样的解读似乎自然而然，没有什么问题，施坦克勒也未作过多纠缠地便进入了对乌鲁克滚印的进一步阐释。然而在进一步讨论之前有个问题必须在理论上弄清楚：尽管本文接受马修和施坦克勒的基本思路，并认为可以判定这些符号的所指并据此进行历史学的探讨，但这些城市名（符号）究竟能否作为证据来说明历史问题，为认识它们从中出现的历史时期提供有效佐证，却不是不言自明、天然合理的。

米哈洛夫斯基（Piotr Michalowski）等学者基本上反对将乌鲁克城市滚印当做历史资料来用。他认为，乌鲁克城市滚印更应该被当做艺术品，而艺术品上的符号是无法与其时代建立直接关联的，研究乌鲁克城市滚印的正确方法只能是符号学的考察。② 另一位重要学者诺曼·悦斐（Norman Yoffee）也表达了类似的看法，对类似器物上的符号是否可以拿来用以说明当时的历史状况提出了质疑。③ 米哈洛夫斯基和悦斐的质疑是有一定道理的，他们对资料应用中的理论问题作了必要的强调，可以深化历史学意义上对类似资料的理解。艺术品作为艺术品，其制作目的至少不能直接判定为表达现实。这本来应该是个常识，但往往在具体的研究中被忽略。但另一方面，米哈洛夫斯基和悦斐也有些矫枉过正。符号学的思路固然可行，对乌鲁克城市滚印的历史学使用也并非全无道理。他们的演绎判断是否在本文的语境之中真正有效，仍需要进一步的判断，没有必要在他们的警告面前望而却步。过于简单地凭借直觉使用艺术品作为史料固然有违学术常识，其背后也有深刻的原因。笔者认为，这种有违常识的做法，其根本原因恰恰在于，和所有人们习以为常的常识一样，要想从理论上一劳永逸解决艺术品图像内容的现实相关性问题，也很可

---

① 参见 Matthews, *Cities, Seals and Writing*, p. 39, figure 4。
② 参见 Piotr Michalowski, "On the Early Toponymy of Sumer: A Contribution to the Study of Early Mesopotamian Writing," in *Kinattūtu Ša Darâti: Raphael Kutscher Memorial Volume*, eds., Ran Zadok, Raymond Westbrook, and Jacob Klein, Tel Aviv: Institute of Archaeology of Tel Aviv University, 1993, p. 128。
③ 参见 Norman Yoffee, "Two Many Chiefs? Or, Safe Texts for the '90s," in *Archaeological Theory: Who Sets the Agenda?* eds., Norman Yoffee and Andrew Sherrat, Cambridge, UK: Cambridge University Press, 1993, p. 66。

能是徒劳。在这种情况下,直觉也就自然而然越俎代庖,取代了必要的理论上的史料批评。借用英国人类学家厄弗雷德·杰尔(Alfred Gell)的理论来说的话,要想证明包括图像在内的艺术品资料的历史相关性,而非传统美学意义上的现实相关性,我们必须首先证明该艺术品在当时现实语境中的心理有效性(psychological saliency)。[①] 一件艺术品的图像内容是否可以拿来用作史料来说明该艺术品的物质载体所在的时代状况,必须具体情况具体分析,凭借直觉的盲目接受和片面而简单的全盘否定,都不是什么方便法门。

就本文来说,乌鲁克城市滚印的情况其实可能有些特殊,所以并不好拿来讨论相关的理论问题。由于缺乏更早的资料拿来对比,不好判断究竟其中的城市名称及其次序是否和如何体现当时或者更早时期的历史状况。但与此相关的乌鲁克城市表、乌鲁克城市封印和乌尔封印一号所提供的信息,在相互对比之后,却可以为正确估价本文的资料提供一些普遍的启发。如上所述,哪怕只是上文提到的有数的几个城市名称,在后面这几件资料上的次序都是不一样的。如果印章类的器物作为艺术品,其图像会极其传统,不容易随着现实状况的改变而改变,那又为什么会有这种城市次序上的不同呢?简单地说这些是倾向于保守的印章资料,便否认其体现历史状况的可能性,其实并没有真正回答这个问题。这样的思路把问题给取消了,而不是解决了。

实践中对这里城市次序的变化作出解释其实有两种可能的方式,都会影响使用印章资料的合法性。一种自然是米哈洛夫斯基直接批评的,说这种次序的变化无论如何会体现出在时间序列中历史状况的变化,所以所谓的历史相关性问题并不是问题,可以直接拿这些材料来谈论早期两河流域不同时期的区域政治状况;另一种则相对深入一些,认为这种次序的变化来自空间上的差异,因为不同城市有不同的传统,对政治地图的想象不同,所以造成不同地方出土的资料中记录城市次序存在差异。

米哈洛夫斯基等学者看到了第一种认识方式的简单粗暴,尤其是其

---

① 参见 Alfred Gell, *Art and Agency: An Anthropological Theory*, Oxford: Clarendon Press, 1998, pp. 126-133。

中隐藏的线性地对待复杂的历史状况的做法，确实不可取。这不在话下。只是对本文来说，更需要避免的其实是第二种解释，因为它通过将印章资料中城市次序的"本土化"，对使用它们探讨整个巴比伦尼亚区域政治的做法有更为微妙的影响。根据第二种解释的思路，印章或者城市表上的城市次序和具体的城市"神学"有关。乌鲁克虽然是晚期乌鲁克时期最大的城市，但它的主神伊南娜在当时的神谱中，至少根据已知的版本，却可能排在乌尔、拉尔萨、尼普尔城的主神之后，所以就有了乌鲁克城市滚印上的城市次序。而到了出自乌鲁克城的乌鲁克城市封印，因为某种原因，看起来尼普尔和拉尔萨主神的地位发生了变化，所以两个城市的位置也就发生了对调，而这种对调和现实政治中尼普尔和拉尔萨城的相对重要性并没有什么真实的联系关系。这样基于空间因素的思路能够完整地解释本文所讨论的印章资料吗？笔者认为，回答必然是否定的。这样的做法看似谨慎，却会错过对真正重要的历史问题的探讨，事实上也一样片面和简单化。

　　反证首先来自乌鲁克城市表和乌鲁克城市封印之间的差别，前者将拉尔萨放在尼普尔之前，而后者却将拉尔萨放在尼普尔之后。考虑到二者都出于乌鲁克城，断代上也没有很大的距离，这个差别也就无法不言自明地全用乌鲁克本土传统来解释了。哪怕考虑乌鲁克城市表作为词表，乌鲁克城市封印作为印章的类型差别，本土传统也一样不再是铁板一块，而应该更加细化地认识。这时候要考虑的是本地传统的变化及其变化原因，以及多样性问题，而非它一成不变自古如此的人为假象。下文更会提到，除了上文提到的一号封印，在乌尔城出土的基本同期用途也类似的城市封印中，各封印上城市之间的次序相当多变，几乎找不到完全一样的排列。这更尖锐地否认了依据所谓本土传统来解读城市封印的做法，至少否定了它的普遍有效性。在同一地点同一时期的印章材料中，城市次序的变化无疑意味着城市次序并不单纯受本地传统的约束，而和种种现实上下文有着密切的联系，这些现实上下文很明显并不限于本城事务。简单地用城市传统来做挡箭牌，来否认城市印章的内容同时表达本地和区域性的历史状况，同样是站不住脚的。城市传统不是一成不变的东西，会随着具体历史状况的变化而作出调整，同一传统中不同时期关于城市次序记录上的变化自然可能意味着神谱的重组,但这不过是说,这样的变化可能通过神谱重组这个中间过程来完成。

综合这些考虑,真要理解本文资料中城市次序的变化的话,就既需要考虑区域范围内的时间因素,也需要考虑空间上各个城市传统之间的差别,而后者其实指的是更小范围内的时间,与前者之间存在着自然而密切的互动关系。无论如何,回到理论思考上,此类变化必然出自具体的历史语境是无法否认的,因此印章资料反映历史状况也是无法否认的。研究者需要做的,是尽量完整地认识印章资料体现历史状况的机制,对它们的使用尽量平衡地考虑多种因素。对本文而言,由于处理的资料毕竟是性质上倾向于保守的印章符号,而从现实政治到固化的物质表达,这中间总会有或多或少的时间差,因此使用这些资料的时候,确实不能过度机械地将它们提供的信息和各自出土的考古时代做出严格的对应,不能直接因名循实将其中的讯息直接套用到区域范围内的历史状况之上。

三

通过前面对不同印章资料上城市次序的差异的辨析,笔者试图说明将印章资料当作史料来使用的合理性,但城市次序问题本身毕竟不是本文所关注的核心内容,它只是探讨问题时需要的一个环节。相对理论化的辨析的价值在于:一方面本文利用资料的合法性得到合理的辩护,另一方面对资料根据不加反思的直觉进行滥用也得到有效的警惕。有了这样理论上的清醒,本节讨论本文关注的关键内容。如果印章资料中对早期巴比伦尼亚城市名称的记录确实在不同上下文中能够直接或者间接地反映出各自语境中的区域状况,不同城市记录上其他城市名称在特定上下文中的有无也就成为一个更加值得关注的现象,甚至比城市次序的变化更应该得到重视。如果说城市次序的不同更多反映出的是不同语境中对不同城市的地位的表达,特定上下文中城市名称的有无则意味着相关城市之间出现了值得关注的现实问题。

马修提到,因为乌鲁克城市滚印被用在当时的泥板文书之上,很明显是用作具体管理流程之中的某种确认或者授权,所以它是当时档案管理的一个有机组成部分。需要注意的是,马修并没有对印章上的图像是否在严格意义上体现和施用该印章的泥板文书同时代的现实。只是在说到乌鲁克城市表的时侯,马修提示,看起来多个城市之间的密切关联及其相对次序已经在当时的教育系统之中成为一个被接受的事实了。① 作为一个谨慎的考古学者,马修一方面强调了乌鲁克城市滚印作为权威来源的事实,另一方面回避了乌鲁克城市滚印背后的历史状况与乌鲁克教育系统中的城市表体现的历史背景之间的关联问题。他事实上回避了进一步的历史学讨论,不得不提及时也往往一笔带过。

　　正是马修这样谨慎的研究和分析,刺激了施坦克勒更进一步的探索,去深入乌鲁克城市滚印所体现的时代。施坦克勒在他的研究中将注意力集中在施用乌鲁克城市滚印的十三块泥板文书的内容上。上文已经介绍过,施用该印章的泥板文书记录的都是数目较小的干果、布料之类的内容。施坦克勒进一步将这些数目较小的物品清单解释为祭祀品收据。他的关键证据之一是这些泥板文书上的标记句,也就是可能说明所记录内容用途的句子。在捷姆迭·纳西尔泥板中,这些标记句都包含一个短语,$NI_a + RU_a\ 3N_{57}\ MUŠ_{3a}\ UNUG_a$。施坦克勒认为,这个短语的意思是:"NI. RU城(捷姆迭·纳西尔),献给乌鲁克的三—伊南娜。"② 所谓三—伊南娜,指的是乌鲁克文献中出现过的 $MUŠ_{3a}\ UD_a$、$MUŠ_{3a}\ SIG_a$ 和 $MUŠ_{3a}\ NUN_a$ 的通称。根据法尔肯施坦(Adam Falkenstein)的理解,$MUŠ_{3a}\ UD_a$ 和 $MUŠ_{3a}\ SIG_a$ 分别可大体理解作"金星出(Aufgang der Venus)"、"金星落(Untergang der Venus)"。③

　　编号 ATU 1 656 的泥板出自乌卡尔,上面也施用了乌鲁克城市滚印。这块泥板记录的内容和上述捷姆迭·纳西尔泥板类似,也是数目不大的干果和织物,只是标记句为 $UR_{2a}.\ KU_{6a}.\ RAD_a\ MAH_a \times NA_a\ AN_a\ 3N_{57}\ PAP_a\ UNUG_a$。施坦克勒认为,这里的 $UR_{2a}.\ KU_{6a}.\ RAD_a$ 指的就是乌卡尔,而这

---

① Matthews, *Cities, Seals and Writing*, p.48.
② Steinkeller, "Archaic City Seals and the Question of Early Babylonian Unity," p.254, ns.3-4.
③ Adam Falkenstein, *Archaische Texte aus Uruk*, Berlin: Gebr. Mann Verlag, 1936, p.48.

里的 AN_a 则可以读作 DINGIR,具体指乌鲁克城的"神",就是伊南娜。因此,根据施坦克勒的解读,乌卡尔泥板上这句话的核心信息也就和捷姆迭·纳西尔泥板的标记句一致了,可大体译作"UR_{2a}. KU_{6a}. RAD_a(乌卡尔)……献给乌鲁克的神,三一伊南娜"。①

"这些结论,如果正确的话,其重要性是非常明显的。它们会给我们提供最早的实在证据,证明乌鲁克三期(即我们的乌鲁克末期——笔者),存在着一个泛巴比伦尼亚的区域组织架构。"②施坦克勒这么说并不过分。因为如果他的解释是正确的,也就是北部巴比伦尼亚的捷姆迭·纳西尔和乌卡尔都在向乌鲁克的主神伊南娜进贡,将这样一个架构称为泛巴比伦尼亚架构乃是顺理成章的事。施坦克勒认为,这整个架构的重心在乌鲁克城的伊南娜神,所以各同盟城市都要向她进贡,而乌鲁克城市滚印正是贡品收集者给进贡者提供收据时施用的,体现的正是这样一个泛巴比伦尼亚架构的权威,类似希腊的城邦祭祀同盟。

施坦克勒感到奇怪,为什么乌鲁克城的名字没有雕刻在乌鲁克城市滚印上。③ 上文笔者已经解释过这个问题,也就是说,马修的读法是正确的,乌鲁克的城市名确实是在这里出现了的。那这是否意味着,施坦克勒的理论及其细节便就此成立了呢?就早期文献来说,可以预期这是不可能的。正如法尔肯施坦的翻译已经能够暗示出的一样,$MUŠ_{3a}$是否可以直接解作具有神格的伊南娜而不是更具体的金星,学者们有不同的意见,至少更为谨慎的态度值得鼓励。而乌卡尔泥板中的 AN_a 是否确实可以读作 DINGIR 也因为同样的原因值得怀疑。④ 对乌鲁克书写系统的不同认识在这里直接体现出来。恩格伦、尼森等学者倾向于谨慎对待按照后来的苏美尔语书写习惯解读早期文献,施坦克勒则很明显是在这样的前提下来解读他的材料,这也让人对他的理论不得不有所质疑,至少不能盲目接

---

① Steinkeller, "Archaic City Seals and the Question of Early Babylonian Unity," p. 252, n. 11.
② Ibid., p. 256.
③ Ibid., p. 255, n. 29.
④ 参见 Robert K. Englund, "Texts from the Late Uruk Period," in *Mesopotamien: Späturuk-Zeit Und Frühdynastische Zeit*, eds., J. Bauer, R. K. Englund, and M. Krebernik, Göttingen: Vandenhoeck & Ruprecht, 1998, p. 102,关于早期书写中一字多义问题的讨论。恩格伦倾向于反对按照后来的苏美尔语书写习惯对早期书写作多义解读。

受。另外需要提到的是,乌卡尔泥板中施坦克勒解作乌卡尔本地地名的 $UR_{2a}.KU_{6a}.RAD_a$ 一组符号,马修则认为指的是另一个地方库阿拉(Ku'ara)。①

但是,需要说明的是,根据以上学者的研究能够提出的反对意见,针对的其实都是施坦克勒理论的细节。对施坦克勒的核心命题和出发点,也就是乌鲁克城市滚印的施用可以体现出泛巴比伦尼亚各城市之间的合作,则并不产生实质性的影响。考虑到施用乌鲁克城市滚印的泥板文书的出土地点在北部巴比伦尼亚,只要承认城市滚印的施用体现着当时档案管理进程中的权威性标记,再加上最基本的历史想象力,乌鲁克末期或更早时期巴比伦尼亚地区城市之间的合作,甚至某种程度上的统一,就是对乌鲁克城市滚印最合理的解读。不然的话,又能如何解释在捷姆迭·纳西尔和乌卡尔出土的泥板文书上为何会施用一件包含巴比伦尼亚其他主要城市名字的印章呢?何况这种实践还不是只在一个地点进行?

上文已经说明,说乌鲁克城市滚印上记录的城市名只在神学想象的语境中有意义,因此不具有真实的历史背景,至少并不是一种完整的解释。而笔者认为,即使暂时不对施坦克勒的文字解读的正确性作出最终的判断,因此不讨论施坦克勒理论的具体细节,乌鲁克城市滚印在北部巴比伦尼亚的使用也可以证明巴比伦尼亚各城市之间协作关系的真实存在。只是需要补充的地方在于,在这样的解读中,必须考虑到一个基本事实,那就是:虽然乌鲁克城得到了相对充分的挖掘,从乌鲁克城出土的泥板文书上,却至今没有发现有施用这块乌鲁克城市滚印的泥板。这是对乌鲁克城市滚印的解读中非常让人遗憾,但也不得不承认的同样重要的事实。证据的缺失自然不能证明历史的缺失,只是在本文的语境之中,出自乌鲁克城的直接证据的缺失意味着,沿着施坦克勒的思路,如果此前乌鲁克城也有同样的伊南娜祭祀同盟框架内的实践的话,具体到乌鲁克末期,施用乌鲁克城市滚印的做法很可能反而在乌鲁克城已经不再施行。也就是说,虽然笔者同意施坦克勒的基本看法,甚至接受乌鲁克城曾经是这样一个同盟的核心,乌鲁克城市滚印的使用告诉我们的,却很可能是更

---

① Matthews, *Cities, Seals and Writing*, pp. 35-36.

早时期的一个区域框架,到乌鲁克末期反而已经不见于乌鲁克,却由于特定的原因在中北部巴比伦尼亚作为传统得到了较好的保存。

这样的重新认识有一个问题,也就是假设上文所说泥板中施坦克勒解读出的伊南娜的名字确实是正确的,乌鲁克末期或者和这些泥板同期的伊南娜祭祀同盟的核心便似乎仍旧应该在乌鲁克。这自然是有效的提示,但笔者倾向于认为,伊南娜虽然传统上是乌鲁克的主神,她的崇拜地却决不限于乌鲁克。巴比伦尼亚的主要城市,例如尼普尔和拉加什(Lagaš),都有伊南娜神庙。① 就本文关怀所限,需要强调的只是,无论其中的城市次序如何,乌鲁克城市滚印的存在让我们可以在比较可靠的意义上确认曾经的泛巴比伦尼亚城市合作机制的存在,其中不仅包括乌尔,而且包括拉尔萨、尼普尔、凯什、扎巴拉和乌鲁克,以及北部巴比伦尼亚,例如捷姆迭·纳西尔和乌卡尔这样的地方,而这个合作机制的兴盛时期则应该早于本文所说的乌鲁克末期。这是在本文的语境中乌鲁克城市滚印可以说明的问题。从断代上很难判断这样的合作机制究竟起自何时,只是有理由相信,从一开始乌鲁克城可能就是这个协作框架中的一员,很可能是核心的成员。

这里对乌鲁克城市滚印的解读无疑推论的成分较大,乌鲁克末期之前北部巴比伦尼亚和乌鲁克城的关系问题更需要进一步的探讨,可惜文献资料的缺失使这个任务只能由考古学者来试图完成。讨论年代上稍晚的乌鲁克城市封印,尤其更多考虑空间意义上的本地因素的话,需要首先注意到的则是,在所谓乌鲁克城市封印中,尼普尔占据首要位置,也有拉尔萨和凯什的位置,却无法解读出乌尔的名字。这当然可能是偶然,但如果我们将它和稍后的乌尔封印对照,却惊异地发现:在所有乌尔封印中我们能够辨认出尼普尔城名字的时候,同一块封印上总有乌尔和拉尔萨的名字,却从来没有乌鲁克。② 就笔者所见,此前的研究对本文这里观察到

---

① 例见 Richard L. Zettler, *The Ur III Temple of Inanna at Nippur*: *The Operation and Organization of Urban Religious Institutions in Mesopotamia in the Late Third Millennium B. C.* (Berlin: Dietrich Reimer Verlag, 1992) 中对尼普尔伊南娜神庙的介绍。恰恰在乌鲁克末期到早王朝早期这段时间,尼普尔新建了伊南娜神庙。

② 参见 Xianhua Wang, *The Metamorphosis of Enlil in Early Mesopotamia*, pp. 225-226。

的这个现象有所忽略，并没有做过讨论，甚至完全没有注意到这个差异。

直接根据这里的观察就得出结论自然是不恰当的。即使这种对照已经足够尖锐，表面看来，似乎偶然性因素仍然太多了，是否仍然有可能只是考古发掘的偶然性造成的错误印象？或者即使有这种对照，也并没有什么历史意义？对后一个问题，上文已经有了回答，笔者不倾向于取消问题。另一方面，也必须承认，根据这么一点观察，便提出具有重要后果的猜测，无疑是非常冒险的。只是尽管如此，笔者认为，哪怕有种种不确定的因素存在，这里观察到的这个现象，也就是以它们与尼普尔城的关系为标准来判断的话，乌鲁克城和乌尔城在乌鲁克末期或者稍后，似乎在各自的语境中排斥对方的出现，也是个值得特别注意的现象，并且可能具有极其重要的史料价值。这样鲜明的对照，可能意味着这时候的巴比伦尼亚进入了一个政治上的分裂时期，以至于传统上关系密切的乌尔和乌鲁克，也进入了一个阶段性的相互竞争而不是相互合作的关系状态。它们各自保留了和尼普尔以及拉尔萨的联系，却在各自的语境中排斥对方的存在。这是本文通过对包括乌鲁克滚印在内的资料的讨论，希望提出的一个核心假说。

讨论乌尔封印时，雅各布森只是说，乌尔封印见证了早王朝初期以乌尔为中心的合作机制的存在。具体是各个城市向乌尔纳贡，乌尔封印是对这种物质交流活动的标记。[①] 我们却要将乌尔封印和乌鲁克城市封印放在一起，并以它们各自主城与尼普尔的关系为标准，将它们当做两个城市相互竞争的证据。这样冒险的看法或者假说，除了必要的猜测成分，能够得到其他证据的支持吗？在这里，仍然是施坦克勒提供了一个可以进一步讨论的解释框架。

在以乌鲁克城市滚印为主要证据提出乌鲁克晚期泛巴比伦尼亚伊南娜祭祀同盟的假说之后不久，施坦克勒又对他的理论作了进一步的扩展。施坦克勒发现，有1/4的乌尔城市封印上，除了形成所谓的城市封印印纹的滚筒印章外，还同时施用了蝴蝶结花纹的平印，而蝴蝶结是伊南娜的特

---

① Thorkild Jacobsen, *Toward the Image of Tammuz*, p. 141.

征标记。① 同样的蝴蝶结平印也见于出自捷姆迭·纳西尔的泥板 MSVO 1 221。只是遗憾的是,这块泥板上施用的滚筒印章不是乌鲁克城市滚印或者任何包含城市名字的滚筒印章,其文字内容也无法和伊南娜祭祀联系起来。施坦克勒相信,假如 MSVO 1 221 竟然也属于上文介绍的伊南娜祭品收据,或者上面也施用了乌鲁克城市滚印,他的泛巴比伦尼亚伊南娜祭祀同盟论也就同样可以适用到乌鲁克时期之后的早王朝早期了,至少是乌尔封印的年代了。②

很明显,施坦克勒希望在雅各布森的基础上更进一步,将早期巴比伦尼亚的区域政治格局更为清晰地勾勒出来,而不是简单地说曾经存在过城市之间的合作或某种同盟,这样的探索自然极有价值。他对滚印之上施用平印这个现象的解读,以及对蝴蝶结花纹的解释,都对认识乌尔封印有很重要的意义,需要认真对待。然而,进一步的研究也让笔者相信,哪怕伊南娜花纹的出现确实能够解作此时伊南娜在乌尔封印中的痕迹,进而和他的伊南娜祭祀同盟相联系,他的基本视角却有较大的调整必要。因为,就乌尔封印来说,泛巴比伦尼亚同盟的视角是否还是第一位的? 乌尔封印究竟首先应被看做是统一的痕迹,还是分裂的证据?

事实上,马修已经注意到,乌尔封印总体上来说,当包含城市名字的时候,各城市之间的次序并没有一定之规。能够重构出来的各个印纹上包含的城市名字也往往并不一致,同一城市有时出现有时则不见踪迹。封印的风格也有相当的差异,有的用分行将符号分开,有的没有,有的将每一组符号各自框起来,大多数印纹却不是这样。③ 也就是说,乌尔封印的制作和施用,看起来根本不是在同一上下文中进行的,或者说是在大体同一时期相当不同的上下文中进行的。根据剑桥大学考古学者麦克马洪(Augusta McMahon)的判断,这些封印所适用的印章很可能是用可朽的材

---

① Piotr Steinkeller,"More on the Archaic City Seals," *Nouvelles Assyriologiques Bréves et Utilitaires*, No. 2, 2002.
② Piotr Steinkeller,"More on the Archaic City Seals," n. 5.
③ Matthews, *Cities, Seals and Writing*, pp. 39-41.

料制成的,其具体制作和使用上下文更有很大随机性。① 对于施坦克勒的理论来说,这就意味着一个致命的问题:如果只有 1/4 的封印同时施用了蝴蝶结平印和滚筒印章,这在统计上的说服力能有多大？更为重要的一点是,在可以比较确切地辨认出尼普尔城名字的一号封印上,也就是上文拿来和乌鲁克城市封印做对比的最重要的乌尔封印上,并没有蝴蝶结平印的痕迹。假如沿着施坦克勒的思路,这是否意味着乌尔一号封印的背景,正好并不是他的伊南娜祭祀同盟了呢？如果是这样,那这个背景又是什么？

当然,所谓乌尔二号封印(MSVO 2 U002)上确实有蝴蝶结平印。但是,即使如此,考虑到乌尔封印明显的多变特征,更好的解释只怕也是将一号封印和二号封印放在不同的上下文中来理解,后者可能和施坦克勒假说的祭祀同盟的留存相关,前者却并非如此,而不是将二者不加区别地放进同一个整体性的框架之中来解释。笔者在这里认为,就乌尔封印而言,施坦克勒将他的有效观察放在了不尽合适的解释框架之中,反而妨碍了他进一步挖掘这批资料的史料价值的机会。由于其他资料的缺乏,这时候也许应该看看考古学中对南部两河流域这一时期的研究。正是这样的考虑,让笔者相信上文提到的乌尔封印与乌鲁克城市封印之间的对照不是偶然,反而具有重要的历史意义。考古资料因性质所限,不好作为直接的证据,但能够从一个重要的侧面支持上文提出的假说,至少和本文的思路能够很好地联结起来。

大范围考古调查中告诉我们,乌鲁克晚期的中部巴比伦尼亚存在一个从阿达布(Adab)—尼普尔一带向乌鲁克一带的大范围人口流动,其具体动因尚不清楚,但这一地区在这一时期的动荡是毋庸置疑的。和本文的主题尤其相关的是,这时候的乌尔城却相对处在这个动荡区域的边缘地带。巨变发生的核心地带在乌鲁克到乌玛一线,乌尔城则似乎保持了相对连续的发展,以至于剑桥考古学家波斯盖特(Nicholas Postgate)认为,

---

① 参见 Augusta McMahon, *The Transition from Early Dynastic to the Akkadian Period*, PhD dissertation, Chicago University, 1993, pp. 12-13, n. 7。

对这一时期乌尔城考古物质文化层的断代需要和前一地区区别对待。①恰恰在这个时候,乌尔封印和乌鲁克城市封印之间就各自和尼普尔的关系形成了镜像式的对照。假如一切都是偶然,这似乎有太多偶然了,或者说面对偶然因素就放弃努力了。合理的设想只能是,虽然处在变动地区的边缘,大局的变化对乌尔城还是造成了巨大的影响。在这种情况下,乌尔城除了求变自保,做出多种尝试,只怕没有很多的选择。而在同一个语境之中,乌鲁克也由于大局的变化,主动或被动地调整了它和近邻乌尔的关系,从而在资料中和乌尔城形成对照。乌尔封印的多样性,体现的应该正是在此情况下乌尔的不断尝试,其中出现传统的印记并不让人惊讶,但更重要的是其中能够表征新因素的证据,而其中关乎南部巴比伦尼亚的新格局的证据,则在上文将乌鲁克城市封印与乌尔一号封印做出对照之后得到辨认。

小　结

通过对关键资料的整理和在此基础上对施坦克勒的重要贡献的批评性阅读,本文认为,类似施坦克勒的泛巴比伦尼亚祭祀同盟确实可能存在过,但很可能要早于乌鲁克三期也就是乌鲁克末期,这时候这个同盟就应该已经进入了崩溃的进程,崩溃的起点反而可能是在南部巴比伦尼亚。这也许正是乌鲁克城反而没有乌鲁克城市滚印出土的历史背景,而北部巴比伦尼亚施用乌鲁克滚印的实践可以解读为早期传统在当地的某种延续。根据本文的解读,在考古上进入早王朝一期这段时间,巴比伦尼亚的分裂可能已经到了乌尔和乌鲁克这一对兄弟之城分道扬镳的程度。这应该是乌尔封印和乌鲁克城市封印之间对照的最好解释,更能够得到考古

---

① John Nicholas Postgate, "The Transition from Uruk to Early Dynastic: Continuities and Discontinuities in the Record of Settlement," in *Gamdat Nasr: Period or Regional Style？*, eds., Uwe Finkbeiner and Wolfgang Röllig, Wiesbaden: Dr. Ludwig Reichert Verlag, 1986, pp. 92-96, 104-105,并图示9、10。尤其注意乌鲁克—乌玛—舒鲁帕克三角内从乌鲁克四期到早王朝一期的定居状况变化。

上的支持。没有前面对包括乌鲁克滚印、乌鲁克城市表等相关资料的综合考察,也就无法说明本文如此使用印章资料的合理性和必要性。正是基于这样的史料批评,本文才敢在仔细辩读材料的同时做出大胆的猜测,因为这样的猜测更符合有限的证据所提供的信息。乌鲁克城市封印和乌尔封印在这样的解释中展现出新的价值,从而在考古学提供的信息之外,提供了一条值得追索的新证据。如果本文的假说成立,我们对乌鲁克末期巴比伦尼亚的状况的把握也能够更为具体。从视角上说,和施坦克勒较大的不同在于,在一个考古上显示属于大分裂时期的年代,本文认为,统一性的痕迹更应该被理解为传统的留存,而不是新时代的特征。在乌尔封印的时代,新的统一的种子还远没有出现,那要等到中部巴比伦尼亚以殊鲁帕克城(Šuruppak)为中心的"六城之国(Hexapolis)"形成之后才可能。

(王献华 剑桥大学博士、北京大学历史学系博士后)

马丁·路德的教会观与教士的天职

林纯洁

【内容提要】 面对中世纪晚期罗马教会在尘世中的腐败,马丁·路德特别强调了教会的属灵性质;而当极端改革派只强调教会的属灵性质时,路德又积极肯定了属世教会的必要性和重要性,试图在教会的属灵与属世性质中间寻找一种平衡。路德的教会观与其天职观的发展也有密切的联系,他对属灵教会与属世教会的划分与其对属灵与属世天职的划分存在着内在的一致性。路德反对修士和教士等神职人员独享天职,而认为"信徒皆为祭司",信徒皆有天职,并为教士重新界定了天职,而且逐步否定了修士的天职,缓解了教会属灵性质与属世性质之间的巨大张力,并为新教教会后来的建立奠定了理论基础。

基督教追求的是来世的得救,而基督教会则存在于尘世之中,基督教会的属灵和属世性质之间一直存在着巨大的张力。中世纪晚期,随着文艺复兴运动的展开,罗马教会越来越世俗化。马丁·路德面对尘世中罗马教会的腐败,强调教会的属灵性质;而当极端改革派只强调教会的属灵性质时,路德又积极肯定了属世教会的必要性和重要性,试图在教会的属灵与属世性质中间寻找一种平衡,并在这个过程中形成了新的教会观,极大地影响了基督新教的发展。

路德的教会观一直是学术界研究和争论的重点,这主要集中在两个方面:一是路德教会观的起源,比较重要的有卡尔·霍尔的《路德教会概念的产生》,认为"路德在与罗马教会争论之前,基于其基本的神学思想,已经逐步产生了对教会新的理解,尤其与称义思想直接相关"。① 二是路德与罗马教会的论战过程,主要有康拉德·哈姆曼的《属灵教会——路德与奥古斯丁·冯·阿尔维特和阿姆布洛西乌斯·卡塔里乌斯的争论中对教会的理解》,证明路德的教会观重点强调了教会的属灵特征,"路德看到中世纪教皇制的内在缺陷后,希望基督教能恢复到一个普世的真正的基督教会……即以基督之道为基础的属灵教会"。② 卡尔海因茨·迪茨的《教会不是柏拉图王国——16世纪天主教神学家对路德质疑教会可见性的回答》则全面回顾了这场争论,认为"罗马教会和新教路德宗或归正宗都没有将教会理解为柏拉图式的形象,争论起源于对教会的各自的真实理解和解释"。③ 这些研究的重点都在于路德的神学及其与罗马教会的论战对其教会思想的影响,而较少涉及路德教会观中属世教会的思想。

路德在与罗马教会斗争的过程中,重新界定了教士的天职,并逐步否定了修士的天职。路德的天职观对其教会观产生了什么影响?这是路德教会观研究中比较受忽视的领域,而这正是认识路德属世教会思想的一个新的角度。因此,本文试图从天职观的角度重新解读路德的教会观,分析路德面对中世纪教会的危机时,如何提出了自己的教会观,并从天职的角度重新规范了教会在尘世的角色和作用,从中可以看出路德如何解决教会属世与属灵张力的问题。

---

① Karl Holl, *Gesammelte Aufsätze zur Kirchengeschichte* Ⅰ, Tübingen: Verlag von J. T. B. Mohr, 1928, p.289.

② Konrad Hammann, *Ecclesia spiritualis*, *Luthers Kirchenverständnis in den Kontroversen mit Augustin von Alveldt und Ambrosius Catharinus*, Göttingen: Vandenhoeck & Ruprecht, 1989, p.241.

③ Karlheinz Diez, *Ecclessia-Non est civitas platonica*, *Antworten katholischer Kontroverstheologen des 16. Jahrhunderts auf Martin Luthers Anfrage an die Sichtbarkeit der Kirche*, Frankfurt a. M.: Verlag Josef Knecht, 1997. p.440.

路德的教会观并不系统,而是分散在一些宣传和论战著作中,本文绝大部分材料主要依据的是《路德全集》魏玛版。① 魏玛版一般以路德最早的印刷版或手稿为底本,同时参校同时代的其他版本,因此具有非常高的学术价值。

一、路德的教会观

基督教会的起源和发展与天职观(Beruf)有着密切的联系。天职观产生之初,就是一种呼召的含义。在基督教早期的使徒时代,耶稣的门徒都是被上帝呼召去传道,这是一种个人性的被呼召。在早期的使徒书信中可以见到很多处。② 早期的基督徒感觉他们受上帝呼召,要在尘世实现上帝许诺的王国。他们组成了一个团契,每个人都不考虑世俗职业,而献身于上帝王国在尘世的实现。③ 也就是说,受到上帝呼召的基督徒组

---

① 本文所使用的马丁·路德关于教会的著作主要有:《致德意志民族基督教贵族的公开信》(An den christlichen Adel deutscher Nation von des christlichen Standes Besserung, 1520),载于《马丁·路德博士全集评注版》(Martin Luther, *Dr. Martin Luthers Werke, kritische Gesamtausgabe*. 因在魏玛出版般称为《路德全集》魏玛版)第6卷,魏玛:赫尔曼·伯劳斯出版社,1908年,第404—469页(以下简称WA卷数,页码);《教会被掳于巴比伦》(De captivitale Babylonica ecclesiae praeludium, 1520, WA6, 484-573);《论罗马教皇制,反对莱比锡的著名天主教徒》(Vom Papsttum zum Rom wider den hochberühmten Romanisten zu Leipzig, 1520, WA 6, 285-324);《反对教皇和主教伪称的属灵身份》(Wider den falsch genannten geistlichen Stand des Papst und der Bischöfe, 1522, WA 10 Ⅱ, 105-158);《论教会牧职》(De instituendis ministries Ecclesiae, 1523, WA 12, 169-196);《一个正确授立基督教主教的例子》(Exempel, einen rechten christlichen Bischof zu weihen, 1542, WA53, 231-260);《小教义问答》(Der kleine Katechismus, 1529, WA 30 Ⅰ, 239-245);《施马卡尔登条款》(Die Schmalkaldischen Artikel, 1536, WA 50, 192-254)等。其中《教会被掳于巴比伦》和《论教会牧职》,魏玛版收入的为拉丁文原版,本文所依据的是2002年上海三联书店版的《路德文集》中文版。各文的版本、背景及内容将在具体引用时一一介绍。
② 如在《罗马书》1:1 中,"耶稣基督的仆人保罗,奉召为使徒,特派传神的福音"。"Paulus-sein Knecht Jhesu Christi, berufen zum Apostel, ausgesondert zu predigen das Euangelium Gottes,"引自 Martin Luther, *Bibel Die gantze Heilige Schrifft, der komplette Originaltext von 1545*, Königswinter: Math. Lempertz GmbH, 2008, p.2269。
③ A. E. Sokol, "The Conception of a Calling in the German Literature of the Middle Ages", *Modern Language Association*, Vol.50, No.1 (Mar.1935), p.2.

成了早期的基督教会。

随着基督教的日益兴盛,西方逐渐成为了一个基督教的整体世界,人生来就受洗为基督徒。因此,呼召从个人转向了基督教会。13世纪,著名的牧师雷根斯堡的贝托尔德认为,"基督教社会作为一个整体,被上帝呼召。为了遵行这个呼召,达到拯救,上帝的恩典是必需的。上帝不能将他的恩典提供给单个人,而是通过教会他的代理赐予人"。① 基督徒作为一个整体被上帝呼召,教会居间起着巨大的作用,因此教会神职人员的地位高于平信徒。由于教皇格里高利一世(Gregory Ⅰ,590—604 年在位)的大力推动,教士和修士成为教会的两个基本的教阶。在中世纪,只有教士和修士等神职人员被认为是受到了上帝的呼召(Vocatio),拥有上帝赋予的天职。"Vocatio(呼召,天职)在中世纪首先是针对修士的,他们通过履行福音服从、贞节和贫穷的劝告而实现完美的状态。"② 后来,"教士一般也被认为拥有天职(Beruf)。"③ 他们与俗人的重大区别之一在于他们坚持过圣洁的独身生活。"基督教禁欲主义是一种完美主义,不是教会期望推广于普通教徒中间的一种主张。"④ 教士和修士响应上帝的呼召(Beruf),他们的神职就是天职。由此,教会的独身制度与天职观结合起来,独身也成了天主教天职观的一部分。

但到了中世纪晚期,当时很多神职人员无法做到守贞,而且文化水平也很低下,更无法起到教化表率的作用。神职人员能维持其特权地位在于其道德上的优越性,为民众之楷模。当他们丧失了这种优越性的时候,其特权就会成为民众憎恨的对象。同时,随着世俗民族国家的兴起,教权与皇权/王权的矛盾不断加深,教会在世俗利益上也越陷越深,由此引发了很多不满。1517 年 3 月,教皇利奥十世(Leo Ⅹ,1513—1521 年在位)

---

① A. E. Sokol, "The Conception of a Calling in the German Literature of the Middle Ages", *Modern Language Association*, pp. 5-6.
② Otto Brunner, Werner Conze und Reinhart Koselleck, *Geschichtliche Grundbegriffe*, *Historische Lexikon zur politisch-sozialen Sprache in Deutschland*, Stuttgart: Ernst Klett Verlag,1972, p. 492.
③ Albert Hartmann, *Das Katholische Berufsethos*, Stuttgart: Akademie der Diözese Rottenberg, 1964, p. 1.
④ 彭小瑜:《中古西欧骑士文学和教会法里的爱情婚姻观》,《北大史学》1999 年第 6 辑,第 143 页。

与德国美因茨大主教阿尔伯特合作,在德国发行赎罪券,以筹集款项修建圣彼得大教堂,使得教会与世俗统治者的矛盾和斗争更加激化。1517年10月31日,路德在维滕堡的城堡教堂贴出了批判赎罪券的《九十五条论纲》,引发了宗教改革的风潮。罗马教廷派人与路德几次辩论及谈判未果以后,教皇于1520年6月15日发出谕令,要求路德60天内收回言论。路德拒绝,并当众烧毁了谕令。路德在与罗马教会论战的过程中,逐步产生了新的教会观。

路德对罗马教会改革的希望破裂后,转向依靠德国的基督教贵族,反对罗马教廷,以实现宗教改革。1520年8月,路德发表《致德意志民族基督教贵族公开书》①,批驳了保卫罗马教皇的三道城墙:第一道墙是属灵权力高于属世权力;第二道墙是只有教皇才拥有解释《圣经》的权力;第三道墙是只有教皇有权力召集宗教会议。② 1521年,路德被革出罗马教会,与之正式决裂。1520—1521年是路德与罗马教会斗争最为激烈的一段时间。因此,在这段时间的著作中,路德特别强调了教会的属灵特征,以批判罗马教会在尘世的腐败。1520年,路德在《十诫、信仰和主祷文简介》中说:"教会是尘世圣徒、虔诚信徒的集合,藉圣灵得以集合、保存和治理,通过上帝的道和圣礼每日增长。"③由真基督徒所构成的教会也就是路德两个王国理论中的上帝王国。路德所言的两个王国和奥古斯丁的两座城一样,不是指具体的王国和城,而是两种人的分类和集合,1523年,路德明确指出:

> 这里必须将亚当的子孙和所有人分为两个部分:一部分属于上帝王国,另一部分属于尘世王国。属于上帝王国的人,都是真正信仰

---

① 在罗马教会未响应其改革的情况下,路德决定诉诸德意志的贵族阶层。1520年6月底,路德完成了该文的草稿,8月在维滕堡出版。该文批判了保卫罗马教皇的三道城墙,并提出了很多改革建议:抑制教皇的权力、准许教士自由结婚、改良神学教育等。这篇文献非常重要,是路德具体改革的第一份纲领,从中可以看出他在与罗马教会永久分裂前数周的思想状况,以及此时对德意志贵族阶层所寄予的巨大希望。该文流传非常广,其中有15个高地德语版本,1个低地德语版本,2个意大利语版本,4个新高地德语版本,本文采用魏玛版,该版收录的是1520年最早的维滕堡高地德语版,并参校了其他版本。
② WA 6,406.
③ WA 7,219.

基督,在基督统治之下。基督是上帝王国的国王。他来就是为了在尘世建立上帝的王国。基督又称福音为上帝王国的福音,因为福音所宣扬、管理和包含的,即是上帝王国。①

所有的非基督徒属于尘世王国,并处在律法之下。②

这继承了奥古斯丁的两座城理论及其教会观,其核心在于上帝之城与教会的关系。奥古斯丁的多重表述使之充满争议。奥古斯丁曾将上帝之城等同于教会:"我主建造的神殿就是上帝之城,就是圣教会。"③在另一处,奥古斯丁又将教会等同于此世的羁旅中的上帝之城:"方舟象征了此世的羁旅中的上帝之城,就是教会。"④路德早期强调的是奥古斯丁的前一种看法,即将教会与"上帝王国"和"上帝之城"等同起来。而在奥古斯丁之后的教会实际发展过程中,罗马教会更为强调的是奥古斯丁的后一种看法。

因此,路德的教会观遭到了罗马教会的激烈反对。当时方济各会的修士托马斯·姆尔勒(Thomas Murner,1475—1537)指责路德"设计了一个完全属灵的教会,如同柏拉图在描绘他的城市,里面没有任何属世的或外在的事物,其中只有属灵的市长和公民,属灵的塔楼和城墙"。⑤ 另一位天主教会神学家希罗里穆斯·埃姆泽(Hieronymus Emser,1477—1527年)也指责"路德要把教会变成一个精神的柏拉图王国,只存在于理念中,在尘世不存在"。⑥ 路德愤怒地否定了这项指控。汤普逊认为:"事实上,尽管他一直强调教会作为一个属灵团体的特征,路德对尘世的教会也有清晰的概念,根植于他的神学,特别是道的概念。"⑦

路德继承了中世纪将教会分为属灵教会与属世教会的传统。如夏洞

---

① WA 11,249.
② WA 11,251.
③ 奥古斯丁:《上帝之城:驳异教徒》上,上海:上海三联书店,2007年,第312—313页。
④ 奥古斯丁:《上帝之城:驳异教徒》中,上海:上海三联书店,2008年,第268页。
⑤ Karlheinz Diez, *Ecclessia-Non est civitas platonica*, *Antworten katholischer Kontroverstheologen des 16. Jahrhunderts auf Martin Luthers Anfrage an die Sichtbarkeit der Kirche*, p.157.
⑥ Cargill Thompson, *The Political Thought of Martin Luther*, Sussex: The harvester Press, 1984, p.123.
⑦ Ibid.

奇所言,"天主教教会学认为教会同时具有两个层面:其一是可见的教会,是地上的可见的制度和团体;其二是精神的教会,具有无形的超越现世的本质。后一种意义上的'教会'并不限于基督所建立的基督教信徒团体。这种意义上的'教会'具有'先在性',它产生于基督教道成肉身之前,自创造世界以来就存在了"。① 这实际上是一种以"唯实论"为基础的教会观。按照奥尔森的说法,"罗马天主教已经把教会,即基督的身体,视为在组成它的基督徒会众之外,具有某种真实的存在。这个教会是'神秘的'。换言之,它是属灵、卓越并且超自然的。这种教会观,似乎以唯实论为其基础"。② 1520 年,路德在《论罗马教皇制,反对莱比锡的著名天主教徒》③中说:

> 我们用不同的名字称呼两个教会:一个是自然的、基本的、本质的、真正的,我们称之为属灵的、内在的基督教会;另一个是人为的、外在的,我们称之为属世的、外在的基督教会。我们并不是要将教会分为两半,而是如同我称呼一个人,按灵魂说他是属灵的,按肉体说他是属肉体的,如同保罗说的内在的人与外在的人一样(《罗马书》7:22)。教会就灵性说是有同一个信仰的团体,但按肉体说,无法聚集在一处,乃是各团体在各地方聚集。④

但与中世纪教会观以"唯实论"为基础的传统不同,路德的教会观是以"唯名论"为基础的。教会的本质是圣徒的团体,通过各处的教会体现

---

① 夏洞奇:《尘世的权威:奥古斯丁的社会政治思想》,上海:上海三联书店,2007 年,第 237 页。
② 奥尔森:《基督教神学思想史》,吴瑞诚、徐成德译,北京:北京大学出版社,2004 年,第 380 页。
③ 这篇文章针对的是圣方济各会修士奥古斯丁·冯·阿尔维特(Augustin von Alveldt)。1520 年 5 月,方济各会修士阿尔维特用拉丁文写了一篇反驳路德的论文《论教皇之管辖权》,目的在于"以神圣的《圣经》法规为依据,证明教皇的管辖权(apostolische Stuhl)是上帝设立的,可由所有学者审查,并必须被承认"(WA6,277)。路德让其助手反驳后,阿尔维特又用德语发表类似文章,再次激怒路德。路德在 5 月完成《论罗马教皇制,反对莱比锡的著名天主教徒》,重申与埃克辩论中的立场:教皇是人设立的制度,而不是上帝设立的制度。6 月 26 日,路德在维滕堡出版此文,之后在纽伦堡、奥格斯堡、巴塞尔等地出版。该文在路德生前共有 12 个版本。魏玛版采用的是维滕堡出版的两个版本。这是路德首篇关于教会性质的论文。
④ WA 6,296-297.

出来，而并非存在一个先在的教会。路德论述了教会的属灵性质以后，并没有否定尘世的教会。1528年，路德在《论基督圣餐》中说：

> 因此，我认为，一个神圣的基督教会在尘世，是尘世所有基督徒的集合，是基督的新娘……基督教不只在罗马教会或教皇下，而是在全世界，如同先知宣告的，基督的福音应该"通遍天下"(《诗篇》19：5)，在教皇、土耳其、波斯、鞑靼的地方，基督教在各处，肉体上是分开的，但精神上都在福音和信仰之中，都在一个首领耶稣基督之下。教皇所行的是敌基督的治理或反基督的暴君，坐在上帝的殿中，用人的法律治理。①

接着，路德确定了在尘世识别教会的标志。"教会的全部和本质就是上帝的道。"②传上帝的道和宣讲福音成了属世教会最大的标志："一个标志是必要的，我们也有，就是洗礼、圣餐，但首先是福音，这三个是基督教的真正标志。哪里有洗礼、圣餐和福音，就不要怀疑，那是教会。③"哪里有洗礼和福音，就没有人能怀疑，它也是神圣的，同样地也将纯洁的小孩放到摇篮中。④

由于对教会本质和特征的简约化理解，路德强烈反对罗马教会严密的教阶制度和神职人员的特权地位。他认为：

> 人们已经发现，教皇、主教、神父和修士被称为属灵阶层，君主、贵族、工匠和农民被称为属世阶层，这是他们的谎言所编出的光环。但不要因此恐慌，因为所有基督徒都是真正的属灵阶层，在他们中间，除了职责(ampts)不同以外，没有别的不同。如同保罗在《哥林多前书》第12章所说的，我们都是一个身体，但每一个肢体各有各的工作，服侍其他肢体，因为我们只有一个洗礼，一个福音，因为福音和信仰只能使我们变成属灵的基督徒。但一个教皇或主教抹油、剃发、授职或异服，这会使人成为伪善者和偶像，绝不能使人成为基督徒或属

---

① WA 26,506.
② WA 7,721.
③ WA 6,721.
④ WA 6,301.

灵的人。我们通过洗礼都成为了祭司(Priestern)。①

路德在此提出了"信徒皆为祭司"的主张。由此,路德将上帝的呼召从中世纪的基督徒整体恢复到基督教早期的个人,认为"每个人都应该等待他的天职(beruffens)和工作"②,而天职只是针对基督徒的。③ 因此,路德所理解的作为"尘世圣徒、虔诚信徒的集合"的教会就是拥有上帝呼召之天职的所有基督徒的集合。路德此时尚未与罗马教会决裂,更没有想到后来会以其名建立一个新的教会,但这个原则奠定了后来新教教会的理论基础。路德接着解释道:"一个皮匠、铁匠、农民,每个都有其职责(ampt)和工作,但他们也都是受了圣职的神父和主教,而且每个人的职责(ampt)或工作,都必须对别人有用。"④每个人的工作或职责不同,但都通过受洗成为基督徒和牧师,这也成为路德天职观的基础和雏形。路德在1531年的布道中说:"天职,分属灵的和外在的。属灵的是,每个人通过福音的呼召和洗礼,信仰基督,并互相称为弟兄。"⑤"外在的天职则不同。它是世俗的,但也是神圣的。王侯与农民、师生、主仆、父子、男女天职都不一样。"⑥这种天职的划分与两个教会的划分也有内在的一致之处,因为教会本质上是圣徒的集合,都有属灵天职;尘世的教会则是由拥有各种外在天职的信徒组成。可见路德的教会观与其天职观之间有着密切的关联。

路德的早期对教会属灵性质的强调对再洗礼派等极端改革派的兴起起了很大作用。他们早期追随路德,也强调"惟信《圣经》",用《圣经》作为宗教改革的标准,但反对教会与世俗权力产生任何关系,从而逐步与路德分道扬镳。古斯塔夫·维格伦(Gustaf Wingren)认为,"极端派的教会观非常接近多纳特派的观点……教会是一个圣徒的团契,一个神圣的身体,完全不受罪的玷污。与由国家承认、享有特权的假教会相反,真教会

---

① WA6,407.
② WA11,258.
③ Gustaf Wingren, *Luther on Vocation*, Philadelphia: Muhlenberg Press,1957,p.2.
④ WA 6,409.
⑤ WA 34 II ,300.
⑥ WA 34 II ,306.

是完全纯洁和重生的"。① 极端改革派认为路德改革不彻底②,路德则称他们为"狂热派"(Schwärmer)。③ 这"迫使路德与他们划清界限。路德不得不强调,他与奥古斯丁在教会学上有共同的立场:尘世的教会是圣徒和罪人的混杂体"。④ 路德也开始肯定罗马教会的可取之处。1528年,路德发表《致两主教,论再洗礼》,肯定了罗马教会。他说:

> 我们确认,在教皇制下,仍然有许多基督教的善,甚至所有基督教的善,并传递给我们。我们也承认,在教皇那里有正确的《圣经》、正确的洗礼、正确的圣餐礼、正确的赦罪钥匙、正确的布道天职(predig ampt)、正确的教理问答,如主祷文、十诫、信经等。同样他也再次承认,我们(他谴责我们是异端)和所有的异端都有《圣经》、洗礼、钥匙、教理问答等。⑤

可见,路德否定了罗马教会的教阶制度,但并没有完全否定罗马教会本身。

1530年,奥格斯堡会议召开,路德宗代表提出了很有和解意愿的《奥格斯堡信条》⑥,其中第七条论教会的统一:"教会是所有信徒的集会,在其中福音得到纯洁的宣讲,圣礼按照福音得以正确地举行。基督教会的真正统一,在于正确理解并宣讲福音,按照上帝的道举行圣礼,而并不需要各处遵守同一的由人制定的教会秩序。"⑦第八条论教会的本质:"教会的本质是所有信徒和圣徒的集会。但在今世有许多假基督徒和伪善者和

---

① Alister McGrath, *Reformation Thought, An Introduction*, Oxford: Blackwell Publishing, 1999, p. 205.
② 威利斯顿·沃尔克:《基督教会史》,孙善玲、段琦等译,北京:中国社会科学出版社,1991年,第412页。
③ WA 28,466.
④ 彭小瑜:《教会法研究》,北京:商务印书馆,2003年,第130—131页。
⑤ WA 26,147.
⑥ 《奥格斯堡信条》是为了参加皇帝查理五世1530年召开的奥格斯堡会议,由梅兰西顿起草的。路德由于沃尔姆斯禁令不能与会,住在萨克森选侯领地的边境小城科堡(现巴伐利亚)。梅兰西顿在信条起草过程中通过信件与路德沟通频繁,信条也获得了路德的批准,因此,这个信条也可代表路德的思想,后来成为路德宗的基本信条。本文所依据的版本是君特·伽斯曼(Günther Gassman)1988年出版的现代德语版本。
⑦ Herausgegeben von Günther Gassman, *Das Augsburger Bekenntnis Deutsch*, Göttingen: Vandenhoeck & Ruprecht, 1988, pp. 26-27.

公开的罪人也混在信徒中间。然而即使执行圣礼的神父不虔敬,圣礼依然有效。因此,我们反对多纳特派和其他类似各派的观点。"①这代表了路德成熟时期的教会观,既肯定了教会的属灵本质,又肯定了属世教会的作用。路德认为:"即使是狂热派所主导的教会,只要他们不否定道和圣礼,就仍然是神圣的。"②但《奥格斯堡信条》遭到了以皇帝为首的天主教阵营的拒绝,和解的最后希望破裂了。

路德将上帝的道和圣礼作为真正教会的标志,由于早期并未准备与罗马教会分裂,因此不重视教会组织和制度。路德认为,"真正的基督教,在尘世没有首领,不能被主教或教皇治理,而只有天国的基督是首领并治理他们"。③但新教教会现实发展的需要,加上路德新发展出来的天职观及其与教会思想的结合,促使路德重新规范教士的天职,并逐步否定了修士的天职身份。

二、属灵治理:教士的天职

真正的教会是上帝王国,要在属世教会逐步实现上帝王国,就要借助于属灵治理,属灵治理又是由传道天职进行的。而"宗教改革前的西欧教会在制度上有轻视宣道的倾向,举行弥撒时不再重视训导教徒"。④ 这也是路德特别强调教会的传道职责的原因。1522 年,路德在布道中说:"属灵治理和天职(ampt)不是别的,就是福音,宣讲基督王国。"⑤1544 年,路德在布道中说:"教会的属灵治理,存在于传道天职(Predig-

---

① Herausgegeben von Günther Gassman, *Das Augsburger Bekenntnis Deutsch*, p. 27.
② Alister McGrath, *Reformation Thought*, *An Introduction*, p. 206.
③ WA 6,297.
④ 彭小瑜:《教会法研究》,第 124 页。
⑤ WA 10 Ⅲ,378. 1522 年之前,路德在呼召(Vocation)的意义上使用天职(Berufung)。1522 年之后,路德将天职(Beruf)与身份(Stand,Station)、职责(Amt,Function)作为同义词使用。参见 Paul Althaus, *The Ethics of Martin Luther*, Philadelphia:Fortress Press,1972, p.39。

ampt)。"① 同年，路德又说道："你们必须首先想到，每个人都要求，信仰基督，认识基督，整个基督教会都在神圣的天职（beruff）中，通过教会赞美上帝，建立上帝的王国。"②

属灵治理以及传道天职的进行，则涉及属世教会的建制问题。路德认为"信徒皆为祭司"，信徒皆有天职，反对将教士阶层作为一个特殊的阶层。但教会职责的履行，仍必须有必要的教会职分，而且这是蒙召进行的。路德将上帝呼召人接受牧师的天职（beruffung zum predigampt）的方式分为两种："一是直接由上帝任命，二是通过人，同时也是由上帝任命的。"③"呼召（beruff）和命令产生了神父和传道人。……因为一切事情不是自身选择或考虑到结果，而是都来自命令和呼召（beruff），特别是传道天职（predigampt）。"④ 由此可见，路德继承了早期教会的传统，认为教士身份来源于上帝的呼召，而"授任圣职作为教会活动而言基本上是一种呼召的形式，也是对呼召的当众确认"。⑤ 1545 年，路德在《反对鲁汶神学三十二条款》中说："真正的圣职授予不是一个圣礼，而是一个诫命、命令和天职（Berüff），以此尽到基督教会的职责（Ampt）。这个天职出现在所有基督教会，没有圣冠、涂油和外在的东西。"⑥ 由此可见，路德否定了圣职授予作为一种圣礼，但将之作为一种教会中必须履行的天职，仍然肯定了其神圣性。

在肯定了教士是受上帝呼召的天职身份之后，路德开始规范教士的具体天职，最重要的是传道。"所有的使徒、主教和牧师及整个属灵阶层，蒙召（berufen）受职，也只是为了传道。"⑦ 又如《奥格斯堡信条》第五条："为使我们获得此信仰，上帝设置了传道的天职（Amt），以此赐予我们

---

① WA 22,91.
② WA 21,299.
③ WA17Ⅱ,254.
④ 31Ⅰ,211.
⑤ ［德］保罗·阿尔托依兹著，段琦、孙善玲译：《马丁·路德的神学》，译林出版社，1998年，第335页。
⑥ WA 54,437.
⑦ WA7,22.

福音和圣礼。"①1542年,路德在《一个正确授立基督主教的例子》②说:"传道是教会中最高的职责。"③但教士的职责不仅是传道。1523年,路德在《论牧职》中说:

> 一个祭司的职责,大抵是教导、宣讲、宣扬上帝的道、施洗、祝圣或施行圣餐、捆绑和释放罪恶、为人祷告、献祭、判别所有教义和诸灵。诚然,这些都是光荣尊贵的职责。但其中首要,也是其他一切靠之而立的,就是宣讲上帝的道。④

又如1530年,路德在关于《马太福音》的布道中说:"治理教会的,拥有布道、洗礼、圣餐礼和所有内在的天职(beruff)和职责(ampt)。"⑤

路德还划分了具体的神职人员的职责。1544年,路德在布道中说:"我们看到,教会中有不同的职责(Embter)。使徒、主教、神父、牧师。我们亲爱的主基督使得这些职责一律平等。"⑥

关于教皇的天职,路德虽然将教皇斥为"敌基督"⑦,反对教皇的权威,但没有否定教皇作为罗马地区主教的天职。1520年,路德认为,"传道、祈祷、研究、照顾穷人,本来是托付给教皇的职务(ampt)"。⑧ 1536年,

---

① Herausgegeben von Günther Gassman, *Das Augsburger Bekenntnis Deutsch*, p. 25.
② 在宗教改革的影响下,瑙姆堡(Naumburg)的市民一直要求主教能够任命一个新教的布道者,一直没有结果,于是转向求助于萨克森选侯,选侯保证将实现这个愿望。1541年,瑙姆堡主教去世后,教士会议选举出支持天主教的尤里乌斯·冯·普夫卢克(Julius von Pflug)作为主教,萨克森选侯表示反对。1542年1月,在选侯的支持下,新教徒尼科劳斯·冯·阿姆斯多夫(Nikolaus von Amsdorf)被路德授立为主教。选侯的举动遭到天主教人士的强烈反对,路德为此撰写了《一个正确授立基督主教的例子》,为之辩护。此文1542年首版于维滕堡,次版于纽伦堡,这是早期的两个原始版本。本文采用的是魏玛版,该版参校两个原始版本而成,注明了其中的细微差异。
③ WA 53,253.
④ 马丁·路德:《路德文集》第二卷,上海:上海三联书店,2002年,第74页。
⑤ WA 32,351.
⑥ WA 52,679.
⑦ WA 14,352.
⑧ WA 6,434.

路德在《施马卡尔登信条》①专门论述教皇的责任:"教皇并不是因上帝的律法或命令而定的全教会元首(因为这只属于耶稣基督),而只是罗马的教会和其他自愿或因世俗权力使之归属的教会的主教或神父,后者并不视之为君主,而是基督里的兄弟和朋友。"②

关于主教的天职,1522 年,路德在《反对教皇和主教伪称的属灵身份》③中说:"一个主教应当精通《圣经》,并昼夜研读;他自己应当对民众布道;他应当拜访贫困的、生病的和有各种需要的人,并供给和帮助他们。"④1529 年,路德在《小教义问答》⑤中引用《圣经》阐述主教的天职:

> 作监督(Bisschoff)的,必须无可指责,只作一个妇人的丈夫,有节制,自守,端正,乐意接待远人,善于教导,不因酒滋事,不打人,只要温和,不争竞、不贪财,好好管理自己的家,使儿女凡事端庄、顺服。(《提摩太前书》3:2—4)⑥

路德认为,防止异端也是主教的职责,但主教所凭借的,不是武力,而是上帝的话语。1523 年,路德在《论世俗权力及人应该服从的限度》中说:

---

① 《施马卡尔登信条》是 1536 年面对罗马教会可能即将召开的公会议,路德受萨克森选侯委托,为新教所写的信条,1537 年,提交到施马卡尔登联盟,言辞激烈,未被采纳,但后来仍纳入路德宗基本信条的《协同书》。本文所采用的是魏玛版,该版收入了 1537 年和 1538 年的两个版本,相互对照。
② WA50,213.
③ 1521 年,美因茨大主教阿尔布雷希特在哈雷大主教座堂举行古圣遗物节,宣称将对凡来参观古圣遗物展览的人予以特赦。路德听说后,认为这是赎罪券的复生,于是写了《反对哈雷的偶像》予以驳斥,但没能出版,路德以此为底稿写成《反对教皇和主教伪称的属灵身份》,重点在于阐述主教的职责,1522 年 7 月在维滕堡出版。该文约有 15 个版本,魏玛版收录的是最早的维滕堡版,并校参了其他版本。
④ WA10 Ⅱ ,131.
⑤ 1528 年秋,路德在巡视萨克森教区后,震惊于信徒们对于教义的无知,于是开始撰写《小教义问答》,1529 年 5 月出版,以简单问答的形式阐明基督教的基本教义。本文所依据的是魏玛版,该版收入了最早的两个版本,即 1530 年耶拿版和约 1531 年的汉堡版,还收录最早的两个拉丁文版,相互对照。
⑥ WA 30 Ⅰ ,327-328. 本文采用的《圣经》中译文均引自《圣经》(简体和合本),上海:中国基督教三自爱国委员会,2007 年。

世俗权力不能强迫人信仰,只能防止人受到异端的错误引导,那么如何禁止异端呢? 回答是:这是主教该履行的责任(ampt),而不是世俗君主的责任。因为异端是不能用武力征服的。……只能依靠上帝的话语,如保罗在《哥林多后书》第10章中说的:"我们争战的兵器,本不是属血气的,乃是在神面前有能力,可以攻破坚固的营垒,将各样的计谋,各种阻拦人认识神的那些自高之事一概攻破了,又将人所有的心意夺回,使他都顺服基督。"①

路德强调了教皇、主教和教士的传道天职,但并未忽略教会对尘世生活应尽的责任。路德认为,"传道人应该加强和帮助维持各级世俗政府和尘世的和平,制止叛乱,教导人要知道服从、道德、纪律和尊贵;指导父亲、母亲、子女和什么各尽天职(empter),乃至所有尘世的天职和身份。"②这实际上是让传道人担负起了引导世人各尽天职的任务,但教士阶层对世俗社会的参与也是有限度的,即路德认为教士或主教的治理是一种天职,但没有强制性的权力。"你们的治理不是一种权威或权力,而是一种职务和天职。你们不比其他的基督徒更高或更好。"③路德同时为教士的职责作出了限定,反对教士干涉世俗的统治。《奥格斯堡信条》第二十八条是论主教的权柄:

主教通过传道和执行圣礼行使赦罪的权柄,实现上帝的呼召(Berufung)。这里不会赐予人属世的物质,而是赐予永恒的恩赐,即永义、圣灵和永生。……因为教会和主教的权柄在于藉着传道的天职,赐予永恒的恩典,不干涉属世的权力和治理。④

这是在针对当时罗马教廷积极干涉欧洲各国政治的情况,路德认为"教皇和主教,本该成为真正的主教,宣扬上帝的道,他们却放弃了,变成了尘世的君主,用关于身体和财产的法律来治理民众"。⑤ "这样他们颠

---

① WA 11,268.
② WA 30 II,537.
③ WA 11,271.
④ Herausgegeben von Günther Gassman, *Das Augsburger Bekenntnis Deutsch*, p.60.
⑤ WA 11,265.

倒了,以铁来管理灵魂,以敕令来管理肉体,即俗世君主管理属灵事务,宗教阶层管理俗世事务。"①

对罗马教会的另一大支柱修士团体,路德则逐步否定了其天职身份。路德早期还认为,如果有上帝真正的呼召,还算天职。1523—1524 年,路德在关于《创世记》的布道中说:"当你现在有个成为修士或修女的天职(beruff),但这样的行为没有内在的训诫和上帝的命令时,就是魔鬼。"②路德从人性和社会现实出发,认为能够真正做到守贞的人极少,主张神职人员对待结婚问题应该采取自愿的原则,因此他反对教士和修士的独身誓言,反对强迫独身制度带来的性混乱,要求废除他们的独身制度,也由此否认了修士作为上帝呼召的天职。1532 年以后,路德不再提及留在修道院中。③ 1544 年,路德在布道中说:"谁只拥有这样的天职(beruff),如同修士和修女在修道院里,不仅没有服侍上帝,而且是在违背上帝的意志。"④路德在此明确否定了修士的天职身份。"对他(路德)来说,修道院的生活样式不止丝毫不具蒙神称义的价值,而且更是逃离现世义务、自私自立、无情冷漠的产物。"⑤

三、结语

基督教会的属灵性质与属世性质之间有着强大的张力。基督教会本来是个属灵的团体,但在一千多年历史的发展过程中,不可避免地形成了许多世俗利益。罗马教会建立了教士和修士的独身及特权制度来维持其神圣性,但在中世纪晚期面临巨大的危机,神职人员不能坚守独身制度,使其权威大大降低;同时,教会也深深卷入世俗事务和国际争端中,教俗

---

① WA 11,270.
② WA 14,395.
③ Gustaf Wingren, *Luther on Vocation*, p. 4.
④ WA 52,172.
⑤ 马克斯·韦伯:《新教伦理与资本主义精神》,康乐、简惠美译,桂林:广西师范大学出版社,2007 年,第 55 页。

矛盾日益严重。路德在与罗马教会对抗的过程中产生了新的教会观,同时也产生了新的天职观。

路德将教会分为属灵教会与属世教会,但在早期过于强调教会的属灵性质和传道的天职,以反对罗马教会的世俗化现象,使很多人忽视了他关于属世教会的教义。在与极端改革派的论战中,路德又强调了属世教会的必要性和重要性,试图在教会属世和属灵性质上取得平衡。

路德的天职观与教会观密切相关,他对属灵和属世天职的划分与属灵教会和属世教会的划分之间存在着内在的一致性,这是前人较为忽视的地方。早期的教会即是受上帝呼召的团契,到中世纪形成了等级严密的教会组织,由神职人员独享上帝呼召的天职。路德反对神职人员独享天职,而认为"信徒皆为祭司",信徒皆有天职。路德将上帝的呼召从中世纪的基督徒整体恢复到基督教早期的个人,将教会定义为受呼召的所有基督徒的集合。路德为教士重新界定了天职,并否定了修士的天职,这也是路德教会观的重要组成部分,一方面将教士天职限定在属灵领域,另一方面也承认了罗马教会是真正的教会,缓解了教会属灵性质与属世性质之间的巨大张力。

路德早期并未想到与罗马教会分裂,他受奥古斯丁影响巨大,继承了其恩典理论,因此在教会的本质与属世教会形态方面与罗马教会存在着一致的地方,路德重点反对的是靠善功和圣礼得救的教义、等级森严的教阶制度以及烦琐的圣礼仪式,并没有否定罗马教会也是真正的基督教会。因此早期路德并不重视教会建制问题,但他"信徒皆为祭司"的原则,以及为教士规范的天职,为新教教会后来的建立奠定了理论基础。经过第二代宗教改革家梅兰西顿、加尔文对路德教义的继承和发展,形成了系统化的新教教义,他们建构了新的教会组织,使新教得以发展壮大。新教没有统一的仪式和组织,也因此呈现出教派众多的特点,一直到今天,形成了与天主教会迥异的教会传统。在20世纪普世主义教会运动的趋势下,新教徒的信仰得到了罗马教会的承认,基点正在于"信仰基督并合法领受了洗礼与公教会仍保持着某种不完整的共融"①,而这正是路德教会观中所特别坚持的部分。由此可见,路德的教会观虽有其缺陷,但因其强烈的属灵特征,而具有强大的生命力。

(林纯洁　华中科技大学德语系教师)

---

① "梵二"会议制定的《大公主义法令》提出,"分裂"各派的信徒"既信仰基督并合法领受了洗礼与公教会仍保持着某种不完整的共融",他们乃"在圣洗内因信仰而成义的人,即与基督结成一体,因而应当享有基督徒的名义,理应被公教徒看作主内的弟兄",受到"兄弟般的敬爱"。参见卓新平:《当代西方天主教神学》,上海:上海三联书店,1998年,第112页。

从激进共和到君主立宪

——贡斯当首次复辟与百日时期宪政
理论评析(1814—1815)

韩伟华

【内容提要】 本文着重剖析贡斯当1814至1815年间出版的两部君主立宪主义著作《有关一立宪君主制国家中宪法、权力分配及保障之反思》和《适用于所有代议制政府尤其是法国现行宪法的政治学原则》。第一次复辟和百日王朝时期,通过对其早年激进共和主义立场和理想化自由主义理论的修正,贡斯当的宪政思想逐渐趋于成熟。他力图在新的政治形势下,将法国的历史传统与大革命所宣扬的自由、平等理念有机地结合起来。在为捍卫人权、思想自由和废除专横权力而奋斗了二十年之后,贡斯当终于部分地实现了其宪政理想。

一

在近代西方政治思想史中,邦雅曼·贡斯当占据了一个至关重要的位置。他生于旧制度末年,成长于法国大革命剧变、拿破仑崛起之时。① 终其一生王制、共和与帝制更迭不断。作为这一历史巨变的见证人与反思者,贡斯当的宪政理论亦经历了一个不断演变、逐渐成熟的过程。他在执政府时期撰写其首部宪政著作《论共和宪制在一大国之可行性》(1800—1803)时,无疑是激进共和主义的代表。② 待到拿破仑帝国鼎盛时代草拟《适用于所有政府的政治学原则》(1806—1810)时,贡斯当已跻身于法国自由派最重要的理论家之列。③ 而自 1813 年年底复出起,《有关一立宪君主制国家中宪法、权力分配及保障之反思》(下文简称为《有关宪法及保障之反思》,1814)、《适用于所有代议制政府尤其是法国现行宪法的政治学原则》(下文简称为 1815 年《政治学原则》)等论著又表明,他已转变为一位君主立宪派的领军人物。那么,我们应当如何看待贡斯当这种政治立场上从共和主义到君主立宪主义的嬗变呢?这是下文力图要解答的问题。

1812 年拿破仑远征俄国失败后,第一帝国迫近崩溃。当时的法国将

---

① 1767 年,贡斯当出生于瑞士洛桑。1795 年春,他随斯塔尔夫人来到巴黎,在随后的几年里他相继发表了《论当前法国政府的力量和支持它的必要性》(1796)、《论政治反动》(1797)和《论恐怖》(1797)等一系列针砭时弊的政论并逐渐为法国政界所知。1799 年雾月政变后,他入选保民院,这虽是个没有决策权的咨询机构,他却以此身份进行了一场勇敢的战斗——反抗波拿巴摧毁代议制度的企图。1802 年,贡斯当被恼羞成怒的波拿巴清洗出了保民院。同年,他随斯塔尔夫人流亡,开始了长达十二年的流亡生涯。关于贡斯当的早期政治著作,详见 Benjamin Constant, *Œuvres complètes*, Tome I: *Ecrits de jeunesse(1774-1799)*, Tübingen: Max Niemeyer, 1998。

② 详见 Benjamin Constant, *Fragments d'un ouvrage abandonné sur la possibilité d'une constitution républicaine dans un grand pays*, Henri Grange ed., Paris: Aubier, 1991。

③ 详见 Benjamin Constant, *Principes de politique applicables à tous les gouvernements*, Étienne Hofmann ed., Genève: Droz, 1980。近几十年来,由于贡斯当早期许多不为人知的重要手稿被接二连三地发现,越来越多的学者将关注的重心移向贡斯当政治生涯的前期,试图以"知识考古学"式的方法,来对贡斯当政治观念的形成与演变作一追根溯源式的探察。1980 年,洛桑大学的艾蒂安·奥夫曼在其博士论文的基础上出版了一部开创了贡斯当研究"典范转移"的著作《邦雅曼·贡斯当的〈政治学原则〉:一部著作的产生及其作者思想之演变历程(1789—1806)》。在此书中,奥夫曼力图将贡斯当政治著作的"重心"从第一帝国末期及复辟时期往前推至执政府时期和第一帝国早期,并断言贡斯当最重要的宪政思想成熟于 1806 年《适用于所有政府的政治学原则》手稿完成之时。参见 Étienne Hofmann, *Les《Principes de politique》de Benjamin Constant: La genese d'une oeuvre et l'évolution de la pensée de leur auteur(1789-1806)*, Genève: Droz, 1980。

面临四种不同的命运抉择：

或是旧势力失而复得，做出极端的反应和复仇，由此产生的反革命只能引发一场新的革命；或是某个没有任何合法性的人攫取了权力，人民将遭受僭主政治所有恐怖行径的袭击；或是国民成功地为自己建立起了共和制度，并有充分的智慧保证自己的宁静与自由；或是国民把一位已在其他地方声名卓著的人士召到王位上，并使他服从某些约束。①

贡斯当以为前两种选择显然与历史潮流背道而驰，第三种抉择在当时的法国又没有任何现实的可能性，因此他倾向于最后一种选项——君主立宪制。贡斯当的初衷其实是既反对拿破仑的专制统治，亦反对波旁王朝的复辟。1813年年底至1814年年初，他曾一度与前拿破仑将领、瑞典皇储夏尔·贝纳多特（Charles-Jean-Baptiste Bernadotte）秘密合作，期望其能担当起威廉三世在英国1688年"光荣革命"中扮演过的角色，从而在法国建立起一种英国式的君主立宪体制。为此从1813年11月起，贡斯当撰写了多篇抨击拿破仑、支持贝纳多特的政论。② 1814年1月出版的《论征服精神和僭主政治及其与欧洲文明之关系》，无疑是其中最为知名的一篇，它可谓是贡斯当对拿破仑十四年专制统治在理论上所作的一种清算。③ 在书中，贡斯当着重论述了古代野蛮民族好战同现代商业民族爱好和平倾向间的差别，他强调任何权力的寿命都取决于其精神是否

---

① 初见于《论征服的精神和僭主政治》第一版第5章"以威廉三世为例可能会引起之异议"，Benjamin Constant, "De l'esprit de conquête et de l'usurpation", Œuvres complètes, Tome VIII, Tübingen: Max Niemeyer, 2005, pp. 623-624。略作改动后，再现于数月后他为贝纳多特所作的《在欧洲的现状下存在着四种可能性》一文中，Benjamin Constant, "Projet corrigé [Il y a dans l'état actuel de l'Europe quatre chances possibles]", Ibid., pp. 861-866. 贡斯当的目的其实是想以尽可能小的代价将法国从拿破仑帝国崩溃后所造成的政治危机中解救出来。
② 详见 Benjamin Constant, "Mémoire sur les communications à établir avec l'intérieur de la France", "Commentaire Sur la Réponse faite par Buonparte à la Députation du Sénat", "À Son Altesse Royale Monseigneur le Prince de Suède", Ibid., pp. 835-837, 849-853, 871-872。
③ De l'esprit de conquête et de l'usurpation, dans leurs rapports avec la civilisation européenne, Par Benjamin de Constant, membre du Tribunat, éliminé en 1802, Hanover: Hahn, 1814. 此书在1814年内曾再版三次，第二版于3月在伦敦刊行，第三、四版分别于4月和7月在巴黎出版。详见 De l'esprit de conquête et de l'augmentée. Paris: H. Nicolle, Le Normant, M. DCCC. XIV。

符合它所属的时代。正如罗伯斯庇尔无法依靠恐怖手段将一种行不通的古代共和国的美德模式强加给法兰西民族,拿破仑的帝国也注定要灭亡,因为它试图把自己的军事征服美梦强加给一个现代商业国家。

不久,贡斯当的这一预言即获应验。1814年3月底反法联军攻入巴黎,次日以塔列朗为首的元老院见大势已去,宣布废黜拿破仑帝位。可贝纳多特却并未借此登上法国的王位,他本人的犹豫不决及以英国为首的欧洲列强的敌视,使得贡斯当最初的设想以流产告终。① 1814年4月6日拿破仑正式宣布逊位,同日元老院颁布新宪法并恭请路易十八回国登基。② 面对这一新的政治形势,贡斯当只得退而求其次,转而支持波旁王朝复辟。1814年4月21日,他在《辩论报》上发表了一篇题为《论英国1660、1688年革命及法国1814年革命》的短文,首次为路易十八复辟作公开的辩护。③ 他在文中宣称:"今日刚刚在法国完成的变动,乃是对英国1660、1688年两次革命所作的一种幸运的综合。它兼备了两者的优点,而避免了任何一者的弊端……共和党人最终追求的是什么呢?无非是不同形式下的相同的本质而已……当前的革命可谓集查理二世之合法性与威廉三世的保障于一身。"④ 贡斯当强调如果波旁王朝能保障大革命

---

① 事实上除了俄国沙皇亚历山大一世之外,反法联盟中没有其他人支持贝纳多特。详见 Benjamin Constant, "Considérations sur la paix à faire ou à ne pas faire avec Napoléon", "Mémoire sur la régence", "The Negotiations of Chatillon are broken up", *Œuvres complètes*, Tome VIII, pp. 877-882, 893-897, 905-908。

② 1814年4月6日的"元老院宪法"是帝国崩溃后颁布的首部宪法,虽然它从未有机会真正付诸实践。其中的第2款宣称:"法国人民自由地恳请法国前国王之弟路易—斯坦尼斯拉斯—扎维埃荣登法国王位,并请波旁家族其他成员恢复原有之地位。"不过最后的29款又规定:"路易只有在宣誓接受、遵守宪法后,才可成为法国国王。"参阅 Pierre Rosanvallon, *La Monarchie impossible. Histoire des Chartes de 1814 et 1830*, Paris: Fayard, 1994, pp. 15-28。

③ Benjamin Constant, "Des révolutions de 1660 et de 1688 en Angleterre, et de celle de 1814 en France", *Journal des débats*, 21 avril, 1814, pp. 4a-4b. 贡斯当此番借英国革命的历史经验为法国当前的政治变革辩护,其实已是第二次了。早在1799年,他就出版了《论英国1660年反革命之后果》一书,详见 Benjamin Constant, "Des suites de la contre-révolution de 1660 en Angleterre", *Œuvres complètes*, Tome I, pp. 645-679。

④ Benjamin Constant, "Des Révolutions de 1660 et de 1688 en Angleterre, et de celle de 1814 en France", *Œuvres complètes*, Tome VIII, pp. 921-923. 1660年4月流亡多年的查理二世在回国复辟前,在荷兰的布列达发表声明,宣布赦免先前的政敌。1688年光荣革命后,接受《权利法案》更成为威廉三世登上英国王位的前提条件。

所争取到的成果,便可避免罗伯斯庇尔的恐怖统治,又可幸免于路易十四式的专制。① 不过贡斯当系统的君主立宪理论,则见诸于其一个月后问世的《有关宪法及保障之反思》之中。

二

虽然在 1800 年至 1810 年间,贡斯当已经撰写了《论共和宪制在一大国之可行性》(1800—1803)与《适用于所有政府的政治学原则》(1806—1810)两部系统的宪政著作,但鉴于拿破仑时代严格的书报审查制度及这两部作品所持有的激进共和主义与自由主义立场,这两部手稿在贡斯当生前并未正式出版。1814 年出版的《有关宪法及保障之反思》反而成了贡斯当生前首部发表的宪政专著。② 由贡斯当的《私人日记》可知,《有关宪法及保障之反思》撰写得极其迅速,它是在 1814 年 4 月 24 日至 5 月 24 日之间的一个月内拟就的。③ 最重要的动因是贡斯当希望能赶在路易十八颁布《宪章》之前,推出他的宪政理论。④ 最终贡斯当捷足先登,1814 年 5 月 24 日《有关宪法及保障之反思》正式公开出版,比 1814 年 6 月 4 日《宪章》颁布早了十一日。此书一出版就受到不少好评,一月之后德文

---

① 夏多布里昂在 1814 年 3 月底发表的《论波拿巴与波旁及为了法国和欧洲的福祉支持我们合法君主的必要性》中同样认为,在经历了共和国的动荡与波拿巴的独裁统治之后,有限君主制乃是当时法国的唯一选择。详见 François-René de Chateaubriand, *De Buonaparte, des Bourbons, et de la nécessité de se rallier à nos princes légitimes, pour le bonheur de la France et de celui de l'Europe*, Paris, Auxerre, 1814。
② *Réflexions sur les constitutions, la distribution des pouvoirs, et les garanties, dans une monarchie constitutionnelle*, Par Benjamin Constant. Paris: H. Nicolle, M. DCCC. XIV.
③ Benjamin Constant, "Journaux intimes(1811-1816)", *Œuvres complètes*, Tome VII, Tübingen: Max Niemeyer, 2005, pp. 157-160.
④ 1814 年 5 月 2 日,路易十八发布了著名的《圣乌安声明》,宣称"元老院 4 月 6 日提出的宪法方案基础是好的,但许多条文不能成为国家的根本法,为此需要制定一部新的宪法"。次日,他便在民众的一片欢呼声中回到巴黎。为此,贡斯当在 5 月 16 日的日记中写道:"应当写得更快、更精简些。"在《有关宪法及保障之反思》的前言里,贡斯当亦两度公开提及"我不得不以相当快的速度来完成此书"、"我缺乏足够的时间"。Benjamin Constant, "Réflexions sur les constitutions", *Œuvres complètes*, Tome VIII, pp. 953-954.

译本即问世。①

在《有关宪法及保障之反思》的前言中,贡斯当宣称他要在书中探讨王权的本质、贵族院及不限制其成员人数之必要性、大臣的裁撤、否决权、解散代议制议会、司法机构之独立、职责、立法创议权、大臣可兼任议员、众议员薪酬、军队组织、政治权利的行使、民众选举、出版自由等一系列宪政问题。② 显然,要在如此短的时间内完成一部全新的理论性著作并探讨如此众多的重大议题,无疑是相当困难的。其实,贡斯当在《论共和宪制在一大国之可行性》手稿中已经就大臣的裁撤、否决权、解散代议制议会、立法创议权、大臣可兼任议员、众议员薪酬、军队组织、民众选举等问题作了相当详细的论述,而《适用于所有政府的政治学原则》手稿则对司法机构之独立、政治权利的行使、出版自由等问题作了极为充分的阐述。如果我们将《有关宪法及保障之反思》与《论共和宪制在一大国之可行性》《适用于所有政府的政治学原则》作一细致的比较,便会不无惊讶地发现其中有近一半的内容直接摘引自这两部未刊手稿。《有关宪法及保障之反思》中的"宪法纲要"全文共九章49款,其中30款附有较为详尽的阐释,另外19款则仅有标题而未详加展开论述。③ 在展开论述的30款里,有15款对《论共和宪制在一大国之可行性》手稿作了相当多的摘引,有17款对《适用于所有政府的政治学原则》手稿作了可观的摘录。事实正如贡斯当本人在序言中所承认的那样:"我拟出一份宪法纲要,只是希望更好地呈现出我已经处理过的一些问题,从而使我的思想显得更有次序和条理。"④由此可见,《有关宪法及保障之反思》一书在相当大的程度上是"新瓶装旧酒",贡斯当许多早期的共和主义和自由主义观点并未泥牛入海,它们在经过变形后以新的形式在新的框架内再次显现。

---

① 相关评论参见 Journal des Débats, 4 juin 1814, pp. 1-4; Le Spectateur, t. I, no. 6, 1814, pp. 285-286。
② Benjamin Constant, "Réflexions sur les constitutions", Œuvres complètes, Tome VIII, p. 954.
③ 对于这些"存目"的条款,贡斯当在《有关宪法及保障之反思》前言中曾有说明:"有些特别重要的内容(如陪审团的审判),我仅以寥寥数语,因为在我看来其本质已足够清晰,过于繁复的细节只会使问题变得更加晦涩。还有一些内容,我只是在原则上作了论述。"Ibid., pp. 954-955.
④ Ibid., p. 954.

虽然在其首部出版的宪政著作《有关宪法及保障之反思》中，贡斯当对其早年的未刊手稿作了可观的摘引，但另一方面为了适应路易十八即将复辟的新的政治形势，他对自己早年的宪政理论亦有相当的损益。贡斯当在《论共和宪制在一大国之可行性》手稿中所构建起来的宪政理论，正如其标题所示只有在共和制的框架下方可运作。1804年拿破仑帝国建立之后，贡斯当便意识到他的共和宪制理想在当时的政治氛围下已不可能实现。所以当1814年拿破仑退位、路易十八复辟之后，贡斯当必须对他早年那个国王在立法中不分享任何权力、贵族院也没有任何地位的理论作出修正，方才有可能将他的学说付诸实践。为此，他在《有关宪法及保障之反思》的"前言"中开宗明义道："我的著作有一大优点，它表明自由完全可以存在于立宪君主制之下。"① 《有关宪法及保障之反思》中未对早期手稿作摘引的条款，主要内容即涉及王权、贵族院、大臣们的权力等君主立宪体制的核心要素。贡斯当在《有关宪法及保障之反思》中对其早期宪政理论所作的最重要之"修正"与创见，主要就体现在以王权取代中立权和增设贵族院两大方面。②

当贡斯当1814年在《有关宪法及保障之反思》中首次将其中立权理论公之于众时，他无疑是在君主立宪制的理论框架内探讨这一问题的。但贡斯当中立权理论的渊源，却可追溯到《论共和宪制在一大国之可行性》手稿第八卷。从起源上而言，贡斯当的中立权理论无疑具有共和主义的内涵。那么，当1814年中立权的载体由一个多人组成的专门机构转移到国王一人手中时，其相应的职能与属性是否也发生了重大的转变呢？其实并不尽然。因为在贡斯当的宪政理论中，职能始终优先于机构，机构只是落实职能的工具而已。因此，我们不可轻易地将贡斯当的王权理论

---

① Benjamin Constant, "Réflexions sur les constitutions", *Œuvres complètes*, Tome VIII, p. 955.
② 白芝浩在其名著《英国宪法》中，将英国的君主立宪体制分为"尊严的部分"（The dignified part）和"效率的部分"（The efficient part）两大部分。前者包括君主和贵族院，它们是从悠久的历史中继承下来的，具有激发和保留人们崇敬之心的功能，使政制获得权威和动力。它们是数世纪政治文化积淀的产物，而不是通过立法刻意"制造"出来的。"效率的部分"则包括平民院和内阁，它们是对传统权威的现代运用，简单而有效率。因此可以说英王是尊严之首，内阁首相则是效率之首，两者同样重要，不可偏废。详见 Walter Bagehot, *The English Constitution*, Cambridge University Press, 2001, pp. 5-8。

简化为对君主制的辩护,事实上它是贡斯当对英国正在施行并不断完善的立宪君主制的一种理论化尝试。在《有关宪法及保障之反思》前言中,贡斯当即直接声明:"我并不追求原创性,在许多方面我完全无法离开英国的宪政体制;与其说我提议了许多新的见解,不如称我阐明了为何在英国存在的制度是良好的。"① 通过巧妙地将共和体制下的中立权转移、嫁接到君主立宪制中的国王身上,贡斯当既在一定程度上保持了其宪政理论的延续性,又可使之适应路易十八复辟后法国所面临的新的政治形势。

《有关宪法及保障之反思》中有关王权特性的章节,无疑是全书中最具原创性的部分。正如贡斯当几年后在《有关宪法及保障之反思》第二版(1818)增补注释C"论王权"中所指明的那样:"当前将王权与大臣的权力相分离的理论在法国颇为走运,所有的党派都力图将这一理论据为己有。但当我首次将之公布出来时,它却是够新奇的,以至于显得颇为抽象甚至被视为是不切实际的幻想。"② 贡斯当认为将王权与其他权力区分开来,乃是一切政治机构之关键。③ 君主立宪制的一大优点,就是它可以在国王身上建立起一种中立性的权力。因为国王真正关心的并不是让行政、立法和司法这三种权力中的任何一种去推翻其他两种,而是让它们互相支持、协调行动。王权处于其他三种权力之间又高于这三者,它是一个上级权力,同时又是一项中介性权力,它无意打乱平衡,相反它对保持平衡具有强烈的关切。④ 正如当公民间因利益纷争而打得

---

① Benjamin Constant,"Réflexions sur les constitutions",*Œuvres complètes*,Tome VIII,p. 955.
② Ibid. ,p.1178.
③ 贡斯当并未将这一界分的原创权列于自己的名下,而是坦诚地将之归功于克莱蒙—托尔内(1757—1792)在大革命初期所作的开创性研究。详见 Stanislas de Clermont-Tonnerre,*Analyse raisonnée de la constitution francaise décrétée par l'Assemblée nationale des années 1789,1790 et 1791*,Paris:Migneret,1791。此后,贡斯当又在 1815 年《政治学原则》第二章"论君主立宪制中王权之性质"及其 1817 年 2 月 15 日在《法兰西信史》报、1819 年 2 月 14 日在《法兰西印刷机》报上发表的两篇政论里,三度将原创权归于克莱蒙—托内尔,参见 Benjamin Constant, *Recueil d'articles*:"*Le Mercure*","*La Minerve*" et "*La Renommée*",Ephraim Harpaz ed. ,Genève:Droz,1972,pp. 109,688。
④ Benjamin Constant,"Réflexions sur les constitutions",*Œuvres complètes*,Tome VIII,p. 962. 伏尔泰在《哲学通信》第八封书简"论议会"已指出,在英国"上院和下院是国家的主宰,君主乃是太上主宰"。Voltaire,"Huitième lettre sur le Parlement",*Lettres philosophiques*,Paris:Flammarion,2006,p. 105.

不可开交,需要一中立性的司法机构出面调解一样,当各公共权力之间存在分歧之时,同样也需要一个中立性的权力来恢复秩序,这便是君主立宪制中的王权。事实上,王权在某种意义上就扮演了其他权力的仲裁者的角色。

为了真正使国王能担当起中立权的角色,贡斯当特别强调不可将王权与行政权相混淆。为此,他在《有关宪法及保障之反思》第一章"立宪政体诸权力"开篇即指明:"人们可能十分讶异我将王权与行政权作了区分。这一区分虽然一直鲜为人知,却事关宏旨。它可谓是整个政治体制的核心所在。"①其实君主并不是不愿接过其大臣们的责任,而是因为与琐细的行政管理和局部的权力行使相比,他有更为珍贵的东西需要去保卫。如果将这两种权力混淆在一起,王权的所有优点便会丧失殆尽。无论是把君主的权力降低到行政权的水平,或是把行政权提高到王权的水平,都会造成理论上的混淆,而且还会在实践之中导致致命的危害。②

在立宪君主体制内,整个制度大厦的稳定性其实是建立在国王"统而不治"这个基础之上的。"国王乃是一个远离并高居纷坛众说之上的存在,除了保持秩序和自由以外没有其他关切。他可以说是浮于人间忧虑之上,绝对不能回到那种常见的地位。他是政治组织的一件杰作,在纷乱的争斗中创造了一个安全、崇高、公正的神圣领域。"③立宪君主制的首要原则是王权的不可侵犯性,其前提则是君主不可能错误行事。虽然这个前提只是一个"法律上的虚构",然而这个虚构既有利于秩序,也有利

---

① Benjamin Constant, "Réflexions sur les constitutions", *Œuvres complètes*, Tome VIII, p. 961. 卢梭在《社会契约论》第三卷第六章"论国君制"中,即将王权与行政权混为一谈:"我们一直是把君主作为由法律的力量而结合成的一个道德的与集体的人格,并作为国家中行政权力的受托者来考虑的。"卢梭:《社会契约论》,何兆武译,商务印书馆,2003年,第89页。
② Benjamin Constant, "Principes de politique(1815)", *Œuvres complètes*, Tome IX, Tübingen: Max Niemeyer, 2001, p. 696.
③ 贡斯当在与斯塔尔夫人合著的《论当前能终止革命的形势及应在法国奠定共和国之诸原则》手稿中,已表达过类似的看法:"国王的存在乃是某种诗意、宗教性的东西。"Madame de Staël, *Des circonstances actuelles qui peuvent terminer la Révolution et des principes qui doivent fonder la République en France*, Genève: Droz, 1979, p. 60.

于自由本身。如果没有它，君主和党派之间就可能出现长期的混乱与冲突，所以人们必须尊重这个虚构的全部意义。① 也正是借助于这个虚构，我们可以只面对正在掌权的大臣本身，君主则处在与世无争的神圣境界。他实际上不是一个人，而是一个超然于风暴之上的抽象且中立的权力。② 立宪君主制中的王权，其本质就是国王绝不以他自己的名义行事，他被置于一切权力的顶峰，节制一切权力，调整政治生活，但却不直接参与具体的政治事务。王权的不可侵犯性正是派生于此。③

在对王权的特性作出界定之后，贡斯当又对贵族院的性质和作用作了明确的界定："第一院是世袭的，由国王任命世袭制议院成员，其人数是不受限制的。"④但是，在一个像法国这样经历了大革命洗礼、否定一切出身差别的国家，人们往往难以理解贵族院所发挥的重要作用。⑤ 为此，贡斯当特别指明法国19世纪的贵族，其实已与旧制度下那些没有任何职责、仅被看做是一种高雅装饰的特权贵族截然不同。⑥ 因为大革命之后，新贵族虽然保留了一些其他阶级所不具备的特权，这些特权却是由宪法

---

① 1791年宪法第三编第二章第一节第3款及1814年《宪章》第13款，皆规定国王乃是神圣不可侵犯的。
② 详见 Benjamin Constant, "Principes de politique(1815)", Œuvres complètes, Tome IX, p. 764。施米特在《宪法学说》中进一步指出："世袭君主制可使国家的最高职位免于政治竞争，这样就巧妙地排除了国内政治斗争的最大危险，各种争吵也趋于缓和与理性化。鉴于国家最高职位被永久性地占据了，政客们追求权力的欲望就受到了限制，国王成为无形的缓冲力量。"卡尔·施米特：《宪法学说》，刘峰译，上海人民出版社，2005年，第309页。
③ Benjamin Constant, "De la responsabilité des ministres", Œuvres completes, Tome IX, p. 464. 再见于 Benjamin Constant, "Principes de politique(1815)", Ibid., pp. 772-773。
④ Benjamin Constant, "Réflexions sur les constitutions", Œuvres complètes, Tome VIII, pp. 965, 971.
⑤ 托克维尔亦认为废除贵族制度势必使人民少了一道防卫中央专制的机制，他曾如此感叹道："永远值得惋惜的是，人们不是将贵族纳入法律的约束下，而是将贵族打翻在地彻底根除。这样一来便使从国民机体中割去了那必需的部分，给自由留下一道永不愈合的创口……世上没有甚么东西可以完全取代它；它本身再也不会复生；它可以重获头衔和财产，但再也无法恢复前辈的心灵。"托克维尔：《旧制度与大革命》，冯棠译，商务印书馆，1992年，第148页。
⑥ 对于旧制度时代法国贵族的特性，托克维尔在《旧制度与大革命》第十章中犀利地指出："18世纪在英国享有捐税特权的是穷人；在法国则是富人。在英国，贵族承担最沉重的公共负担，以便获准进行统治；在法国，贵族直到灭亡仍保持免税权，作为失掉统治权的补偿。"托克维尔：《旧制度与大革命》，第136页。

明确规定、赋予的特权,它们对贵族以外的人士几乎没有任何伤害。在新的时代氛围下,贵族已不仅仅是一种荣誉,更是一项职责。① 此外,贵族的利益既不同于人民的利益也不同于政府的利益,它又可以通过其他利益和这两者统一在一起,因此贵族兼备了两项其他阶层所不具备的特殊条件。一方面,多数贵族的利益不同于政府本身的利益,他们关心人民的自由,因为一旦这种自由遭到剥夺,贵族本身的自由与尊严也会荡然无存。另一方面,他们也关心维护政府,因为一旦政府被推翻,贵族本身的地位也将随之土崩瓦解。贵族们所处的地位自然会使身居此位的人们产生一种保守精神,他们深知国家的最大利益所在。②

贡斯当强调在君主立宪制国家中保留世袭的贵族阶级乃是必不可少的。因为要想维持没有世袭阶层的个人统治,就必定是纯粹的专制统治,整个国家将只剩下一群执行命令的士兵和一个俯首帖耳的民族。③ 为了给君主制提供进一步的支持,就必须设立一个中介性的机构贵族院。④ 此外,他还认为所有一院制议会加诸于其自身的所谓的制约(如三分之二多数通过、对紧急法案的预防等),都只是不切实际的幻想。因为一个掌控了所有特权的一院制议会,在其运作过程中常常是盲目的,为了取悦于喧嚣的民众,它时常纵容甚至迎合其一时的冲动,从而制定、出台大量毫无必要的法案。⑤ 如果说由选举产生的众议院是一个体现改良的机

---

① Benjamin Constant, "Réflexions sur les constitutions", *Œuvres complètes*, Tome VIII, p. 966. 再见于 Benjamin Constant, "Principes de politique(1815)", *Œuvres complètes*, Tome IX, p. 713。
② 详见 Benjamin Constant, "Principes de politique(1815)", *Œuvres completes*, Tome IX, pp. 761-762。
③ 早在《论共和宪制在一大国之可行性》手稿第四卷第3章中,贡斯当即已提出"若无贵族支持君主制政府尚能存在否"的命题, Benjamin Constant, "De la possibilité d'une constitution républicaine dans un grand pays", *Œuvres complètes*, Tome IV, p. 466. 再见于 Benjamin Constant, "Réflexions sur les constitutions", *Œuvres complètes*, Tome VIII, p. 966. 复见于 Benjamin Constant, "Principes de politique(1815)", *Œuvres complètes*, Tome IX, p. 712。
④ 参阅 Emmanuel de Waresquiel, "Benjamin constant et la chambre des pairs. Histoire d'une hésitation constitutionnelle", *Commentaire*, 1996, vol. 19, No. 73, pp. 159-167。
⑤ 初见于 Benjamin Constant, "De la possibilité d'une constitution républicaine dans un grand pays", *Œuvres complètes*, Tome IV, p. 517. 略作改动后再见于 Benjamin Constant, *Principes de politique applicables à tous les gouvernements*, p. 83。复见于 Benjamin Constant, "Réflexions sur les constitutions", *Œuvres complètes*, Tome VIII, p. 975. Benjamin Constant, "Principes de politique(1815)", *Œuvres complètes*, Tome IX, pp. 707-708。

构,那么世袭制的贵族院就是一个体现恒定性的机构,它可以保证制度的稳定性和连贯性。一个由国王任命的上议院,不但可以在力量上平衡由大众选举而产生的代议制议院,而且贵族院议员多担任过国家的重要职务,富于行政经验,他们还可以纠正下院通过的法案中所存在的缺陷和流弊,从而使法案或其他重大议题更加完备、慎重。

三

虽然 1814 年贡斯当的《有关宪法及保障之反思》先于路易十八《宪章》11 天问世,但由于两者出版的时间过于接近,贡斯当的宪政思想并未对《宪章》的起草起到多少实质性的影响。事实上《宪章》是路易十八以国王的身份"钦赐"给法国的,而不是作为一个均衡政府体系中一个部门的"契约"而发布的。① 它只是当时法国各方政治势力妥协的产物,是造成法兰西分裂的两大派别,即试图回归旧制度的保皇派与继续革命的民主派之间签订的一个"和约"而已。② 《宪章》并未真正在法国引入代议制度,而只是建立了某种有限君主体制。③ 在贡斯当为代表的自由派看来,《宪章》只不过对自由作了最低限度的保障,新体制还有许多不足之处亟待完善。如果波旁王朝不恢复旧特权,民众尚可接受这一政权。而这恰恰却是旧贵族和教士所不能容忍的,他们仅把《宪章》视为一种过渡性的让步而已。不久路易十八便不得不逐步满足他们的要求,将众多的

---

① 1814 年《宪章》"前言"中的语气,更是对昔日法国君主"敕令"的一种刻意模仿。路易十八甚至宣称"朕于在位之第 19 年 6 月 4 日"赐予法兰西以此宪章,即他坚持 1795 年"路易十七"去世后自己即已继位,意在表明波旁王朝的统治并未因共和国和拿破仑帝国的存在而中断。保存在法国国家档案馆的《宪章》原件更是进一步表明,从形式上而言《宪章》完全是依据大革命前的旧宪章模式起草的:凡是论及国王及贵族之处,皆以大写字母撰写。详见 Archives nationales, 273 Mi/1, no. 7 (Microfilm): *Charte constitutionelle donnée par le Roi le 4 juin 1814 et déposée aux Archives de la Chambre des députés*。
② 关于 1814 年《宪章》之详情参见 Pierre Rosanvallon, *La monarchie impossible: les Chartes de 1814 et de 1830*, Paris: Fayard, 1994。
③ 详见 Alain Laquièze, *Les Origines du régime parlementaire en France (1814-1848)*, Paris: Presses universitaires de France, 2002, pp. 66-76。

贵族安置在政府和军队中充任要职,数以千计的帝国军官却只发半薪予以解散。在这种情形下,复辟还不到一年,路易十八便不得不再次让位于拿破仑也就不足为奇了。①

颇具历史反讽意味的是,贡斯当真正有机会在现实层面落实他的宪政理念,恰恰是在1815年百日王朝时期与十几年前将其驱逐出保民院的拿破仑合作起草的《帝国宪法补充条款》。对此我们不禁要问,为何贡斯当与拿破仑这两位昔日的宿敌,竟会愿意合作起草一部新宪法呢?时势的力量无疑在其中起了决定性的作用。对贡斯当而言,他极度厌恶波旁家族在外国列强的干预下再度复辟,在1815年的政治环境下他找不到除拿破仑之外更富吸引力的政治选择。而拿破仑自1815年3月返回法国后,便迅即意识到他与一年前的路易十八一样处于极其严峻的政治危局之中,无论是国内还是国际的形势都对他极为不利。显然拿破仑不具备任何恢复独裁统治的可能性,他只能通过承认宪政体制来挽救帝国、重建个人统治。正是在这种特殊的政治氛围下,两位政治理念截然不同的历史人物走到了一起。②

1815年4月,贡斯当与拿破仑进行了多次会谈,磋商新的帝国宪法草案。1815年4月15日,贡斯当向拿破仑提交了首份新宪法草案,希冀将其酝酿多年的宪政理念付诸实践。虽然这份初稿并未保存下来,不过通过贡斯当的日记,我们知悉他的初衷是拟定一份与旧帝国宪法毫无关联的新宪法。但正如贡斯当自己坦承的那样:"我的宪法草案并不怎么成功。他(拿破仑)真正需要的并不是自由。"③为此,贡斯当不得不对其宪法草案作较大的修改。1815年4月18日,他向拿破仑递呈了《帝国宪法补充条款》修正稿,它由"前言"(经拿破仑本人授意)和44条正文条款构成。④ 经比较可知,其中许多条款的内容与贡斯当一年前出版的《有关

---

① 关于1814年至1815年间第一次复辟之详情,参阅 Henry Houssaye, *1815*, Paris: Perrin, 1899, 3 vol.
② 详情可参阅贡斯当事后所撰之《百日回忆录》。Benjamin Constant, *Œuvres complètes*, Tome XIV: *Mémoires sur les Cent-Jours*, Tübingen: Max Niemeyer, 1993.
③ Benjamin Constant, "Journal intime (1811-1816)", *Œuvres complètes*, Tome VII, p.221.
④ 详见 Napoleon, *Empereur des Francais, A tous ceux qui la presente verront*, Archives nationales, AF IV 859.12, plaq. 6989, pièce 19。

宪法及保障之反思:宪法纲要》极其接近。因为在贡斯当看来,适用于波旁王朝复辟的宪法,同样也将适用于回归之后的波拿巴。拿破仑对这份修正后的宪法草案的反应要积极许多,虽然贡斯当作了不少的妥协,但他的许多宪政理念亦得到了采纳。1815年4月20日,贡斯当被任命为负责内政的帝国参政,同日《帝国宪法补充条款》初稿被提交至参政院审议。经过参政院讨论、修订之后,《帝国宪法补充条款》从44款扩充为73款。① 增补稿可以说奠定了《帝国宪法补充条款》的主体框架。1815年4月22日正式颁布的《帝国宪法补充条款》(共67款),其实与之只有极其细微的差别。② 《帝国宪法补充条款》的起草与修订过程,清晰地反映出了这部新宪法是贡斯当宪政理论与1815年政治形势间"博弈"的结果,是贡斯当与拿破仑互相妥协的产物。③ 这也导致了这部新宪法优点与弊病并存。

《帝国宪法补充条款》颁布一个多月后,1815年5月31日贡斯当又出版了一部以评论新宪法的形式写成的专著《适用于所有代议制政府尤其是法国现行宪法的政治学原则》。④ 在1980年《适用于所有政府的政治学原则》(1806—1810)手稿出版之前,此书一直被视为贡斯当最重要的宪政著作。贡斯当生前之所以得以跻身法国第一流政治理论家之列,在相当大程度上亦是凭借这部著作。⑤ 1815年6月1日,即此书出版的次日,当时法国影响力最大的《导报》就刊登了一篇推崇备至的评论文章,称"作者的大名、此书出版的环境及其中所探讨的严肃主题,都引起

---

① 详见 Acte Additionnel aux Constitutions de l'Empire, Archives nationales, AF IV 859.12, plaq. 6989, pièce 18。
② 手稿参见 Acte Additionnel aux Constitutions de l'Empire, Archives nationales, AF IV 859.12, plaq. 6989, pièce 17。同日公开刊登于《法律公报》上,"Acte Additionnel aux Constitutions de l'Empire. Au palais de l'Élyseé le 22 avril 1815", Bulletin des Lois, No.19, pp.131-141。
③ 参阅 André Cabanis et Olivier Devaux, "Benjamin Constant et l'Acte additionnel aux constitutions de l'Empire: trois idées reçues à nuancer", in La constitution dans la pensée politique, Presses universitaires d'Aix-Marseille, 2001, pp.255-287。
④ Principes de politique applicables à tous les gouvernements représentatifs et particulièrement à la Constitution actuelle de la France; par M. Benjamin Constant, Conseiller d'État. Paris: Chez Alexis Eymery, Mai 1815.
⑤ 参阅 Benjamin Constant, Œuvres, Paris: Gallimard, 1957, pp.1627-1628。

了所有开明人士及希望扩展其知识的人的关注"。①

与《有关宪法及保障之反思》一样,由贡斯当的《私人日记》可知,1815年的《政治学原则》同样是一部急就章,其主体内容是在1815年4月3日至5月29日间的两月内完成的。② 不过要在不到一年的时间之内,接连完成两部全新的理论性著作,显然是相当困难的。如果我们将1815年《政治学原则》与1814年的《有关宪法及保障之反思》作一细致的对比,便会不无惊讶地发现虽然两书的结构颇为不同,但《有关宪法及保障之反思》的正文却几乎全部被挪到了《政治学原则》之中。③ 而贡斯当本人在拟于1817年的《宪政教程》"出版预告"里便直言不讳地宣称道:"1815年6月出版的《政治学原则》事实上与1814年发表的《有关宪法及保障之反思》乃是同一部著作。只不过作者将其复制到一新的标题之下,以更强有力的异议来支持自由。"④

当然追本溯源,这些间接摘引自《有关宪法及保障之反思》的段落,又直接源于贡斯当更早期的手稿《论共和宪制在一大国之可行性》及《适用于所有政府的政治学原则》。因此从某种意义上而言,1815年的《政治学原则》乃是贡斯当对其前几部政治著作所作的一种创造性的转化与综合。(1)书中有关权力分立与制衡的"技术性"或"程序性"部分(第三章"论解散代议制议会的权力"、第五章"论代议制议会的选举"、第六章"论财产条件"、第七章"论代议制议会的辩论"、第八章"立法创制权"、第十二章"论市政权力、地方当局和一种新型的联邦制"、第十三章"论媾和与宣战权"、第十四章"论一宪政国家中之武装力量

---

① 详见 Le Moniteur, no. 152, 1er juin 1815, pp. 617-618。贡斯当本人亦在1815年6月1日的日记中宣称:"我的著作取得了成功。" Benjamin Constant, "Journaux intimes(1811-1816)", Œuvres complètes, Tome VII, p. 228。

② 详见 Benjamin Constant, "Journaux intimes(1811-1816)", Œuvres complètes, Tome VII, pp. 219-228。

③ 对此,可以贡氏本人在1815年《政治学原则》第3章中的一个"自注"作为例证,他指明:"我并非今日才信从了这些与兼备一切权力的议会有关的原理。整个这段文字取自我在1814年5月发表的《有关宪法及保障之反思》。" Benjamin Constant, "Principes de politique(1815)", Œuvres complètes, Tome IX, p. 709。

④ Cecil Patrick Courtney, A Bibliography of the Editions of the Writings of Benjamin Constant to 1833, London: The Modern Humanities Research Association, 1981, p. 174。

组织等),有相当篇幅承袭自《论共和宪制在一大国之可行性》第六卷"论立法权"和第七卷"行政权之滥用倾向"中的相关论述。① (2)其中关于"自由原则"的部分(第一章"论人民主权"、第十五章"论财产权不可侵犯"、第十六章"论出版自由"、第十七章"论宗教自由"、第十八章"论个人自由"、第十九章"论司法保障"),则基本上援引自《适用于所有政府的政治学原则》手稿的相关章节(第一卷"有关政治权力幅度之成见"、第二卷"论取代政治权力幅度成见之诸原则"、第三卷"论维护政治权力扩张之论据及假设"、第五卷"论专制政策"、第七卷"论思想自由"、第八卷"论宗教自由"、第九卷"论司法保障"、第十卷"论政治权力对财产权之影响"等)。(3)有关立宪君主制的部分(第二章"论王权在一立宪君主制国家中的性质"、第四章"论世袭制议院及不限制其成员人数之必要性"等),则直接摘自《有关宪法及保障之反思》中的相应章节(第一章"立宪政体之诸权力"、第二章"国王之特权"、第三章"行政权或大臣们的权力"等)。② 这也恰好印证了贡斯当本人在1815年《政治学原则》"前言"中的夫子自道:

> 从我开始思考政治问题以来,已经过去快二十年了,我一直是抱着相同的主张,表达着相同的希望。那时我要求的是个人自由、出版自由、消除专横权力、尊重所有人的权利,现在这些仍是我满怀热情

---

① 尽管1815年《政治学原则》对《论共和宪制在一大国之可行性》手稿的直接"摘引"并不是特别多,但改写之后的"转述"却相当频繁。
② 若按1815年《政治学原则》本身的篇章结构来分析,则全书大体上可分为如下三大部分:(1)第一部分(第一章)从对卢梭"公意"概念的批判入手,强调需对人民主权作必要之限制;(2)第二部分(第二章至第十四章)以权力分立与制衡为主轴,具体阐释君主立宪制框架下的代议制政府方案;(3)第三部分(第十五章至第十九章)则明确了公民的各项基本权利,保障合法的财产权、言论自由、宗教自由、人身自由、司法保障等。详见Philippe Némo, *Histoire des idées politiques aux Temps modernes et contemporains*, Paris: Presses Universitaires de France, 2002, pp. 622-656; Benjamin Constant, "Principes de politique (1815)", *Œuvres complètes*, Tome IX, pp. 658-666。

并抱着更大希望加以倡导的事情。①

虽然在1815年《政治学原则》中贡斯当宣称"人们将会经常发现,在我所发表的研究里不仅有着和我之前的作品相同的思想,而且还有相同的语汇"。② 但另一方面,相对于贡斯当的前几部宪政著作,1815年的《政治学原则》无疑更具包容性与综合性。在"重新"写成的《政治学原则》中,贡斯当不但修正了其早年《论共和宪制在一大国之可行性》手稿中过于自负的激进共和主义立场和《适用于所有政府的政治学原则》手稿中的"纯自由主义"观点,还进一步完善了其一年前在《有关宪法及保障之反思》中提出的君主立宪制理论。他力图根据法国社会的历史传统,整合、接续其共和主义的思想遗产,同时吸纳保守派与激进派最具号召力的洞见,竭力将民主的原则(人民主权、代议制)、自由的理念(实业自由、言论自由、宗教自由、个人自由等)与传统的因素(王权与贵族的影响)有机地整合起来。③

贡斯当强调迄今为止只能在政治组织中看到行政、立法和司法三种权力。而在一个完善的君主立宪政体中,则应当划分出王权、行政权、长期代议权、舆论代议权和司法权五种不同的权力。在这一体制中,"长期代议权寓于世袭制议院,舆论代议权寓于选举制议院,行政权被授予大臣,司法权则属于法庭。前两种权力制定法律,第三种权力负责法律的普遍实施,第四种权力负责在特殊个案中运用法律"。而当这些权力的职责被混淆以致相互抵触和妨碍的时候,一种外在于任一权力且是中立的

---

① 在1815年《政治学原则》前言里,贡斯当还曾引用其1797年出版的《论政治反动》第九章中的一段文字,并称"在很久以前我就说过一部宪法乃是人民自由的保障……十七年后我表达了同样的观点。'社会的福祉与个人的安全乃是建立在某些实证与不变的原则之上的……'《关于宪法及保障之反思》,1814年"。除前言外,在《政治学原则》第十八章"论个人自由"中贡斯当再次援引了《论政治反动》第九章及其1798年在宪政俱乐部所作之演讲。详见 Benjamin Constant, "Principes de politique (1815)", Œuvres complètes, Tome IX, pp. 672-673, 838-839.

② Ibid., p. 672.

③ 西耶斯同样强调"一部好的宪法的基石必须是民主制的,中间部分必须是贵族制,而拱顶石必须是君主制"。

王权便能使它们回到恰当的位置上去。①

贡斯当所构想之君主立宪政体结构表

王权	国家元首	中介性权力,维持其他各权力机构间的平衡	中立性权力
行政权	大臣	负责法律的普遍实施	能动性权力
长期代议权	世袭制议院	制定法律	
舆论代议权	选举制议院		
司法权	独立之法庭	在个案中运用法律	

正如贡斯当政治著作英译本选编者芳塔纳所言,严格分权是贡斯当1815年《政治学原则》宪政设计的中心要点。尽管贡斯当宪政设计中的许多特征受到了1815年政治环境的影响,或者更一般地说受到了19世纪初英国议会改革背景的影响,但1815年的《政治学原则》仍然保留了贡斯当独到设计的全部理论实力。"它们包含了贡斯当对雅各宾主义和独裁主义两种意识形态的谬误所作的深思熟虑的回答,同时也包含着他把革命的经验纳入现代宪政理论传统的坚定尝试。"②

虽然《帝国宪法补充条款》从1815年4月22日正式颁布至1815年7月8日被最终废除,只有两个半月的时间③,随着拿破仑兵败滑铁卢,它旋即被"复活"了的路易十八《宪章》所取代并逐渐淡出人们的视野,但事实上,《帝国宪法补充条款》及以评论新宪法形式写成的1815年《政治学原则》却奠定了法国现代议会制度的基石,其中有不少内容被此后的法国历部宪法所援用、继承。为此,贡斯当曾在《致拿破仑皇帝陛下》(1815

---

① 详见 Benjamin Constant, "Réflexions sur les constitutions", Œuvres complètes, Tome VIII, p.962。略作改动后,再见于 Benjamin Constant, "Principes de politique(1815)", Œuvres complètes, Tome IX, p.691。
② Benjamin Constant, Political Writings, Biancamaria Fontana ed., Cambridge University Press, 1988, pp.37,39-40.
③ 《帝国宪法补充条款》在1815年4月22日正式颁布后,于6月1日经全民表决通过。一周之后的6月7日,拿破仑在两院的开幕会议上宣称:"今日实现了我最强烈的希望,我将成为立宪君主。"但紧接着便是6月18日的滑铁卢,6月22日拿破仑就不得不再次宣布退位。7月8日两院被解散,《帝国宪法补充条款》所建立起来的宪政体制最终瓦解。

年4月30日)和1815年《政治学原则》"结语"中两度不无骄傲地宣称道:"在为捍卫人权、个人安全、思想自由、所有权及废除一切专横权力而奋斗了二十年之后,我为自己在胜利之前就参与创建那种认可所有这些权利的制度而庆幸。我将完成我一生的事业。"①如果说1815年7月路易十八第二次复辟后对《宪章》的理解与执行显得较第一次复辟时期更为开明、更倾向于宪政原则,那么在一定程度上就应当归功于《帝国宪法补充条款》与1815年《政治学原则》在其中所扮演的"榜样"角色。②

四

从法国大革命爆发到路易十八复辟的25年间,法国在动荡混乱的政治环境下曾先后施行过数种不同的政府形式。可惜无论是雅各宾派的人民共和制、督政府的代议共和制、拿破仑的军事独裁体制还是路易十八的君主立宪制,均未能保持长期的稳定与繁荣。对此,斯塔尔夫人在《思考法国革命》(1817)中曾如此总结道:"法国25年来(1789—1814)凡是由革命所创建的政府,没有一届不是疯狂或邪恶的,整个民族不断地受到内乱的搅扰。"③

在1814年至1815年短短的一年之内,贡斯当这位积习成性的赌徒曾先后把赌注压在了贝纳多特、路易十八和拿破仑三个人身上。尽管从现实政治的层面而言他输了三次,但他却仍然坚持其宪政理念,即不管统治者是谁,实行何种政体,都应当捍卫自由。④ 贡斯当宪政理论最重要的创新之处,即在于根据大革命后的法国政治局势,将混合政体理论与分权

---

① Benjamin Constant, "À Sa Majesté l'Empereur Napoléon(30 avril 1815)", *Œuvres complètes*, Tome IX, pp. 643-644. 略作改动后,再见于 Benjamin Constant, "Principes de politique (1815)", Ibid., p. 858.
② 1815年6月28日,路易十八发表《康布雷声明》,重申了1814年《宪章》的诸项原则,并承认第一次复辟时期政府所犯的错误。
③ Germaine de Staël, *Considérations sur la Révolution française*, Paris: Tallandier, p. 510.
④ 米歇尔·维诺克:《自由之声:19世纪法国公共知识界大观》,吕一民、沈衡、顾杭译,北京:中国人民大学出版社,2006年,第26页。

制衡学说作适当的调和,力图对国王、贵族及民众这三项潜在的冲突因素作一番卓越的综合。① 在贡斯当晚期的政治著作里,国王和贵族均找到了他们各自的位置,大臣们通过议会中的多数派向人民负责,这样政治体制中的传统因素便被有效地整合进现代的宪政体制内。② 一方面,贡斯当承袭了其先辈曾努力协调的那些政制理论因素:权力分立、防止权力滥用的有效屏障及和谐统一地行使政府权威;另一方面,他又意识到合作与分权同样重要,他恰恰是通过修改曾被激烈反对的平衡均态理论来实现其理论创见的。他强调宪政体系是执行机关和立法机关间的一种巧妙均衡,这两个部门通过内阁制联系起来。这种微妙的分权、合作、制约和联系的制度设计,正是贡斯当宪政理论的原创性所在,并使他成为法国近代议会制政府理论的先驱。③

因此可以说贡斯当晚期的政治著作代表了政体理论的一个关键转折点,代表了从古老的混合政体学说、均衡政体理论向一种新的立宪君主制理论的过渡。他强调与其宣扬不切实际的激进的乌托邦方案,不如在现

---

① 值得注意的是,1642 年 6 月即英国革命爆发前的两个月,查理一世的两位顾问福克兰子爵(Viscount Falkland)与约翰·科尔佩珀(John Colepeper)曾说服国王颁布由他们起草的《国王陛下对议会两院十九条提案之答复》。在这份西方政治思想史上至关重要的文件中,查理一世坦承"存在三种不同的政体,绝对君主制、贵族制和民主制,所有这三者都利弊互存。祖先们的经验与智慧皆来自于对这三种政体所作的混合,三个等级应当维持适当的平衡并在各自的范畴内活动"。详见 J. G. A. Pocock, *The Machiavellian Moment: Florentine Political Thought and the Atlantic Republican Tradition*, Princeton University Press, 1975, pp. 361-400。

② 事实上,纯粹的君主制、贵族制或民主制都只是一种"理想类型",在现实政治中实践的常常是经过修饰的"衍生类型"。正如施米特所指明的那样:"理想的国家秩序从来都以不同的政府形式原则的结合为基础。近代法治国的宪法其实乃是一混合宪法,各种政治原则与要素(民主制、君主制、贵族制)在其中互相结合,混为一体。"混合或平衡政体的设计,正是要把每一种标准的政体形式包容在一种政治制度之内,以防止上述种种的反常情形的出现。卡尔·施米特:《宪法学说》,刘锋译,上海:上海人民出版社,2005 年,第 215 页。

③ 参阅 Alain Laquièze, *Les Origines du Régime Parlementaire en France (1814-1848)*, Paris: Presses Universitaires de France, 2002。

存的法律和政治框架内进行渐进的改良。① 贡斯当不仅愿意为路易十八这样的立宪君主提供谏言,甚至也愿意与拿破仑之类的僭主合作,无疑表明贡斯当的宪政理论具有非凡的灵活性,亦证明了他对政治改革可能性所抱有的信心。这样就使政体较少地表现为政治上或意识形态上的排他性的种类,从而使渐进改革的方案得以实现。贡斯当强调政体应当尊重现实政治中的那些固有局限,并为所有的政治变革提供了一个参照的模式或目标。② 晚年的贡斯当逐渐转而认同伯克,认为从根本上而言政府不是在统治,而是在进行变革、改革、平衡或调整。③ 不是固定的形式,而恰恰相反是成长的原则在维系着国家。即便是最好的政体也需遵循成长原则,也要留有进一步改进的余地。

(韩伟华　南京大学政府管理学院政治学系讲师)

---

① 孟德斯鸠在《论法的精神》第十一卷第六章"论英格兰宪政"结尾处曾讥讽道:"哈林顿在他的《大洋国》中,也曾研究过一国政制所可能达到的最高度自由的问题。不过我们可以说,他只是在误认了自由的真面目之后才去寻找自由的,尽管拜占庭的海岸就在他的眼前,他却建造起了卡尔西敦。"Montesquieu, *De l'Esprit des Lois*, Paris: Gallimard, 1995, p. 342.
② 恰如卡恩斯·劳德所指出的那样,"混合政体与其说是一种特殊的政体类型,不如说是一种策略"。列奥·施特劳斯、约瑟夫·克罗波西主编:《政治哲学史》,李天然等译,石家庄:河北人民出版社,1993年,第156—160页。
③ 1790年年底,贡斯当曾计划驳斥伯克刚面世的反对"法国平等派"的名著《法国革命论》。伯克此书的主旨可谓是据英国光荣革命所确立的立宪原则,来谴责在其看来过于激进的法国大革命。在《法国革命论》结尾处,伯克强调英国的幸福境遇要归功于其宪法,归功于那些在若干次的修正和改革中所保存下来的东西。在他看来,法国大革命从根本上冲击并动摇了社会秩序和自由的基础。他预言这种毁灭性的破坏终将导致新的专制主义强权的出现。雾月政变后拿破仑所建立起来的霸权,在相当大的程度上证实了伯克的预言。贡斯当在《征服的精神和僭主政治》中,鉴于大革命与拿破仑帝国的历史教训,对其早年的论断作了不少修正。他宣称:"我必须承认,我极其崇拜过去。越是得到经验的指教,或越是受到反省的启示,这种崇拜就越是与日俱增。尽管会引起现代改革者们的极大反感,我还是要说,如果有一个民族,把那些被先验地说成是最完美的制度拒之门外,而对自己祖先的制度保持忠诚,我将赞美这个民族。"晚年的贡斯当可谓与伯克遥相呼应,对草率从事、尚未做好舆论准备便强行推进的改革进行了批判。Benjamin Constant, "De l'esprit de conquête et de l'usurpation", *Œuvres complètes*, Tome VIII, pp. 588-589.

功利主义与英国1834年济贫法改革

宋晓东

【内容提要】 19世纪30年代,面对着自工业革命开始后英国社会的巨大变化,打着改革旗号上台执政的辉格党政府,在中产阶级激进派的压力和帮助下,开始推出相应的改革措施,以求适应新形势下的社会发展。在辉格党的诸多改革措施中,特别是在济贫法的改革上,信奉边沁功利主义学说的哲学激进派发挥了重要的影响,这也是功利主义学说在实践中的第一次大规模应用。济贫法的改革虽然推动了英国向现代工业社会的转型,但是由于功利主义学说自身的局限性,以及鲜明的阶级特征,极大地损害了下层工人阶级的利益,激化了社会矛盾,留下了深刻的历史经验和教训。

由边沁(Jeremy Bentham)所创立的功利主义学说,不仅在人类思想史的发展中具有重要的影响,同时也在英国由传统的农业社会向现代工业社会的转型中发挥了重要的作用。在19世纪30年代辉格党政府进行的一系列改革中,功利主义学说被广泛地应用于这些改革措施中,从而成就了一个所谓的边沁主义时代。在这些改革中,新济贫法的制定可以说是功利主义理论应用最典型的一个范例。

近年来,通过对英国济贫法历史的研究来探索西方现代社会保障制度的建立,逐渐引起了我国学者的注意。对于工业革命时期济贫法的改革,迄今已有若干篇论文发表,这些文章对济贫法的早期历史,以及工业革命和经济自由主义理论对旧济贫制度造成的冲击,都进行了一定程度的介绍①,但是对于功利主义理论在1834年济贫法改革中的作用却鲜有提及,不能不说是研究中的一个缺憾。本文希望通过对当时济贫法改革进程的具体论述,来填补这方面的空白。

一、辉格党与哲学激进派

在1830年到1841年间,除了托利党几个月的短暂执政外(1834年12月—1835年4月),辉格党一直掌握着政权。在这段时间里,许多改革措施获得通过,因此历史上这段辉格党的执政岁月也被称为"辉格党的改革十年"。以首相格雷勋爵(Lord Grey)为代表的辉格党贵族虽然在政治态度上是排外的,并具有浓厚的贵族气息,但是却愿意在一定程度上接受政治上的革新。在他们看来,除非特权阶级准备改变和提高自己,危险而且难以控制的革新潮流就会将现有的社会秩序摧毁。辉格党的改革涉及了社会的各个方面,面对自上世纪工业革命开始后社会的巨大变化,辉格党政府开始有意识地推出相应的改革措施,以求适应新的社会发展。

在30年代辉格党执政后,推动改革的则主要是各种各样的政治激进派,他们中的很多人充满了公益精神,希望通过推动辉格党政府的改革,实现社会和政治的进步。在1832年改革后的新一届议会中,虽然激进派的人数并不太多,但是他们却成为了推动改革最活跃的力量。这些激进

---

① 国内迄今发表的论文主要有:谭磊:《英国近代自由主义的济贫法批判》,《社会保障研究》2010年第5期;徐滨:《英国工业革命中济贫法改革与古典经济学影响》,《史学集刊》2004年第3期;卢海生:《试论英国工业革命时期济贫法的调整》,《历史教学问题》2007年第4期;郭家宏、唐艳:《19世纪英国济贫院制度评析》,《史学月刊》2007年第2期;丛志杰:《对英国"新济贫法"的探讨》,《内蒙古大学学报》1996年第5期;赵静:《英国济贫法的历史考察》,开封:河南大学硕士学位论文,2007年5月。

派并未形成一个统一的政党,他们的信仰和思想也各不相同,其中对改革影响最大的是信奉边沁功利主义思想的所谓哲学激进派分子。

边沁于1832年6月去世。在他去世6个月后,他的一些信徒出现在新的一届议会中,如:罗巴克(John Arthur Roebuck)、莫里沃斯(William Molesworth)、格罗特(George Grote)、布勒(Charles Buller)、罗米利(John Romilly)等。他们自命为哲学家,立志用边沁的思想来改革整个社会制度,他们成为了这一时期刚刚获得选举权的中产阶级在政治上的主要代表。边沁在1832年改革法案通过前夕去世,但是在他去世后,他的思想却通过的他的信徒们对英国的历史产生了巨大的影响。事实上,边沁功利主义的时代正是从1832年开始的。

对于19世纪30年代的英国,边沁的功利主义正好迎合了时代的需要,面对着自工业革命以来各种复杂的社会经济问题,社会各阶层的人们都迫切需要一种解决问题的方法,一种能为大家信服的、科学的方法。在一个对牛顿和亚当·斯密记忆犹新的世纪里,人们渴望见到人文科学和自然科学并驾齐驱地发展,希望将自然科学领域里解决问题的方法也应用到社会经济领域,而边沁的功利主义就代表了这种科学精神在复杂的社会事务中的应用。1828年2月《威斯敏斯特评论》发表的一篇文章中指出,理性思维的方法正日益渗透到英国人的日常生活当中:

> 现在政治、伦理和法律方面的写作一般都呈现出推理的特征。从前含糊、松散和不确定的东西,开始变得清晰、肯定和系统化了。诉诸激情、偏见和情感的方法已不再时尚。在我们想要影响别人的行动和观念之前,一定要使读者思想上信服才行,这是社会在情感方面的一个巨大的变化,这种变化的效果才刚刚被感受到,但是它注定最终会在文明世界的整个结构上产生一个完全的改变。

边沁先生的作品肯定是导致这场伟大革命的最主要的原因之一。许多年来,它们一直在静静地、不断地扩大着影响力,在它们的影响下,具有不同观点的人们,虽然其中许多人从未听说过文章作者的名字,都逐渐养成了推理和思考的习惯,这种思维方式已经蔚然成风,虽然许多人并不知道它从何处起源。①

评论对边沁的赞扬并未夸大其词,边沁不仅在英语中首先引进了"社会科学"这一术语,而且由于其对英国现代化的巨大影响,而被后人尊称为"历史上最伟大的社会工程师",詹姆斯·密尔(James Mill)称其为"英国革新之父"。②

"功利原则"是边沁分析和诊治社会的理论基础。边沁相信,人类从本质上讲都是自私的生物,因而一个与自我利益无关的社会是根本不可能存在的,人性在本质上追求欢乐而躲避痛苦,人类的一切行为动机以及合理性依据都根源于快乐和痛苦,因而,追求快乐或是避免痛苦就成为人类行为的最深层动机和最终目的。在这里,边沁的苦乐原理达到了一种哲学的概括。边沁在苦乐原理的基础上,提出了功利原则:

> 功利原理是指这样的原理:它按照看来势必增大或减小利益有关者之幸福的倾向,亦即促进或妨碍此种幸福的倾向,来赞成或非难任何一项行动。我说的是无论什么行动,因而不仅是私人的每项行动,而且是政府的每项措施。③

他认为功利是衡量和检验一切德行的标准,功利是人性的需要,一切社会善德由此衍生。当不是以个人而是以社会的角度为着眼点时,边沁主张社会的目的应该是"最大多数人的最大幸福",这应当成为判定社会正义和非正义的标准。边沁的理论之所以能成为政治改革的理论基础,就在于边沁并不认为个人的利益和社会的利益是完全一致的,同为自由主义者,边沁和亚当·斯密在这一点上有着显著的区别。与斯密不同,边沁并不认为个人在追求自己幸福的最大化的同时,也会自动增进社会的总体幸福。边沁认为,不要期待任何人会牺牲自己的幸福来增益别人的幸福,但我们可以通过立法和管理,保证人们追求自己幸福的方法与他人

---

① John S. Mill: "Bentham's Rationale of Judicial Evidence", *Westminster Review*, No. 9, Jan. 1828, p. 199.
② 王觉非主编:《英国政治经济和社会现代化》,南京:南京大学出版社,1989年,第394页。
③ 边沁:《道德与立法原理导论》,时殷弘译,北京:商务印书馆,2000年,第58页。

的幸福相协调,这种协调的取得必须借助于法律的约束。①

边沁认为,对于一个社会来说,任何组织、法律和政策都必须按照其对社会是否有用,是否合乎"最大多数人的最大幸福"来进行衡量。按此原则,一条对社会有用的法律就是能满足最大多数人的最大幸福的法律,假如一条法律通过了这样的检验,它就应该保存下来,如其不能通过这样的检验,它就应被废除。边沁否认了斯密关于政府无为而治的观点,他认为,不管什么时候,只要私人利益违反了整个社会的利益,法律和政府都要进行干预。国家应该行使很大范围的经济和社会功能,特别是在涉及公众利益的领域,例如管理货币和金融,为保护公众健康就排水、供水、住房以及食物和饮料的出售规定适当的标准。他在1820年写成的《宪法法典》一书中,规划了一种行政体系,包括"预防服务"部、济贫部、教育部、保健部、国内交通部等。边沁可以说是现代公共管理科学的奠基人,他提出了一套现代行政管理的思想和方法,认为政府机构应该建立在合理的和对社会负责的基础上,他特别重视专家在处理问题中的作用,认为应该建立一套专业化的官僚行政机构,并提出了一套处理社会问题的具体程序和方法,即调查、立法、执行、检查、报告。②

边沁的这些思想对30年代辉格党的改革产生了很大的影响,通过系统的调查研究然后再进行相关的立法,这种立法程序上的改进可以说就是时代进步的特征。在19世纪30年代,为了处理一些社会问题而成立的皇家委员会急剧增加,在皇家委员会中,不仅包括议会中的议员,还包括一些具有相关专业知识的专家,如政治经济学专家、医学专家和行政管理方面的专家。格雷首相在1832年为调查济贫法的管理而成立的皇家委员会成为了后来这些委员会的原型,到1849年,已经成立了一百多个这样的皇家调查委员会。在1832年到1867年间,几乎每一项重要的社会立法,都要事先进行认真的调查和论证,从而开辟了一个"蓝皮书(英国官方报告)的年代"。这些委员会的报告不仅为议会和政府提供了信

---

① R. K. Webb, *Modern England: From the Eighteenth Century to the Present*, London: George Allen & Unwin Ltd., 1969, p. 121.
② David C. Douglas ed, *English Historical Documents*, Vol. 9, London: Routledge, 1996, p. 11.

息,还被广大人民广泛地阅读,有时甚至成为了畅销书。①

可以说,在30年代辉格党的各项改革措施中,边沁功利主义思想的影响几乎无处不在,市镇改革法设计者帕克斯(Joseph Parkes)就是一个边沁的信徒,布鲁厄姆(Henry Peter Brougham)依据边沁的理论对英国的法律制度进行了大刀阔斧的改革。辉格党的领导人拉塞尔勋爵(Lord Russell)虽然对激进派往往抱有贵族的偏见,但对边沁的思想也十分推崇。在辉格党的诸多改革措施中,新济贫法可以说是完全根据功利主义的理论设计出来的,被称为"第一个建立在科学和经济原则上的伟大立法"。②

二、新济贫法

1834年济贫法的改革是19世纪最令人注意的社会和行政措施之一。早在1832年2月,议会改革法案通过之前,辉格党政府就任命了一个皇家委员会对济贫法问题进行调查。1834年2月,委员会发布了最终的调查报告,报告的结论和建议成为了辉格党政府提出的新济贫法法案的基础,4月17日,阿尔索普勋爵(Lord Althorp)提出了新的济贫法法案,8月13日,法案即在两院通过成为正式法律。1837年《年鉴》对新济贫法评论道:"辉格党执政以来的伟大成就就是通过了新济贫法,这是他们真正的改革法案,这项改革的真正价值就是,它为其他改革的通过铺平了道路。"③

济贫法改革的背景是巨大的济贫费压力。18世纪中叶,国家用于济贫的开支每年约为70万英镑,1790年增加到200万英镑,1815年540万英镑,1817年690万英镑,1818年达到最高峰,达到790万英镑。1831年英格兰和威尔士的济贫费仍高达680万英镑,其中不下300万英镑用于南部的农业劳动者。④ 据1832年白金汉郡一个村庄的报告,它1832年济

---

① Asa Briggs, *Age of Improvement*, London: Longman, 1959, p.275.
② Ibid., p.278.
③ Elie Halevy, *The Triumph of Reform 1830-1841*, London: Ernest Benn Ltd., 1950, p.120.
④ 克拉潘:《现代英国经济史》,上卷,第一分册,姚曾廙译,北京:商务印书馆,1997年,第450—452页。

贫费的支出是 1795 年的 8 倍,比当时整个教区全部的地租都要多。① 1 英亩 10 先令的济贫税足以在任何一个歉收的年份,把一个没有财政储蓄的小业主逼到破产的边缘。济贫开支急剧增加的主要原因就是人口的剧增,由工业革命和圈地运动所导致的经济结构的转型,以及长期对法战争带来的消极影响。在 19 世纪初,新兴的资本主义经济带给英国的不仅仅是财富,也有下层人民的极端贫困。

如此巨额的济贫开支不仅影响到了国家财政,也引起了纳税人的普遍不满。如何解决济贫问题自 18 世纪末以来就成为了一个持续不断争论的话题。以威廉·科贝特(William Cobbet)为代表的激进派批评旧的济贫法没有充分地帮助穷人,认为这是穷人的一项权利;社会主义者罗伯特·欧文(Robert Owen)和货币主义者托马斯·阿特伍德(Thomas Attwood)认为应该用建设性的新办法将穷人组织起来工作,是政府和社会的错误导致了贫困的大量产生;以马尔萨斯(Thomas Robert Malthus)和威廉·西尼尔(William Nassau Senior)为代表的政治经济学家则认为,济贫法早就应该被彻底废除,马尔萨斯在其 1789 年出版的《人口原理》一书中,认为自然给人类的进步设置了固定的界限,任何改善穷人境遇的事情都将鼓励他们生养更多的子女,从而产生更多的穷人,而不是更多的财富,穷人将随着他们数量的增多而变得越来越穷,他明确地驳斥了那些生而贫穷之人的生存权:

> 如果一个来到世间的人无法从他的父母那里得到生存手段,这是他的正当性要求,同时,社会对他的劳动也没有需求的话,他就没有权利要求哪怕是最少部分的食物,事实上他也无所事事。自然无论多么盛宴款待,也不会给他留有空位。自然会请他离开,从而实现自身的秩序。②

马尔萨斯的人口理论将贫困的责任完全推到了个人的头上,这使得中产阶级找到了反对济贫的武器。随着工业革命而发展壮大起来的中产

---

① Briggs, *Age of Improvement*, p. 279.
② 安东尼·阿巴拉斯特:《西方自由主义的兴衰》,曹海军等译,长春:吉林人民出版社,2004 年,第 325 页。

阶级,是这个时代的骄子,他们为自己奋斗成功而骄傲,无视由于巨大的社会变动而产生的巨大的贫困,他们中的许多人对贫困中的穷人毫无怜悯之心,这一点连封建时代的领主都不如。他们看不起贫困的人,甚至把穷人看成罪犯,他们认为自己的财富是努力工作的报偿,而贫穷是上帝对懒汉的惩罚。他们希望完全摆脱济贫制度这个包袱。

李嘉图(David Ricardo)发展起来的经济理论更加否定了济贫法的作用,根据李嘉图的工资理论,按照自然的规律,工资应该保持在一种刚好使工人能够维持其自身和家庭的生存,既不增加也不减少的水平上,假如工资暂时提高到超过生存的标准之上,人们就会受到鼓舞更早地结婚并生更多的孩子,从而加剧寻找工作的竞争,并会很快将多余人口淘汰,使人口重新降到原来的水平。因此,李嘉图认为:

> 济贫法直接产生的明显趋势和这些明确的原理是南辕北辙的,与立法机关的善良意图相反,它不能改善贫民的生活状况,而只能使贫富都趋于恶化;它不能使贫者变富,而使富者变穷。当现行济贫法继续有效时,维持贫民的基金自然就会愈来愈多,直到把国家的纯收入全部吸尽为止,至少也要到把国家在满足其必不可少的公共支出的需要以后留给我们的那一部分纯收入全部吸尽为止。自从经过马尔萨斯先生精辟地加以充分说明以来,济贫法的上述有害趋势已非秘密,每一个同情贫民的人必然都殷切地希望将其废除……如果贫民自己不注意、立法机关也不设法限制他们的人数的增加,并减少不审慎的早婚,那么他们的幸福与享受就不可能得到巩固的保障。这一真理是无可置疑的。济贫法制度所起的作用和这刚好相反。由于将勤勉谨慎的人的工资分一部分给他们,所以就使得节制成为不必要而鼓励了不谨慎的行为。……修改济贫法的任何计划,如果不以废除它为最终目标,都是不值一顾的。如果有人能指出怎样能最为安全而又最少使用强制手段地达到这一目标,他就是最爱贫民和人道主义事业的人。①

---

① 彼罗·斯拉法主编:《李嘉图著作和通信集》,第一卷,政治经济学及赋税原理,北京:商务印书馆,1962年,第88—90页。

以马尔萨斯和李嘉图的政治经济学理论为依据,中产阶级对旧的济贫法制度,特别是在对法战争期间实行起来的"斯宾汉姆兰制度",进行了猛烈的抨击。在对法战争期间,由于物价飞涨,下层工人阶级无法维持正常生活,当时,在各郡都发生了争抢面包的事件。鉴于这种情况,1795年5月6日,柏克郡地方长官在一个叫斯宾汉姆兰的地方召开会议,通过"斯宾汉姆兰法案",决定扩大济贫的范围,根据家庭的大小和面包的价格对当地贫民及其家属给予济贫院外补贴,并规定了详细的救济标准。该法案是一种战时济贫政策,它实际上是规定了劳动者的最低生活限度。战争结束后这一制度继续维持下去,农场主便以农业工人可得到济贫院外救济为借口,尽量压低农业工人的工资,这实际上就将一部分本应属于雇主的成本转嫁给了整个教区的济贫税纳税人,从而造成了不公正;其次,由于该制度的核心是向工资低于一定标准的工人发放补贴,这就使得这些工人不愿再到其他地方寻找较高收入的工作,形成了干多干少一个样,吃大锅饭的情况,因而这种制度被许多人批评为养懒汉的制度,不仅不能减少贫困,反而造就了贫困,并且使劳工丧失了自立的精神,甘愿成为仰人衣食的贫民。

在对法战争期间,英国有产者为了缓和国内矛盾,还愿意承受济贫的包袱,战争结束以后,他们抛弃这个包袱的愿望就越来越迫切了。随着在1832年议会改革中的胜利,中产阶级也决心按照自己的意愿对济贫法进行改革。

在1832年成立的皇家委员会中最著名的人物是西尼尔,他是牛津大学的教授,在当时是政治经济学方面的权威,是马尔萨斯人口理论和李嘉图工资理论的忠实信徒。他公开表示,济贫法需要的不是改革,而是彻底废除。① 辉格党内阁中的许多官员和他持有相同的观点。但是对于这样一个存在了两个多世纪,影响广泛的社会制度,辉格党政府没有信心,也没有胆量一下子全盘废除。事实上,新的方案基本上采用了边沁主义者的观点,边沁生前的好友和秘书埃德温·查德威克(Edwin Chadwick)作为委员会报告的起草人,最终确立了新的济贫制度的原则。

---

① Halevy, *The Triumph of Reform 1830-1841*, p. 120.

作为边沁的密友,查德威克也是一个自由主义者,也信奉李嘉图等所宣扬的古典政治经济学理论,但是在涉及社会问题时,他坚持边沁的功利主义思想,坚决反对那种极端的、要求废除一切贫穷救济的观点,"因为这一部分穷人的利益受到损害,不能不影响到最大多数人的最大幸福"。① 他指出,原有济贫制度的缺陷不在于它增加了过多的人口,而在于它破坏了人劳动的本能,这是查德威克对马尔萨斯和李嘉图观点的重大修正。

在他起草的报告中,他首先对户外救济的情况进行了认真的分析,他将户外救济分为两大类:有工作能力者和无工作能力者。在列举了大量的例证后,他指出:

> 我们提到的那些弊病中最迫切需要解决的是对健全的、有劳动能力者的救济,它们肯定是弊端,我们首先要对这些问题提出解决意见。如果我们认为,在对有工作能力者进行救济时,报告前面部分中所提到的那些弊端,或者与此相似的弊端是一定会发生的,我们就应该毫不犹豫地建议将它完全废除,但是我们并不认为这些弊端是不可避免的,在严格的规定和适当的强制下,这样的救济将不会产生危害而会带来好处。

查德威克认识到如果完全废除济贫,是很难为大多数人在感情上所接受的。他说:

> 在很多地方,都会出现这种情况,即,当一个人丧失了谋生的手段时,就会面临着毁灭的危险。在还没有弄清楚这个人是否真的不能靠自己的劳动生存以前,就拒绝给予救济,甚至对乞丐进行惩罚,对大部分人的感情来说是难以接受的。对于他们来说,甚至不愿意去惩罚抢劫,如果这种抢劫是因为贫困而成为了唯一的生存手段。

因此,根据边沁提出的人类具有的趋乐避苦的天性,查德威克提出应该用一种新的原则修订济贫法:

> 在一切情况下,最根本的,应得到普遍认可的原则是,他(申请

---

① 陈晓律:《英国福利制度的由来与发展》,南京:南京大学出版社,1996年,第25页。

济贫者)的整个状况不应真的或看起来好于独立劳动者最底层的状况。证据表明,任何需要救济的贫民阶层的状况如果超过了独立劳动者,独立劳动者阶层的状况肯定是令人沮丧的,他们的勤奋精神受到损害,他们的就业变得不稳定,他们的工资遭到削减。他们因此将受到强烈的诱惑离开状况不佳的劳动阶层而进入状况反而较佳的贫民阶层。而当贫民阶层被安置于一个合适的、低于独立劳动者的水平上,则会出现相反的情况。每一个便士,如果被用于使贫民的生活比独立劳动者的更好,都是对懒惰和邪恶的奖励。①

基于这种精神,查德威克在报告中提出了新的济贫法在政策上应遵循的两个原则,即"劣等处置"和"济贫院检验"。首先,停止一切户外救济和工资补贴制度,将所有的救济活动都集中在济贫院进行。其次,要使在济贫院中领取救济者的生活条件低于济贫院外工资最低收入者的生活条件。为此,济贫院里的待遇要尽可能地恶劣,报告里列举了南威尔济贫院采取的一些措施,如:将男人和女人分开居住;禁止任何外出和接见来访者;禁止吸烟;禁止饮酒;给他们找活干;如果他们行为不端,在济贫法管理员的同意下可以将他们拘禁在单独的地下室里。②

毫无疑问,在这样严厉的管理下,济贫院无异于监狱,但这正是调查委员会希望看到的效果,他们相信严厉的纪律有助于贫民的道德完善,使那些有工作能力的贫民勤奋起来:

> 纪律对他们是件新事物,他们不喜欢被约束,他们不久就发现,只要勤奋,再加上一点点管理,他们就能不再生活于贫困之中,他们离开时生活习惯得到了提高,从此没有教区的帮助也能生活下去了。③

很明显,在查德威克和调查委员会的委员们眼中,废除户外救济和严酷的济贫院威胁成为了消除贫困的魔棒。

---

① "Report from His Majesty's Commissioners for Inquiring into the Administration and Practical Operation of the Poor Laws", *Parliament Papers*(1834), No. 44, Vol. 27, p. 127.
② Ibid., p. 129.
③ Ibid., p. 132.

报告中建议的另外一项重大改革就是建立一套全新的济贫法管理体制。制定政策是一回事,保证这些政策能被认真地执行则是另外一回事。旧的济贫法制度具有传统的地方自治特色,济贫税的征收和济贫费的发放都是由各个地方当局自己管理。按照惯例,济贫法管理员这样的基层济贫工作管理人员都是在当地治安法官的监督下,从当地的住户中选举产生,任期一年,没有报酬。贵族和地主宁可交罚金也不愿干这项工作,因此,这种差事往往就落到了当地的农民和小商人身上,这些人自身也是生产者,很少愿意抽出时间来处理公务,而且由于文化素质较低,又没有受过关于行政管理方面的专业训练,对于公务常常是敷衍了事,工作做得很差。同时由于缺乏健全的监督制度,贪污、滥用济贫款项的事情也屡见不鲜,许多济贫院在这些业余人员的管理下,变成了人员混杂的收容所,受到了各界的强烈批评。早期所有关于济贫法的改革措施在这种旧的济贫法管理制度下往往都一事无成。委员会提出的克服这种困难的方法,就是将这种业余的、地方自治管理的制度替换为一种专业的、由中央统一监控的管理制度。这种中央集权的做法是自查理一世以来所未闻的,是对英国几百年来传统地方自治制度的一次大胆改革。

在1832年调查委员会成立之初,成员中只有一名功利主义者寇尔森(William Coulson),他以前曾是边沁的秘书,但是当为了对各地的情况进行调查而任命助理调查委员时,在寇尔森的建议下,几名边沁的信徒被邀请参加,他们是:约翰·威尔森(John Wilson),查尔斯·卡梅隆(Charles Cameron)和查德威克。卡梅隆在报告中提议放弃传统的管理制度,在这种制度下地方当局可以根据自己的喜好任意决定是否执行现有的规定。他建议在伦敦成立一个中央委员会统一管理济贫资金,同时在地方上任命足够的领薪的官员,以此来保证政策的统一执行。查德威克在起草最后的报告时,采取了相同的原则,但提出了更适合实际情况的建议。他在成立的中央委员会中也占据了一席之地。根据新的济贫制度,"整个英格兰和威尔士的济贫管理委托给一个三人委员会指导和控制,他们被授权可以为管理济贫工作和济贫院制定和发布各种命令和规章制度,有权发布命令建立、租用、修改或者扩建济贫院"。①

这样广泛的授权对于英国法律来说是前所未有的,许多议员认为这一做法是不符合英国宪法的,但是查德威克的意见占据了上风。在辉格党最后通过的议案中,三人委员会被给予了五年的期限,到期后由议会决定其是否被保留下来。在地方上,废除了过去15535个以教区为单位的济贫点,成立了600个联合教区和联合济贫院负责济贫管理,教区联合会的管理交给在地方税纳税人中选出的贫民监护人委员会,这些监护人委员会再任命一个领取薪水的管理人负责具体的济贫工作,济贫法管理员和监护人委员会都应该执行在伦敦的三人委员会发布的各种命令。三人委员会下属的助理委员们负责视察和传达命令,并监督命令在地方上的执行。"新济贫法"以法律的形式建立了从中央到地方的一整套济贫工作管理和监督制度,为日后"新济贫法"的实施提供了保障。

这套半选举、半官僚的行政制度的根源是不难识别的,它的原型就在边沁的《宪法法典》一书中。在1833年,边沁主义者罗巴克就试图根据边沁的设想建立一套全国的教育系统,但是由于宗教纠纷的原因失败了。现在边沁的另一个信徒查德威克,成功地将相同的原则应用到了济贫法的改革上,获得了成功。这是边沁关于国家制度改革思想的一大胜利,其影响是巨大的。虽然新济贫法的实行遭到了强烈的抨击,但是新的济贫管理制度在其效率上却得到了统治阶级的充分认可。在以后的岁月里,英国政府在处理一些公共管理事务——如卫生、教育、道路维护等问题时,在行政管理上都采取了和新济贫法制度相同的形式,整个地方政府的管理开始发生了转变,一个更加现代化和民主的英国逐渐从过去混乱的、传统的、贵族式的自治政府中显现出来。

由济贫法管理制度的改革所引发的"行政革命",无疑削弱了地主阶级的传统权力,这样一个蕴涵着革命性后果的改革措施,如何能够在一个地主阶级仍然占据巨大优势的议会中迅速获得通过呢?答案是简单的,地主阶级和改革有着直接的利益关系,在传统的济贫制度下,由于济贫税主要是以教区为单位,根据不动产的估算来征收的,所以大部分的济贫税

---

① Halevy, *The Triumph of Reform 1830-1841*, p.124.

都落到了地主阶级的头上,工厂主们往往在生意好时招收工人,生意不好时就将工人解雇回家,因而能逃避济贫的费用。所以地主阶级对于日渐增长的济贫费用有着切肤之痛,悲观者预言将来济贫税会将整个国家的地租都吞噬进去,所以当阿尔索普勋爵提出新的济贫法案时,他很聪明地,但也不乏真诚地将这个法案称之为"为农业提供救济"的一种措施。①乡绅们很清楚,在传统的制度下,作为地方长官和封建大家长的他们,是很难拒绝那些穷邻居要求救济的要求的,为了避免被沉重的济贫税压垮,他们默认了将负责济贫的权力交出去。但是,很显然,这种压迫穷人的做法是与传统的托利思想不符的。在下院,大部分托利党人投票默认了政府的法案,只有一小部分托利党激进派对议案进行了抨击,有产阶级在济贫法的问题上站在了一起。

三、改革的经验和教训

对于新济贫法的制定者和其所代表的有产阶级来说,新法在实行的前几年里确实达到了其主要目的。首先,济贫税有了明显的下降,据统计,1834年济贫税开支为6317000英镑,从1835年以后逐年下降,1835年为5526000英镑,1836年下降到4718000英镑,1837年下降到4045000英镑。② 其次,新济贫法的实施使长期困扰英格兰东南部地区的劳动力过剩、农业工人普遍贫困等社会问题得到一定程度的解决。取消了"斯宾汉姆兰制"所规定的"补贴制"以后,农场主故意压低工人工资的情况有所缓解,农业工人的生活有所改善。为解决农业劳动力过剩问题,新济贫法的执行者曾把5000名农业工人送往澳大利亚和新西兰殖民,并将大量的农业工人送到兰开夏的工厂中去做工③,既为工业资本家提供了大量的廉价劳动力,促进了英国资本主义经济的发展,同时工人的工资也比

---

① Halevy, *The Triumph of Reform 1830-1841*, p.127.
② Ibid., p.286.
③ Ibid., p.286.

以前在农业地区有了较大提高。应该说,新济贫法在东南部农业区的实行是相当成功的。

但是,应该看到,这种成功在很大程度上应该归功于这一时期英国经济的繁荣,在1836年前,英国的农业连年丰收,工商业经历了1825年的经济危机后,到30年代初期重新活跃起来,到1835年又达到了一个新的膨胀期,这一时期铁路的建设也吸引了大量的劳动力。经济的繁荣和劳动力市场的需求扩大,大大缓解了严重的失业和贫困问题,因此这一时期新济贫法在南方的实行相对较为顺利。但是当政府在1837年开始将新济贫法也推行到北方时,却遇到了强烈的反对。与南方的农业区不同,斯宾汉姆兰制度在北方的工业区从来就没有普遍实行过,这里的劳动力市场本来就是自由的,平时也不存在大量的劳动力过剩问题,失业主要是由于经济危机和工商业萧条引起的,对于受到经济危机打击的失业工人来说,再取消他们唯一可以依赖的户外救济,无疑是将他们逼上了死路。1836年年末,又一次严重的经济危机袭击了英国,以后几年农业也是连年歉收,直到1842年以前,英国开始了19世纪最严重的一段经济萧条时期,严重的失业问题使得地方当局不得不请求恢复户外救济,以平息群众的不满,但是三人委员会给予了坚决的拒绝,因为如果不能在不违反新济贫法的情况下克服危机,就等于他们的工作完全失败了。这使得工人阶级对新济贫法的痛恨更加强烈,他们将三人委员会的委员称为"三个暴君"和三个"住在萨默塞特的土耳其帕夏",将济贫院叫做工人阶级的"巴士底狱"。在社会上传播的一些反对新济贫法的小册子里,将济贫院描绘成了一个蓄意谋杀穷人的恐怖地方:给穷人吃的面包里下了毒,用鸦片给生病的穷人治疗,采用各种方法尽快消灭贫困人口,以实践马尔萨斯的人口理论。① 各地反对新济贫法的运动此起彼伏,而且变得越来越暴力和危险,反对济贫法的运动也成为宪章运动兴起的一个主要原因。虽然济贫法委员会仍然坚持着"劣等处置"和"济贫院检验"这样僵硬的措施,但在实际执行中这些措施已经行不通了,即使是在南部已经推行了新济贫法措施的地区,在经济萧条时,地方当局也不顾上级的反对,被迫恢复

---

① R. K. Webb, *Modern England: From the Eighteenth Century to the Present*, p. 247.

了户外救济。

新济贫法的制定和推行既是边沁主义者在英国政治上成功的顶点,同时也是他们在政治上失败的起点。面对着自上世纪工业革命以来积累的诸多社会问题,辉格党政府以边沁的功利主义和古典政治经济学为理论指导,实行了一系列的社会改革,其成功和失败之处都是很明显的,这一点在新济贫法的制定和实行中得到了最好的体现。面对阻碍着资本主义经济发展的历史上遗留的大量封建残余,边沁主义者和政治经济学家们试图以一种科学的、逻辑清晰的方法构造出一个新的、科学化的、有效率的现代政治和经济制度。事实上他们也取得了许多成功,特别是在行政制度的改革上,如在市镇法和卫生法的改革中边沁主义者也发挥了关键的作用。但是,他们在实践中的局限性也是明显的,就像著名史学家阿诺德·汤因比(Arnold Toynbee)在批评古典政治经济学家和边沁主义者时指出的那样,这些理论家们把"一个人工逻辑构造出的世界当做了一个真实的世界"。[1] 在实践当中往往忽视实际情况,凭着想当然的理论去处理千变万化的实际问题,成为了典型的教条主义者。这一点在新济贫法的制定中最为明显,他们忽视了北方和南方不同地区的差异,将一些局部取得的经验不加区别地推行到全国,从而导致了严重的危机。

其次,边沁主义者虽然在改革中打着科学和理性的旗帜,但是其改革措施却暴露了鲜明的阶级特征。自工业革命以来,英国社会面临的最严重的问题之一就是愈来愈严重的贫富分化和下层劳动人民的贫困化问题,但是以马尔萨斯、边沁、李嘉图为代表的资产阶级理论家们,忽视或者说否认了政府和社会在贫困问题上应负的责任,认为失业和贫困,即使不是全部,也在很大程度上是个人自我堕落的结果。认为假如一个身体健康的工人没有工作,他只有自己可以责备,不是因为他懒惰就是因为他在劳动力市场上要价过高。同样的原则也被应用到了工厂法的制定上,功利主义者在1833年制定的工厂法中也发挥了主要的作用,他们虽然承认国家应该对未成年人进行保护,但拒绝在成年人的劳动问题上进行干涉,

---

[1] Arnold Toynbee, *Lectures on the Industrial Revolution of the Eighteenth Century in England : Popular Addresses , Notes , and Other Fragments*, London: Longmans, Green, 1908, p.143.

这种对契约自由的盲目坚持事实上就是认可了一个弱肉强食的社会。在1834年议会里关于新济贫法的一次辩论中,辉格党大臣、功利主义和古典政治经济学的忠实信徒布鲁厄姆勋爵的发言最鲜明地代表了这种中产阶级对贫困的看法,他指出:

> 一切慈善事业——除了少许例外,都违背政治经济学原理……就是老头子,也不应该救济,既然人人都有老,每个人每天都在变老,所以一切深谋远虑和有独立精神的人都会在身强力壮的时候储蓄足够的钱,以便在老得不能工作时有足够的钱养老。因此,养老院,严格说来,应该认为是有害于社会的……济贫法完全切断了人们心中劳动和报酬之间的联系——它们(济贫法)以诚实和勤俭为代价,鼓励了懒惰和挥霍无度——它们摧毁了农民的独立性,使他们依赖有害和被迫的救济生活,堕落为了品德败坏的乞丐。①

新济贫法颁布实施的后果之一就是激起了大规模的群众运动,它很快成为了英国历史上颁布过的最可恶的立法之一。这些中产阶级理论家们对待穷人的冷酷和残忍,不仅受到了广大劳动人民的憎恨,也受到了上层阶级中许多有识之士的广泛批评。19世纪著名的思想家和文学家托马斯·卡莱尔(Thomas Carlyle)在他的《宪章运动》一书中,这样讥讽那些功利主义者和经济学家:"他们并不是老虎,他们是些满怀理论观念的人啊。"狄更斯(Charles Dickens)在其名著《雾都孤儿》一书中对新济贫院以及设计并主办它们的"哲学家"进行了无情讽刺,小奥利弗受到的虐待受到了千百万人的同情。在另一部小说《圣诞颂歌》一书中,狄更斯对中产阶级中许多人的吝啬和自私进行了抨击,小说的主人公、小店主斯特鲁奇拒绝给穷人提供施舍,因为作为一名纳税人他已经资助了济贫院,收税人告诉他:"许多人不去那里,许多人宁愿去死。"对此斯特鲁奇用马尔萨斯的口气回答道:"如果他们宁愿去死……他们最好这样做,降低过剩人口。"正是通过这些文学作品使得自由主义的政治经济制度作为"巴士底狱"而广为人们知晓。② 在工人阶级激进派和地主阶级保守派,以及许多

---

① *Parliament Debates*, Ser. 3, Vol. 25(1834), pp. 221,222.
② 阿巴拉斯特:《西方自由主义的兴衰》,第340、341页。

人道主义者的抨击下,功利主义者的声誉一落千丈,在政治上的影响力迅速下降,辉格党的改革年代也由此走向了结束。

(宋晓东　北京大学历史学系博士研究生、
　　　　　石河子大学政法学院讲师)

文明观念与美国外交思想（1870—1914）

刘义勇

【内容提要】 1870至1914年间，"文明"曾经是美国外交中的一个流行词汇和核心概念。美国人的文明观念最早来源于欧洲启蒙思想的传播，同时也来自于美国建国历程的长期积淀。在包括国际仲裁、排华，以及帝国主义和反帝国主义的斗争等事件中，这种文明观念都影响和塑造了美国的外交思想。

"文明"是一个含义丰富、多变的词汇，从启蒙运动至今，欧美的学者对文明的内涵和特点有诸多的探讨，而它本身的政治意义也甚为重要。正如美国历史学家比尔德夫妇所说，在美国，它某种程度甚至可以说是代表了比"自由"、"民主"这些概念更高一层的意义，因为它的指向是人类整个生活的某种核心特质。① 文明观念的影响广泛，本文所想要探讨的则是1870—1914年间它对美国外交思想的影响。因为1870—1914年代是国际关系史上的帝国主义时代，欧洲列强以"文明化"为借口在海外开

---

① Charles Beard and Mary Beard, *The American Spirit: A Study of the Idea of Civilization in the United States*, New York: The Macmillan Company, 1942, Preface, p. v.

拓殖民地,而美国也在重建结束后开始海外扩张(先是由民间,然后是由政府来推动)的事业,并与非西方世界开始广泛而深入的接触。同时这一时期,文明、种族、进化等概念也成为流行语和那个时期国际关系中的核心概念,成为西方,包括美国理解世界和国际事务的框架。而1914年后,特别是一战结束后,西方社会开始对"文明"进行反思,文明观发生了很大的改变。此外,当前国内外学术界对"文明"的讨论主要是集中在当代国际政治领域,而对"文明"与外交思想史的讨论则相对比较薄弱,以"文明"作为中心概念的研究则更是少见,它更多地只是作为种族观念、性别观念的从属概念出现在研究中。这显然要影响我们对文明观念同外交思想之间有何直接关系的理解。因此,本文试图通过简要追溯文明观念的起源与演化,以及它在美国的发展,来分析与探讨1870—1914年这段时期美国文明观念如何塑造美国的外交思想。

一、文明观念的起源与演化

文明观是随着历史发展而变动着的一个开放的话语体系;这种文明话语从最初诞生起,就开始在历史的节点中被扩充和改造。以下将要叙述的是文明话语在西方世界的起源,以及1870年之前这一话语在美国的演变。

"野蛮"从词源学上讲源于希腊语,用来描述说话不能为希腊人所理解的外国人。后来意义逐渐得到扩展,泛指残酷好斗的,未开化的,信仰异教的他者。① "文明"在拉丁语和法语中都有近似的词汇,如拉丁语中的"civitas",13世纪法语中的"civil",14世纪的civilite等。但法语"civilisation"和英语"civilization"都出现于18世纪中后期,与启蒙运动同时。② 根据《牛津英语词典》(*Oxford English Dictionary*)里的记载,英语中"civili-

---

① 马克·索尔特:《国际关系中的野蛮与文明》,肖欢荣等译,北京:新华出版社,2002年,第24—26页。
② Brett Bowden, *The Empire of Civilization: The Evolution of an Imperial Idea*, Chicago and London: The University of Chicago Press, 2009, pp. 26-28.

zation"最早的记录是出现在 1772 年英国人詹姆斯·波斯维尔(James Boswell)所著《约翰逊的一生》(*The Life of Johnson*)一书中,他曾建议萨缪尔·约翰逊(Samuel Johnson)编纂词典的时候用"civilization"作为"barbarity"(野蛮)的反义词,因为约翰逊打算采用的"civility"有双重含义,不如用"civilization"更明确。① 而根据后人考证,英国思想家亚当·弗格森(Adam Ferguson)在其著作《公民社会的历史》(*Essays on the History of Civil Society*)一书中,就有八处使用了"civilization"这个词,这本书出版于更早的 1767 年,同时从当时这群作家相互通信里提示的线索来看,在之前弗格森应该就使用过这个词。因此正如法国历史学家吕西安·费弗尔(Lucien Febvre)所说,"谁最早或者至少是在出版物中使用这个词?我们无从得知。人们对此无需惊讶"。②

根据学者乔治·斯托金(George Stocking)的看法,到 1830 年左右,欧美已经形成了较为丰富的关于文明的观念。③ 文明的观念与西方的思想变迁密切相连,实质上是吸收了这个时期西方思想界的一些核心因素。其中最突出的含义包括:

第一,"文明"所蕴涵的"现代化"的思想。在许多情况下,"文明"与"现代化"是可以相互替换的,文明化即意味着现代化。"文明"的这种思想可以在以亚当·斯密为代表的英国古典政治经济学中找到踪迹。亚当·斯密本人就在自己的著作里多次使用"文明"一词。

第二,有关种族和文化的观念。"文明"有时候不仅意味着物质上的现代化,同时还表现为文化的多样性,而文化的多样性又反映了各民族不同的种族特性。德国哲学家赫尔德较早地提出了文化和种族的思想。对德国人来说,"文明"一词并不像在英法一样受到喜爱,他们更偏爱"Kultur"即文化的概念。但在英语中,"文明"与"文化"是不分的。④ "文化"

---

① Charles Beard and Mary Beard,*The American Spirit:A Study of the Idea of Civilization in the United States*,p.62.
② Lucien Febvre,"Civilisation:Evolution of a Word and a Group of Ideas",in Peter Burke,ed.,*A New Kind of History:from the Writings of Febvre*,New York:Harper & Torchbooks,1973,pp.20-21.
③ George Stocking,Jr.,*Victorian Anthropology*,London:The Free Press,1987,p.44.
④ Norbert Elias,*The History of Manners*,New York:Pantheon Books,1978,p.4.

在当代之所以比"文明"更加流行一些,一定程度是由于文明话语同帝国主义、殖民主义曾经有过千丝万缕的联系,从而造成一些学者在使用时,常常以"文化"来替换文明,以避免引起不好的联想。①

第三,"文明"既包含了启蒙思想家如老米拉波(Mirabeau)、孔多塞(Condorcet)等人对于进步和理性的推崇,也包含了启蒙的反思者对传统、宗教和自由的强调。

第四,一个民族若要称得上"文明",信仰基督教是一个必要条件。"文明"本来是一个世俗化的概念,但是由于宗教在西方广泛而深刻的影响,人们也逐渐理所当然地认为,异教徒都是不文明的,需要文明人去开化他们。正如一位学者所言,"19世纪末20世纪初,基督传教士心目中文明身份的核心元素是基督教的道德"。② "文明化"既是一种世俗使命,即将基督教国家先进的技术、医疗和科学带给非基督教国家,同时也是宗教人士进行传教最常见的旗号之一。③

以上所总结的,实际上也是西方判断其他民族是否"文明"的主要标准。诚如社会学家艾利亚斯所言,文明这一概念实际上是西方的自我意识,甚至就是一个民族的自我意识。④ 因此,西方人往往是以自己的形象、成就来衡量与要求其他民族,这中间的差距,便是"文明"与"不文明"的差距。而"文明"的主要标准就体现在,物质上是否繁荣,风俗传统是理性还是愚昧,是否具备自由、平等的价值观,文化是贫瘠还是丰富,乃至是否信仰基督教和种族特性的优劣都被包含了进来。那么,美国的情况又是怎样的呢?

在共和国早期,即从美国建国之初到1830年左右,与西方文明观念开始流行的同时,有不少杰出的美国人也对美国文明观念的形成做了奠基的工作,著名的有托马斯·潘恩、托马斯·杰斐逊、约翰·亚当斯、莫西·沃伦和约翰·昆西·亚当斯等人。这其中不少人物的身份不仅仅是

---

① Brett Bowden, *The Empire of Civilization: The Evolution of an Imperial Idea*, p.13
② Miwa Hirono, *Civilizing Missions: International Religious Agencies in China*, New York: Palgrave, 2008, p.28.
③ Ibid., p.28.
④ Elias, *The History of Manners*, p.3.

思辨的哲学家,同时也是影响巨大的政治人物,因此他们对文明的思考无论是理论还是实践上都有着重要的意义。查尔斯·比尔德夫妇对这个时期最重要的文明思想作过一个很好的总结:首先,从文明史的发展规律来看,美国文明是对欧洲文明的继承,但在社会解放程度和发展的潜力上面,都要优于欧洲文明;其次,美国文明脱离了旧世界,是非常值得美国人自豪的,因为这个新的文明将会更优越,更有活力;再次,美国文明的独特性和优越性在于它的时间性(没有欧洲那样漫长的历史),它的迅速增长的人口,它的得天独厚的地理位置和环境,以及它相对平等的社会状况;最后,美国人拥有无限的机会、信仰、意志和能力去提升他们的文明。①这些有关美国文明的思想是与这个时期美国的现实状况密切相关的,同时也是此后美国文明观的源头和基础。

1830年到1855年间,随着美国共和制的"伟大试验"取得非凡的成就,北美大陆成为很多欧洲人赞扬和欣赏的对象,美国人对文明的看法也有了进一步的发展。这个时期美国人文明观念最突出特点是对人类从野蛮走向文明的信心以及看待文明问题的国际主义视野。所谓国际主义视野是指这个时期的美国人相信,文明的进步和完善是需要超越国界的互助与合作。入江昭在他的论著中这样描述此现象:

> 国际主义的潮流特别明显地体现在1830至1850年间,当人们常常通过进步与文明的主题来讨论其国家经历的时候。……在1834年为《北美评论》撰写的文章中,乔纳森·查普曼(Jonathan Chapman)宣称,所有过去、当下和未来的重大事件都是相互关联的,因为它们体现了人类从野蛮稳步走向文明的过程。这个人类进步的宏图中,所有民族和大陆间的边界都是微不足道的,最终地球上将会产生一个乌托邦,在这个乌托邦中,人类被推着一刻也不停地向前进步。……这种关于进步和文明的观念,以及对美国历史和社会充满信心的自我印象,常常是决定美国人看待国外事务方式的基本因

---

① Charles Beard and Mary Beard, *The American Spirit: a Study of the Idea of Civilization in the United States*, pp. 162-167.

素。①

在这种文明观的指引下,美国人对欧洲的革命和改革表现了极大的兴趣,例如对奥地利革命和对法兰西第二共和国的支持等,驻普鲁士公使班克罗夫特还亲自去往巴黎,为法国的新宪法提供建议。②

与此同时,发轫于这个时期的"天定命运"思想也和文明观念有着密切的关联。在天定命运所鼓吹的领土扩张背后,蕴涵着鼓吹者对文明的极端化的认识。在1840到1850年代,天定命运思想最为典型地体现在对墨西哥的战争中。在美国人眼中,由于墨西哥是一个半文明(semi-civilized)的国家,法理上不能像对印第安人一样处置墨西哥人的国土,因此在1840年代美国同墨西哥的战争中,美国通过将墨西哥人塑造成狡诈的野蛮人的形象,来唤起国内的支持。对这个时期美国人心目中文明国家与以墨西哥为代表的半文明国家的关系,美国学者马修·雅各布森作了精辟的论述:

> 因为中南美洲和加勒比海有如此之多的野蛮人,而且他们贫乏的才智都用在了欺诈之上,所以文明国家美国的良好管理必将使野蛮人获益甚多,不管他们是否承认这一点。于是19世纪中期之后,当这个国家需要定义国家利益和如何去实现国家利益的时候,边界往往失去意义。③

但是,是否占据墨西哥人领土的问题,却给美国人带来了不小的困扰。即使是天定命运的提出者奥沙利文(John L. O'Sullivan),虽然他支持获得墨西哥的领土,却也有这样的担心:"我们相信没有美国人愿意搁置美国文明的征程(the march of civilization),收回我们已经迈出去的步子,去忍受这群半野蛮人的到来——他们至今对政治的科学一窍不通。"因此他希望美国适可而止,不能没有限度地去索取墨西哥的领土,而导致美

---

① Akira Iriye, *From Nationalism to Internationalism U. S: Foreign Policy to 1914*, London: Routledge, 2002, pp. 16-17.
② Ibid., p. 17.
③ Matthew Jacobson, *Barbarain Virtues: The United States Encounters Foreign Peoples at Home and Abroad, 1876-1917*, New York: Hill and Wang, 2000, p. 39.

国文明发展的停滞。① 也有人只是不愿意同非理性的半文明人发生战争,这种观点在国内也得到了不少的支持。例如参议员托马斯·柯文(Thomas Corwin)就谴责波尔克总统去招惹这个"半野蛮,半文明的种族",引发战端,因为同理性与文明的美国人不同,墨西哥人野蛮的血液中流淌着非理性和狂热的爱国热情,很可能会导致美墨之间的仇恨延续下来。② 柯文的演讲虽然抨击了波尔克和民主党的战争政策,但是在他心目中,墨西哥人仍然是怪物一样的存在,是种族混合后的低等人,美国所应该做的就是敬而远之。最终的结果虽然是墨西哥的领土被割让,但这种文明观念对美国领土野心的抑制作用也开始显现出来。

对印第安人的政策也为这个时期美国人的文明观增添了新的内容。该怎样处置"野蛮"的印第安人的土地呢?尽管杰斐逊1786年曾经许诺过,"印第安人的哪怕一寸土地,都不能不经他们的同意而被取走,这应当是确信无疑的"。③ 但是从文明的角度来看,这样并不符合文明的原则和利益。很多人相信,野蛮人和文明人不一样,后者更需要定居的生活,而且可以更好地利用土地资源;而野蛮的部落是可以四处流浪的,因为野蛮人的特性,他们对土地只是暂时的占有,而并没有永久占据的权利。④ 所以美国总统安德鲁·杰克逊宣称,迁走印第安人避免了他们被文明所毁灭的命运,反而对他们是一种恩惠。⑤ 另一方面,"出于真诚的利他主义的一些白人",深信"'野蛮'的人群无法与文明人竞争,长此下去注定

---

① John L. O'Sullivan, "The Advancing March of Our Civilization, from 'Territorial Aggrandizement'," *The United States Magazine and Democratic Review*, XVII (October, 1845), p. 245.
② Thomas Corwin, "Show you are sincere when you say you desire nothing by conquest", *Congressional Globe* 29th Cong., 2nd Sess., 1847, Appendix, pp. 238-245.
③ Albert Weinberg, *Manifest Destiny, A Study of Nationalist Expansionism in American History*, New York: The John Hopkins Press, 1935, pp. 72-77.
④ 托克维尔在《论美国的民主》第一章结尾的论述就典型地体现了当时人们对这个问题的认识。参见托克维尔:《论美国的民主》上卷,董果良译,北京:商务印书馆,1995年,第32页。
⑤ "Andrew Jackson's Case for Removal, 1830", Thomas Patterson, ed., *Major Problems in American Foreign Relations*, Vol. 1, Toronto: D. C Heath and Company, 1995, p. 212.

要灭绝,因此这些白人试图通过'文明化'的手段来拯救印第安人"。①"文明化"随后也从少数白人的利他行为变成了联邦政府的主要政策手段,但利他性质则变味很多,而"文明化"也并没有保住印第安人的家园。虽然这个时期对印第安人的政策在后人看来是联邦政府一大污点,但在当时急于向西部推进的美国人自己看来,迁移和"文明化"都是成功的和值得推广的。

对印第安人和墨西哥人的处置为美国人遗留下来一种实用而又有着内在张力的文明观念,它既包括了关于野蛮人和半文明人的固定形象—这种千篇一律的刻板印象将一再出现于非洲、菲律宾、中国等地区,也包括了应对这些不文明人的基本策略,同时还包括了美国与其他国家文明程度的"差距"在对外干涉、战争、领土合并等事务上给美国人带来的难题。

1855 至 1870 年,是美国从陷入内战到重建和恢复的阶段。这个时期的文明观也不例外地刻上了时代的印记。在殖民地时代,黑人被视为比印第安人更加野蛮原始的种族,如果说美国人一直在做"文明化"印第安人的尝试的话,文明化黑人的可能性却几乎不会被考虑。② 而到了 19 世纪中期,出于应当促进整个人类文明进步的看法,黑色人种的地位也得到了改善,例如在 1840 年代,就有一些废奴主义者觉得奴隶制造成了美国和文明世界的隔膜,只有一个反奴隶制的政府才能打开海地、英、法等国的市场,推动商业、和平、文明和自由在全球的散布。③ 内战前夕,在南部奴隶主一再要求重开奴隶贸易时,布坎南于众议院回应说,相比非洲,美国的黑人文明程度已经大大提高,如果再引进更为野蛮的黑人,将不仅给美国带来可怕的后果,同时也会阻碍非洲大陆接受文明的赐福。④ 这里布坎南只是力主禁止野蛮的奴隶贸易,未敢抨击当时要求扩大奴隶制

---

① Theda Perdue, "The Origins of Removal and the Fate of the Southeastern Indians", Thomas Patterson, ed. , *Major Problems in American Foreign Relations*, Vol. 1, p. 223.
② 李剑鸣:《美国的奠基时代(1585—1775)》,北京:中国人民大学出版社,2011 年,第 346 页。
③ Edward P. Crapol, "The Foreign Policy of Anti-slavery, 1833-1846", Michael Krenn, ed. , *Race and U. S. Foreign Policy from Colonial Times through the Age of Jackson*, New York and London: Garland Publisher, Inc. , 1998, p. 345.
④ "James Buchanan's Third Annual Message to Congress on the State of the Union", December 19, 1859, ⟨http://www. presidency. ucsb. edu⟩ accessed April 1, 2011.

的奴隶主。而林肯在1861年的就职演说中,则公开对追捕逃奴的立法表示质疑,他说,"在这个问题上难道不是应该引进一切捍卫自由的文明和人道的法律体系,从而使一个自由人不论在什么情形下都不会变成奴隶吗?"①支持南部邦联的人则表示,使懒惰、愚蠢的黑人文明化与基督化是不可能的,南部邦联即使到了与整个文明世界为敌的地步,也要打赢这场内战。②尽管在战后黑人奴隶得到了解放,但这两种文明观的冲突并未结束。战后的自由黑人一方面遭到私刑迫害,一方面也没有得到选举权。而在支持与反对自由黑人不公正社会政治和法律地位的运动中,美国人的文明观念又得到了进一步的扩展。

综合上面的论述,可以看到在1870年之前,美国人的文明观念已经包含了丰富的内容,这种观念可谓是美国早期历史经验的一个总结。概括地说,主要包括两个方面:首先是文明世界的交往规则,其次则是怎样对待"半文明"国家、"野蛮"国家以及国内的"不文明人",例如亚洲移民、黑人和印第安人等,这些也会影响到外交关系。此时在国际社会中,可以说有一个无形的"俱乐部",只有符合一定的文明标准才能被视作文明国家,享受平等的待遇,否则,便会受到差别对待。在美国的发展过程中,已经形成了对于其他文明国家的态度,例如自认为将是"文明的中心",因此一方面即使还保持着孤立主义的政策,但也希望自己的主张能得到外界拥护,希望让整个文明世界按自己的文明理念来进步;另一方面对印第安人、墨西哥人和黑人的长期接触又使美国人对所谓的"不文明人"和"不文明国家"有种种偏见,这些偏见也会导致美国的对外政策思想发生变化,比如夸大"野蛮"国家的威胁,渲染"文明冲突"的观点,而选择性忽视了帝国主义对世界和平造成的危害。

在这种长期积淀下来的文明观潜移默化的影响下,作为"文明人"的美国人1870年后将以何种方式看待国际事务,应对外界的变化,而这种

---

① "Abraham Lincoln's Inaugural Address", March 4, 1861, 〈http://www.presidency.ucsb.edu〉accessed April 1, 2011.
② Alxander Stephens, "Slavery is the Cornerstone of the Confederacy", Irwin Unger, ed, *American Issues: A Primary Source Reader in United States History*, Vol. 1, New Jersey: Prentice Hall, Inc., 1999, p. 300.

随历史改变和重塑的文明观念又将呈现何种面貌,就成了令人感兴趣的一个问题。

二、美国人的文明优越感与文明标准

杰瑞特·贡(Gerrit Gong)在他的著作《国际社会中的文明观念》里对文明标准做了一个概括,主要有 1. 对国民和外国人基本权利的保护;2. 完备而有效的组织和政权;3. 是否遵守国际法;4. 与其他国家保持正常的交往;5. 伦理道德、传统习俗,乃至着装、饮食等方面是否为文明人所接受。① 这些标准主要总结的是西方国际社会的文明标准,美国当然也是认可这些基本标准的。但是笔者认为,从这个时期美国人在各种场合有关文明的言论来看,他们对文明还另有着自己的一套标准,这些标准打上了独特的美国的印记,是同新教信仰、自由精神、政治制度以及种族特性直接联系在一起的,这些同时也是美国人文明优越感的体现。

首先,美国人认为自由精神与新教信仰是美国文明的核心,也是美国文明优越性的根本所在。福音传教士乔塞亚·斯特朗(Josiah Strong)认为,与世界其他国家相比,美国是这两个伟大观念的代表。这两个观念并非在美国产生,但是唯有在美国,它们才成长为真正具有强大影响力的观念。例如,热爱自由的理念在法国还只是正处于试验当中;在德国的血液里也有很深的痕迹,但只有美国完全地认识到个人自由的重要性,并且将它宣布为立国的基石。新教虽然在德国和北欧条顿民族中也占据主导,可是不信教的更多。在柏林和莱比锡,礼拜日仅有1%的人口在教堂里,其精神生活和拉丁族的天主教一样贫乏。也只有美国人,是在真正虔诚地信仰新教,并热心地支持和推动新教的传教事业。②

---

① Gerrit Gong, *The Standard of "Civilization" in International Society*, New York: Oxford University Press, 1984, pp. 14-21.
② Josiah Strong, *The United States and the Future of the Anglo-Saxon Race*, London: Saxon and Co., 1889, p. 33.

约翰·菲斯克(John Fiske)将以"自由"和"新教"为核心的文明观应用到了他对普遍的历史(universal history)的解释当中。在《天定命运》("Manifest Destiny")这篇长文里,菲斯克纵论自古罗马以来的西方历史,他认为这就是一部文明在世界范围内战胜半文明和野蛮的历史。他把世界划分成文明、半文明与野蛮这三个层次,古罗马本来是文明世界,但在向东方推进的时候,沾染了东方专制的恶习,陷入了半文明状态,从而解体;保存了自由传统的英国是文明世界,笼罩在天主教和专制统治之下的欧洲大陆跟半文明世界没有多大差别,再往东方,则是文明与野蛮对峙的前哨基地;而随着美国的建立,文明的中心又逐渐转移到美国,美国最终将会让文明在全世界取得完全的胜利。①

自由和新教作为文明的核心标准与内涵,可以说是美国人文明观念里最普遍的一个共识,例如帝国主义者和反帝国主义者在论及文明时,都同样地重视这两个因素。参议员阿尔伯特·贝弗里奇(Albert Beveridge)在他1898年发表的著名演说中宣称,美国不能从任何上帝已经"展开了我们的旗帜"的土地上撤出,因为我们将"为了自由和文明而拯救那片土地",如果自由、文明和上帝的应许最后得以实现,那么这面旗帜"将成为整个人类的象征和标志"。②而反帝国主义者同样认为,帝国主义的征服违反了自由的原则,他们是在扼杀而不是给予菲律宾人自由③,同时帝国主义战争所造成的流血和屠杀,以及恃强凌弱的行为更是新教宗旨所不能允许的,用查尔斯·诺顿(Charles Norton)的话来说,这些所作所为最终的结果是"往后回归野蛮,而不是向前走向文明"。④ 因此,对美国人来说,是否符合自由与新教的理念对于界定"文明"和"野蛮"至关重要。

美国的政治制度也被认为是消除野蛮与实现文明的最好的体制。在

---

① John Fiske,"Manifest Destiny",*Harper's New Monthly Magazine* March,1885,pp. 581-584.
② Albert Beveridge,"March of the Flag",James Andrews and David Zarefsky,ed.,*American Voices:Significant Speeches in American History,1640-1945*,New York:Longman,1989,p. 378.
③ "Platform of the American Anti-Imperialist League",Ruhl Bartlett,ed.,*The Record of American Diplomacy:Documents and Readings in the History of American Foreign Relations*,New York:Alfred A. Knopf,1954,p. 390.
④ Charles Beard and Mary Beard,*The American Spirit:A Study of the Idea of Civilization in the United States*,p. 591.

美国人看来,美国的宪法、民主和联邦制都是自由精神的完美体现。由一个地方的人民建立自己管理自己的政府(self-government),是文明的一个基本要求,对于不具备这种能力的人民,美国人希望通过各种方式让他们逐渐培养起这种能力。除此之外,一部联邦宪法和一个完美的联邦,则是美国人对其他地区和人民提出的更高"要求"。约翰·菲斯克指出,文明有两大首要问题,一是如何兼顾好地方独立和人们的统一行动,二是如何实现和平。他称赞美国的联邦宪法和联邦制是解决这两个问题的最好选择,正是因为这一完美体制,美国才没有在实现独立后又陷入各个州的纷争和战乱中。为了实现世界和平这一文明的重要使命,他首先建议欧洲效仿美国成立联邦,以平息欧洲各国之间的争斗。① 进一步地,不仅是欧洲,而且整个世界都要实行美国的联邦制,也就是腾尼森(Tennyson)所说的"建立人类的议会以及世界的联邦",只有达到了这个状态,"与野蛮主义有着显著差别的文明才可以说真正开始了"。②

种族归属和种族特性也是美国人界定一个国家或地区文明程度的主要标准之一。美国人很早就根据各民族的肤色和头型来给各个种族排列次序,其中白人居于顶端,黑人最末,中间主要是黄皮肤的蒙古人和马来人、红皮肤的印第安人等。之后兴起的生物学和人类学理论又强化了这一种族观念。③ 而种族又和文明是直接相关的,越优秀的种族,所创造的文明当然越伟大。在白人当中,盎格鲁—萨克逊人是最优秀的,其次是日耳曼人,再往下是斯拉夫人和拉丁人,最后是不起眼的犹太等小的白人种族。④

这类种族观念在1870年后美国的国际关系中变得更为突出,尤其体现在对外扩张方面。一些扩张主义者断言,盎格鲁—萨克逊人是"上帝指派下来文明化整个世界的种族",盎格鲁—萨克逊种族的文明是最为先进的,对其他不论强大的种族还是弱小的种族来说,它都是难以抗拒

---

① John Fiske, *American Political Ideas Viewed from the Standpoint of Universal History*, New York: Harpers & Brothers, Franklin Square, 1885, pp. 54-100.
② Ibid., p. 152.
③ 迈克尔·亨特:《意识形态与美国外交政策》,褚律元译,北京:世界知识出版社,1999年,第53页。
④ 同上书,第83页。

的。足够强大的一些种族,例如中国人和日本人,他们为了保持自己完整性,即使不愿意,也不得不接受盎格鲁—萨克逊的文明和宗教。而更低等的种族,不论是在国外的还是移民进入国内的,都应被盎格鲁—萨克逊人同化,从而脱离野蛮和半文明的状态。例如布什内尔(Bushnell)说,"除非对那些弱小种族进行迅速而温和的同化,无人能够拯救他们"。① 达尔文有关文明国家在世界各个地区取代野蛮国家的论断更是给了这种观念极大的支持。斯特朗在此基础上总结道,"不管劣等种族的消亡会引起读者悲伤或其他的感情,这都是完全可能的一个结果",在世界范围内,芬兰人被雅利安人取代,鞑靼人被俄国人取代,北美、澳大利亚和新西兰的土著被盎格鲁—萨克逊人取代,这是无可挽回的时代潮流。②

作为影响文明标准的种族观念,仔细分析起来是比较复杂的。普遍来说,美国人都认可种族因素在文明中的重要地位,但是关于当时看起来比较"野蛮"的种族能否进化成文明的种族,存在着不同看法。有人持达尔文主义的看法,认为优胜劣汰是必然趋势,"野蛮"种族已经完成了它们的历史使命,注定要消失在世界历史的进程中;但也有人是坚持拉马克主义,主张"野蛮人"通过长期的进化可以变成"文明人"。③ 除此之外,也有人不愿意使用盎格鲁—萨克逊的概念,他们认为这过于狭隘,不适合美国这样一个有众多移民的国家,如约翰·菲斯克就坚持用"英语种族"(English Race)来替代盎格鲁—萨克逊种族,这些对种族和文明的不同看法也可能带来外交思想上的细微差别。

美国人虽然自以为已经到达了文明的顶峰,却并不自大到认为美国文明已经完美无缺。这个时候有很多对美国文明的批评者,例如他们认为美国文明是建立在一种庸俗的物质主义基础之上的,美国人不过是一群精明的"美元猎手"(dollar-hunter)④;美国的版权制度臭名昭著,美国

---

① Josiah Strong, *The United States and the Future of the Anglo-Saxon Race*, p. 50.
② Ibid., p. 51.
③ Mark Bradley, *Imaging Vietnam and America: the Making of Postcolonial Vietnam, 1919-1950*, Chapel Hill: The University of North Carolina Press, 2000, p. 52.
④ John Fiske, "Manifest Destiny", *Harper's New Monthly Magazine*, March, 1885, p. 585.

人在不知羞耻地掠夺欧洲的知识财富①;美国的教育失败,美国人的教养和举止极为轻浮,美国文明粗糙而可笑等。② 但在美国人看来,他们的国家之所以成为世界文明的中心,与这些方面关系不大。美国人的文明优越感主要体现在美国在上述宗教、国家精神、政治制度乃至种族上的优越性,这些方面作为更高的文明标准,意味着美国不仅背负着"白人的负担",有责任去帮助"野蛮"和"半文明"国家,而且理应成为所有文明国家的榜样,向他们输送先进的文明,纠正这些文明国家的过失。

简言之,这些文明的标准和美国人关于文明的优越感,既是美国对世界进行文明程度划分的重要依据,也是这个时期美国人外交思想的基本出发点之一。因为这些标准的存在,使得美国人能够在第一反应下识别出"野蛮"或不够"文明"的种族和国家,而这些种族和国家的表现又往往是加深了这种印象。在外交关系上,美国也就需要从文明的角度和利益出发,或者根据这些标准去提高其他种族与国家的文明程度,或者因为这些标准的存在而对它们进行排斥和区别对待。

三、对文明"威胁"的担忧与对东方的排拒

虽然在美国人的心中,他们的国家处于前所未有的进步和发展状态下,但是同时却出现了一种对美国和西方文明的忧患意识,这些担忧有的是真实面临的难题,有的只是一种心态而跟现实状况关系不大,但这些对文明的忧虑都在美国外交的思想和政策中打下了烙印。

首先让美国人担心的是移民问题。1868 年《蒲安臣条约》的签订使大量的中国"苦力"进入美国。极端的种族主义者当然不能容忍黄皮肤的亚洲"野蛮人"与他们同处一国,也许未来可能还要拥有一样的国民权利。他们危言耸听地提出了"黄祸"的警告,认为中国移民正是黄祸的第

---

① Frank Ninkovich, *Global Dawn: The Cultural Foundation of American Internationalism, 1865-1890*, Cambridge, Massachusetts: Harvard University Press, 2009, p. 47.
② Charles Dudley, "Editor's Study", *Harper's Magazine*, October, 1895. p. 799.

一波浪潮,这股黄祸将横扫整个北美大陆①;西奥多·罗斯福也公开支持限制东方移民。他赞扬民主制在排华过程中所发挥的作用,认为如果美国是"由贵族政府来统治,中国移民就要被极大地鼓励,就像奴隶贸易被任何蓄奴的寡头政体视为必要一样,结果必将对白人有致命的损害";"但是民主,因为它对种族利益有清楚的认识,能辨别出我们种族的敌人,并且让危险的外人与我们保持距离"。"整个文明的未来对民主政策的深切感激之情无法用语言来形容:因为此种民主政策,才使得处于温带地域的新世界能作为遗产交给白种人。"②即使那些种族倾向较少的人士,也忧虑大规模移民可能带来的问题。他们声称,文明的国家应该允许移民现象的存在,但是,由于亚洲人与欧洲人在种族、习俗、传统和生活水平上的巨大差别,很难被同化,他们大规模涌入美国可能对美国文明的存续构成重大威胁,其结果无异于"和平侵略",和罗马文明亡于野蛮人的武力侵略殊途同归。③

在19世纪末,随着日本的崛起以及对中国崛起的担心,还出现了最早的"文明冲突"的看法。美国人曾经盛赞日本在文明开化方面所取得的成就,但总体而言,也抱有很多歧视和偏见。例如对于日本文明,马汉(Alfred Mahan)认为,日本在吸收和接受欧洲文明的优点方面较为成功,但是日本并不会发展出同欧洲一样的文明,而是将会在原有基础上造就一种新的文明,它受到欧洲的影响,却又在核心特质上不同于欧洲,正如日耳曼文明脱胎于罗马文明,却又并非后者的延续。这番言论,并不是我们今天所感觉到的那样,是对日本的称赞,一是因为那个时代"多元文明"的价值观并不流行,第二马汉本人也并不是多元文明的忠实主张者(称之为早期的"文明冲突论"者或许更为恰当),这里更多的还是对日本的怀疑和警惕。可以相互印证的是,随后不久,马汉就开始用单线的文明标准来评价日本:"日本对来自欧洲文明的物质特征接受的时间太短,速

---

① 亨特:《意识形态与美国外交政策》,第73页。
② Theodore Roosevelt,"National Life and Character", Theodore Roosevelt, *American Ideals and Other Essays*, New York: The Knickerbocker Press, 1904, p. 289.
③ Robert Bacon, ed. , *Addresses on International Subjects by Elihu Root*, Cambridge: Harvard University Press, 1916, p. 139.

度也太快,因而不可能完全同化",而德国、英国和美国的文明都是经过许多世纪的演化,因此虽然日本也同属于他定义的海权国家之列,在马汉眼里,却只有德、英、美这三个海权国才能真正密切地合作(马汉"海权论"的一个重要论点便是海权国家合作对抗陆权国家的扩张)①,而在我们看来,日本显然比德国更像一个海权国家。

尽管单线文明观是这个时期的主流思想,但这种思想并不排斥其他文明的存在,例如乔塞亚·斯特朗便这样看待文明的多样性:

> 每一个种族使人类大家庭印象深刻的事情是,它代表着一种或多种伟大的观念,这些观念为国家的生活和文明的形式提供指引。对埃及人来说,这些基础性的观念是生活,对波斯人来说则是光明,在犹太人中间是洁净,在希腊人那里是美,在罗马人那里是法律。②

这种文明多样性的提法虽然为此后多元文明观的出现准备了基础,但首先是造成了人们对文明冲突的担忧,马汉就预测说,东西方文明发生冲突的可能性是较大的。在给友人的一封信中,他提到,杜威的舰队占领菲律宾"已经打开了一个充满各种可能性的魔盒,它让我难以预测,我是认为尽管东方和西方存在紧密的联系,一个即将到来的冲突(并不必然是战争)却很可能将要发生在两大文明之间,这很长时间以来一直是我思想的一部分"。③

马汉所谓东西方文明冲突的主要理由在于两大文明宗教上的鸿沟:欧美国家使用各种手段最终达到打开中国大门的目的之后,得以与中国进行较为自由的贸易,但这只是文明之间较为浅层次的互相接触。危险的是,由于这种贸易的存在,将会给中国带来巨大的财富,但如果在这种情况下,缺乏"文明之间高层次因素自由地发挥作用",结果也许会造成文明之间的冲突。因此,必须有意识地引导文明之间不仅在浅层的贸易往来上互利互惠,更要使欧洲文明的精神特性为中国人所接受。根据这

---

① 阿尔弗雷德·马汉:《亚洲问题及其对国际政治的影响》,范祥涛译,上海:上海三联书店,2007年,第62页。
② Josiah Strong, *The United States and the Future of the Anglo-Saxon Race*, p. 33.
③ Robert Seager II, ed., *Letters and papers of Alfred Thayer Mahan*, Vol. 2, Annapolis, Maryland: Naval Institute Press, 1975, p. 566.

个前提,马汉支持基督教在中国的传播,认为贸易和基督教这两大事业是西方国家必须要努力去做的,即使遭到中国人的反对,也要强加于他们。因为"基督教和基督教教义完全是欧洲文明的思想和道德素养方面的要素,正如任何哲学或科学过程一样增加了进步的总体成果"。①

在对东方精神上文明化的尝试没有成功的情况下,马汉认为,对西方文明真正的挑战就到来了。他预言,下个世纪的关键性问题将在于究竟是"东方还是西方的文明将会去主宰世界,并且掌握世界的未来"。而在东西方文明的竞争中,没有国家比"美国要承担更重的责任",美国必须要做好准备,带领"西方的大军"去保卫"基督文明的屏障"。② 这种文明冲突的思想并不只是马汉的个人看法。在90年代美日争夺夏威夷的事件中,就有人断言,夏威夷上的小摩擦并非偶然,它是正在苏醒的东方文明同西方文明此后更大规模冲突的预演。由于东方文明个人的生活标准远低于西方文明的标准,因此白人同日本人和中国人相比,没有任何竞争力可言。③ 为了应付即将到来的局面,美国要提前构筑好抵御东方进攻的前哨基地。马汉本人也曾在《纽约时报》上撰文,急切地呼吁美国人去占领夏威夷,防止它落到野蛮的中国人手里:

> 在北太平洋上,夏威夷的地缘和军事意义是任何其他地方都不能与之相比的。它未来是作为欧洲文明还是野蛮中国人的前哨基地,这就不仅只是美国,而且是整个文明世界都应当关注的问题。我们国家也有不少军方人士在海外,熟悉东方环境和性格,他们普遍认为,潮水般的中国人未来将可能(当然现在他们只是"懒惰"的中国人)继承过去历史上常见的某种动力,这种动力曾经在蛮族入侵的浪潮中埋葬过文明。④

---

① 马汉:《亚洲问题及其对国际政治的影响》,第92—93页。
② Akira Iriye, "The Second Clash: Huntington, Mahan, and Civilizations", Brett Bowden, ed., *Civilization: Critical Concepts in Political Science*, Vol. 4, London: Routledge, 2009, pp. 165-166.
③ Lorrin Thurston, *A Hand-Book on the Annexation of Hawaii*, 转引自 Akira Iriye, *From Nationalism to Internationalism U.S.: Foreign Policy to 1914*, London: Routledge, 2002, p. 298。
④ Alfred Mahan, "Needed as a Barrier: to Protect the World from an Invasion of Chinese Barbarism", *New York Times*, Feb 1, 1893, p. 5.

上述对东方的偏见与排斥,以及有关"文明冲突"的看法,都成为了美国外交思想的一个重要特点。以后来的眼光看,这些有关威胁或冲突的预测显然是被夸大的,文明内部的冲突往往比文明之间的冲突更为严重,例如西方世界中所发生的两次史无前例的世界大战,这是一个非常讽刺的现象。但是,这种东西方文明对立的思维方式今天仍然有着不小的影响,而且仍然可能会造成比较负面的结果。从这个层面看,文明观念的作用正是体现在使美国人出现思维上的定势和偏差,所谓"一叶障目,不见泰山",从而造就了一些非理性的外交思想和决策。这也是我们今天需要反思文明这一概念的重要原因。

四、文明话语与美国的对外干涉与征服

概括地说,这个时期文明国家对不文明国家有两种应对方法,第一是干涉,第二则是直接殖民征服。而既然以文明国家自居,同时这种身份又得到了国际社会的承认,也就隐含着一种权力的赋予:这两种手段都可以合法地对半文明和野蛮国家使用了。从西方传统的观念来看,一个飞速成长起来的共和国,当开始频繁扩张和获取殖民地时,就意味着共和国已经转型成了帝国,如果这种扩张是建立在对"野蛮"世界征服的基础之上,帝国就是一个好的、文明的帝国,比如古罗马和英国,而像波斯、阿拉伯、奥斯曼,是野蛮对文明的征服,因而就是一个野蛮人的帝国。虽然国际社会认可这种转变,但美国国内的文明观是支持还是限制了这种转变的出现呢?

对外干涉很早就在美国的外交政策中使用了,而其理由也大致是对不文明国家野蛮政策的干涉。1852 年,美国国务卿在给远征日本的佩里的训令中这样说道,日本这个"弱小的、半野蛮的"民族虐待遭受海难的外国人的做法令人愤怒,如果日本靠近欧洲或美国,一定会被当作野蛮国家处置,佩里此行必须让日本懂得尊重文明国家的公民。① 因为不文明

---

① "Instructions to Commodore Matthew C. Perry for His Expedition to Japan, 1852", Thomas Patterson, ed. , *Major Problems in American Foreign Relations*, Vol. 1, Toronto: D. C Heath and Company, 1995, p. 306.

国家的法律并不值得信任，为保护本国公民的人身和财产安全，也为了避免对这些国家无休止的干涉，文明国家索性在半文明国家采取了治外法权的办法。1900年美国国务卿海约翰（John Hay）和驻中国公使康格（Conger）之间的通信就印证了这一点：当中国沿海的一些重要港口如旅顺、大连、青岛等纷纷为列强所租借或吞并之后，康格在信中写道，既然这些港口实际上已经从"不文明人的控制下转到了文明人的手中，那么实行领事裁判权的永久性理由便不复存在；而且，领事裁判权本身就算是行使得再好，也是代价高昂的，难以令人满意的和不需要的，它只是在极其必要的状况下不得不被采用"。海约翰对此理由表示满意，从而授意康格放弃了美国在这些港口城市的治外法权要求。①

随着19世纪中期以后国际法的尊重主权原则逐渐深入人心，干涉政策遇到了一些道德上的阻碍。但美国崛起壮大之后，不仅需要门罗主义来阻止帝国主义国家对美洲的干涉，也非常需要对周边国家进行干涉以保障自身利益。在1900年前后，在美国对外干预迫切需要合法性时，文明的观念起到了雪中送炭的作用。由于这个时期的普拉特修正案、以及对巴拿马运河的争夺等事件都容易遭到侵犯他国主权的谴责，于是"文明"成了最具正当性的干预理由之一。西奥多·罗斯福曾经这样解释他的"罗斯福推论"：

> 在美洲和在其他地方一样，（不文明国家的）习惯性错误做法和自身的虚弱（这种状态往往导致文明社会纽带的普遍松弛），最终需要一些文明国家的干预……如果每一个被加勒比海所冲刷的国家都能像在普拉特修正案帮助下的古巴一样，在我们的军队撤出古巴之后，展示出了稳定的进步和公正的文明……那么所有对这个国家自己事务的干涉都将不复存在。②

1904年，在巴拿马问题上，罗斯福又几乎是复制了之前的言论：

> 我信心十足地宣称，承认巴拿马共和国是一项对集体文明的利

---

① *FRUS*, 1900, Washington: Government Printing Office, 1902, pp. 385-389.
② Matthew Jacobson, *Barbarian Virtues: The United States Encounters Foreign People at Home and Abroad, 1876-1917*, p. 48.

益十分必要的行动。如果一个政府可以说得到了文明的指令,去实现一个有益于全人类的目标的话,那么美国认为此目标非开凿这条跨洋的运河莫属。①

罗斯福关于文明利益的言论在为一些人所叫好的同时,也遭到国内很多媒体的抨击。② 刊登在《纽约时报》上的一篇文章——《巴拿马与文明》,对反罗斯福的声音做了最好的总结:

> 一条新的理由因此变得有必要了:它也已经被找到,就体现在"文明"一词当中。任何强国的黩武行为都变得合法了,因为这对文明的进步是不可缺少的。就像我们在官方通告里所了解的那样,如果傀儡政府没有及时建立起来的话,那么这个赤裸裸的借口就会出现在我们占领巴拿马的理由当中。事实上,它目前仍然是为那个行动做辩护的最主要的托辞。③

那么,"文明"对罗斯福来说,究竟是一种信仰,还只是一种托辞?弗兰克·宁科维奇(Frank Ninkovich)有着自己的见解。他认为,罗斯福的文明观不是说说而已,他是真正地、从头到尾都在信仰他自己的这一套文明的逻辑,也几乎一直都在严格地执行这套文明逻辑给予他的指令,而不去顾什么"权力平衡"的考虑。罗斯福的政策之所以看起来那么像是现实主义的,既是出于一些偶然因素,也是由于研究者没有仔细考察他本人的思想与用意,而只是从外部,根据当今这个时代人们的理解框架和国际关系理论去做的揣测。④ 用非常了解罗斯福的伊莱修·鲁特(Elihu Root)的话来说,罗斯福将"每一个国际问题都放在一些趋势的背景下去衡量,文明在这些趋势下得以发展,特定的文明也沿着这个趋势或进步,

---

① Theodore Roosevelt,"Special Message January 4,1904",〈http://www.presidency.ucsb.edu〉accessed April 1,2011.
② Terence Graham,The"Interest of Civilization"? :Reaction in the United States Against the"Seizure"of the Panama Canal Zone,1903-1904,Lund:Esselte Studium,1983,pp. 25-26.
③ Thornton Van Vliet,"Panama and Civilization",New York Times,Jan. 10,1904,p. 23.
④ Frank Ninkovich,"Theodore Roosevelt:Civilization as Ideology",pp. 221-222.

或衰退"。① 撇开这些不谈,文明观念显然对美国的干涉有不小的帮助,这是毋庸置疑的。

除了对外干涉,文明观念也为美国的殖民政策提供了一种意识形态。在决定是否占领菲律宾的问题上,反帝主义者和帝国主义者展开了一场辩论。帝国主义者一开始打算用具体操作上的困难应付反帝主义者,他们质问说,如果美国从菲律宾撤出,那是要将它还给西班牙呢,还是等待着下一个列强乘虚而入再次占领菲律宾?但反帝主义者则反驳道,为什么不让菲律宾中立呢?只要拉上其他国家一同作为见证,那么菲律宾就不至于成为被争抢的猎物。除此之外,美国还可以向菲律宾派遣专家,为它的建设提供帮助,一样可以实现帝国主义者帮助菲律宾的意愿。② 帝国主义者们这时不再纠缠于技术上的问题,转而直接借助他们的文明观念:

> 我们明确地主张,作为一个强大的、有智慧的和文明的国家,它的责任不仅仅是保护更加弱小,更为落后的人民,不仅仅是要在教育上给予建议和帮助,而应当对他们行使主权,替他们立法,为了这些立法能够生效,可以动用任何必要的权力和手段,这样一来,才能为每个公民的基本权利提供保障。我们认为这既是不列颠在非洲部分地区的责任,也是美国在菲律宾群岛上的责任。很显然,没有任何与其他国家达成的确保菲律宾中立的协议能达到这个效果。③

帝国主义者声称,中立权是为了保护文明但军事力量不强的国家(例如瑞士等欧洲小国)设立的,不适合文明程度低的国家。④ 而为了加强己方的这套理由,他们也并不避讳对杰斐逊《独立宣言》某些原则的异议:

> 我们相信,在《独立宣言》里所阐述的,认为政府的权力起源于

---

① Elihu Root, "Roosevelt's Conduct of Foreign Affairs", 转引自 Frank Ninkovich, "Theodore Roosevelt: Civilization as Ideology", *Diplomatic History*, Vol. 10 (Summer 1986), p. 223。
② "An Anti-Imperialist Correspondent", *Outlook*, June 18, 1910, p. 324.
③ Ibid., p. 324.
④ Theodore Roosevelt, "The Management of Small States Which are Unable to Manage Themselves", *Outlook*, Jul 2, 1910, p. 462.

受治者同意的观点是错的;而体现在宣言里的,认为一个公正的政府应当为受治者的利益而存在的这条原则一直,在任何地方,并且永远都是正确的;因此,菲律宾人同意还是不同意加之于他们的政府并不是最根本的问题;根本的问题是政府是否为他们的利益而存在。①

除了"不文明"国家的"野蛮"行径和不善于管理自己等因素外,对美国国内过度"文明化"状况的担忧也起到了支持美国对外干涉和征服的作用。很多人注意到,"文明"并不是越多越好。因为文明化所带来的丰裕的物质条件,以及美国中产阶级在日常工作中所面临的生活节奏与压力,致使男性特质退化;美国国内对女性选举权的呼声,更是加深了反对者对男性地位、男子气概丧失的忧虑。文明人已经不再像过去那样,得到了一致的赞誉;野蛮人也有自己的美德(barbarian virtues),那就是男人气概和战争精神。② 在这种情形下,战争则被视为重塑美国人男性气质的一个手段。这一套关于"过度文明化"和"男子气概"的话语经常见于当时的国会演说和私人通信记录等,一定程度上支持了美国强硬的对外政策——因为这个国家变得过度文明化,缺少男子气概,而一场战争正好既能惩罚和教育野蛮人,也能使作为文明捍卫者的白人男性找回因为过度文明化而丧失掉的"野蛮人的美德"。这虽然不会是导致战争的根本缘由,但放在当时的情境下,肯定是一个重要因素。③ 1898 年开始的美国—西班牙—菲律宾战争,便跟这种思潮有着密切的关系。

所以这个时期的文明观念对帝国主义者而言,是一种很有用的意识形态,他们也并不觉得建立一个"文明帝国"同共和的理念和自由的传统有何矛盾。例如密尔就为英国的殖民主义作过这样的辩护:"对不文明国家采取不同于文明国家的规则是必要的和公正的。之所以必要是因为无法从不文明国家得到互惠;而公正则是因为殖民统治有利于野蛮人的

---

① "An Anti-Imperialist Correspondent", p. 324.
② Gail Bederman, *Manliness and Civilization: A Cultural History of Gender and Race in the United States, 1880-1917*, Chicago: The University of Chicago Press, 1995, pp. 23-41.
③ Kristin Hoganson, *Fighting for American Manhood, How Gender Politics Provoked the Spanish-American and Philippine-American Wars*, New Haven: Yale University Press, 1998, p. 150.

发展。"①天定命运和帝国主义的鼓吹者更是将"文明帝国"的扩张视为自由的胜利与福音。在如愿占领了菲律宾之后,"文明帝国"初步建立起来了,但是随后,这种"文明帝国"却在继续扩张的过程中受到了阻碍。路易斯·哈茨对这一过程有着这样形象的描述:

>从帝国主义形式向世界战争形式的转变不能说更富戏剧性。当然,显而易见的事实是民族自决和民主的观念取代了帝国主义统治的观念。但似乎是为了使这种对比更完美更彻底,许多早期帝国主义种族理论中的整个日耳曼倾向突然间荡然无存:贝弗里奇已在大谈"讲英语的国家和日耳曼人民"的文明化使命和自由民相互融合的事了。可现在,日耳曼人荡然就变成了"匈奴人",而且,如果乔治·克里尔是以微妙的新闻技巧抨击贝弗里奇的话,那么约翰·杜威和拉尔夫·巴顿·佩里则是以一种甚至更加微妙的哲理论述技巧对之予以抨击的。如果东方和其他地区"落后的人民"关心这一问题,当看到打算开化他们的一半人突然指责另一半人一开始就是野蛮人时,就可能会发出讽刺的微笑。②

"开化他们的一半人突然指责另一半人一开始就是野蛮人",指的是一战爆发前夕,英国对德国态度的转变。德国在一战前对欧洲局势的改变和最终同协约国开战,使英国仿佛忽然清楚地意识到两国文化的巨大差异,尤其是德国的专制色彩,因此表示要"为文明而战",击败德国的野蛮主义,这里"文明"的所指,主要也还是英美政治文化中"自由"的精神。③美国此后也追随英国,将德国人从文明人的形象降格到野蛮匈奴人的形象。昨天还是文明的条顿民族的一支,转眼就成了残暴的匈奴人。

这其中变化的原因是多方面的,从文明话语的角度来看,是跟它本身有着双重作用分不开的。在这个时期的文献中我们看到,文明观念同样

---

① Robert Tucker, *The Inequality of Nations*, New York: Basic Books, In., 1977, pp. 9-10.
② 路易斯·哈茨:《美国的自由主义传统》,张敏谦译,北京:中国社会科学出版社,2003年,第263页。
③ Herbert Asquith, *The War of Civilization*, *A Speech by the Prime Minister in Edinburgh*, London: Methuen & Co. Ltd, 1915, p. 2.

也被反帝国主义者用来反对美国进行海外征服,而这也就使这种便利的意识形态和"世界观"逐渐变得不再支持美国进行进一步的征服。

首先,由于帝国主义者经常将文明与自由、宗教这些价值观联系在一起,反帝主义者也同样从这些价值观入手,批判帝国主义文明观的荒谬之处,这也在告诉人们,文明本不是如此。例如有人指出,目前以推进基督教信仰为由,强国对弱国滥用武力的状况极其普遍,但基督教的核心精神难道不是保护弱小者不受强者的侵害吗?帝国主义者所宣传的文明,显然不是人们所"渴望和支持的文明",而只是战争、权力和金钱。① 这样一来,帝国主义的文明观就似乎逐渐与它所宣扬的那些价值观渐行渐远,最终他们的"文明"只剩下了一个空壳。

还有反帝主义者以文明和野蛮不能共存为理由,反对美国的扩张。他们说,林肯早就指出我们这个政府不能永久维持半奴役、半自由的状态。根据同样的道理,他们也非常怀疑这个国家能否长久维持"一半是文明,一半是野蛮,一半是白人,一半是有色人种"的状态。② 虽然"天定命运"的信奉者以盎格鲁—萨克逊种族的扩张为使命,但在某些反帝主义者看来,这是一厢情愿的想法,即使是现在英国占领了大片地区,可迟早都要退出,这个形势即使是帝国主义者也不会看不出来,杂处和混血给文明人带来的后果才更为严重。带有种族倾向的反帝主义者认为美国的政治体系要想良好地运转,只能以"文明化的白种人(civilized Caucasian people)和民智已开的民主制"为基础。③ 就人种而言,盎格鲁—萨克逊人最为优秀,其他的白人也是勉强可以同化的,可如果贸然接纳与他们的"种族和文明全然不同的而且数量庞大的菲律宾人",将是一件充满危险的事情,这样不仅那里的马来人和矮小的黑人有机会进入美国,也无法再

---

① Thornton Van Vliet, "Panama and Civilization", p. 23.
② "Let Us Suppose", *American Periodicals Online Series*⟨http://www.proquest.com⟩accessed May 4th, 2009.
③ Matthew Jacobson, *Whiteness of a Different Color: European Immigrants and the Alchemy of Race*, Cambridge, Massachusetts: Harvard University Press, 1998, p. 211.

阻止中国的"苦力"通过菲律宾涌入美国，进而"吞噬我们的人民和文明"。① 这种"野蛮"对"文明"的反征服，当然也是美国人不愿意看到的。

与帝国主义想要提升殖民地文明水平的愿望相反，反帝主义者认为，即使"你想要去剥夺一个原始或野蛮人的正当权利的话，如果你不自己变成一个原始或野蛮人，这项任务是无法实现的"。② 如果说一般的战争容易让人变得粗野的话，那么对野蛮人的战争更容易带来文明人的堕落。反帝主义者乔治·波特维尔（George Boutwell）警告说，长期在野蛮人地界——菲律宾服役的美国军人"看到的是野蛮人所看到的风景，吃的是野蛮人的食物，想的是野蛮人所想，野蛮人的哭喊声萦绕在他们的脑海中，周边的环境没有一样物件能提醒他们本来是属于一个文明的时代"；加上长期的战争和杀戮，美国的军人将逐渐堕落成没有自制力，没有道德底线的"野蛮残酷的杀手"。③ 这种说法并非空谈，美军在菲律宾的各种暴行也的确似乎越来越印证了这一指责。

此外，美国人的帝国主义文明观本身也存在缺陷。文明人征服野蛮人本来是帝国主义一个天经地义的理由，但是在反帝主义的批判下，美国的帝国主义者却越来越少地使用这个理由为自己辩护。他们更多的是强调为殖民地做了多少贡献，以及如果把殖民地让给其他大国，情形将会变得如何糟糕。这种文明观中"征服"含义的淡化，也使帝国主义更加底气不足。

虽然文明观念一般只是被看做一种修辞，但如果宁科维奇对罗斯福文明意识形态的分析是可靠的话，那么这种修辞所构建的逻辑从外部就不是那么容易被攻破。尽管外部有着自由主义的霸权和其他有影响力的观念，但是唯有文明观内部的分歧与冲突，才能真正起到解毒剂的作用。或者说，如果"文明观"这样一个对帝国主义强有力的支持都在朝相反的

---

① Samuel Gompers, "Imperialism, Its Dangers and Wrongs", Philip Foner and Richard Winchester, ed., *The Anti-Imperialist Reader*, Vol. 1, New York: Holmes & Meier Publishers, Inc., 1984, p.207.

② Kristin Hoganson, *Fighting for American Manhood, How Gender Politics Provoked the Spanish-American and Philippine-American Wars*, p.256.

③ Ibid., p.183.

方向运动,那么帝国主义的动力就真的存在问题了。帝国主义并不是一项一本万利的事业,只要上马就能获得源源不断的利益,相反,它也会经常遇到挫折,军费开支和军备竞赛也会给国内带来负担,占领的殖民地也弥补不了本国的亏空,因此,它也需要强大信念的支持,而从以上美国文明观念的内部冲突、价值观的剥离以及逐渐无法自圆其说诸多情形看来,这种信念的坍塌已经开始显现,而这也构成了对帝国主义政策的打击。当然,在这里也不是说文明观念内部的矛盾是造成帝国主义思潮在美国逐渐衰落的最主要原因,但在那个时代美国的政治文化语境中,它没能持续给予帝国主义有力的支持,却也是一个不容忽视的事实。

结 语

　　以上所列举的文明观念对外交理念和外交政策的影响,仅仅是一个总体的观察。要深入到历史的细节与真相,尚需更多细致的实证研究。但我们也不难看出,在1870—1914年美国的外交史的重大事件中,文明观念都起到了广泛的作用和影响。文明观念并不是这些事件发生的必要条件,笔者也并不会认为它能起到决定的作用,但是外交史毕竟不是数学公式,它是各种行为体在一定的政治文化环境下做出的行动和决策,因此我们需要对这种政治文化环境作更深入的研究和描述,同时看到环境与行为主体微妙的互动关系。美国人的文明观念首先是构成了这样一种环境。在这样一个时代,人们常常要借助这种概念进行思考,他们耳濡目染的也常常是关于文明的各种说法。因此,用文明的框架去理解外交事务就成了这个时期美国人的一种习惯,就像今天国际关系的学者会不自觉地运用权力平衡(balance of power)等各种框架去观察国际问题一样。所以我们看到,美国的扩张被转化成"文明的征程"(march of civilization)这样的语言,美国在殖民地的现代化政策被视作"文明人"对"野蛮人"的教导,而美日的领土和移民争端则被上升为东西方文明的冲突。这种概念或话语的转换并非不重要。比如,它们有可能改变人们对事件性质的判断,还有可能促使人们做出不同的决定。作为一个现实主义者,西奥多·罗斯福本来应当建议美国在初期置身欧洲的战事之外,但作为一个以"文明"为意识形态的政治家,他却极力主张美国向野蛮的德国宣战。① 习惯于借助文明这个概念进行思考的人们,也更容易理解反帝主义者关于"对野蛮人的战争会导致文明人的堕落"这样看似奇怪的语言和逻辑。而帝国主义者关于让"野蛮人""文明化",使他们能享受文明的赐福也无疑比"征服"这样的字眼更有吸引力。因此,如果说历史是一种对"异域"的旅行(休谟语),那么这个时期的外交史研究不仅需要我们用自己的语言去阐释,也同样需要对"文明"这种"当地"的语言更为敏感,才能有更多的收获。

(刘义勇　北京大学历史学系博士研究生)

---

① Frank Ninkovich,"Theodore Roosevelt:Civilization as Ideology",pp. 243-244.

战争之后的正义与和平
——对与《凡尔赛条约》相关的几个问题的思考

熊伟民

【内容提要】 本文就战后正义、德国对第一次世界大战的责任、《凡尔赛条约》对德国是否公正或过分严厉、20—30年代德国强烈的民族复仇主义情绪以及《凡尔赛条约》与绥靖政策之间的关系等问题进行了反思,对学术界颇为流行的一些论断提出了质疑,最后提出了自己对这些问题的新的看法和意见。

也许,读者会倾向于同意西奥多·P.格林(Theodore P. Greene, 1952—1989)的论断:"20世纪没有其他的文献比《凡尔赛条约》引起更多和更持久的争论了。"① 的确,《凡尔赛条约》出台虽然已过90年,研究它的论著也可谓汗牛充栋,但笔者在平常的教学和科研中感到,过去的许多叙事和论断——包括一些似乎已经成了定论的问题,值得我们去重新思考,做出新的评论。下面所讨论的,是笔者近年来,对与《凡尔赛条约》相关的几个问题的一些反省和批评,不当之处,请批评指正。

---

① Theodore P. Greene, ed., *Wilson at Versailles*, introduction, Boston: D. C. Heath and Company, 1966, p. v.

一

《凡尔赛条约》一出笼,就受到了各方的猛烈抨击。认为条约对德国不公(非正义),惩罚过分严厉。由这样的条约所确定的秩序,是一个不受拥护的和平。一个国家,只有当它无力反抗时,才会接受这种安排,一旦有了适当的机会,它就会起来反抗。列宁和英国年轻的经济学家凯恩斯(John Mayard Keynes)的评论,是我们大家最熟悉的,也许,还是所有批评中最为严厉并且影响最大的。①

这里,我们首先面对并且需要讨论的,是关于条约的"公正性"或"正义性"的问题。

"正义"的事情事实上很麻烦。当然,"正义"是一面非常有吸引力的旗帜,千百年来,无数的人们为它倾倒、折腰甚至付出生命的代价。实现公平和正义,始终是人类追求的一个理想,即使是政治骗子、独裁者亦或赤裸裸的侵略者,也常常假名于它。但从古希腊的柏拉图到当代的罗尔斯(John Rawls),思想家们希望能够给它一个完整的经受得住学理追问的论证,结果却令人失望。对于什么是正义、一国之正义能否成为国际之正义等问题,大家仍然争论不休,更不用说将正义的理念付之于社会实践

---

① 1920年2月,凯恩斯的《和平的经济后果》一书,开始在美国的一家杂志连载。在该著作中,凯恩斯指出,《凡尔赛条约》"是一个残忍的胜利者在文明史上所干出的最凶暴的行为之一"。接着,他以一个经济学家的职业眼光和洞察力,对条约给德国、欧洲,甚至整个世界将要带来的经济后果,作了比较全面的讨论和分析。他得出的结论是非常可怕的,认为条约的执行将给德国和欧洲的经济以毁灭性的打击。但事实证明凯恩斯的预测,是不恰当的,他对条约将要产生的经济后果,做了过分悲观的估计。关于这一点,本文还将会在后面论述。参见齐世荣主编:《世界通史资料选辑》,现代部分第1分册,北京:商务印书馆,1980年,第39页。1920年7月下旬到8月上旬召开的共产国际第二次代表大会上,列宁做了《关于国际形势和共产国际基本任务的报告》,在对国际形势的分析中,列宁严厉批评了战后建立起来的凡尔赛体系和战胜国对战败国的处理方式。他对凯恩斯的著作大加赞赏,认为凯恩斯在著作中作出的结论,"比任何共产党人革命家的结论更有说服力,更引人注目,令人深思"。参见《列宁选集》第4卷,北京:人民出版社,1972年,第318页。

的艰难了。①

　　与战争相关的正义问题,自然要具体和简单得多。它涉及的仅仅是人类交往中一种极端行为形式的伦理判断。但一般论者所关注的,往往只是涉及对卷入战争的合理性的考察,即对卷入战争所需要的一些能够证明其正当性的理由的追问,如果缺少证明其行为正当性的理由,所卷入的战争就被认定为是非正义的。我们在这里将其称为"战争正义"或"正义战争"问题,也是潜在的交战方选择战争还是选择和平的基本价值判断问题。除了从"战争正义"层面进行考察外,我们还有必要从战争进行过程和战后处理战胜国与战败国关系的层面对正义的问题进行追问。考察战争进行过程中的正义问题即"战争中的正义"问题,涉及的是在战争进行的过程中,交战的各方应该遵守的战争规则即战争伦理和战争法规,也就是交战的各方用什么样的方式、手段和武器与对手作战的问题。处理战胜国与战败国的关系过程中涉及的正义问题,我们将其称为"战后正义",它关注战胜国对待战败国的伦理原则,战胜的一方对待战败的一方是否理性、宽容、公正,是否为保证交战国之间在战争结束以后的持久和平确立了一个基本框架。战胜一方所采取的态度和立场,往往会直接受到对"战争正义"和"战争中的正义"的判断和认识的影响。

　　论述"战争正义"的历史文献很多。在西方,对于基督教徒卷入什么样的战争才具有合理性的问题,可以直接追溯到奥古斯丁那里。公元4世纪初,君士坦丁大帝皈依基督教是一个转折点。之前,基督教徒在帝国境内是受到迫害的弱势群体,早期的基督教徒,其基本倾向是和平主义和反暴力的,并因此有许多人因为拒绝在罗马军团中服役而成为殉道者。但君士坦丁大帝皈依基督教并逐步使基督教成为帝国的统治思想之后,教会的地位提升了,于是,转而与帝国统治者积极合作,支持帝国所进行

---

① "正义"问题论述的困难,除了这一概念本身所涵盖的内容太宽泛之外,还在于论述者各自立场和出发点的差异,自由主义者、保守主义者、社会民主主义者、帝国主义者、社会主义者、民族主义者,各有自己关于正义问题的立场;而政治学、伦理学、经济学、法学介入正义问题论述的领域又各不相同;"程序的正义"与"实质性的正义"则显示出正义追求目标上的差别。多种立场和不同研究路径对正义问题的介入,必然会导致在学理上对正义问题的不同诠释。

的对外扩张和征服异教徒的战争。为了使基督教徒在思想上完成由反对帝国的暴力和战争到支持帝国的暴力和战争的认知转变，这就需要由教会给予某种合理化的解释。正是在这种背景下，正义战争的理论便应运而生。奥古斯丁首先成了这一理论的阐述。奥古斯丁的理论虽然还比较粗糙，但它是以后西方理论家们不断诠释和完善"正义战争"理论的起点。①

对于"战争中的正义"的关注，首先直接指向某种"仪典"式的程序，它要求交战的各方遵守一些大家认可的规则。战争虽然是杀人的勾当，但被赋予了某种看上去非常神圣、甚至虚伪的性质。公元前639年宋襄公在宋楚泓水之战中的"迂腐"②、英法在丰努特交战时的相互"谦让"③，是这种仪式的表演。其次是交战过程中所谓的"差别对待原则"问题，亦

---

① 奥古斯丁认为，如果不诉诸于战争将会导致更恶劣的情况出现的话，那么，在这种条件下所从事的战争，就应该被证明是正义的战争。但基督教徒无论如何不能简单地使战争成为国家使用武力的工具，或在战争过程中成为那样的工具。参见 Peter Calvocoressi, *A Time for Peace*, London: Century Hutchinson Ltd, 1987, pp. 18-19。奥古斯丁以后，西方的政治著作、国际关系理论著作等都会论述到正义战争的问题。英国的威廉·葛德文的《政治正义论》（商务印书馆1982年版）、美国的约翰·罗尔斯的《正义论》（中国社会科学出版社1988年版）都辟了专门的章节来阐述战争正义的内涵。但对正义战争阐述得比较清楚和有条理的是美国的大卫·P. 巴拉什和查尔斯·P. 韦伯尔。他们在《和平与冲突研究》一书中，将战争正义理论概括和总结为: 1. 最后途径: 不可仓促开战或者仅凭不合时宜的热情进行战争，相反，只有尝试过一切其他方式都无法解决问题时才可进行战争。2. 合法权威: 开战决定不能由心存不满的个人或自己任命的团体做出，它必须来自于合法建立的国家政权。3. 正确意图与正当缘由: 意在侵略或报复的战争为不合理。战争必须符合"上帝之爱"的准则，并且是为了正当防卫。4. 获胜机会: 徒劳的反抗是错误的，只有在有望取得有利结果的情况下，基督徒才能称一场战争为正当。5. 以和平为目标: 能够预见战争结束之后将出现和平的局面，而且这一局面将好于不进行战争、任由形势发展的结果。参见 David P. Barash and Charles P. Webel, *Peace and Conflict Studies*, California: Sage Publications, Inc., 2002, pp. 416-417; 亦可参见由刘成等翻译的该著作的中文版本:《积极和平——和平与冲突研究》，南京：南京出版社，2007年，第418页。

② 发生在公元前639年的宋楚泓水之战，是中国古代一个很典型的战例。我们大可以批评宋襄公的迂腐、虚妄，甚至可以骂他为蠢猪，但他的行为，确实是在遵守"不鼓不成列"的战争礼法。参见武汉部队司令部军事资料研究组编:《中国古代战争一百例》，武汉：湖北人民出版社，1979年，第14—16页；谢祥皓著:《中国兵学》（先秦卷），济南：山东人民出版社，1998年，第72—74页。

③ 中世纪的时候，英、法两国军队有一次在丰努特交战，双方士兵"都曾彬彬有礼地相互邀请对方首先开火"。参见[瑞士]A. H. 约米尼:《战争艺术概论》，北京：解放军出版社，1988年，第53页。

即"平民豁免"原则问题,它要求平民不得成为战争中军事进攻的直接和有意的目标,以尽量减少战争中不必要的平民和财产的损失。从历史发展的进程来看,战争中的正义问题处在不断的演进之中。近代之前,主要是在伦理的层面对战争过程中的手段和方式进行限制和约束,之后,随着国际社会的形成,这种模糊的伦理约束逐步向着具有严格规范性质和约束力的国际法发展。这些法规对战争中武器的使用、平民的保护和战俘的待遇都有比较详尽的规定。[①] 与"战争正义"和"战争中的正义"的不确定的伦理概念相比,战争法规具有比较容易确认、操作和验证的刚性特点,虽然在落实中对于那些违反战争法规的交战方进行惩罚事实上是很难做到的。

关于"战后正义"问题,泛而言之,它属于从战争向和平转变的范畴。但根据笔者所阅读到的材料来看,其情形颇为奇怪,理论家们很少对此从学理上进行认真、全面的探讨和考察。[②] 他们往往只是从"严惩"还是"宽容"的角度来向战争中的胜利者提出忠告,提醒他们不要过分压榨失败

[①] 由王铁崖等编、解放军出版社1988年出版的《战争法文献集》,包括了从1856年巴黎海上战争若干原则的宣言到1981年为止的重要战争法规,其中,还包括一些我国最高立法机关或政府关于中国签署或承认某些战争法规的声明和公告。朱文奇主编、商务印书馆2004年出版的《国际人道法文献》,翻译自《红十字国际评论》2001—2002年卷上发表的文章和刊载的文献,这两本书可作为此问题有意义的参考。

[②] 无论是罗尔斯的《正义论》,还是葛德文的《政治正义论》,都没有涉及战后正义的问题。巴拉什和韦伯尔的《和平与冲突研究》,应该算是比较专门地涉及了战争问题的理论著作了,在内容的安排上,有两个小的条目分论战争的正义性和战争中的正义性,但没有安排第三个条目来介绍他人在战争后正义方面的论述(如果有的话),或者纯粹由他们自己来论述这一问题。詹姆斯·多尔蒂和小罗伯特·普法尔茨格拉夫在他们那享有很高声誉的《争论中的国际关系理论》(北京:北京大学出版社,2004年,原版影印本)一书中,对现当代有影响的国际关系理论做了权威性的介绍和评论,关于暴力冲突和战争理论的介绍,占了全书相当的比例,但在这些争论的国际关系理论中,却没有涉及战后正义的内容。卡伦·明斯特的《国际关系精要》(上海:上海世纪出版公司,2007年)一书,为青年学生和一般读者提供了一本简明扼要地介绍国际关系理论的教科书,也有专门的内容叙述战争正义和战争中的正义问题,但没有关于战后正义问题理论的介绍。

者,或者是警告他们对战争中的失败者不要宽容。① 但近年来,形势有些积极的变化,西方的一些研究者,开始关注"战后正义"的历史事实和理论问题。瑞格比(Andrew Rigby)及凯格利(Charles W. Kegley, Jr.)和雷蒙德(Gregory A. Raymond)的研究是其代表。但从实质上说,他们的研究,还主要是对一些历史事实做实证性质的考察,而不是对战后正义问题在理论上做系统性的论证。因此,还是没有回答什么是"战后正义"的问题。②

---

① 早期佛教的经典告诉我们:"胜利滋养仇恨,因为被征服者睡在悲痛和忧愁之中。"而古代印度史诗《摩诃婆罗多》(The Mahabharata)也持相应的立场:"一个国王决不应该伤害他的敌人,以免在后者的心中引起愤怒。"但成吉思汗(Genghis Khan)却不相信过去的敌人能够和好,"被征服者决不可能成为胜利者的朋友,因此,前者的死对于后者的安全是必要的"。参见 Charles W. Kegley, Jr. and Gregory A. Raymond, *From War to Peace-Fateful Decisions in International Politics*, Beijing: Peking University Press, 2003, p. 17. 被称为国际法之父的格老秀斯,在《战争与和平法》一书中认为,在战斗、征服和榨取敌国时,包括敌国的平民百姓等都,都应该温和而又有节制。而伏尔泰在《万国公法》中进一步论证说:"如果一个不公正的贪婪的征服者征服了一个国家,并且迫使这个国家接受无情的、贪婪的、难以容忍的条件,那就需要迫使她屈从。但是,这种外表的平静不是和平,在这里面蕴藏着一种反抗力量,当被征服的国家忍受到一定程度时,她就会起来,以斗争的手段摆脱这种屈辱的和约。"参见 J. F. C. 富勒:《战争指导》,北京:解放军出版社,1985年,第9页。

② 瑞格比在《暴力之后的正义与和解》一书中,主要考察的对象是,那些经历过军人独裁和暴力统治的国家,在过渡到民主制度以后,怎样去清算暴政统治时期的责任者罪行的问题。大致分为三类国家:一类是法国、比利时和荷兰,因为在第二次世界大战期间,这三个国家都有为数不少的人在不同程度上与德国占领军合作,对自己的同胞实施了暴力。第二类国家,是葡萄牙、西班牙、希腊、南非及南美洲军人政权,这些国家都经历过军人独裁或少数白人的种族歧视统治,在军人和少数白人统治期间,统治者在不确定的范围内采取了秘密警察控制、秘密处决、关押等方式来对待政治上的反对派。第三类国家,是剧变以后的东欧国家。瑞格比在研究中发现,在正义与和解之间,很难取得一致。这些国家军人统治的后继政权,对过去发生的暴行、虐待和罪恶行为,很难按照人们所想象或受害者及其亲人所要求的来寻求公正的司法帮助。需要进一步指出的是,瑞格比的研究,涉及的是一国之正义问题,不是国际之正义问题。并且,除了法国、比利时、荷兰是通过战争打败入侵的敌人然后再来清算通敌者的罪行以外,其余的国家,大体上都是通过和平的方式完成政权的过渡的。参看安德鲁·瑞格比:《暴力之后的正义与和解》,刘成译,南京:译林出版社,2003年。上述已提及的《从战争到和平》(*From War to Peace-Fateful Decisions in International Politics*)一书,主要考察的是一场对外战争或国际性的战争结束以后,胜利者对待战败者的处置方式与战后和平的关系问题,而不是胜利者怎样处理与战败者的关系及其与战后正义的关系问题,也不是回答战后正义与战后持久和平的关系问题。诚然,他们在著作中确实引入了像"分配性的正义"(Distributive Justice)、"惩罚性的正义"(Retributive Justice)、"矫正性的正义"(Corrective Justice)以及"恢复性的正义"(Restorative Justice)等概念,但并没有对这些概念进行深入的阐述。因此,从根本上说,他们也没有回答什么是战后正义的问题。

战胜国应该以什么样的方式对待战败国？战胜国在战争结束后与战败国在谈判桌上应该追求什么样的战后目标才算是合理和公正的？在国际社会事实上是一个无政府状态的前提之下，正义与和平之间具有同一性吗？[①] 战胜国追求的和平应该是持久的和平还是短暂的和平？是仅仅没有现实的武装冲突的和平还是没有暴力结构的或积极的和平？[②] 持久和平应该以什么作为标志？持久和平有一个大体上能够为国际社会所认可的时间概念吗？战胜国应该对战败国"宽容"还是应该"严惩"？应该在什么样的情况之下"宽容"，在什么样的情况之下"严惩"？"宽容"应该"宽容"到一个什么样的程度？或者说，"宽容"有没有一个边界？"严惩"应该"严惩"到一个什么样的程度？它的衡量标准在哪里？"宽容"是否就意味着能带来失败国家的人民因失败所带来的痛苦的记忆的消失，从而放弃复仇的打算？我们能够对这些问题建立起一个理论的规范并且解释事实本身吗？

　　确实，我们没有一个为大家所认可的判断什么是"战后正义"的标准。[③]

[①] 这似乎是一个非常沉重的话题。我们常说，没有正义就没有和平，正义是和平的基础，这在国内的层面上说，也许是这样的，但在国际的层面上，却很难做到。其实，即使在国内的层面上，在一些情况下，事实上也很难做到，瑞格比在他的研究中就深刻地感受到了这一点。军人政权以后的拉丁美洲国家、西班牙、葡萄牙、希腊及白人少数人种族统治后的南非，在正义与和平之间，似乎就有一面难以逾越的墙。出于各种因素，前军人政权的暴力犯罪者，很难受到正义的惩罚，民主力量只能以放弃追求正义作为目标，以换取军人交出政权。瑞格比说，在1980年代，作为和平学的讲师，他经常向学生提出的讨论题是："没有正义就没有和平"。但后来，他"开始担心过分敏感于正义与和平之间的关系"，因此，更愿意将讨论题改为："有正义却可能没有和平"。参见瑞格比：《暴力之后的正义与和解》，第12页。

[②] 和平可以分为积极和平与消极和平两种形态。消极和平指在国家之间现实的暴力或战争的缺失。积极和平不仅是国家之间暴力的缺失，而且在一般的社会层面上，也没有明显暴力包括结构暴力和文化暴力的存在。首先提出积极和平即没有暴力结构存在的和平的是被称为"和平学研究之父"的约翰·加尔通。可参见 Johan Galtung, "Violence, Peace and Peace Research," *Contemporary Peace Research*, edited by Ghanshyam Pardest, New Delhi: Radiant Publishers, 1982, pp. 93-126。

[③] 需要说明的是，我们这里所讨论的是指那些交战各方对采取战争行为都缺少正当的理由，或者说，理由不充分的战争的情形。如果战争能够明显地判别一方是侵略者，另一方是被侵略者，而侵略的一方又赢得了胜利，那讨论战后的正义问题就没有实际意义。因为无论胜利的一方是严厉还是宽容，其侵略本身就是非正义的。但如果被侵略的一方赢得了战争，胜利者怎样来对待失败者，其情形就要复杂得多。胜利的一方应该宽恕敌人还是应该惩罚敌人？应该惩罚到一个什么样的程度才符合正义？这是一个很难把握的问题。

既然没有一个为大家所认可的标准,我们就很难恰当地判断在谈判桌上胜利方对失败方所采取的措施是"正义"的还是"非正义"的。

虽然在一般的或抽象的意义上,我们没有判断"战后正义"的标准,但针对某一场具体的战争,人们还是常常会从"战争正义"和"战争中的正义"的层面切入来思考"战后正义"的问题。对和平条约中战胜国对战败国的处置做出模糊的不确切的判断,宣称其是"正义"的或"非正义"的。如果交战中失败的一方具有明显的侵略性质,在战争进行的过程中,又不严格遵守战争伦理和战争法规,舆论会倾向于赞成战胜国对战败国进行某种程度的惩罚,而不会将这种惩罚说成是对战败国的"不公正"或"非正义"。但在我们过去的历史叙事中,对第一次世界大战中德国对战争爆发应该承担的责任和在战争中首先严重违犯战争伦理和战争法规的行为没有给予充分的关注,以至于过分渲染了《凡尔赛条约》对德国的不公。他们认定,交战双方都是帝国主义集团,双方进行了长期的军备竞赛,都具有侵略的性质,因此,在"战争正义"的问题上同盟国和协约国各打五十板。而对战争进行过程中,德国首先违犯战争伦理和战争法规的行为,也很少提到。自然,在这种叙事语境下所做的结论,难免有简单化的趋势,并进而导致对下列事实的忽视。

1. 当一个国家感受到自己的核心利益,尤其是安全利益受到威胁和挑战,而仅仅依靠自身的力量又不足以抗拒这种威胁和挑战时,除非自动地与对手妥协,放弃某些利益,否则,就会很自然地考虑并且采取实际措施来寻求外部的同盟者,以此抗拒对手的压力。这种行为是历史上常见的,不是某种特定性质的国家才具有的行为表现。

2. 虽然当时同盟国和协约国的成员都是帝国主义国家,但在是否选择战争的紧迫性问题上,两个集团还是有所区分的。1914年,德国自认为战争的准备很充分,对战争的结果持有乐观主义的情绪。但它同时担心,奥地利会由于其内部的民族矛盾而解体,意大利对盟约的忠诚已大成问题,因此,如果不趁"萨拉热窝事件"造成的危机机会进行这场看来难以避免的战争,拖延下去,德国会没有同盟者,这对德国会非常不利。所以,德皇威廉二世(William Ⅱ)说:"就是现在,要么永不。"① 这样,在1914年的"七月危机"中,德国积极支持奥地利的张狂立场和战争措施。② 对塞尔维亚的委曲求全,对俄国和英国提出召开欧洲大国会议来解决危机的提议,不予认真对待。当然,在"七月危机"期间,协约国也没有表现出真正的诚意来缓解危机。但比较起来,德国和奥地利对战争的选择似乎更加急不可待,更加不可讨论。③ 我们不能说,没有"萨拉热窝事件",两个军事集团之间就不可能因为其他的事件而打起来,但是,我们同样有理由推论,如果德国和奥地利不借"萨拉热窝事件"而扩大事态,1914年,也许就不会爆发大战了。如果是那样的话,再过三五年,随着德国和奥地利的内外处境发生一些变化,也许,就不会那样坚定和自信地选择战争的方式来解决冲突了。但无论如何,单就1914年战争爆发的实际过程而言,德、奥是应该负更多的责任的。选择战争,总不是一件好事,因为"从来就没有一个好的战争或坏的和平"。④ 虽然,和平也许需要花大的代价去购买。在考虑"战争正义"的问题时,还有一个因素必须注意,这就是德国对比利时中立的侵犯。德国有若干军事上的理由必须通过比利时与法国作战,但为了与敌国作战而侵犯一个中立国家,要开脱罪

---

① 王绳祖主编:《国际关系史》(上),武汉:武汉大学出版社,1983年,第256页。
② 关于第一次世界大战爆发的原因,代表性的有三种观点。第一种观点是我们最熟悉也是我们常常所持的基本立场,这就是列宁的"帝国主义论",坚持交战的双方都是非正义的。第二种观点,重要代表人物是美国的詹姆斯·贝克(James Beck),他于1914年战争爆发后就出版了他的著作,指责德国和奥匈是战争罪犯,要对战争的爆发负责。第三种观点,是所谓的修正学派的立场,其代表人物是西德尼·费伊(Sidney B. Fay)。他于1928年出版了《世界大战的起源》(The Origins of the World War)一书,完全颠覆了贝克的观点。他首先宣称,没有哪一个欧洲国家精明地设计要将欧洲拖进一场总的战争,因此,谁也不应对战争的爆发负责。但接下来,他又指出,在交战的国家中,至少法国和意大利是高兴地看到战争发生的,因为它们希望通过战争获取领土。他对塞尔维亚和俄国也给予了严厉的谴责。相反,对德国和奥匈,他以为应该宽恕,因为它们是在采取自卫的行动。参见 David W. Ziegler, War, Peace, and International Politics, Sixth Edition, New York:Harper Collins College Publishers,1993,pp. 35-37。
③ 这方面的记载很多,比较有参考意义的著作有:[联邦德国]卡尔·迪特利希·埃尔德曼:《德意志史》第4卷,上册,北京:商务印书馆,1986年,第39—48页。[英]马丁·吉尔伯特:《二十世纪世界史》第1卷,上册,西安:陕西师范大学出版社,2001年,第340—359页。
④ David P. Barash and Charles P. Webel, Peace and Conflict Studies, California:Sage Publications, Inc.,2002,p. 12.

责是难以成立的。这比苏联为了保卫列宁格勒从而要求芬兰边界后退更霸道。但我们平常的论述中,却很少谴责德国的这一点。

3.在"战争中的正义"的问题上,虽然双方军队都有大量破坏战争伦理和战争法规的事实存在,但德军总是肆无忌惮,率先破坏规则。德国入侵比利时,遭到意想不到的抵抗。德军试图说服比利时人放下武器,但没有成功。这使德军恼羞成怒,决意用恐怖的方式来对待他们。作战的第一天,德军枪杀了6名人质,并焚毁了叫巴斯蒂的村庄。1914年8月6日,齐柏林L-Z飞船轰炸了列日,投下13颗炸弹,炸死9名市民。这虽然与稍后一些时期的轰炸所造成的损失比较起来,是小巫见大巫,但它的的确确"给20世纪的做法开了一个头"。① 1914年8月下旬德军对比利时卢万城的毁灭,更是激起了全世界的公愤。该城处于列日与布鲁塞尔之间,以其大学与无与伦比的图书馆而著称于世。德军借口遭到市民的袭击而进行报复,烧、杀、抢、掠持续整整6天时间,图书馆被焚毁,市民被杀无数,整座城市变成一片废墟。1915年4月22日,德军又在对法军的进攻中,在比利时前线使用毒气,明显地破坏了在战场上禁止使用毒气的国际海牙公约。"德国开启了地狱之门,同时充当恐怖活动的先锋",但"每次德国违反人道和国际法的罪行,受到常常是更大规模和更长时间的报复"。② 其结果是,战争伦理和战争法规,对交战双方不再具有约束力,战争回到了野蛮的形态。

以上陈述表明,德国对战争的爆发负有主要的责任,也是违反战争伦理和战争法规行为的首犯,理应受到谴责和惩罚。但不可理解的是,《凡尔赛条约》一出台,就有那么多的声音为德国鸣冤叫屈。"德国引发了一场世界大战,但却逃避罪责几十年"。③ 德国战时和战后的无罪化运动取得巨大成功。战争期间,德国公众接受了官方宣称的德国无罪、俄国侵略和英国包围的说教。战后,德国无罪的神话不仅在德国更加盛行,并扩散

---

① 巴巴拉·W.塔奇曼:《八月炮火》,上海:上海译文出版社,1987年,第203页。
② [英]温斯顿·丘吉尔:《第一次世界大战回忆录》第1卷,海口:南方出版社,2002年,第19页。
③ [美]斯蒂芬·范·埃弗拉:《战争的原因》,上海:上海人民出版社,2007年,第267页。

到其他国家。① 在我们国内,叙事者虽没有说德国无罪,但指责条约对德国不公、不正义的判断却几乎是一致的。结果,德国蓄意挑起战争和破坏战争伦理的罪行没有受到应有的谴责和揭露,相反,德国作为条约受害者的形象却为大家所接受。

二

与"战后正义"密切关联的,是所谓条约对德国"惩罚过分严厉"的问题。如果说"战后正义"主要是从定性的角度来评价《凡尔赛条约》的话,那么,"惩罚过分严厉"的着眼点,就是从量的角度来评价《凡尔赛条约》。从基本语义的角度分析,"惩罚过分严厉"意味着,德国是应该受到惩罚的,只是用刑不当,用刑过度了。

这是德国自己以及通过其他不少人的口吻所制造的又一个普遍流行的、被夸大的、成功的神话。这其中,凯恩斯的著作,无疑起了特别重大的推动作用。凯恩斯的分量很重,他是经济学家,以英国代表团首席财政顾问的身份参加巴黎和会。和会上,他不同意协约国对德国的处置态度。1920年2月,他的《和平的经济后果》一书就开始在美国的一家杂志连载。经济学家和作为参加巴黎和会的英国代表的双重身份,使他的论证获得极大的信任。他的结论,被广泛地接受。他以为,协约国敲诈勒索,鼠目寸光。条约将给德国、欧洲经济带来毁灭性的后果。② 但根据玛格丽特·麦克米兰(Margaret Macmillan)的研究,实际的情形是"负担从来

---

① 《战争的原因》,第267页。
② 凯恩斯认为,战前,德国经济主要依赖三个因素:1.海外商业、对外投资、对外出口;2.钢铁生产以及在此基础上的整个工业;3.德国的交通和税收系统。而和约的目标,就是摧毁德国的这些基础,尤其是第1和第2个基础。德国是欧洲最强大的经济实体,是欧洲经济的发动机。所以,德国经济被摧毁,整个欧洲的经济自然也被摧毁。他还具体从煤炭、钢铁生产、赔偿要求、银行控制、信贷的崩溃、德国的赔偿能力、出口能力方面,进行了具体的论证,指出《凡尔赛条约》是一个死亡条约。John Maynard Keynes,"The Economic Consequences," Greene, *Wilson at Versailles*, pp. 20-27.

没有德国及其同情者声称的那么重"。① 埃迪恩·曼特克斯(Etienne Mantoux)的实证性研究,也证明凯恩斯的预言是错误的。

凯恩斯预言,条约的结果,将导致欧洲铁的产量下降。曼特克斯的研究则指出:虽然铁的生产在战争期间遭到极大的破坏,但条约以后的十年内,欧洲铁的产量持续增长,就在1919年,其产量就超过了1913年的10%。凯恩斯预计德国由于受到条约的剥削,钢铁产量将减少,但1927年,德国铁的实际产量超过1913年的30%,钢的产量则超过38%。凯恩斯估计,德国的煤炭工业,也将维持在一个相当低的水平上,但1920年、1921年、1922年德国实际煤炭产量就高于战前5年煤炭生产的平均水平。对于战后德国的财政状况,凯恩斯十分悲观,估计德国在财政上将长期困难,居民的存款将远低于战前的水平。战后最初几年,德国的财政状况确实很糟糕,居民存款大大低于战前水平,但1925年,情况就开始好转,到1928年,则达到了21000万,远远超出了1913年的水平。关于德国企业的利润,凯恩斯预计每年会下降到20亿马克,而1925年,德国国内资本的纯利润就有64亿马克,1927年则达到了76亿马克。凯恩斯估计,由于条约的执行,战后生产将陷入长期、广泛的下降,使欧洲处于半饥饿的状态,但1929年发生的资本主义世界的生产过剩危机,从反面证明的是20年代经济的大幅度的增长和资本主义制度在当时背景下的病态繁荣。②

但凯恩斯的评论为什么能够产生那么大的影响,获得那么多人的认可和响应?从而使对《凡尔赛条约》的谴责和对德国的同情成为一种普遍流行的趋势?其背景是,除了上面提到的凯恩斯身份的权威性外,他的著作恰好适应了当时人们的心理和政治现实的要求。尤其在美国,这种政治现实的要求特别明显。反对威尔逊总统对外政策的浪潮,不愿意让美国卷入欧洲及世界政治事务的孤立主义,再加上两党权力之争,都需要像《和平的经济后果》一类的著作出台。更何况,凯恩斯在著作中,还专

---

① [英]玛格丽特·麦克米兰:《大国的博弈:改变世界的一百八十天》,重庆:重庆出版社 2006年,第125页。
② Etienne Mantoux, "A Reply to Keynes," Greene, *Wilson at Versailles*, pp. 76-79.

门用了一个部分来讨论、实际上是批评和否认威尔逊的战后政策。因此,《和约的经济后果》首先在美国的杂志连载,在美国的国会受到共和党议员的极力吹捧,就一点也不惊奇了。

但令人困惑的事情还是有的。

困惑之一:德国受到惩罚,能够引起人们的普遍同情,而同为同盟国成员的奥地利、匈牙利、保加利亚和土耳其,受到的惩罚并不会比德国轻①,为什么它们的处境就不能引起广泛的同情和人们的热议呢?仅仅因为德国是大国而这些国家是小国的缘故吗?而从战争爆发的原因方面来看,德国所起的作用比它的这些同盟者是要大得多的,因此,德国理应受到更多的谴责,但事实却恰好相反,德国受到的更多的是同情。这种普遍的同情,在1920、1930年代的英国和美国,尤其是英国,演变成一种《凡尔赛条约》的犯罪意识,导致对德国的大小埋怨和要求都采取温和的、绥靖的路线。② 在德国方面,则是协约国妥协一次,德国的民族主义又推进一次。

困惑之二:德国在战争中,对待失败的对手,可以说是非常苛刻的,但

---

① 根据协约国与奥地利签定的《圣日尔曼条约》,奥匈帝国不复存在,原奥匈帝国境内民族基本上根据民族自决的原则而获得独立,奥地利也从此成为比较单一的民族国家。它的面积大大地缩小,人口由原来的2800万减少到600万,交出所有军舰、潜水艇,废除正兵制,保留3万军队。参见王绳祖主编:《国际关系史资料选编》,上册,第2分册,武汉:武汉大学出版社,1983年,第185—187页;玛格丽特·麦克米兰:《大国的博弈:改变世界的一百八十天》,第168—176页。根据《特里农条约》,匈牙利失去了2/3的领土和人口,被切断了市场和原料来源,350万匈牙利人与自己的国家分离,军队不得超过3万,它没有了出海口,多瑙河由战胜国管制,同时支付战争赔款。参看:《大国的博弈:改变世界的一百八十天》,第185页。《纳伊条约》对保加利亚的惩罚也是很严重的。保加利亚将部分领土割让给南斯拉夫,多布雷加归罗马尼亚,色雷斯仍由协约国控制,后来划归希腊。这样保加利亚通向爱琴海的出海口被切断了,保加利亚交出全部军舰,支付赔款25亿金法郎,保留军队两万人,失去领土1/10。参看:[苏]维戈兹基等编:《外交史》第3卷,上册,北京:三联书店,1979年,第228页。《色弗尔条约》对土耳其而言,是灾难性的。它的领土缩小了3/4,土耳其海峡不论和平时期还是战时,向所有国家的商船和战舰开放。设立海峡委员会,监督通航秩序。土耳其除保留6艘驱逐舰和7艘炮舰外,其余军舰都交给协约国,恢复领事裁判权,协约国监督其财政和经济,武装部队包括35000名宪兵在内,只能保有5万人。但由于凯末尔领导的争取民族解放的斗争取得胜利,《色弗尔条约》为《洛桑条约》所取代。参见《外交史》第3卷,上册,第292页。

② Keith Eubank, The Origins of World War Ⅱ, New York: Thomas Y. Crowell Company, 1969, p. 74.

德国的苛刻,似乎没有什么人记起,也没有什么人试图将其与德国自己所受到的处置去进行比较。普法战争中,法国战败,不仅割让阿尔萨斯和洛林给德国,向德国交付50亿金法郎的赔款,而且,普王威廉一世(WilliamⅠ,1797—1888)还在凡尔赛宫的镜厅里,加冕为德意志帝国的皇帝。可以说,德国在尽其所能,去剥夺、玩弄和侮辱自己的敌人。研究者确信,第一次世界大战后,法国从德国所获得的赔款,事实上,还没有普法战争中德国从法国那里获得的赔款多。1918年强迫苏维埃俄国签定的《布列斯特—里托夫斯克条约》,除了相当数量的赔款外,德国还获得苏俄方面54%的工业生产能力和34%的人口。① 大家毫不怀疑,一旦德国在战争中取得胜利,就会狠狠地敲诈对手。1918年与罗马尼亚签定的《布加勒斯特条约》,就将对手变成了自己的附属国。缴获的德国文件也显示,德国进行战争"似乎原想削弱法国的工业,为自己留一块空地"。② 德国对对手的剥夺,我们好像有意避而不谈,它受到一点惩罚,却倒不断有人在为它摆脱惩罚而呼喊了。这是不是德国的一种幸运呢?这当然是德国的一种幸运。因为它应该得到的惩罚,却有人为它叫屈。但另一方面,又是德国的一种不幸。因为这样不能促使德国对它所进行的战争做有益的反思,德国总认为自己被冤枉了,从而滋生出一种强大的复仇心理,它在寻找机会,摆脱条约对它的束缚。

困惑之三:对法国和比利时在战争中所遭受到的破坏程度以及法国所受到的德国威胁,没有深刻的理解和应有的同情。相比之下,德国受到重一点的、也许是应该的惩罚,却能引起那么大的喧嚣。战争打了四年多,西线是主要的战场,而西线的战争,就在法国和比利时的领土上进行。在一个比较狭小的地域内,交战双方几百万的军队,经历四年多的拥有巨大摧毁能力的战争武器的蹂躏,其破坏的程度是令人触目惊心的。整座整座的村庄被摧毁,山头上的树木被烧光,泥土像被犁头翻耕了一遍一样,到处都是残垣断壁、战壕、被摧毁的军事装备、铁丝网、没有爆炸的地

---

① Eubank, *The Origins of World War* Ⅱ, p.12. 亦可参见斯塔夫里阿诺斯:《全球通史:1500年以后的世界》,上海:上海社会科学院出版社,2002年,第601页;马丁·吉尔伯特:《二十世纪世界史》,第一卷(下),西安:陕西师范大学出版社,2001年,第541页。

② 玛格丽特·麦克米兰:《大国的博弈:改变世界的一百八十天》,第132页。

雷、炮弹以及爆炸后的弹片。据估计,在战时,法国有 11000 个工业企业、1500 座桥梁、265000 所住宅和 7500 所学校被毁掉。① 人员方面的伤亡,在各交战国中,法国是最大的,几乎死了 150 万人。"从凡尔登到土伦的每一间农舍、每一个家庭几乎都在悼念死去的亲人,或者在照顾伤残的幸免者。"②普鲁士寒光闪闪的刺刀,总是令法兰西颤栗。在一百年的时间里,巴黎圣母院的钟楼,5 次惊闻了普鲁士军队的枪炮轰鸣。③ 普法战争到第一次世界大战期间,德国对法国的几次威胁,法国记忆犹新。④ 而德国的人口,几近于法国的两倍,这些方面使法国十分不安。所以,在巴黎和会上,法国要重重地敲诈德国一下,并希望获得未来安全的保证。德国的领土和城市,虽然也遭到了协约国的有意的轰炸,但与法、比的情况比,其破坏是微乎其微的。即使是按照《道威斯计划》的赔款要求,法国和比利时恐怕也不可能用所得的赔款来修复被战争破坏的家园。而德国的赔款负担并不会比 1871 年它强加于法国、1918 年强加于苏俄的重,失去的殖民地对德国经济并没有实质性的伤害。战后东欧出现的一系列小国家,工业基础都比较薄弱,虽然不少国家对德国心存疑惧,但在经济上却给德国的商品输出留下了广阔的空间。⑤

　　战胜国法国、比利时,战败国奥地利、土耳其、匈牙利、保加利亚,因战争、战败而造成的损失或不公正的对待,没有引起舆论的广泛关注和普遍的同情,其原因首先在于英、美对外政策的调整。英国要恢复它在欧洲大陆传统的"均势"政策,不愿看到法国势力在大陆坐大和德国过分被削弱。美国正在回到孤立主义,对美国卷入第一次世界大战的背景和威尔

---

① 樊亢、宋则行主编:《外国经济史》(第 3 册),北京:人民出版社,1982 年,第 147 页。
② 温斯顿·丘吉尔:《第二次世界大战回忆录:风云紧急》,长春:时代文艺出版社,1995 年,第 6 页。
③ 这 5 次是 1814 年、1815 年、1870 年、1914 年和 1918 年。
④ 1875 年,俾斯麦借法国购买 1 万匹军马的计划和通过新的军队编制法的行为,对法国进行武力恫吓。1905—1906 年的第一次摩洛哥危机,德国态度强硬,迫使法国同样持强硬立场的外长德尔卡赛(Theophile Delcasse)辞职,并威胁兵戎相见。1908—1909 年的波斯尼亚危机,虽然主要是俄、奥冲突,但德国坚决支持奥匈,俄国让步,否则,俄国卷入同德国的战争的话,法国作为俄国的盟友,也不得不与德国交战。1911 年的第二次摩洛哥危机,德国更是毫不犹豫地直接挑战法国,令世界震惊。
⑤ Eubank, *The Origins of World War* II, p. 12.

逊（Woodrow Wilson,1856—1924）的对外政策进行检讨和清算,对法国在巴黎和会上对德国的领土和赔款要求比较反感,对战败国德国比较同情。但关键的问题在于英、美的强势地位,在当时的国际舞台上,掌握着事实上的话语权,这两个国家的舆论铺天盖地而来,使其他国家发出的声音都显得比较微小和乏力,不可能形成主流的舆论来影响公众的判断。因此,上述这些国家的境遇,就难以得到公众的关怀,往往被忽视。

第一次世界大战后的1920、1930年代,德国国内复仇的情绪很强烈,这往往被指责为《凡尔赛条约》的一个必然结果。这种论断有一定的道理,但将德国民族主义情绪和准备战争复仇的原因完全或主要归罪于《凡尔赛条约》,则不符合事实。因为这种批评,掩盖了其他一些历史真相。假如德国民族复仇主义情绪,完全是由于《凡尔赛条约》引起来的话,那么,随着德国逐步摆脱《凡尔赛条约》的束缚,这种复仇主义情绪就会相应地消失。但实际的情形显然不是这样的。

由于《凡尔赛条约》一出台就受到批评和指责,舆论普遍性地同情德国,加上协约国集团内部的矛盾,对条约的执行,一开始就是三心二意的。德国及时、恰当地利用了舆论和协约国内部的矛盾,对条约的执行,尤其是在赔款的问题上大打折扣。1923年"鲁尔危机",德国又得到了美、英舆论的一致同情,结果,不仅获得了来自美、英的大量贷款,而且,也加速了《道威斯计划》的出台和对《凡尔赛条约》的第一次重大修改。1925年的《洛迦诺公约》,德国成了最大的赢家。几乎没有做出什么让步,就得到了许多好处,实现了它的大部分目标。公约不保证德国的东部边界,这意味着德国可以在它的东部自由行动。德国唯一的让步,是接受一个与波兰和捷克的仲裁条约。但就是这样一个仲裁条约,德国也拒绝提供保证。德国加入国联,成为国联的常任理事国,从而一举恢复了德国在世界事务中的大国地位,同时又不承担国联盟约第16条规定的成员国的义务。根据德国的要求,协约国军队又从科隆撤出。《洛迦诺公约》的签定,实际上已经标志着《凡尔赛条约》的破产。

对德国军事实施监督的协约国管制委员会,其目的是严格监督德国按照《凡尔赛条约》的规定解除武装。但因为管制委员会本身是没有武装的,而且委员会又不能得到来自英国政府的实际支持,因此,工作很难取得成效。而德国军队则采取"消极抵抗、侮辱和人身威胁"的方式,系统地封锁管制委员会。① 本来是用来监督德国解除武装的机构,反倒成了被德国封锁的对象。德国秘密发展军备的行动,受不到有效的监督。在这种背景下,委员会于 1927 年 1 月撤退。关于德国违反规定发展军备的最后报告,也被查禁。② 接着是《杨格计划》,减少了 1921 年协约国确定的德国战争赔款的总数,结束了根据《凡尔赛条约》和《道威斯计划》对德国财政经济上的国际监督。在德国的要求和英国的支持下,1930 年,法国军队比原计划提前 5 年从莱茵兰撤离。1931 年,德国的战争赔款暂停支付。1932 年的洛桑会议,德国的战争赔款最后被确定为 30 亿马克,停付 3 年后,再分 30 年付清。希特勒上台后,则再也没有提起赔款的问题了。关于军备问题,1932 年的裁军会议上,宣布德国同与会各国享有同等的军备权利。这个时候德国所享有的地位,在一些评论家看来,已经可以与 1914 年德国的地位相比拟了。③

随着条约对德国限制和惩罚的逐步取消,德国的民族复仇主义情绪不仅没有慢慢消失,相反,在不断高涨。1925 年,保守的元帅兴登堡当选总统;1930 年,在德国议会选举中,纳粹党比两年前所获的选票增加 7 倍,成为国会里的第二大党,1932 年又成为议会里的第一大党;1932 年的总统选举中,希特勒所获选票仅次于兴登堡;1933 年 1 月,希特勒登上德国总理宝座。德国的民族复仇主义在其国内取得决定性的胜利。这一切似乎证明,对德国的妥协,恰好助长了德国的复仇主义情绪。协约国的同情,使得集权主义在德国的兴起成为可能。④

既然不能以《凡尔赛条约》的惩罚过重来说明德国民族复仇主义情绪高涨的原因,那我们就应该试着从其他的角度阐释这一现象。对于 1920、1930 年代德国狂热的民族复仇主义情绪,笔者认为,其根源在于:

1. 战争没有在德国的领土上进行,德国民众还缺乏对战争残酷性的

---

① Eubank, *The Origins of World War II*, p. 7.
② Ibid.
③ Dietrich Orlow, *A History of Modern Germany: 1871 to Present*, New Jersey: Prentice Hall, Inc., 1995, p. 193.
④ Ibid., p. 133.

深刻体验,他们不承认战争的失败,不惜诉诸于另一次战争来挽回面子和尊严,这是战后德国强烈的民族复仇主义情绪的群众心理基础。这种群众心理基础,极易被鼓动和利用,为军国主义和扩张主义服务。战争结束时,德军还保持完整,德国民众不了解战争前线的状况,总认为德国不是战场上被打败的,而是在"背后中了暗箭"。① 这在19世纪20—30年代的德国,是一种相当流行的观点,并被极端的民族主义者所渲染和利用。德国政府当时寻求和平,是担心进一步战斗下去,不仅不能取胜,而且会摧毁德国的军队,毁坏德国的村庄、城市。但德国的市民,还没有做好停战和投降的准备。过去几年里他们所听到的,都是德军在前线获胜的激动人心的消息。而事实上,德军在东线已经取得了胜利,德国同苏俄签定了和平条约。在西线,1918年上半年,德军仍在战场上主动发起进攻,形势没有什么令人沮丧的地方。对突如其来的失败,德国民众在心理上是不能接受的。另外,在最近的过去,德国为完成统一所进行的三场战争,都是所向披靡,这似乎进一步加强了"背后中了暗箭"的信念。

1918年10月,在协约国军队是否应该继续向前挺进的问题上,意见并不一致。法国人不希望有更多的人员伤亡,同时担心有可能在德国境内遭遇到顽强抵抗而遭受重大损失。英国人则希望在美国人过于强大之前讲和。当时,似乎只有美国远征军司令潘兴将军认为协约国军队应该继续向前推进,必要的话,还要跨过莱茵河。但他的意见,只是少数。这样,德国的国土幸运地逃脱了被战火蹂躏的命运,而绝大多数德国人则没受到战火的洗礼。德军秩序井然地返回柏林,人群夹道欢迎,新总统埃伯特(Friedrich Ebert,1871—1925)向他们致敬:"任何敌人都没有把你们征服。"②

2. 以军国主义、扩张主义和社会达尔文主义为基本特征的德国右翼集团,是德国复仇主义的核心力量。魏玛共和国虽然有一部非常开明、民主的宪法,但由于时间及内外环境的制约,来不及或者说不愿意或者说没有能力对继承下来的帝国社会结构进行深层次的改造。希特勒上台前的

---

① Eubank, *The Origins of World War* II, p. 3.
② 玛格丽特·麦克米兰:《大国的博弈:改变世界的一百八十天》,第110页。

魏玛共和国,民主选举、言论自由的氛围是存在的,德国左翼的力量强大,但右翼的势力更强大。政府的内外政策,从实际执行的情况来看,更多地倾向于保护右翼的利益或反映右翼的要求,或者是,国家机构和政府要职被右翼所控制。因此,从本质上来说,魏玛共和国是新的政治体系与从帝国继承下来的社会结构的奇妙联姻。① 右翼集团以《凡尔赛条约》对德国的惩罚为借口,不断鼓动人民进行复仇。希特勒的纳粹党,是这个右翼集团中滋生出来的最极端的好战的部分。纳粹党以整个德国右翼集团作为它存在的土壤,整个右翼集团则以纳粹党作为自己的旗帜。正是在这个意义上,我们说纳粹继承了德意志第二帝国的事业,希特勒所进行的战争,与第二帝国所进行的战争是有机地联系在一起的。② 而希特勒自己更是毫不掩饰这一点。《凡尔赛条约》对德国的民族复仇主义有一定的影响,但只要德国的军国主义、大国沙文主义、社会达尔文主义存在,他们总会寻找各种理由和借口,去发动对外侵略战争。这才是德国民族复仇主义最主要的根源。

3. 德国强大的经济基础,先进的科学技术和作战能力强、其核心部分完好保存下来了的德国陆军,是民族复仇主义高涨的物质基础。没有这个物质基础,再强大的民族复仇主义情绪也会丧失信心,受到遏制。在这种情况下,德国也许就会寻求以和平方式发泄不满,或者说是委曲求全。法国和比利时军队1923年占领鲁尔,德国经济遭到重创。但1924年德国经济又慢慢恢复。1925年开始出现高涨。1927年,德国经济超过战前水平。到1929年,德国工业产量再次超过英、法,仅次于美国而居于资本主义世界的第二位。③ 关于德国的军事力量,其重心是德国的陆军,核心是军官团。德国的海岸线不长,海军力量比较弱小。但德国作为欧洲的中心,在历史上曾经是欧洲大陆各国角逐和交战的主要场所,德国的陆军也因此百经磨炼,组织、训练和战斗力,在欧洲各国的军队中赫赫有名。协约国特别关注德国的军官团。《凡尔赛条约》规定德国的军官团

---

① John Hiden, *Germany and Europe, 1919-1939*, London and New York: Longman, 1979, p. 24.
② Orlow, *A History of Modern Germany 1871 to Present*, p. 133.
③ 王绳祖主编:《国际关系史》(上),第373页。

要由34000人减少到4000人,但德国人用了种种计划来突破这个致命的界线。1920年代,德国的实际扩军计划已经为政府所认可,规模宏大。这对后来希特勒扩充军备、准备战争是至关重要的。对于武器装备以及新的战略战术的研究,德国也一直没有停止过。① 在科学技术和军事思想方面,德国走在各国的前列。这些强大的物质基础和技术力量,使德国右翼集团充满信心。

三

协约国对德国的同情、宽容,使德国逐步摆脱了《凡尔赛条约》的束缚。希特勒上台后,全面推行复仇主义的战争政策。西方国家,尤其是英、美两国,对希特勒德国继续姑息、纵容、绥靖,最终导致第二次世界大战的爆发,人类又一次大规模地陷入相互屠杀之中。

对希特勒德国的绥靖政策受到谴责、批评,是很自然的,问题是:如何在对《凡尔赛条约》性质的认定与对绥靖政策的谴责、批评之间建立起一种逻辑关系。如果我们一方面谴责《凡尔赛条约》对德国不公、惩罚过分严厉,另一方面,又对西方国家容忍德国冲破《凡尔赛条约》、重新武装的行为予以否认,很显然,我们就不自觉地陷入了某种自我设计的逻辑陷阱之中。

---

① 早在1921年,德国国防军总参谋长赛克特将军,就在秘密地设计一支完备的德国陆军,一步一步地推进德国陆军的重建计划。他按照德国旧军队的模式,计划建立一支拥有63个师的强大军队,并预期进行一场针对波兰的修改边界的战争。为此,暗中进行了各种地下活动,成立了各种各样的准军事组织和军备企业。参见[联邦德国]海茵茨·赫内:《德国通向希特勒独裁之路》,北京:商务印书馆,1987年,第55页。也有材料指出,1925年,德国计划将军队扩张到102个师,280万人。参见张壮年、张颖震:《德国发动二战计划并非始于希特勒》,《出版参考》2006年第2期。协约国管制委员会也曾试图搞清楚并阻止德国陆军的恢复计划,但德国做得很隐秘,计划一点也没有暴露。这对德国至关重要。德国人承认:"假使参谋部被破坏,那就很难重新建立起来。"因为"这个组织是必须经过好几代人的努力才能建立起来的。无论军官们如何有天才,如何努力,也不可能在旦夕之间建立起来"。参见丘吉尔:《第二次世界大战回忆录:风云紧急》,第39页。

但这样的陷阱是到处存在的。

翻开我们的教科书和专门家的论著,几乎是异口同声地谴责《凡尔赛条约》对德国处置不公正,同时,又毫不留情地谴责西方国家的绥靖政策。一方面,我们是战后1920年代国际政治秩序的猛烈攻击者,另一方面,我们又是1930年代现存国际政治秩序的维护者。我们批判的立场为什么会发生这种转变?是说1920年代的国际政治秩序是非正义的而1930年代的国际政治秩序是正义的吗?从战败国的身份、从与《凡尔赛条约》的关系的角度来讲,1920年代的德国与1930年代的德国有本质的不同吗?是不是说魏玛共和国就代表着和平而纳粹德国就代表着战争?在它们之间能够做这种袄教式的光明与黑暗的清晰划分吗?

如果我们认定《凡尔赛条约》对德国是非公正的结论能够成立,那么,按照我们处理国际事务所持的一般的原则立场,《凡尔赛条约》就应该予以修改或废除。德国没有义务履行强加于它的非公正的条约。只有废除不公正的条约和义务,才能恢复国际社会的公正和正义。坚持和维护不公正和不正义的条约,就是一种压迫,一种强权。除非我们在处理和评论国际事务时,不引进正义的概念和原则,比方,采用实用主义的或现实主义的"权力平衡"的概念来进行评论和叙事。否则,协约国对德国逐步放弃条约的控制,是应该得到支持和肯定的行为。

麻烦的问题是,面对德国摆脱条约控制和束缚的举动,对待希特勒德国的立场与对待魏玛共和国的立场应该有所区分吗?是不是说魏玛共和国时期德国规避条约义务的举动是正义的,而希特勒德国规避条约义务就是非正义的?是否20年代协约国对德国的容忍和宽容,从道义上说,是一种可以肯定的甚至是崇高的行为,而30年代对纳粹的绥靖却成为了一种邪恶和罪孽了呢?或者说30年代对纳粹德国的绥靖过头了?如果回答是肯定的,那要绥靖到什么样的程度才是恰如其分的?有一个标准吗?这个标准能够进行实际的操作吗?如果几十年之后,我们对当时的情形能够看得比较清楚的话,那处在当时环境中的人们,对形势的认识和判断,有可能像我们今天一样清晰吗?但不管怎么样,有一点我们必须记住:就像前面已经提出的一样,从一开始,德国就在为摆脱条约、重振军备而努力斗争。① 魏玛时期的扩军备战，为希特勒德国在军事上的发展打下了坚实基础。

毫无疑问，魏玛共和国与纳粹德国不能相提并论。希特勒的规划中，就不满足于重新获得1914年的边界。这一点在《我的奋斗》及《希特勒秘籍》中都表述得很清楚。他要控制比利时、荷兰，征服法国、东欧和苏联，最后，获取世界霸权。但问题是，魏玛时期的历届政府或其领导人，也有这样野心勃勃的想法吗？或者说，他们虽有这样的想法，但只是没有像希特勒那样公开地表达出来，或者觉得时机还不成熟而不敢大胆采取行动？退一步说，魏玛共和国的目标，只是大体上恢复1914年的德国地位和基本疆界吗？那一个全副武装的没有希特勒的魏玛共和国，是否就能保证它只用和平的方式而不诉诸战争来达到它追求的利益和要求呢？反过来问，绥靖主义者的目标就是恢复1914年的德国地位和疆界吗？如果是这样，那不管是魏玛共和国的目标还是绥靖主义的目标，其结果也都是危险的。正如尤班克(Keith Eubank)说的：那样的一个德国，对整个欧洲是居高临下、颐指气使的。1914年的德国就意味着一场世界战争。② 也就是说，1914年的德国是军国主义的，是十分好战的。

很显然，我们的论证陷入了困难之中。我们不能够在批评《凡尔赛条约》对德国的不公正与谴责绥靖政策之间建立起一个合乎逻辑的理性链条，并以此来说明，我们批评《凡尔赛条约》对德国的不公正和谴责绥靖政策同样是合理的。在所读到的教科书和专门家的论著中，我们没有发现沟通这两种立场之间的必要桥梁。这当然是颇为遗憾的事情。同时，我们也不能论证说，就其潜在发展前景来说，魏玛共和国就代表着和平，协约国对魏玛时期的德国的宽容和退让就会使德国按照协约国的愿望走下去。相反，我们上述的论证证明，魏玛共和国与纳粹德国之间是存

---

① 除了千方百计规避协约国的监督、保存军事力量、发展军工生产外，威玛政府还积极寻求与苏联合作，进行军事装备的研究和试验。甚至在《拉巴洛条约》签定前，德国军方就在与苏俄联系，希望联手对付波兰。1920年代，德国的一些新武器就是在苏联进行试验的。John Hiden, *Germany and Europe 1919-1939*, pp. 87,88,94; William J. Newman, *The Balance of Power in the Interwar Years, 1919-1939*, New York: Random House, 1968, p. 59.

② Eubank, *The Origins of World War* II, p. 167.

在着密切联系的。魏玛时期的内外政策,为希特勒的上台铺垫了道路。尤其是1930年到1933年希特勒上台之间这段时期,魏玛的议会政府为总统政府所取代。布鲁宁(Heinrich Bruning)被任命为德国总理是一个转折点,它标志着魏玛共和国进入了所谓的"新保守主义"统治时期。在以后的3年里,德国的统治力量几乎不再受议会的控制。毫不奇怪,许多"新保守主义"者都具有纳粹思想,是希特勒的自然同盟者,并帮助希特勒走上德国的统治舞台。①

要对得到公认的观点提出挑战,是需要勇气的。在西方主流历史学派不断谴责绥靖政策的情况下,所谓"修正学派"的主要代表、英国历史学家A.J.P.泰勒(A.J.P.Taylor)的《第二次世界大战的起源》,自然是一个重磅炸弹。它引起了史学界长时期内的持续不断的争论。遭到批评、甚至愤怒的谴责是避免不了的。我们当然不赞成泰勒肯定西方国家绥靖政策、为希特勒的战争政策进行辩护的观点。② 但是,在研究路径及对某些事实的判断方面,我们是不应该忽视的。无论是30年代的绥靖政策,还是20年代对德国的宽容和让步,A.J.P.泰勒都持肯定的立场。因为他认为,30年代和20年代一样,对德国来说,面对的同样是由《凡尔赛条约》所确定的欧洲国际政治结构。这一认识使得他在前后的论证中,保持了逻辑上的一致性,而不必在中间发生立场的转换。虽然他说希特勒没有改变魏玛时期的对外政策难免有些武断,但确实看到了两者之间的内在关联性。他认为是美国的史学家发动了那场否定德国"战争罪责"的运动,但这个评论有失公允。因为,在这个问题上,英国舆论所起的作

---

① Orlow, *A Modern History of Germany 1871 to Present*, pp. 170, 171.
② 泰勒在他的著作中不时地指出,希特勒的行事方式是伺机而动的、机会主义的,并非是故意和有计划的。甚至在发动第二次世界大战的问题上,认为希特勒也没有什么自觉的图谋,其他国家领导人的慌乱出错与希特勒的邪恶起着同样的作用。在《慕尼黑协定》的问题上,他认为,从民族原则来看,德国对苏台德的德意志人领土享有道义上的权利。英国政府并不是出于对战争的恐惧才在苏台德问题上对希特勒退让的。《慕尼黑协定》是英国生活中一切最美好、最开明的事务的胜利,是那些宣扬各国人民之间平等正义的人们的胜利。如果说1919年的条约将300万日耳曼人划归捷克斯洛伐克是一个错误的话,那么,《慕尼黑协定》则是纠正了这个错误,虽然这种纠正来得过于迟了些。参见A.J.P.泰勒:《第二次世界大战的起源》,上海:华东师范大学出版社,1991年,第66、104、192、193页。

用大概不会比美国的作用小。单单凯恩斯的《和平的经济后果》,就掀起了巨大的波澜。美国人特尔福德·泰勒(Telford Taylor)就非常恰当地指出了这一点。① A.J.P.泰勒也相信,凯恩斯和德国人夸大了战争赔款对德国所造成的负担。要是德国将赔款看成是他们理应承担的道义责任的话,德国人本来是能够支付赔款的。在1920年代的金融交易中,德国是一个净赚国,它从美国私人投资者那里借到的钱,大大超出它所支付的赔款,而所借之钱,事实上都没有归还。② 但战争最后还是打起来了,绥靖政策破了产。A.J.P.泰勒将绥靖政策破产的原因,归结为恰好碰上了希特勒这个疯子。言下之意,如果不是希特勒,而是换了其他人物掌握德国的权力,战争也许就不会发生。他的这种解释,是明显的辩解,反映出他在这一问题上江郎才尽、理论上进行挣扎的困局。

但问题是,为什么长期来有那么多的研究者和批评家没有在对《凡尔赛条约》的否定和对绥靖政策的谴责之间建立起一种理性的联系而犯这种并不高明的逻辑错误呢?我们怎样来解释这一现象?我们当然可以说,人是理性与非理性的集合,人总是要犯一些错误的,在他们的思想和行为中常常出现矛盾和混乱,是一种自然的现象。但事实上我们不能以此来安慰自己,这样做是一种懒惰的行为,甚至是一种愚蠢的行为。我们同时也不能将此看成是一种无意的疏忽。笔者认为,造成上述矛盾状况的原因是,长期以来,对《凡尔赛条约》的谴责和对绥靖政策的否定,在我们的思想意识中凝固成了一种意识形态。意识形态是一种玄学,是靠信仰来维持的,而不是靠逻辑和理性来维持的。两次世界大战、尤其是第二次世界大战给人类带来的巨大浩劫,在人类记忆上留下深深的伤痕。战争是希特勒德国和日本军国主义发动起来的。我们的逻辑是希特勒的兴起,与第一次世界大战后协约国对待德国的不公正处置密切相关,而他之所以胆敢最后挑起世界大战,就在于当时西方国家对他的纵容和姑息。这是不可否认的,不可翻案的。这样,人们由于对第二次世界大战和希特

---

① 特尔福德·泰勒:《慕尼黑——和平的代价》(上),北京:新华出版社,1984年,第123页。
② A.J.P.泰勒:《第二次世界大战的起源》,第41页。

勒的憎恨,使得对《凡尔赛条约》和绥靖政策的否定,成了一种主流的甚至是各国的官方意识,而不管其理论上是否存在逻辑上的问题。如果有谁要对其定论进行逻辑上和事实上的清理,就会遭到口诛笔伐的声讨。上面提到的英国历史学家泰勒,就是一个例子。此外,还有一个因素也不容忽视。这就是有相当一部分的研究者,未必都抱有坚定的怀疑态度和审慎的批判精神。也许,有的甚至在研究中发现了上述提到的逻辑困难,为了减少不必要的麻烦,也会避而不谈,绕道而走。

结　语

综合上述论证和分析,本文认为:

1. 在第一次世界大战爆发的原因方面,虽然两大集团都是帝国主义国家,但德国和奥匈帝国更加急于通过一场大规模的战争来解决与协约国之间的利益冲突。在1914年的"七月危机"中,同盟国采取了更加不妥协的立场。在战争进行的过程中,虽然交战的双方都有破坏战争伦理和战争法规的行为,但德国更加肆无忌惮,首先侵犯比利时的中立,屠杀和平居民和有意摧毁与战争无直接关联的村庄与城镇,首先在战争场上使用毒气。所以,在"战争正义"和"战争中的正义"的问题上,德国负有更多的责任,应该受到更多的谴责。

2. 有关"战后正义"——即战胜国怎样对待战败国才算是公正和正义的问题,学术界尚未进行认真的清理和论证,没有一个可供参考的标准进行选择和评论。虽然如此,在具体的实践中,人们往往会模糊地根据"战争正义"和"战争中的正义"来决定是否应该对战败国进行惩罚。对于那些挑起战争或对战争的爆发负有主要责任的一方,或是在战争中严重违反战争伦理和战争法规的一方,人们是会同意对其进行某种程度的惩处。至于惩处的程度如何把握才算公正和恰当,这是一个十分棘手、同时又难以同时满足各方面的要求和认识的问题。

3. 既然德国对第一次世界大战的爆发负有更多的责任,又侵犯比利时的中立和在战争中首先违反战争伦理和战争法规,德国理所当然应该受到惩罚。关键是如何惩罚德国才是合理和公正的。这个度的把握十分困难。笔者倾向于条约对德国的惩罚"非公正"、"过分严厉"是被有意夸大了的观点。认为德国如果将认真履行条约义务看成是他们的责任并且有意为和平做点事情的话，德国是有能力偿付赔款的。条约对德国经济的破坏和影响，也根本没有人们想象的那样大。这一点已经被经济统计数据所证明。

4. 使我们感到困惑的是，德国受到一点并非不恰当的惩罚就能够引起那么多的同情和关注，而同盟国其他成员国所受的惩罚其实并不会比德国轻，但他们的处境却没有引起什么议论。德国在战争中对待失败的对手一点也不宽容，人们却没有将这些事实拿出来为《凡尔赛条约》做辩护。也没有从法国和比利时所受的战争破坏的角度来理解条约的可容忍性。

5. 《凡尔赛条约》对 1920、1930 年代德国的民族复仇主义有一定影响，但这种影响往往被置于不恰当的位置上，被夸大。笔者认为，1920、1930 年代德国狂热的民族复仇主义根源，内在于德国的社会背景之中。战争没有在德国的领土上进行，群众没有对战争残酷性的深刻体验，他们不承认战争的失败，这是强烈的民族复仇主义的群众心理基础。魏玛共和国时期，没有对第二帝国遗留下来的社会结构进行改造，军国主义、帝国主义和社会达尔文主义广泛存在，这是民族复仇主义的核心力量。德国强大的物质和技术力量，是民族复仇主义的物质基础，使他们对发动一场新的战争并赢得胜利充满了信心。

6. 纳粹德国与魏玛共和国是有区别的，但它们之间又存在着密切的联系。魏玛共和国是纳粹德国的温床，纳粹德国是魏玛共和国的产儿。谴责和清算纳粹，不得不同时对魏玛共和国时期的内外政策进行检讨和批判。否则，问题就无法说清楚。

7. 在对《凡尔赛条约》的谴责和对绥靖政策的否定之间，存在一种逻辑上的困难。如果我们谴责条约对德国是非公正的，那么德国冲破条约的束缚就是正当和合理的，对德国的宽容和绥靖也应该有新的评论。如果我们要谴责绥靖政策，那就应该肯定《凡尔赛条约》而不是否定它。如果既要批评条约对德国是非公正的，又要批评对德国的绥靖和宽容，那就必须在这种立场的转换过程中,有一个合乎逻辑的理论过渡,但我们的教科书和专门家的论述却缺乏这种论证。我们介绍了泰勒《第二次世界大战起源》中的观点,不等于我们赞成他的所有论证和见解,但我们确实发现,泰勒在对绥靖政策的论证中,其基本立场在逻辑上前后是一致的。

(熊伟民　生前为湖南师范大学历史文化学院教授)

市民阶层与市民性
——欧洲关于德国特殊道路的讨论①

尤尔根·柯卡

【内容提要】 本文分析了欧洲市民向公民过渡的历史进程以及不同历史时期与不同派别对市民和公民身份的理解和定位。作者认为,公民社会是继市民社会之后的一个历史发展阶段,是一个不同于以往的新的社会形态,具有新的价值理念;公民社会在当代欧洲既具有一定的现实性,同时又是一种还未完全实现的社会理想模式。

观念的矛盾性

我想引用两百多年前的一段话开始这个报告。1792年德国哲学家克里斯蒂安·加韦(Christian Garwe)写道:"市民(Bürger)"这个词"在德语中比法语的 bourgeois 更受尊重……因此它也包含更多,它在我们这儿同时表示两件事物,而在法语中则使用了两个不同的名称。它既指市民

---

① 本文为尤尔根·柯卡(Juergen Kocka)教授2007年3月30日在北京大学德国研究中心的演讲稿,由首都师范大学德语系谈薇讲师译为中文。

性社会中的每一个成员——这就是法语中的 citoyen；又意味着赖某一手艺为生的非贵族的城市居民——这是 bourgeois"。

直至今天仍然如此。在德语中,"市民"和"市民性"一方面指向一个人数不多的阶层或阶级的成员以及他们的特性(Bourgeoisie, middle class),另一方面表示国家公民,即指所有居民和所有的人,只要他们属于一个共同体,并拥有权利和负有义务(citoyen/citoyenne, citizens)。

与此同时,对市民和市民阶层的评价分歧极大：从否定到高度珍视,从蔑视到尊重,从憎恨到赞扬。19世纪早期的贵族批评市民平庸而目光短浅。社会主义工人运动把矛头指向市民的阶级利己主义、资产阶级剥削和市民社会的优越感。20世纪初的青年运动则反对市民传统和市民的虚伪。纳粹主义者和法西斯主义者否定市民的个人主义和市民社会的法治国家。20世纪的共产主义专政也对市民阶层及其文化进行了清理。1968年在旧金山、巴黎和柏林进行抗议的信仰马克思主义的大学生和知识分子明确表达了他们对市民之一切的蔑视——直至嘲讽"市民爱情"、"市民科学"和"市民艺术"。

相反,自由主义历史学家特奥多尔·蒙森(Theodor Mommsen)在1899年回顾他的生活历程时这样写道："在我内心最美好的是：我一直是政治的动物并希望成为一个市民。但这在我们这个民族中是不可能的。"今天,"市民性(bürgerlich)"和"市民(Bürger)"这两个词也常常用作褒义,例如在"公民权(Bürgerrecht)"和"市民社会(Bürgergesellschaft)"概念中。哲学家斯特凡·施特拉瑟(Stephan Strasser)认为：市民思想相信进步的可能性,其方向是通过成年的、商谈的、和平竞争的个人和团体实现人类历史理性塑造的目标。

与市民和市民阶层概念类似,市民性这个概念在历史上也存在波动。市民性是指不同市民特性的一个集合名词。从市民性我们联想到市民文化,根据观察者的不同视角,它摇摆在地方主义的排他性和一视同仁的普遍主义之间。

在21世纪初的今天,在德国和在其他许多国家,对市民阶层和市民性的批评已经大大减弱。对市民阶层和市民性的正面评价占到上风。有些人称之为市民性复兴,并为之而欣喜。

市民和市民性这两个概念是如何产生多义的？对它的评价为何摇摆不定？其中哪些是欧洲的，哪些是德国的？对我们来说，这是否同德国的特殊道路有关？

三种含义

为理解这些，我们必须区分"市民"这个概念的三层含义及其三个发展阶段。

第一，中世纪晚期和近代早期的市民，即约至1800年这一时期。他是一个城市人。由于不同的法律地位和生活方式，市民有别于贵族和神职的状况，也有别于占人口多数的农村居民和广大城里居住的人。他们的法律地位，即市民权利（Bürgerrecht），使他们有权从事独立的手工业和贸易，参与城市自我管理以及接受城市对其贫困和无助时的救济。公民权由出身自动获得，或者满足一定条件，例如拥有财产或特定技能后，申请获得。在17和18世纪，市民通常只是城市里的一个人数较多的少数派。其中包括手工师傅、他们的一些合伙人、商人、店铺主人、客栈老板，也包括医生和牧师，但不包括仆役、工人和穷人。

"城市的空气使人自由。"城市的居民地位通常并不在贵族和宗教统治之下，而生活在广大农村的农奴、仆役和欠债者却要听命于这些统治者。面对贵族和宗教领主，城市通常享有书面确认的特权和自由。拥有这些自主权的城市的存在成为中世纪以来欧洲历史的一个根本元素。

在共同的准则、荣誉观念和象征之下，市民创造出一种独特的非贵族、非宗教、非农民的城市文化。城市市民的生活深受出身和风俗习惯的影响，常常是小康的，对创新和现代化没有太多热情。但是手工业和贸易本身就蕴涵了变革的种子。在城市市民阶层的文化中，工作和成就比在贵族文化中受到更多重视。城市市民阶层被教育并实践了集体精神和自主性。这是步向未来的重要的文化资本。

这个意义上的市民在英语中被称为"burgher"。

第二，财产和知识，19世纪的新市民阶层。18世纪以来，一些新的力量登上舞台。封建主义消亡,过去意义上的城市市民阶层也随之消失。随着资本主义的日益发展、贸易的不断增强和工业化的进程,大商人、出版商和手工工场主、海运企业家和银行家以及公司老板和工厂主的人数增加了,影响扩大了。这些"经济市民"或"有产市民"变得富裕,在社会上更为重要、更具影响力。他们的活动已超出了城市的范围。他们那些大工场——资本主义企业通常只有违反行会规定,突破过去的城市市民性才能经营,他们常常用国家特别法律废除城市法。

奥托·欣策(Otto Hintze)提出的"内部国家构建"产生了相应的效果。18世纪欧洲大陆上的专制国家纷纷大力推进国家建设。伴随国家行为的扩大、新的行政机关的出现和管理机构的增多,国家官员的人数也在增加。这些通常受过大学教育的官员,包括教授,更认同国王的臣民或国家的市民,而非城市的市民。他们法律上也不属于城市的市民阶层。

这样在18世纪晚期和19世纪早期形成了一个新的社会构成,一个上升的小阶层,它由有产者和受教育者组成,由此,"市民性"一词的使用出现了新的方式:有产市民阶层和知识市民阶层的共同体。如前文所述,这一市民阶层的基础虽然超越了城市,但它并不缺少与富裕的、受过教育的那部分传统城市市民的共同点,婚姻圈和共同文化将两者联系在一起。这些不同的市民有什么共同点?一方面,他们都与世袭贵族及其世界保持批判的距离,崇敬奋斗、成就和教育,批判君权神授和专制独裁,但同时也疏远下层人民;另一方面,他们都认同城市的生活方式及与之相关的文化背景。他们在政治上也是同舟共济,因为在那时的等级代表的邦议会中,新市民和旧市民一样都属于"第三等级",既不属于贵族阶层,也不属于神职阶层。

市民性在第二种含义上在法语或英语中被称为"bourgeoisie",在英语中也被称作"middle class(es)"。

第三,"市民性社会(Bürgerlichen Gesellschaft)"或者也称"市民社会(Bürgergesellschaft)"的重要社会纲领。它首先是基于新市民阶层的基础之上,即存在于现代的,从根本上由启蒙思想塑造的,新社会的、文化的和政治的观念之中。18世纪和19世纪早期,对该计划的讨论出现在那些深受市民影响的包厢和读书会中、在各种协会和报刊上,很快也出现在如火如荼的自由主义运动的公开的集会和庆典之上。这是一个面向未来的蓝图,参与其中的作者形形色色——从约翰·洛克、亚当·斯密到孟德斯鸠和百科全书派直至康德和19世纪的自由主义思想家。该蓝图的核心是建立一个自由、成年市民(citoyens)的现代的、世俗化的社会,这些市民和平、理智而独立规范他们的各种关系,没有过分的社会不平等,对个人还是对共同体都没有专制国家式的管束。为此它需要特定的机制:市场、批判性的舆论、拥有宪法和议会的法治国家。在这个社会政治性的目标中包含了一个新的生存蓝图,它立足于工作、成就和教育(而非出身),立足于理智和对理智的公开运用(而非传统),立足于个人竞争以及伙伴式的共同体之上,它批判旧政体的核心元素:反对专制、反对世袭特权、反对等级的不平等、也反对教会—宗教原教旨观念。如上所述,该计划虽然植根于新形成的市民阶层(它区别于下层贵族和小市民阶层),但它却趋向于一个针对所有人的计划,它是一个全方位的模式,它基于全体市民——公民意义上的全体市民——的自由、平等和参与,同时它还致力于普及市民文化和生活方式,使之不再局限于市民阶层。通过学校学习、文学、戏剧、教育、纪律训练、对公共生活的改造,它将影响所有人——市民从 bourgeois 走向 citoyen。

　　这是一个令人钦佩的蓝图,彻底的乌托邦,尤其在19世纪初,它与现实相距甚远。"市民性社会"或"市民社会"意义上的公民在英语中被称为"citizen",在法语中为"citoyen/citoyenne"。

19和20世纪发生的变化

　　以上是到19世纪中期为止形成的"市民"和"市民性"的最重要的三层含义。我希望我能使你们清楚地了解三个发展阶段——从近代早期的城市市民阶层到经济和知识市民阶层的文化直至市民社会的乌托邦——之间是如何衔接和区分的。

　　19、20世纪以来发生了很多变化。

　　城市市民的轮廓已经淡化。在19世纪,对城市和农村的严格划分已失去意义,同样法律上区别市民和城市的其他居民也不再有意义。但直至20世纪,甚至直到今天,在一些中小城市还残留有城市市民阶层。在那儿,通过协会、社交、基金、婚姻圈和共同文化而形成一个整体:城市市民阶层的圈子与其他城市居民之间的界限变得模糊,但这个圈子仍然存在。

19世纪,拥有产业和受过教育的人口数量迅速增加。工业化改变了经济市民阶层。商人、企业家和资本家凭借其经营增加了财富,提高了声誉和自我意识。随着科学的发展和大学体系的建立,出现了更多具有高等教育和学术水平的职业,这些职业同时也更受尊重。医生、牧师和律师、教授、法官和高级行政管理官员以及不久后出现的获得学位的工程师、经理和科学家都属于知识市民阶层。

由于各种各样的亲缘关系和相互关系、相似的学校教育和共同的文化,经济市民和知识市民之间的界限变得模糊起来。什么是市民性文化?它包括:推崇工作和成就、独立性和教育,追求一定的家庭理想,在两性之间存在特定的分工模式和权力分配模式,以及在道德和美学方面具有特定的原则、价值和生活方式。市民阶层构成了在19世纪处于巅峰的自由主义的根本基础。市民阶层也构成了民族运动的核心,19世纪末前后,该运动在政治上越来越"右倾",并在20世纪上半叶越来越频繁倾向于极端的民族主义。市民文化对整个社会的影响越来越强。市民阶层在经济、科学和文化上取得令人瞩目的成就。可以说,19世纪是市民的世纪。

但是市民阶层逐渐转为守势。它成为一个少数派。在19世纪晚期,它也只占人口的百分之七到十。通过选举权和生活方式、富裕和教育,他们明显地同小人物、社会下层、小市民和农村居民保持距离,同时缩小了与贵族之间的社会和文化的距离。

第一次世界大战、其后政治体系的民主化、20世纪的危机和专制以及20世纪下半叶的迅速现代化一方面瓦解,另一方面又拓展了市民阶层的文化。市民阶层内部的差异性增大,而外部的界限却变得模糊。因此,在如今继续进步的工业和后工业社会中几乎无法明确划分出市民阶层。下面还要再谈到这个问题。

19世纪逐步实现了市民性社会以及市民社会模式的根本组成部分:

市场经济的实施,法治和宪法国家的建立,通过劳动、成效和经济成功对社会关系的规范,以及后来没有审查的公共舆论界和议会化;但议会制在德国直到1918年还未有明显进展。事实上,19世纪和20世纪早期的现实还远未实现市民性社会的模式。比例仍在增加的大部分人口——下层阶级,即随着工业化而增多的无产阶级——既不拥有财产又未受过足够的教育,也没有自主性。他们缺少那些用以参与市民文化和市民政治生活的资源。依附性的人数增加了,这样,现实就违背了市民性社会的模式。社会主义工人运动成为这一差异最重要的批判者,马克思主义的批判使这一矛盾现象概念化。

另外人们越来越意识到:过去通常只有男性才具有完整资格参与承担国家公民的权利和义务。事实上,市民性社会模式中的市民是一个男人。通向男性公民(citoyen)的道路已比原先设想的困难得多,距离女性公民(citoyenne)的实现则更加遥远。这首先要归因于市民性社会自身的特性,例如它的家庭模式,该模式设定并不断强调着性别的不同角色。但是从19世纪起、直至20世纪,妇女运动以市民社会的理想——所有人的平等、成年合法性和自我实现——作为依据,批判市民社会在性别特点上的片面影响,并渐渐使得该批判深入人心。

这一根深蒂固的界线横亘于实现市民社会理想的道路之上,人们花了很长时间才渐渐打破它。两性选举权的民主化、群众性政党的上台、大众教育的推广和社会国家的建设都是对这一进程的重要推进,而其目标至今还未实现。

德国特殊道路?

以上我粗略描述了过去和现在的欧洲模式。虽然各国家、各地区之间存在巨大差别,但所勾画的基本线索是适用于整个欧洲。虽然只有德语概念在语义学上明确体现了近代早期的城市市民、19世纪的现代市民以及国家公民社会之间的内在联系;但是在法国、英国、意大利、斯堪的纳维亚半岛和中东欧——尽管使用了其他的概念——这个基本模式并没有确定的根本区别。在东欧、南欧以及周边地区则情况迥异。因为那儿缺少城市,因此也缺乏市民阶层的重要基础。

当然存在许多德国特性,例如:极其强调与卓越的德国大学模式结合在一起的(大众)教育;与西方相比,民族国家形成较晚;国家机构和官员强大的作用;较晚的议会制;根深柢固的非自由主义的传统。

作为历史学家,我们一直在谈论德国市民阶层的相对软弱以及德国缺乏市民性。这并非完全错误,尤其当人们比较德国和西欧时。但与东欧相比,德国的市民却显得重要,德国的人际关系也更体现为市民性。过去二十年的研究表明:人们不能再继续笼统地谈论德国市民阶层的软弱性。

或者仍该谈论? 20世纪德国历史最深刻的特点包括了国家社会主义专制的极端化。虽然在其他绝大部分欧洲国家里,民主也落败于专制;但在其他地方几乎都不如在德国这么极端、这么残暴、这么具有毁灭性。希特勒极端法西斯专制的毁灭生命的能量——在欧洲——只有苏联的斯大林布尔什维克专制可与之相比。为何在德国对文明的破坏会如此严重?也许根源还在于德国市民阶层的特性,或许他们太软弱、太不自由、太迷信上级政府,虽然反对这场灾难,却更多地参与了这场灾难?

无可分辩的是:在20世纪第二个25年中,德国与市民性的西欧显著不同。国家社会主义专制是非常反市民性的。它破坏市民阶层,同市民的价值和原则相对抗。接着第二个德国专政,在社会主义的名称下,继续在德国东部铲除市民阶层。民主德国也是一个反市民的国家,其社会的市民传统已被深深削弱——至今仍影响深远。谁要寻找德国特殊道路,最可能是在这里找到,即在20世纪专制的历史中找到。

当代如何?

人们可以把德国最近五十至六十年的历史——起初只指西部,1990年起指整个国家——理解为一段逐步实现市民化的历史。德国现状逐步被改变,因而渐渐接近和强化了市民性社会(bürgerlichen Gesellschaft)的模式——今天我们更愿意称之为市民社会（Bürgergesellschaft）或公民社会（Zivilgesellschaft），比德国历史上任何时候都更多，更接近这一社会。其框架条件一方面包括议会民主权利——宪法国家；另一方面包括行之有效的市场经济，并拥有私人财产以及相对自主的"劳资双方"（雇佣者和被雇佣者，双方都被组织起来）；最后，在德国还包括大力推进的福利国家制度（目前必须进行改革）。在这个框架下——尽管不能独立的被雇佣者在数量上还占绝对多数（德国劳动者中只有百分之十是独立的）——形成了一个具有成效的市民社会，它拥有：(a) 活跃的、不受检查控制的公共舆论领域；(b) 众多互相竞争、互相合作的群体和组织；(c) 在国家和市场之间存在许多市民性自主志愿活动（协会、基金、邻里创议、非政府组织、网络）；以及 (d) 在其文化中，市民性价值观如自由、独立、批判、讲求效率、尊重科学和艺术以及公益福利都发挥了相当的作用。

战争和专制使得20世纪上半叶充满灾难，在建设以上意义的市民社会时，令公众牢记灾难，这在过去和将来都是十分重要的：它不该再次发生，人们应该从中得到教训。日益公开、日益自我批判地记忆德国的错误和德国的罪责，具有整体上的积极效果。

跨越国界与其他国家进行交流，尤其是与西方国家，在过去和现在都是另一个决定性因素。大家知道，德国是欧洲联盟（欧盟）的一员。市民社会日益超越了民族国家的界限，但民族国家并未消失。

德国市民社会的建设在很多地方仍不完善。并且也存在相反的趋势。它面临许多新的挑战和新的危险：从全球化造成的人口流动，到全球化，再到气候灾难的危险。自由——作为市民性的核心部分——绝对不是理所当然的。对此需作专门的讨论。

我已经谈到，在19世纪还非常薄弱、非常不完善的市民社会主要由市民阶层支撑。今天，除市民阶层外，市民社会的原则也被其他群体所支持。需质疑的是：今天是否还存在一个明确界定、定位清晰的市民阶层。

有些观察家表示否定。他们指出：市民阶层失去了他们的主要对抗者，即贵族和旧无产阶级，同时他们也失去了一部分自我。他们还可以指出：那种两性之间极其不平等的市民家庭已经不存在了；因而原先的市民文化也失去了一个主要支柱。人们也不能忽视：早年德国市民阶层的一个重要组成部分——犹太人市民阶层,已经在大屠杀中被消灭了:这对德国的市民性来说,是一个无法挽回的巨大损失。最后,曾经被用以定义市民阶层并区分其他群体的市民文化已部分地具有了普遍性:包括学校教育、清洁、积极上进、旅游、世界知识(今天通过媒体)。这也使得市民阶层丧失了清晰的轮廓。另外还不应忘记:有许多人拥有财产和专业知识,却很少关心市民自主活动,也疏远市民价值。他们在客观特征上属于市民,在观念和行为上却不是市民。

今天,我们具有没有清晰确定的市民阶层的市民社会和市民性吗?并非完全如此。因为社会不公仍十分明显,在德国也是如此。来自受教育的、城市的、市民性的中间阶层的人仍比来自下层阶层的人更自觉地投入公民社会的活动,即参与协会和举行公民的创意活动以及担任名誉职位。在市民阶层的归属性上作为一个阶层和在整体市民社会中作为一个组成部分之间仍存在着一定的亲缘关系。

但可以说:今天,市民社会意义上的市民性不再局限于市民阶层这一局部阶层。其原则和实践被广为接纳,同时在其他的社会背景中也被接受,即使这是不彻底的和不同程度的。正因为如此,今天的市民社会比一个世纪以前拥有更为坚实的基础。今天的市民社会不再局限于市民阶层。因此,许多人不再使用"市民社会",而更倾向于"公民社会"这个概念。

(尤尔根·柯卡 德国自由大学历史学教授,欧洲历史比较研究中心主任,原国际史学研究会会长)

世界公民社会道德理念的现代性
——以德国理论为视角的探讨

赵进中

【内容提要】 本文试图探讨公民社会的内部结构、公民社会道德体系建立的方向和公民社会在人类历史发展阶段中的地位,并提供了德国思想界对这一问题的研究思路。作者把理性分为三个层面,即先验理性、人本主义理性和工具理性,并认为一个社会必须建立在一定的道德和价值观的基础之上,以使整个社会运行有一个道德体系的支撑。作者试图为中国建设和谐社会和推进人本主义的全球化提供一条世界公民社会的思路。

一、德国公民社会的历史理论

德国对公民社会的历史学、社会科学与哲学的研究正在兴起。德国对这一新课题研究的关注和取向同20世纪90年代德国统一与苏联东欧的历史剧变密切相关。从深远的历史背景上看,更是同法国大革命以来德国启蒙思想和德国人本主义理性主义的思维方式紧密相关。西方近代以来,从深层理性原理上系统地提出世界性公民社会理论的是康德。从康德开始,经过黑格尔的现代国家理论、马克思的三大形态理论与共产主义理论、韦伯的历史社会形态理论特别是对资本主义形成发展的研究、法兰克福学派的批判理论,直到哈贝马斯的主体间交往理论、科卡的社会历史学研究,形成一条德国公民社会研究的德国思路,或德国线索。

从不同的角度认识西方近现代历史的发展,西方的社会历史经历了封建社会、前资本主义、资本主义、社会主义、福利社会、社会国家;农业社会、前工业社会、工业社会、后工业社会、后现代社会;人的依附社会、物的依附社会、自由人的社会;家族社会、专制社会、民主社会。为什么如今要提出公民社会和世界公民社会,其历史定位和历史意义何在?对未来历史发展有何启示?德国历史经历了国王和皇帝的封建时代、君主立宪时代、共和时代、纳粹时代、民主共和时代、社会主义时代和社会国家时代。公民社会如何可以成为一个历史时代和历史研究的概念?目前对这一问题的探讨显然涉及对世界历史生产方式更替的研究和价值判断,涉及社会主义、社会国家或福利国家的建设方向(如消减贫富差异,建立国家社会保险制度,实现民主制度,主张道德理性和科学),涉及以人为本的公民权利,涉及自然环境生态保护和人权问题,以及宗教和历史哲学问题。

中国有大同世界的思想,西方有康德的世界公民理论,在今天全球化的时代,如同沃勒斯坦对世界体系的思考,笔者认为人类寻求的不应该仅仅是资本的全球化,而应该是世界公民的全球化。对公民社会思想的研究可以追溯到古希腊的城邦思想,柏拉图和亚里士多德的道德正义的思想,也会联系到中世纪晚期城市的兴起,以及韦伯所说的西方近代以来的理性化过程。而对当代公民社会的思考则与霍布斯鲍姆所提出的"极端年代"的历史反思有关。历史思想和历史现实不可能有线性因果关系,但我们试图探讨的是更长时段的历史因果必然性,这就需要对长时段历史的深层思考,需要历史哲学的帮助,德国学者对此的研究体现了这一特点。黑格尔对历史三个层面的划分(即哲学的、反思的和事件描述的)、布罗代尔对历史三个时段的划分都是很好的对历史发展和历史研究的总体性界定。一切学问都是历史的学问,这是马克思的总结。显然探讨这些问题对深入理解人本主义的历史发展观,构建世界公民和谐社会具有一定意义。

1. 当代德国历史学家对公民社会的定义

市民社会和公民社会在德语中是有区分的,市民社会在德语中是 Buegergesellschaft,公民社会在德语中是 Zivilgesellschaft,在英语中这两个概念多用一个词表达,即 Civil society,所以在英语中的表达会给人造成混乱,容易把两个概念混为一谈。这两个概念有历史的关联,也有一定的共同性,但它应该是表达两个不同的社会发展阶段,所以德语的表达相对是准确的。

德国著名史学家尤尔根·柯卡(Juergen Kocka)认为:

> 公民社会首先是一种典型的社会交往形态。它因此表现出,(1)这一社会是建立在理解和妥协的基础之上,尽管这里存在着多样化和普遍的冲突;(2)它强调个人的自主性和社会的自我组织;(3)承认多元化和差异性为正常状态并且根据相互承认的原则给予其存在的空间;(4)以非暴力的(文明的)方式处理事务;并且(5)侧重于相互交往行为,这种交往行为要超越涉及公共领域的个人经历和利益,因此在内容上也可能区别于"普遍富裕"的观念。目前这一对公民社会交往行为的描述使之区别于其他社会交往的方式,即区别于暴力斗争,区别于市场交换,区别于逻辑化的等级制度结构的关系,以及区别于私人领域的交往(即表现为直接的关系,首先是情感联系和小空间领域)。①

2007年3月30日在北京大学德国研究中心的报告中,科卡又进一步指出公民社会的特性:具有"活跃的、不受检查控制的公共舆论领域","众多相互竞争、相互合作的群体和组织;在国家和市场经济之间存在许多公民性自主志愿活动(协会、基金、邻里创议、非政府组织、网络)"以及"在其文化中公民价值观扮演的重要角色","这些价值观包括自由、独立、批判、讲求效率、尊重科学和艺术以及对共同福利事业的责任感"。②

---

① Arnd Bauerkaemper(Hg.), *Die Praxis der Zivillgesellschaft*, Frankfurt, 2003, S. 434-435.
② 北京大学德国研究中心编:《中德公民社会国际研讨会论文集》,北京,2007年,第2页。现藏于北京大学德国研究中心图书馆。又见本书上文。

德国公民社会史专家安德·鲍尔坎博（Arnd Bauerkaemper）认为："公民社会在社会学和政治学的研究当中主要是以社会自我组织的领域来界定的，这一组织不受国家机构的控制和调节。公民社会基本是以自由自主的主体间的相互作用为标志，它是建立在承认多元性、包容性、可预见性，相互信任，诚意合作以及特别是调节冲突的和平形式为基础的。"①鲍尔坎博同时也赞成坎纳斯（John Keanes）的观点，认为公民社会也是一个理想类型的范畴，即在客观描述和主体构想中公民社会是一个受合法保护的非政府组织，是一个复杂的具有动力的综合体，这一综合体趋向于非暴力，自我组织化，自主反应，并且在这里总是存在公民组织之间的以及公民组织同国家机构之间的紧张关系，这些国家机构为他们的活动提供框架，做出限制并使之成为可能。②

但究竟公民社会在人类历史上或欧洲历史上具有何种历史地位，或在历史发展阶段上处于那个阶段，如何定位，其社会历史理论的原理如何？这就有必要从历史的角度去考察德国的历史社会理论。

2. 对德国公民社会理论思想元素和原理的历史考察

法国大革命以来，德国人在哲学和社会思想上开创了一个又一个新的高度，并且形成自己独特的人本主义理性主义视角，在世界图像上看也可以称之为德国色调。康德的批判理论，特别是道德实践理性批判以及关于世界公民社会和世界和平的必然道路的深刻论述为整个欧洲甚至世界的发展指出了方向。西欧的历史发展已经部分地证实了他的思想。黑格尔的历史哲学、法哲学思想和国家理论，马克思对资本主义的研究和社会主义、共产主义必然性理论，韦伯对西欧从封建社会走向现代资本主义理性化社会的历史社会学考察，哈贝马斯对公民民主交往、主体间交往行为的历史哲学思考等，都成为当今欧洲社会历史思想和哲学思想不可逾越的里程碑。欧洲历史也正是在这一观念推动下展现出它的发展特点。

从学术角度考察公民社会理论，以康德的社会思想开始研究是十分

---

① Arnd Bauerkaemper(Hg.), *Die Praxis der Zivillgesellschaft*, Frankfurt, 2003, S. 9.
② Ibid.

必要的。康德认为社会历史的发展应该以人的自由和人格为基础,在此基础上,历史的发展基本出现过三种不同的政体。他说:

> 国家有三种形式:一人主政的政体;贵族政体;民主政体。最高权力与人民的关系可以设想有三种不同的形式:或是一个人在一国中统治全体;或是一些人,他们按照彼此平等的关系联合起来统治其它所有的人;或者是所有的人共同对每个人(包括他们自己在内)个别地进行统治。①

最高的合理的制度在康德看来应该是每个人对每个人的统治,包括每个人的义务,即民主共和制。康德进一步从原理上论述了它的合理性:

> 每个真正的共和国只能由人民代表的系统构成。……联合起来的人民就不仅仅代表主权,而且他们本身就是统治者。最高权力本来就存在于人民之中,因此,每个公民的一切权利,特别是作为国家官吏的权利,都必须从这个最高权力派生出来。当人民主权得以实现之时,也就是共和国成立之时。到那时,就无必要把对政府的控制权交给那些至今还掌握它的人们,特别考虑到他们也许会通过他们的专横和绝对意志去破坏一切新的制度。……在这个共同体中最高的立法权是一种不可转让的权利,而且是所有权利中最带有人格因素的权利,不管谁掌管它,只能通过人民的联合起来的意志去处理关于人民的事情。因为,联合意志是一切公共契约的最后基础。②

康德这里首先提出了每个公民的社会应该必然具有民主共和制度的特征,从而确定了每个公民的社会发展的历史线索,确定了每个公民的社会是较高级的历史发展阶段。同时还特别提出了这种公民社会的另一重要的基础和方向问题,即德国"社会国家(Sozialstaat)"的理念。对此康德十分精辟地论述道:

> 人民已经事实上通过他们的共同意志联合起来成为一个社会,这个社会必须永远保存下去。为此目的,他们就要服从国家对内的

---

① 康德:《法的形而上学原理》,北京:商务印书馆,2002 年,第 173—174 页。
② 同上书,第 177—178 页。

权利,以便保存这个社会的成员,甚至当他们无能为力维持他们生活的时候。根据国家的基本原则,政府有理由并有资格强迫那些富裕的人提供必要的物资,用以维持那些无力获得生活最必需资料的人的生活。为了这个国家有资产者的生存,就需要他们服从国家并取得保护,以及由国家向他们提供生存所必须的条件。因此,国家有权对他们加以一种责任,让他们献出财物来维持他们公民伙伴的生存。这件事可以通过向公民的财产或商业资产征收赋税,或者建立基金会从中取得利润来达到。这样做不是为了国家的需要,国家是富足的,这是为了人民的需要。要完成这项任务,还不能仅仅靠志愿捐助,必须作为对国家的义务去强迫征收。因为,在这里我们所考虑的仅仅是国家对人民的权利。在收集这种捐助的志愿捐款模式中,抽彩给奖的办法是不允许的,因为这种办法会增加穷人的数目,并且会危害公共财政。人们可以问,是否应当用当前的捐助来救济穷人,这样,每一代人都应该支持同期的穷人;或者是否可以用更好的办法,通过永久性的基金会和慈善机构来处理,例如建立鳏寡院,慈善收养院等等?如果前一种办法比较好,还可以考虑,必须的生活数据的收集是否可以按法定的估计数字去征收,这样比用乞求的方式实质是近乎掠夺的办法较好些。前一种办法实际上必须被认为是唯一符合国家权利的方式,这表明国家不能不关心必须生活下去的每一个人。但是,用法律规定的当前提供供应品的办法,不能成为穷人谋生的职业,不能成为懒汉谋生的手段。因为这样一来,穷人的数目会增加,慈善基金会组织对此不免害怕;采取捐献的办法也不能成为政府强加于人民的一项不公正或不正当的负担。①

  这里康德深刻地提出了社会国家的基本原理和原则,即国家对公民社会的责任以及每个公民对公民社会的义务,指出了公民个人的权利与义务以及同社会国家的关系。建立这种社会关系正是欧洲近代以来的人本主义包括社会主义所追求的目标,也是目前欧盟建立的精神基础和欧盟宪法的理论基础。有了这两个公民社会建立的支柱,才可以或有可能

---

① 康德:《法的形而上学原理》,北京:商务印书馆,2002 年,第 157 页。

深入考虑世界公民社会和世界和平的问题。世界公民社会和世界和平也正是上述两大支柱和原则的必然结果,在此它超越了民族国家和民族特定的文化,这是德国世界主义的原则。在此康德不仅提出了世界公民社会发展的历史因果必然性,同时也深刻地探讨了它所应该具有的组织形式,即建立永久性的世界各民族联合大会的机构。其整体的展现,可以从现实欧洲历史发展以及欧盟建立的内在精神与外在结构典型性地看到。在此我们有必要再回顾一下康德对此的论述:

> 各民族间的自然状态,正如各个个人之间的自然状态一样,是一种人们有义务去摆脱的状态,以便进入法律状态。因此,在没有发生这种转变之前,各民族的一切权利以及各个国家通过战争获得与保持的一切物质财产都仅仅是暂时的。相反,只有当这些国家联合成一个普遍的联合体的时候,这种联合与一个民族变成一个国家相似。只有在这种情况下,才可以建立一种真正的和平状态。……这样一个为了维护和平的若干国家的联合体,可以称之为各民族的永久性的联合大会。……只有通过这样一类大会,各民族公共权利的观念才能实现,他们之间的分歧才能通过文明程序的方式,而不是通过战争这个野蛮手段得到真正的解决。①

康德把这一公民社会的形态和内在关系提到法律原则,并从理性的高度来理解,就此他认为:

> 一个普遍,和平的联合体的理性观念,是一种法律原则,它不同于博爱的或伦理的原则。……这种权利可以称之为"世界公民的权利",即这种权利同所有民族有可能组成一个联合体有关,并涉及到某些普遍地调整他们彼此交往的法律。……从理性范围内看,建立普遍和持久的和平,是构成权利科学的整个的(不仅仅是一部分)最终的意图和目的。②

通过康德的公民社会理论,我们可以理解到作为公民的权利和义务,

---

① 康德:《法的形而上学原理》,北京:商务印书馆,2002年,第187—188页。
② 同上书,第189、192页。

建立社会国家和建立世界公民社会以及建立世界和平国际组织权力机构的历史必然性。这些对我们理解欧洲现实的社会发展趋向,共建世界和谐社会和世界公民社会是至关重要的。

黑格尔是哲学和历史哲学的大师,他的历史哲学思想在超越极端意识形态的今天看来仍然是气势宏博,他对时代精神的深刻概括和思想逻辑的严密仍然是普通的现代人难以超越的。黑格尔多次提到人类的精神世界和历史世界是通过人的自由意志的行动实现的,世界历史发展的最后原因或目的就是精神认识到历史的载体人本身是自由的。据此黑格尔对人类历史的发展阶段做出了如下划分:东方人只知道一个人的自由,古典时代,即古希腊和罗马人知道一些人的自由,日耳曼人则是通过基督教意识到每个人的自由,即人作为人是自由的,这是自然的本原;在最高的人类发展阶段,即普遍的个人和普遍的国家阶段,公民个人的自由和国家的普遍性实现了统一,也就是说,每个公民通过自由理性及其意识对整个社会负有责任和义务,而整个社会或国家也通过自由理性对每个公民负有责任和义务。①

黑格尔在具体的历史研究中进而认为,被思考的善的理念在那个自身反思的意志和外部世界中获得了现实,以至于作为实体的自由不仅作为主观意志而且也作为现实性和必然性而实存;这就是在它绝对地普遍的实存中的理念,也就是道德性。而道德性的实体同时是:1.自然精神的家庭;2.在它分裂的表现中的市民社会;3.国家,即作为在特殊意志的自由自主性中的存在,同时也是作为普遍客观性中的存在。②黑格尔给出了公民社会的核心定位,即公民社会是人类理性精神最高的客观实现。

马克思是科学社会主义的创始人,他的理论在一定历史阶段被更多地理解为仅仅是所有制之公有化的问题,但实际上在社会结构和所有制的问题之下,马克思的人本主义历史思想还有一个自由人和自由意识的层面。东欧和苏联一度极左的政治集权专制和绝对的公有化并没有给马

---

① G. W. F. Hegel, *Voelesungen ueber die Philosophie der Geschichte*, Werke 12, Suhrkamp Taschenbuch Wissenschaft,1986,S. 30.
② Georg Wilhelm Friedrich Hegel, *Grundlinien der Philosophie des Rechts*, Akademie-Verlag. Berlin,1956,S. 49.

克思增加多少荣誉。对这段历史的总结,使用公民社会的概念进行科学的历史研究是至关重要的。马克思和恩格斯在《德意志意识形态》一书关于费尔巴哈一章中多次提到"市民社会(die Buergerliche Gesellschaft)",在此他们认为,新兴的无产阶级只能作为世界历史性的存在,社会主义也只能是世界历史性地存在。在这一历史发展阶段中,个人的世界历史存在,即个人的存在直接同世界历史相联系。"市民社会"仅仅是生产力发展阶段中个人全面的物的交往方式的一个阶段。①马克思和恩格斯这里的意思是,人类社会到了超越市民社会的阶段,即共产主义阶段,个人就具有了普遍的社会性质,无产阶级就具有了世界历史的普遍意义并同其形成内在的联系和统一。马克思把"市民社会"同"自由人的社会"区分开来。他在《费尔巴哈论纲》的第9条和第10条中明确提出:旧世界观的唯物主义不是把人的主体意识作为实践活动来把握,这最多只能是单个人的和"市民社会"的世界观。旧唯物主义的立脚点是"市民社会",新唯物主义的立脚点则是"人的社会和社会的人"。② 马克思这里把市民社会同社会主义和共产主义社会区别开来,把市民社会同人的社会或社会的人区别开来,也就把市民同无产阶级以及市民社会的思想同马克思的世界观或马克思主义区别开来。马克思因此把市民社会主要定义为18世纪以来的以"物的依赖性"为基础的一种生产和交往的社会组织形式,一种从古希腊和中世纪发展出来的私有财产的关系,其主导力量是资产阶级(Bourgeoisie)。③

马克思如下两个关于社会发展阶段的重要论述使我们清楚地看到市民社会在人类历史发展当中的定位,同时确定了公民社会的更为高级的历史地位,并确定了公民社会的构建元素。首先,马克思在《经济学手稿

① Karl Marx, Friedrich Engels Werke, Band 3, Dietz Verlag Berlin, 1981, S. 36.
② Thesen ueber Feuerbach: Das hoechste, wozu der anschauende Materialismus kommt, d. h. der Materialismus, der die Sinnlichkeit nicht als praktische Taetigkeit begreift, ist die Anschauung der einzelnen Individuen und der buergerlichen Gesellschaft. Der Standpunkt des alten Materialismus ist die buegerliche Gesellschaft, der Standpunkt des neuen die menschliche Gesellschaft oder die Gesellschaftliche Menschhait. vgl. Karl Marx, Friedrich Engels Werke, Band 3, Dietz Verlag Berlin, 1981, S. 7.
③ Karl Marx, Friedrich Engels Werke, Band 3, Dietz Verlag Berlin, 1981, S. 36.

(1857—1858)》中说道：

> 人的依赖关系(起初完全是自然发生的)，是最初的社会形态，在这种形态下，人的生产能力只能是在狭窄的范围内和孤立的地点上发展着。以物的依赖性为基础的人的独立性，是第二大形态，在这种形态下，才形成普遍的物质变换，全面的关系，多方面的需求以及全面的能力体系。建立在个人全面发展和他们共同的社会生产能力成为他们的社会财富这一基础上的自由个性，是第三个阶段。因此，家长制的，古代的(以及封建的)状态随着商业，奢侈，货币，交换价值的发展而没落下去，现代社会则随着这些东西一道发展起来。①

其次，马克思在 1859 年《政治经济学批判》序言中谈到五种生产方式，这是众所周知的。这样我们可以清楚地知道，市民社会在马克思看来属于人类社会发展的物的依赖的阶段，显然属于前社会主义和共产主义社会阶段，前自由人阶段。公民社会的成熟阶段因此应该属于自由人的阶段，属于成熟的社会主义和共产主义阶段。这一顺序从西欧历史发展上看会更清楚一些。

韦伯对公民社会也进行了较为细致的历史学和社会学以及法学和宗教的探讨，由于篇幅所限这里不再叙述。以下我们看一下现代德国著名哲学家和社会学家哈贝马斯的公民社会观点。

哈贝马斯从人的主体间的社会交往性以及由此导出的社会结构的角度对公民社会的构建提出了自己的理论和实践方案。哈贝马斯在研究德国历史，特别是在研究纳粹和冷战历史的背景下，以及在法兰克福学派的学术思想影响下，继承了马克思和韦伯社会分析的理论，提出了自己的主体间的交往协商理论(Theorie des kommunikativen Handels)。他反对德国历史主义的观念，主张世界统一的人权观念和民主交往的普遍性本质。对此哈贝马斯论证道：

> 一种跨国的经济管理体制已经存在；这一体制借助世界贸易组

---

① 见马克思：《马克思恩格斯全集》第 46 卷(上)，《经济学手稿(1857—1858)》，北京：人民出版社，1995 年，第 104 页。另参见：Karl Marx, Friedrich Engels Werke, Band 42, Dietz Verlag Berlin, 1981, S. 91。

织,中国很快将加入其中,如世界银行,世界货币基金组织和其他组织,已经形成了或多或少的固定框架,在根本上促使了市场的机构化和经济循环的稳定。如果政治要赶上世界市场的话,在世界市场之侧同时就需要一个类似由议会、办事程序和各种机构组成的跨国网络,以便在生态管理的任务之外还承担对社会,对金融和经济政策的责任。只是此刻,专门性的国际联盟在确保和平的责任中所做出的决定才具有了一个基础。这种政体或许不是一个世界政府;但是它将使跨民族国家的合作和世界性内政成为可能。不牺牲不干涉内政的原则,不置入国际联盟的规范框架中,在几个大国之间,如美国,欧洲和亚洲之间就很难设想存在一种富有成效的合作。因此就产生了关于国家主权和人权之间的一个具有学术争议的问题。①

把哈贝马斯的这种国际政治设想同康德的"世界公民社会",同黑格尔的世界历史的"普遍国家"(不仅仅是普鲁士国家),以及同马克思的"人的社会和社会的人"的历史发展阶段联系起来看,就会发现他们的观点具有一个共性,即勾画了世界公民社会的基本特点。当然,哈贝马斯试图解决世界公民社会的政治结构和价值观的问题,他继承了德国先贤们的思想传统,同是又提出了自己的公民社会理论,它不但试图解决德国的历史问题,特别是纳粹问题和战后重建问题,并且将其放到当代全球化趋势和哲学话语中的现代性中进行思考。②

在公民社会的世界政治结构建立和价值观趋同当中,哈贝马斯同时提出了涉及公民社会的几个重要的内在关系。首先他论证了构建公民社会的基本条件和内在逻辑,他认为,公民社会的条件和本质是:

> 只有在一种普遍扩展的讨论性交往的前提之下,对此所有可能的参与者都能够对出现问题的抽象观念和行为方式提出有理有据的设想意见,才有可能构建最大程度上的个人看法与所有他人看法之间交流的主体交往性。这种非派性的立场超越了参与者个人观点的

---

① 哈贝马斯:《哈贝马斯在华讲演集》(*Vortraege von J. Habermas in China*),北京:人民出版社,2002年,本书为双语版,见德文部分,第137—138页。
② 参见哈贝马斯:《现代性的哲学话语》,上海:译林出版社,2004年。

主观性,而又不失去与其它参与者表达立场观点之间的联系。①

显然哈贝马斯认为从国际间的交往到内部国家机器同公民主体之间的交往,以及最终的人与人之间的交往都应该采取协商讨论的方式。非暴力、非强权的协商讨论交往方式应该是处理一切人与人之间关系的根本基础,这也是社会发展的最高境界。因此他认为以协商理论构建的公民社会"是以在理解进程中的最高阶段的主体间行为为基础的,这一阶段是通过两个方面实现的,即在议会机构和法院咨询体制化的形式中,以及在政治公共领域的交往网络中实现的"。②

显然这里强调了人与人之间的相互理解和公民社会的民主政治制度的保障。哈贝马斯认为要真正实现以协商讨论为基础的公民社会,在当代社会的市场经济结构中要警惕资本和权力对公民社会结构和公民的专断,要建立各阶层公民之间的相互团结,以对抗资本的力量,而且为此要有民主制度的保障。③

3. 对公民社会的理解与定义

根据以上德国对公民社会的理论和原理的探讨,以及对德国历史和欧洲历史的思考,特别是对纳粹时代和冷战时代的反思,笔者认为公民社会的定义应该是:公民社会是以(1)公民个人主体自由意识和公民人身自由为基础的(人的自由、尊严、人格),(2)以公民个人自由、微观公民社会(公民的自由联合体)、宏观公民社会(社会国家的政治与经济结构)三者为互动结构体系的(3)和平民主交往的社会形态。

公民社会是上述三个层面或元素不同程度地相互渗透、相互作用所构建的社会生活领域和社会形态。这三者相互渗透融合的程度越高,人类社会发展的程度就越高,社会就越趋近以人为本,就越趋近人的本质,社会就越会和谐发展。根据公民社会现实和观念的广度和深度,公民社会具有不同的历史发展程度和历史阶段性,甚至带有各个国家的文化特

---

① 哈贝马斯:《哈贝马斯在华讲演集》(*Vortraege von J. Habermas in China*),北京:人民出版社,2002 年,见德文部分,第 68 页。
② 同上书,第 102 页。
③ 同上书,第 103—104 页。

性和民族特性。但显然在整体上,公民社会是人类历史发展的较高级阶段。因此它既是现实的,同时也是理想的一种高级的社会存在。从近代以来的历史发展看,西欧、东欧以及欧盟,包括中国的近现代史是以历史发展的多元性和非同步性步入世界公民社会发展轨道的,当然这也是研究全球化进程以及世界现代性的另一个重要维度。

二、公民社会道德和理性与历史认识论

公民社会的内涵大致确定之后会提出这样的问题,既然一个社会成立,它所确立的道德和价值基础是什么?一个社会或社会形态没有确定的道德价值基础是不可想象的,而且没有一个良好的道德基础,这一社会就会很快坍塌。封建社会有封建社会的理性道德基础,资本主义有资本主义的理性道德基础,社会主义有社会主义的理性道德基础。那么公民社会的道德基础是什么呢,在社会历史中我们如何理解道德和理性的关系,一个社会是建立在科学理性上,还是建立在道德理性上,二者的关系如何?因此,这就自然形成道德、理性、历史认识论的关系问题。自法兰克福学派以及福柯以来,对西方启蒙理性的反思和后现代思想成为当前历史哲学和历史研究的一个极为重要的前沿问题。近代以来,西方宗教渐渐弱势,而今天理性的强势又受到质疑和批判,那么公民社会的道德基础应该在哪呢?这是一个极易被一般历史认识论所忽视的问题。一般认识论探讨的是我们的认识是否具有客观性,认识是否符合外在的客观世界,是否符合理性的逻辑。但这里的认识主体问题以及人们历史行为的道德意识问题,就不再是外在于人的历史认识论的客观性本身的问题了。

康德在《道德形而上学之基础》一书中说道:

> 假如有一样东西,它存在本身就是绝对价值,它就是目的本身,可以当作特定规律的根据,那么在那样的东西里,也只有在那里,才有一条可能的直言律令的根据,即实践规律的根据。现在我说:人类,和本质上任何一种理性的存在,是作为目的本身而存在,绝不是作为手段而被这种或那种意志任意驱使,我们必须在其所有的交往

行为中,不论是对他自己,还是对其他理性物种,都必须永远把他们当作目的来看待。①

这里显然提出了人与人之间的合目的性关系,即每个人都作为自由目的的本质,而不是作为实现目的的客观工具或手段。康德继续说道:

> 古希腊哲学分为三门科学:物理学,伦理学,逻辑学。这样的划分是完全切合事情本性的,需要改进的只是再加上划分的原则……一切理性知识都分为两类:一类是实质的,研究某一种对象;一类是形式,只关心理解和理性的形式,以及一般思维的普遍规则,不分对象。形式的哲学叫逻辑学;质料的哲学,它探讨特定的对象及其规律,又分为两种。因为这些规律或属于自然规律,或属于自由规律。第一类科学叫物理学,第二类科学叫伦理学,物理学又称为自然学,伦理学又称为道德学。……这样我们就想到两种形而上学,第一种是道德形而上学,第二种是自然形而上学。所以说,物理学有它的经验部分,同时也有理性部分;伦理学也是一样,它的经验部分是特别的实践性的人类学,它的理性部分事实上可称之为道德。②

康德在此给予道德极高的或应有的哲学和历史的地位,这同老子和孔子一样。显然历史认识论中作为科学的历史学不可能忽视对道德问题的研究,即如何把人理解为目的的历史研究。既然人是目的,而不是手段,人的本质是自由,不是强制,那么关于人之事,人类的历史及其历史认识论的本质就应该是道德的,或以道德和道德判断为基础的学问。这里可以看到老子和康德的异曲同工,看到他们深入思考的焦点。老子说:"人法地,地法天,天法道,道法自然。是以万物莫不遵道而贵德。道之尊,德之贵,夫莫之命而常自然。故道生之,德富之,长之育之,成之熟之,养之覆之。生而不有,为而不恃,长而不宰,是谓玄德。"③显然,由德而理解老子的自然,由美而理解席勒的高尚,是人之生命之道,也可白话为生

---

① 北京大学哲学系编:《西方哲学原著选读》(下),北京:商务印书馆,2007年,第317页。部分引文根据德文版进行了改动。
② 同上书,第308—309页。
③ 陈志坚主编:《诸子集成》,第二卷,北京:燕山出版社,2007年,第275、283页。

命之意义或人生之真谛。孔子也说:"为政以德,譬如北辰居其所而众星共之。道之以政,齐之以刑,民免而无耻;道之以德,齐之以礼,有耻且格。"①显然孔子认为政治理性也要以德为先,可以看出德之分量。同时在历史认识论上也有一个顺序,即德在智先,德在理先。这里可以同柏拉图《理想国》中苏格拉底所寻求的治国"正义"相互沟通。

马克思在《费尔巴哈论纲》里多次提到"人的",或"人道的",即 Menschlich,其中有人的本质的意思,也有人道的、人性的意思,最清楚的是第一、十、十一条。马克思说到:"旧唯物主义的出发点是市民社会;新的哲学的出发点是人的社会,或社会的人。"这新的哲学特点就是人本主义的,实践批判的(第一、十条)。第十一条中马克思认为,哲学家对世界仅仅是以不同的方式进行了诠释,但一个新的时刻到来了,即去改变世界。②而改变世界的方向正是人的道德指向的方向,人本主义的方向,即"人道的""社会的"方向。马克思在《黑格尔法哲学批判导言》中说道:"德国的革命过去就是理论性的,这就是宗教改革。正像当时的革命是从僧侣的头脑开始一样,现在的革命则是从哲学家的头脑开始的。"③"真理的彼岸世界消失以后,历史的任务就是确立此岸世界的真理。""对宗教的批判最后归结为人是人的最高本质这样一个学说,从而也归结为这样的绝对命令:必须推翻那些使人成为受屈辱,被奴役,被遗弃和被蔑视的东西的一切关系。"④马克思这里的绝对命令同康德的道德绝对命令有着一致的联系和意义。

哈贝马斯在评价马克思的公民社会理论时也认为:

> 这种批判形成了一种视角,用以考察社会自组织的方式。这种社会自组织消灭了公众与私人之间的分裂,打破了公民主权的幻想

---

① 崔建林主编:《四书五经》,北京:中国戏剧出版社,2007年,第21页。
② *Karl Marx, Friedrich Engels Werke*, Band 3, Dietz Verlag Berlin, 1981, S. 535. 马克思这里用了完成时和现在时,但是在中共中央马克思恩格斯列宁斯大林著作编译局的《马克思恩格斯文集》(人民出版社,2009年)中,这段译文没有反映出马克思这一时态用法的意义,即:在新的时代,哲学的紧迫任务是如何去改变世界。
③ 马克思:《黑格尔法哲学导言》,见《马克思恩格斯选集》第一卷,北京:人民出版社,1995年,第10页。
④ 同上书,第1—2页,第9—10页。

和"处于野蛮统治下的"人的异化的存在:"只有当个体将其融入抽象的公民……当他认识到并将其自身的权利和社会的权力组织在一起时,人类的解放才能实现。因此,个体就不会再将这种社会权力当作政治权力从其自身当中分开。"①

同法兰克福学派一样,福柯对欧洲的"理性"和主流价值判断进行了批判和反思。他们所提出的判断基础是人的本质本身、人的自由性和人的异化问题。福柯认为,"哲学就是人的思维框架的推移和变迁,是对所构建价值的修正以及所有为了不同的思想,不同行动,形成不同的人所做的工作"。② 道德价值判断对福柯很重要,价值观的实质也就是道德观。

哈贝马斯对福柯和法兰克福学派批判理论关于"理性"的观点提出了自己的批评意见。他认为:"理性(Vernunft)应该是理性的时刻或要素(Vernunftmomente)的整体表达,即康德的三大批判,纯粹理论理性批判,道德实践理性批判,审美判断,应该合为一体来认识,而不是分开。"③有德国学者认为哈贝马斯的观点是:"没有期盼,理性就不会绽放,没有理性,期盼就没有语言。"④显然道德和理性不能分开,道德仍然作为理性的底线和方向。哈贝马斯对此进一步论证道:"有了这种价值理论的观点,实践概念的审美表现内涵就大大拓宽了,这里包含了一种道德因素。因为异化劳动不仅仅偏离了自足的实践模式(生产美学意义上的),同时违背了平等交换的自然法则模式。"⑤他又说:

> 的确,意识形态批判在某种角度上也是对本体论思想非辩证法的延续。这种本体论思想曾囿于纯粹的想象当中,而不是深入到发生与效果之间的内在关系当中,这一怪圈要被排除出去,以便使其理论从所有的经验混杂中净化出来,使它能够在它自己的元素中活动

---

① 哈贝马斯:《现代性的哲学话语》,上海:译林出版社,2004年,第71—72页。另参见:中共中央马列编译局:《马克思恩格斯全集》第一卷,北京:人民出版社,1995年,第370页。
② Bernd Lutz(Hrg.), *Metzler Philosophen Lexikon*, Stuttgart, 1989, S. 248.
③ 哈贝马斯:《现代性的哲学话语》,上海:译林出版社,2004年,第74页。
④ 同上书,第306—307页。
⑤ 同上书,第74页。

起来。形成总体性批判之本身并没有从这一遗产中解脱出来。因为首先它对自己的一个背离是在"最后的揭示"意图当中,它本来应该用力把理性和权利错综交织的面纱揭开,而不是——这同本体论的意图即存在和现象的分类相似,用暴力使理性和权利分离开来。但两个领域,如同在对发现背景和证明背景的研究者的交往共同体中一样,它们是如此地交织在一起,其议程是通过中介的思想,并且同时也意味着它总是被新的思想所淘汰。在论证的过程中,总是交互存在着批判和理论,揭示和理由,并且当讨论参与者在绝对不能退让的交往条件下也是如此,即让论证只服从更好的论证的非强迫性的必然。但是……这不是"纯粹"的,不是排除现象的柏拉图方式的世界观念。仅仅一个言说,如果承认上述观点,就可能摆脱神化思想的魔咒,而不失去在神化传说下面保存的语义之光。①

这说明哈贝马斯并没有想去寻找柏拉图和海德格尔本体论意义上的道德(Sein),而是确定在交往实践中的"主体间"的哲学意义与社会学和历史学的意义。这就提出了本体论意义上的道德理性和认识论中的道德交往关系问题。哈贝马斯为人们的交往行为设计了一个平台,他坚信在这个平台上,人本主义的理性规则对人们的交往行为可以进行规范。哈贝马斯因此对海德格尔德本体论观点进行了批判,其中也涉及海德格尔的纳粹政治观点。

三、德国历史哲学中的理性问题

理性在德语中一般用两个词来表达,即 Vernunft 和 Rationalitaet,在英语里则是 Reason 和 Rationality。关于理性概念的讨论在西方可以追溯到古希腊罗马哲学、中世纪宗教哲学、宗教改革思想、近代文艺复兴的人本主义思想、启蒙运动的理性思想,直至马克思主义和后现代主义。理性问

---

① Juergen Habermas, *Der philosophische Diskurs der Moderne*, Frankfurt am Main, 1983, S. 156-157.

题涉及人本主义理性主义同人本主义经验主义的对立,理性结构主义与文化相对主义和历史主义的对立,也涉及康德的主体意识、黑格尔的理念、费尔巴哈的人的本质、马克思《费尔巴哈论纲》中的实践理性、韦伯的理性化、波普尔的批判理性主义以及证伪理论、法兰克福学派的理性主义批判、施本格勒德文化历史主义思想,以及赫尔德、洪堡、狄尔泰、尼采、胡塞尔、维特根斯坦、海德格尔、库恩、哈贝马斯等等德国思想家的思想。①

康德是近代德国人本主义理性主义的开拓者。康德对理性的研究是全面和系统的。他的批判基点是对人的理性认识能力的可能性和现实性,即人们的主体思维先验的形式(a priori, Form)如何成为现实的人(Transzendental)所认识世界的条件。即所谓"形而上学的形而上学"。德国学者弗格·格哈德(Volker Gerhardt)对康德哲学思想进行了精炼的归纳,他认为康德从公民概念的哲学意义上提出了四个问题:1. 我能知道什么? 2. 我应该做什么? 3. 我可以希望什么? 4. 人是什么? 第一个问题的回答是形而上学问题,第二个是道德问题,第三个是宗教问题,第四个是人的本质的问题。前三个问题要根据第四个问题来考虑,因为所有的问题都要归结于第四个问题。所以批判的哲学是人类理性能力的全面总结。②

康德哲学提出了哲学认识论和历史认识论的基本问题,即人类认识的限度,认识的主体性,人的自由理性的认识特点。

从康德的历史哲学到黑格尔的历史哲学,再到马克思和韦伯等人的历史哲学③,可以看出,德国历史哲学和历史研究的人本主义自由理性的特点,它们对不同文化、文明历史的比较研究,对世界历史的整体性和各

---

① Juergen Mittelstrass(Hg.) ,*Enzyklopaedia Philosophie und Wissenschaftstheorie*,Band 3,Verlag J. B. Metzler Stuttgart,Weimar,1995,S. 462-483,S. 518-526; vgl. Joachim Ritter und Karlfried Gruender(Hg.) ,*Historisches Woerterbuch der Philosophie*,Schawabe AG-Verlag,Basel,2007; Edward Craig (General Editor) , *Encyclopedia of Philosophy*,Volume 8,Darmstadt,1992,London and New York,1998,pp. 75-103; vgl. Christopher Lloyd,*Explanation in Social History*,UK,1986.

② Volker Gerhardt, " Ueber Kant, Immanuel " , *Metzler Philosophen Lexikon*, Stuttgart, 1989, S. 411。

③ Vgl. Eric. J. Hobsbawm,*Weber und Marx. Ein Kommentar. In:Max Weber,der Historiker*(Juergen Kocka(Hg.) ,Vandenhock & Ruprecht,Goettingen,1986,S. 84-89.

个文化方式的把握方式充分地体现了"浮士德式"的理性"生命"的展开（借用施本格勒的概念）。

黑格尔根据其自由理性或自由理念推导了整个世界历史发展的动力和形式，并对不同文明类型进行了比较（他是施本格勒文化历史研究的前辈）。黑格尔通过关于种子、基因发展、自由理念进化展开的哲学思考，并结合对世界历史的实证研究，分析出了人类社会发展的三大阶段。精神本性表现的主要特征就是自由，黑格尔把人类自由精神所经历的前后各个历史时期理解为："东方世界只知道一个人是自由的；希腊和罗马人知道少数人是自由的；日尔曼各民族受了基督教的影响，知道全体人是自由的。世界的最后的原因便是精神认识它自己的自由。"①历史是自由主体发展的历史。黑格尔显然把人类现实历史的发展同人类自由理性统一起来。

在历史研究的深层原因上，黑格尔根据理性的发展提出了人类整体历史的一元线性历史发展观。黑格尔的历史思想对马克思及其以后的西方历史思想规范出了一种思维形式或框架。黑格尔说道：

> 从世界历史的观察，我们知道世界历史的进展是一种合理的过程，知道这种历史已经形成了世界精神的合理的必然路线——这个世界精神的本性永远是同一的，而且它在世界存在的各种现象中，显示了它的这种单一的和同一的本质。②

黑格尔的历史哲学思想为马克思的历史观的形成提供参照。马克思关于自由人及其发展的人本主义史学观，关于历史发展的"三大形态"或"三大阶段"，关于亚细亚生产方式、东方农村公社、奴隶社会、封建社会、资本主义社会和共产主义社会都同黑格尔的思想一脉相承。当然马克思的思想并不等于黑格尔的思想。马克思批判了黑格尔的绝对理性观念，他从现实的人的社会实践，以及由此产生的经济结构出发对世界历史的发展进行了考察。但他继承了黑格尔关于自由人的思想，论证了人的自由和自主实践活动是历史发展的最基本层次，是历史发展目的，认为以往

---

① 黑格尔：《历史哲学》，上海：上海书店，1999年，第1页。
② 同上书，第10页。

的人类历史都是对人的本质的异化,并指出世界历史发展的人的异化阶段,即"人的依附"和"物的依附"的阶段。这些历史观点是马克思的人本主义历史观的具体体现。① 由此,马克思把世界历史发展划分为三大形态或阶段:

> 人的依赖关系(起初完全是自发的)是最初的社会形态,在这种社会形态下,人的生产能力只是在狭小的范围和孤立的地点上发展着。以物的依赖性为基础的人的独立性,是第二大形态,在这种形态下才形成普遍的物质变换,全面的关系多方面的需求以及全面的能力体系,建立在个人全面发展和他们共同的社会生产能力成为他们的社会财富这一基础上的自由个性,是第三阶段,第二阶段为第三阶段创造条件。②

在此基础上马克思主要考察了三种前资本主义的生产方式,即古代东方的亚细亚生产方式、希腊罗马的生产方式,以及日耳曼人的生产方式。③马克思指出:"大体说来,亚细亚的、古代的、封建的和资产阶级的生产方式可以看作是社会经济形态演进的几个时代。"④

上述论述引发了以后关于马克思五种生产方式理论的大讨论。马克思一直没有放弃康德、黑格尔等人关于自由人的思想,这始终是马克思思考历史和评价历史的基本出发点。同时这也反映了这一时代的德国人历史精神,马克思对历史发展模式的思考也是对古希腊哲学、新教思想、文艺复兴、启蒙运动中的人本主义思想线索的继续。不同于黑格尔的是,马克思考察了社会经济结构,比黑格尔等人多出了一个现实的科学理性的层次,包括政治经济学和科学社会主义,这些都是现代意义上典型的理性化分析的产物。马克思在现实的人的自由和能力发展的基础上提出了生产力和生产关系、经济基础和上层建筑矛盾的概念,对世界历史发展规律进行了"大致的"总结,提出了人类历史发展的三大形态,并在此基础上,

---

① 参见《马克思恩格斯选集》第一卷,北京:人民出版社,1995年,第79页。
② 《马克思恩格斯全集》第四十六卷(上),北京:人民出版社,1995年,第104页。
③ 同上。
④ Marx, Engels, *Lenin ueber den Sozialismus*, Berlin, 1987, S. 49.

即在另一较为表面的层次大致归纳出历史发展出现的五种生产方式。但马克思晚年在考察东方农村公社,包括俄罗斯的农村公社同俄国未来历史发展和社会主义道路的关系时,以及关于西方文明与中国近代历史变化和革命的分析中,还是把他总结的这一生产方式的演变规律仅限于西欧各国。可以看出马克思把现实的人的自由和实践能力本身的发展作为出发点,而把这种现实的人的实践发展的外在表现作为次级层次,它在不同的文化和文明中是可以存在不同的变换和多样化形式的。

从思维主体上看,马克思的思想是西方文明的产物,它的主要思想来源是德国古典哲学传统,可以说马克思的思想是德国古典哲学传统对人类贡献的继续。通过对马克思的历史哲学与德国古典哲学,特别是康德和黑格尔以来的德国哲学的比较,可以看出马克思的人本主义理性的抽象的思维方式并未摆脱德国哲学思维的轨道,它仍然属于德国人观察世界历史的眼睛。但马克思给西方哲学理性增加了一个明显的层面,即社会实践理性的层面,即实践主体对世界现存历史结构改造的可能性和必然性。马克思在《费尔巴哈论纲》的第十一条中说道,哲学家过去只是用不同的方式解释了世界,而今天重要的是去改变世界。①这种实践主体的思想是指世界是由人创造的,人们在现实的实践活动中能够和必然要去创造和改造客观世界,创造和改变世界历史发展的轨道。这种人的现实的实践活动不仅是马克思历史思维的逻辑前提,也是马克思哲学批判的前提。实践是一种创新和否定的力量,是否定历史决定论的力量。一些西方学者也认为:

> 粗略地说,实践是一种自我创造行为,它不同于那些由外在于人的力量产生的外部刺激行为。尽管实践第一次出现在亚里士多德的"形而上学"中是与沉思性的理性论对立的,但在马克思的用法中却与理论性有一种辩证关系。事实上,与单纯的行为不同,实践的特征之一就在于它是理论性沉思的结果,革命活动的目标应理解为理论和实践的统一,它将直接对抗资本主义的普遍现状。②

---

① Karl Marx, *Friedrich Engels Werke*, Band 3, Dietz Verlag Berlin, 1981, S. 535.
② 马丁·杰伊:《法兰克福学派史(1923—1950)》,广州:广东人民出版社,1998年,第8页。

实践主体性的创造性的哲学也为东方和其他文明中人们的实践创造和发展开辟了广阔的空间。这种改造出来的新世界,是建立在自由实践主体基础上的世界,即向人的本质复归的世界,最终实现每个人的自由和整个自由人的社会结合的世界。一些西方学者在总结西方人本主义传统时也注意到:

> 正是历史学和人文学的研究使我们保持了未来还没有定局的意识。十四世纪意大利发生的情况是这样。但是有少数人相当突然地感到一种冲动,要想重新发现古人的世界,结果由此产生了他们要创造一个属于自己的新世界的信心。这就是六百年来人文主义传统所代表的东西:拒绝接受决定论或简约论关于人的观点,坚持认为人虽然并不享有完全的自由,但在某种程度上仍然掌握着选择的自由。①

在马克思那里除了几百年前的西方人本主义传统外,近期还可清楚地看到黑格尔历史哲学的影子。人的绝对自由(相对自然和社会结构),也就是自己以自己为基础并以自己为目的,是历史发展和历史研究的出发点和最终目的,这是决定性的。历史表现的方式和实现道路可以不同,这在马克思回答俄罗斯社会发展道路的问题时,特别是给查苏里奇的信中说得十分清楚。马克思在社会科学的层面上采取了非决定论的态度,但在历史哲学层面上,即人本主义层面上并未放弃因果必然性的决定论。马克思在西方特定的资本主义时代中对西方社会文化形态的批判表达把德国理性哲学向上推进了一个层次,我们说是第二层次,即政治经济学、科学社会主义和历史社会学的层次,也就是科学理性的层次(心理学层面则是战后西方马克思主义史学加以发展的),从而构成了马克思的整体的科学社会主义思想。哲学的批判同生产方式的批判和社会日常生活的批判的结合构成了他的世界历史思想的体系。但由于马克思把大部分精力用于社会科学层面的研究,他的一些哲学写作计划未及完成,例如《费尔巴哈论纲》只是一个提纲,未能展开。马克思在纯哲学和历史哲学研究上受到了个人精力分配和贫困生活的限制。对此恩格斯说道:

---

① 阿伦·布洛克:《西方人文主义传统》,北京:三联书店,1998年,第298页。

马克思在政治经济学的序言中说,1845年我们两人在布鲁塞尔决定共同钻研我们的见解——主要由马克思所制定的唯物主义历史观——与德国哲学思想体系见解之间的对立,实际上是把我们从前的哲学信仰清算一下。这个心愿是以批判黑格尔以后的哲学形式来实现的。八开本两厚册的原稿早已送到威斯特伐利亚的出版社,后来才接到通知,不能付印。……从那时起,已经过了四十多年,马克思已经逝世了。不论他或我,都再没有机会回到这个题目上来。关于我们和黑格尔的关系,我们曾经在某些地方作了说明,但是无论哪个地方都说得不够全面系统。至于费尔巴哈,虽然他在某些方面是黑格尔哲学和我们之间的中间环节,我们却从来没有回顾过他。……我在马克思的一本旧笔记中找到了十一条关于费尔巴哈的提纲……这是一份供进一步研究用的匆匆写成的笔记,根本没有打算付印。①

由此可以看出,后人对马克思哲学思想的判断出现了纷争和困难,西方出现了西方人本主义的马克思主义和结构主义的马克思主义和批判理论,如阿尔杜塞、卢卡奇、葛兰西、法兰克福学派、弗洛伊德、萨特和福柯等西方马克思主义,在社会主义运动中也出现了斯大林等人的教条主义和机械唯物主义的马克思主义。

四、理性的三个层面及层面间的关系

从以上对德国理性观念的分析中,我们可以看出理性能力是可以分为不同层次的,而且其间显然有层次关系,既有共时性结构关系,又有线性因果必然性的历时性关系。从整体看,理性显然有三个重要层次,即:先验理性、人本主义理性、工具理性。先验理性主要来自康德的概念,它是一种抽象的人格,是人所具有的绝对超越时空的、在经验之先的道德命令,有柏拉图的"共相"和亚里士多德的"形式"以及中世纪以来的"上帝"概念的特点;人本主义理性是西方现实人格的发展,特别是古希腊、

---

① 《马克思恩格斯选集》第四卷,北京:人民出版社,1995年,第211—213页。

文艺复兴、启蒙运动以来人本主义发展出的理性意识;工具理性则特别表现在启蒙运动以后资本主义工业化和现代化的时代精神,表现在英美经验主义和实用主义以及部分的结构主义和结构功能主义之中。西方不同的理性存在既具有历史时空的形态,也具有一种超越历史时空的永恒存在的因果必然性。这三个理性层面的关系如下:1. 先验理性是理性决定性层面,也是人之所以存在的最根本层面,它具有超时空性。2. 人本主义理性是第二个基本层面,现实的人的层面,它是先验理性通向工具理性之必然桥梁。人本主义理性不应以工具理性为转移,恰恰相反,工具理性应以先验理性和人本主义理性为转移,人本主义理性是现实的人的生命和人格存在的基础和保证,否则人就会失去现实生活的基准和方向,就会出现人的异化。3. 工具理性是第三个层面,即知性层面。工具理性是先验理性规范下的外化、物化,是人们生存的手段和客观依托,它的趋向是科学化、逻辑化、计算化和结构功能化。

这是不同理性合理的排列顺序。如果颠倒了这三种理性的位置,世界历史就会出现生命摧残,人格异化,道德颠失和美的丑化,甚至就会出现灭绝人性的世界大战和自然环境的巨大破坏。正如哈贝马斯在总结韦伯思想时精辟地说道:

> 物化问题与其说是源于为了自我捍卫而走向极端的目的理性,与其说是源于已经失去控制的工具理性,不如说是源于以下方面:即已经释放出来的功能主义理性对交往社会化过程中所固有的理性要求视而不见,从而使生活世界的合理化付之东流。①

哈贝马斯根据主体间交往理论在探讨理性关系时也同样认为:

> 交往理性的范式不是单个主体与可以反映和掌握的客观世界中的事物的关系,而是主体间性关系,当具有言语和行为能力的主体相互进行沟通时,他们就具备了主体之间的关系。交往行为者在主体之间关系中所使用的一种自然语言媒介,运用的则是传统的文化解释,同时还和客观世界、共同的社会世界以及各自的主观世界建立起

---

① 哈贝马斯:《交往行为理论》第一卷,上海:上海人民出版社,2002年,第381页。

联系。和"反映"以及"认识"不同,"沟通"更要求排除外在的强制,因为这里所使用的是一种规则的概念。从参与者的角度来看,"沟通"不是一个带来客观共识的经验过程,而是一个相互说服的过程,它把众多参与者的行为动机以充足的理由协调起来。沟通就是旨在有效达成共识的交往。正因为如此,我们才可以寄希望于:通过阐明交往行为的形式特征而建立一种交往理性概念;不管我们是在文化价值领域,还是在各种论证或日常交往实践中寻找现代理性的环节,它都体现了这些理性环节之间的关系。如果我们的出发点在于:社会生活的再生产不仅仅与(个别的或多个主体)外在自然的认知—工具关系的前提密切相关;如果我们的出发点在于:社会化同样也离不开互动参与者的主体之间这个前提,那么,我们就必须对自然主义所捍卫的概念加以修正,而且也不能像亨利希在与布卢门贝格(Hans Blumenberg)以及其他人争论过程中所提倡的那样加以修正。①

显然哈贝马斯确认了社会行为理论的立脚点应该是人本主义理性的层面。霍克海默也认为理性的真理不应该脱离人本主义,他说道:"自从理性成了人控制内在自然和外在自然的工具,也就是说,有史以来,理性解释真理的本真意图便破灭了。"②哈贝马斯对此评价道:

> 霍克海默和阿多诺的上述思考一方面提出了一种真理概念,即根据普遍和谐观念来复活自然,以实现人的解放:皆在揭示真理的理性,"由于是一种和谐的手段,因此就不仅仅是一种工具"。另一方面,霍克海默和阿多诺也只能提出这样一种理性概念,因为他们必须依靠理性来预防(一开始就工具化的)理性,如果他们想对他们的定义加以解释的话;而根据他们自己的陈述,这些定义一点也不合乎工具理性。霍克海默和阿多诺认为,掌管这种旨在揭示真理的原始理性概念的是一种能力,但由于受到工具理性的迷惑,他们也只能像谈论一种不透明的自然一样来谈论这种能力。③

---

① 哈贝马斯:《交往行为理论》第一卷,上海:上海人民出版社,2002年,第375页。
② Horkheimer, M., *Zur Kritik der instrumentellen Vernunft*, Frankfurt am Main, 1967, S.164.
③ Ibid., S.165.

对此霍克海默进一步说道:

> 把手段神化成为目的,在晚期资本主义社会中有了显著的荒诞特征,而这在主体性的史前史阶段就露出端倪。人对自身的控制,以及对自我的论证,永远都是对主体的毁灭,而且看起来是为了主体好。因为受到控制和压抑并在自我捍卫中消失的正是生命,这才是应当捍卫的东西。①

可以看出,工具理性对人本主义理性地位的替代和侵占是不应该的,这一判断的根据是什么呢? 那就要寻求更高的理性,这就是人的先验理性,即"绝对命令"(康德)。对此康德说道:

> 既然道德是建立在这种自由的存在物的概念之上,人这种存在物又正因为自由而通过自己的理性,把自己束缚在无条件的法则之上;那么,道德也就既不为了认识人的义务而需要另一种在人之上的存在物的理念,也不为了遵循人的义务而需要不同于法则自身的另一种动机。②

这说明先验的理性还是在人本主义之内的东西,这种先验性不能脱离人的生命的存在,但是又先于人的经验存在。对于这种道德至善的理念,康德解释道:

> 为使这种至善可能,我们必须假定一个更高的、道德的、最圣洁的和全能的存在者。惟有这个存在者才能把至善的两种因素结合起来;但是,这个理念(从实践上看来)却不是空洞的,因为它满足了我们的自然需要:即为自己的所作所为,在整体上设想为某种可以由理性加以辩护的终极目的。……每一个人都应该使尘世上可能的至善成为自己的终极目的。这是一个实践的先天综合命题,而且是一个客观实践的、由纯粹理性提出的先天综合命题。因为它是一个超出

---

① Horkheimer. M. ,*Dialektik der Aufklaerung*, Amsterdam,1947,S. 70.
② 康德:《单纯理性限度内的宗教》,北京:中国人民大学出版社,2003 年,第 1 页。见德文版:Immnuel Kant:*Die Religion innerhalb der Grenzen der blossen Vernunft*,Koeln,1995,S. 15-24,Vorrede zur ersten Auflage,1793。

了尘世上的义务概念,并附加上了义务的后果(一种效果)的命题,是一个不包含在道德法则之中,因而不能以分析的方式从道德法则中引申出来的命题。……所有的人,如果他们(像他们应该的那样)只遵循法则中纯粹理性的规定,都能够在这方面得到满足。①

这种更高的理性体现在人们对美、善、真、爱、人格、自由等的意识和理解之中。对这类理性,人们不可能完全从经验中获得。人们的价值观念和历史评价的标准,不仅是经验层面的东西,也不仅是工具理性的东西。席勒关于美的论述很有启发,他认为:"应该有美。是不是美,经验可以回答我们,而且只要经验给我们以教导,我们也会知道人性是否存在。但是,怎样才是美,人性怎么才能存在,这不管是理性还是经验都无法教给我们。"②关于爱的意识也是如此,席勒在《论优雅与尊严》中说道:"只有爱是一种自由的感觉,因为它纯洁的泉流源于自由,源于我们神一样的天性。"③

这些都是我们能从经验中得知,但不是仅靠经验就能解释的,也不是由经验和工具理性所决定的,但它确实是人的一种存在。席勒说道:

> 假使要提出一个美的纯粹理性概念,那么,这个概念就必须——因为它不可能来自现实的事件,相反它纠正我们对现实事件的判断,并引导我们对现实事件做出判断——在抽象的道路上去寻找,必须从感性和理性兼而有之的天性的可能性中推论出来,一言以蔽之,美必须表现出它是人的存在的一个必要的条件。因此,我们现在必须使我们自己提高到人的纯粹概念上。经验指给我们的只是个别人的个别状态,从来就不是人类,我们必须从人的各种个体的可变的现象中发现绝对的和永存的东西,通过抛弃一切偶然的局限来获取人生存在的各种必要条件。这条先验的道路虽然会使我们有一段时间进入不得不熟悉现象领域,离开事物活生生的现实,停留在抽象概念这个空旷的地带,但是,我们是在探求一个什么也动摇不了的、坚实的

---

① 康德:《单纯理性限度内的宗教》,北京:中国人民大学出版社,2003年,第3—5页。
② 席勒:《审美教育书简》,上海:上海人民出版社,2003年,第120页。
③ 同上书,第116页。

认识基础;谁若不敢超越现实,谁就永远得不到真理。①

这种人的存在的先验理性,向善、向美的理性决定了人的善良人格的取向,确定了人格修养的方式和历史评价的价值体系。人通过人本主义理性熔炉的锻造,就会确立人本主义理性的人生观、价值观、历史观,从而才有可能对历史进行反思,做出正当评价,并对历史现实做进一步善和美的符合人性和人格的创造和改造。否则,人就会完全为工具理性和实用主义目的所左右,成为无源之水、无本之木,它也就必然会蔑视人格、人性,把人作为客体、物体,就会根据工具理性的目的或意识形态对人性和人格进行任意的宰割,成为洪水猛兽。德国纳粹主义本质上就是对德国人本主义理性主义的异化,这是理性异化历史的一个典型例证。先验理性同人本主义是不可分割的,是应然和必然的关系。先验理性和人本主义理性应该和必须对工具理性进行控制和引导。工具理性不能侵占先验理性和人本主义理性的位置,这一点应该是绝对确定的。对于历史发展来讲,它关系到对未来世界历史的人本主义的塑造道路问题。

在思考先验理性、工具理性、道德人格塑造和世界历史发展规律之间的关系问题时,费希特的下述历史哲学观点值得重视:

> 迄今为止,感性世界通常都是被看作完全本原的、真实的和现实存在的世界,最先向受教育的学子展示的就是这个世界;学子是从这个世界才被引向思维的,而且大多数是被引向对这个世界的思维,是为这个世界服务的。新的教育正是要把这个世界颠倒过来。对它来说,只有被思维把握的世界才是真实的和现实存在的世界;它想从一开始就把自己的学子引入这一世界。它只想把学子们的全部爱和全部愉悦同这一世界联系起来,使得生命必然惟独产生和出现在他们的这个精神世界里。迄今为止,在大多数人中间只有肉体、物质、自然力量是活着的;通过新的教育,在大多数人中间,甚至不久在所有人中间,将只有精神是活着的,并驱动着人类;这种坚定、确实的精神从前被说成是建制良好的国家惟一可能的基础,现在则应该作为普

---

① 席勒:《审美教育书简》,上海:上海人民出版社,2003年,第84页。

遍性来培养。①

显然,人本主义道德理性对未来世界历史的创造具有根本的意义。正是在这一意义上,费希特说道:

> 我们的时代处在全部世界史的第三大阶段,这个阶段以单纯喜欢感性享受的自私自利为其一切活跃行为的动力;这个时代也完全是以这种动力的惟一可能性来理解它自己;它依靠对其本质的这种清楚的认识,在它的活生生的存在中拥有深厚的基础,获得牢固的支柱。我们的时代胜过了有史以来的任何其他的时代,正在迈着巨大的步伐前进。但是,自从我这么解释正在前进的时代以来,在所述的以往三年当中,利己主义经过充分的发展以后,丧失了它的自我及其独立性,从而毁灭了自己。②

这种观点同样是根据先验理性精神对现实的物化世界做出的否定判断。世界历史的科学研究因此也应该是:"除了历史知识之外,也还需要有高水准的哲学精神,这种精神也同样显露出来;首要的是,一部这样的作品需要一种真诚、仁爱的精神。"③

历史发展的人本主义规律应该是:"历史以及人类并不是按照隐蔽的、奇特的轮回规律展开的,而是现实的人按照他的观念创造的,因而人的观念就不再是单纯重复现存的东西,而是进入时间,去创造全新的世界。"④

先验理性对社会结构和人类历史发展的决定性要求,在康德看来也正是这个意思:

> 这种理性要求甚至违反上述倾向而起作用,它要求人类不是表现为恶,而是表现为一个从恶不断地进步到善,在阻力之下奋力向上的理性生物的类。于是,人类的普遍意志是善的,但其实现却困难重重,因为目的的达到不是由单个人的自由协调,而只有通过存在于世

---

① 费希特:《对德意志民族的演讲》,辽宁:辽宁教育出版社,2003年,第128页。
② 同上书,第5页。
③ 同上书,第90页。
④ 同上书,第99页。

界主义地结合起来的类的系统之中,并走向这个系统的地球公民的进步组织,才能够有希望。①

人类历史发展的最终根据必然是性本善的、生命的、自由的,这就是先验理性和人本主义理性对历史和历史研究的全部意义,也是决定性意义。

五、世界公民道德理念确立的方向

世界公民社会的道德体系,是在对世界历史发展反思的基础上提出的全人类社会行为的现代道德准则。它不直接规定具体的道德规范、风俗习惯,不评价一个人是否应该爱上两个异性或同性恋的道德问题,不直接参与制定各国的宪法和法律,不具体讨论历史时空中的社会结构及其特定性,不追求绝对公有制,不去命令每个人都必须站在某个政治党派,不从阶级阵营出发,不直接规定国家制度。它也超越宗教派别,特别是超越当今基督教与伊斯兰教之间的冲突,超越两极性的意识形态和社会制度,超越日常生活的特殊文化取向。世界公民道德是从普遍的抽象的道德理性的人本主义的角度去探索人类普遍交往的道德准则、国际间交往的普遍认同性,和平性,和谐性的理性基础,为世界公民社会的创造实践做心灵结构的准备。不言而喻,世界公民的道德体系对各民族的日常生活道德仍具有决定性的规范和指导作用。从德国历史哲学的角度上看,康德、黑格尔、马克思、韦伯、尼采、海德格尔、法兰克福学派,包括哈贝马斯的道德理论为世界公民社会的道德研究提供了深刻坚实的思想基石和可能的研究方向。同时我们还应该研究世界历史上各民族从古至今在哲学、宗教、宪法和习俗之中对善、正义、德行的探讨和理解,包括基督教、佛教、伊斯兰教、道教、儒学等对善和爱的观念意识,并借鉴和探讨各国民主性宪章和法律、人权宣言、欧洲"社会国家(Sozialstaat)"制度、联邦德国宪法和欧盟宪法、联合国宪章等人权理论及其实践进程,以及中华文明传统

---

① 康德:《实用人类学》,上海:上海人民出版社,2002年,第263页。

中老子和孔子的道德与仁爱学说。新的世界公民社会的道德体系,不是西欧和中国封建主义的,也不是西方资本主义或苏联东欧社会主义的,它是在此之后超越以往任何社会形态的新的道德体系。世界公民社会的生产方式是:经济基础应该是社会市场经济;上层建筑应该是社会民主制度;每个人的生命、自由、人格是这种生产方式的基础。对于世界公民来说,世界公民的道德本质不具有法律或国家意识形态的外在强制性,它是每个人的生命、自由、理性和人格的内在自然。

与爱因斯坦齐名的德国物理学家、量子力学的奠基人马克斯·普朗克提出的两个关于道德研究问题的思路也很重要。其一是道德的世界性和人生的根基;第二是世界哲学,即世界因果必然性以及对其的信仰。这些都为世界公民道德的思考和构建提供了良好的思路。普朗克认为:

> 凡不满于朝生夜暮死的知识生活的人,都必为现代万花镜变化的驳杂性所迫而亟求某种永久的要素,亟求某种不朽的精神财产,使他能安生立命于满目荆棘的人生之中,而不致彷徨歧路,随波逐流。这种冲动即表现为追究一个普遍的世界哲学的热烈欲望,这个欲望所探求的满足在于企图向各方面摸索一个疲倦的精神可以安息颐养的处所。……然则材料需求完备,而此必待弥缝裂痕,而此又必待观念之联想。观念之联想并非知性的工作而是研究者想象的产儿。这一活动可称为信仰,或更慎重的,称为有效的假设。要点是,它的内容无论如何总是超越经验材料的个别的诸多团块之混沌。而无某种和谐之力,则不能造成一个宇宙。同样散乱无序的经验舆料,而无基于信仰的精神之智灵的干涉,则不能产生出一个可证实的科学。……科学之精蕴不在此材料,而在使用此原料之方式……现在的问题是,究竟此种关于各类科学之较深观点,能否给予我们一个适应人生问题的世界哲学。对此问题的最善解答,可征之于若干大科学家,他们接受此种观点,且事实上觉其能对他们尽上诉之效应。……我们也必借助于真实生活之经验,乃能脚踏实地,我们脚踏实地,方始足以自保我们对世界哲学的信仰,乃基于此世界有理有则的信念。[①]

---

① 马克斯·普朗克:《物理哲学》,北京:商务印书馆,1938年,第76—79页。

普朗克认为诚信和公正可以体现道德。但道德最终是这样的"世界哲学"的东西,即:

> 究竟一种哲学是否有何价值,如其他的笃嗜者终无一点稳固处,可供其安身立命于不断困窘仓皇之人生中,这是可质疑的。幸而此问题可做一个肯定的答案。甚至我们最穷窘的时刻也有一个稳定点和一个安全的所有,可永远称为自己的园地,一个不能转让的宝库,它对深思善感的人们担保至高无上的快乐,因为它保证他们心地的平和,如此便有永恒不磨的价值。这种存在就是纯洁的心及善良的意志。这便足以在生活的狂风暴雨中安身立命,这是任何真实满意的行为底下的基本条件,亦是避免悔恨痛楚的绝妙防护。这是一切纯正科学的要件,亦是用以测量每个人的伦理价值的确实标准。那些永远苦斗的人,我们能够救助他们。①

可见,"世界哲学",善的理性,道德哲学不是各派宗教和各种意识形态,它是人们普遍安生立命的基点,是我们寻求世界公民社会道德体系的一个元点,也是我们一切认知科学的基础。孔子也称:

> 里仁为美,择不处仁,焉得智?夫仁,天之尊爵也,人之安宅也。莫之而不仁,是不智也。不仁,不智,无礼,无义,人役也。人役而耻为役,由弓人而耻为弓,矢人而耻为矢也。如耻心,莫如为仁。仁者如射,耻者正己而后发。发而不中,不怨胜己者,反求诸己而已矣。②

笔者认为:道德是一个有方向的能量,如同电子一样,它穿梭于哲学理性、信仰和日常生活心灵之间,它生成,也衰变,服从普朗克的热力学第二定律,又符合海森堡的测不准定理与爱因斯坦的相对论,即道德在哲学理性、信仰、日常心灵时空中运动的不确定性和相对性。它也如莱布尼兹的单子,具有"上帝"的精神性。但笔者仍然相信,在内在本质上,道德是人之本性的、理性精神的、因果必然性的、确定性的。它是老子之"自然"的"是(Sein)","如来",也是实事求是的"是",更是决定一切运动规律和

---

① 马克斯·普朗克:《物理哲学》,北京:商务印书馆,1938年,第23页。
② 《孟子·公孙丑章句上》,《四书五经》,吉林:延边人民出版社,2008年,第151页。

行为准则的"是"。它既有海德格尔的"是(Sein)",即本真的意义,也有亚里士多德的"形式"的意义,即它"是(Sein)"与"它是(Dasien)"的统一。整个世界的历史都是从自然与生命出发,经过现实历史社会向道德存在中心点的趋向和趋近,世界历史现象是这一生命动态趋近的表现,从历史发展的时空性上看,现代世界公民的道德体系不过是这一趋近过程的一个更高阶段而已。

根据康德的议题(我从哪来,我是谁,我向哪去)、马克思的议题(人的依附,物的依附,自由人的三大阶段)以及老子和孔子的道德哲学等等,我们可以推想,每个人的生命和每个人的自由是除了神以外目前人类所能够理解认知和确定的道德之两大核心。

老子曾说:"是以万物莫不尊道贵德。"从世界历史意义上看,世界公民道德体系是人类追求道德的一个更为高级的历史进程。特别是在世界公民社会中,道德应该是人的生命意志所唯一必须追求和信仰的最高目标,也是理性必然遵循的最后根基。在哲学内涵上,普遍的世界公民道德是"先验命令"的心灵,也是历史因果必然性的最高形式,它是二者的统一。

(赵进中　北京大学历史学系副教授)

"黄龙痛饮"再考

高　宇

【内容提要】 有关岳飞"黄龙痛饮"一语的出处，目前所能见到的最早记载可能是黄元振追述岳飞遗事的《杂记》，但文中却将黄龙府与燕京混为一谈，这一疑点长期以来未能得到一个合理的解释。本文认为，由于南宋人普遍以为黄龙府是女真人的巢穴之所在，"黄龙痛饮"一语不过是岳飞激励士气的豪言壮语；而黄元振笔下的故事可能是他为"黄龙痛饮"杜撰的一个出典，由于他误以为黄龙府就是指燕京，所以在他笔下，岳飞的部将也犯了这个错误。

自南宋以来，岳飞的事迹广为人们传诵，其中"直抵黄龙府，与诸君痛饮"一句豪言壮语是最为世人熟知的名句之一。但关于这句话的出处及释义，却存在着不少问题。从20世纪40年代至70年代，邓广铭先生曾先后三次撰文对"黄龙痛饮"一语的来龙去脉加以考释，今天看来，其中仍有一些疑点尚未得到圆满的解释，本文述作之意，不过是为前辈学者拾遗补阙而已。

一

1946年,邓广铭先生相继发表《"黄龙痛饮"质疑》和《再谈"黄龙痛饮"——兼答周如松君》两文①,对此事的史料来源及相关史事做了周详的辨析。

邓先生指出,《宋史·岳飞传》所记"直抵黄龙府,与诸君痛饮"一事,是因袭南宋章颖的《中兴四将传》;而章颖《中兴四将传》中的《岳飞传》,则几乎全是从岳珂的《鄂王行实编年》摘抄而成的;岳珂的史料依据,当是孝宗淳熙五年(1178)礼部和太常寺讨论岳飞谥号时所上的《忠愍谥议》;至于《忠愍谥议》有关此事的记载,可能是依据黄元振追述岳飞遗事的那篇《杂记》。

黄元振的父亲黄纵曾在岳家军中任"主管机密",大概在孝宗朝岳飞平反之后,黄元振根据他过去从父亲那里听来的有关岳家军的故事,写下了这篇追忆文字。此文被岳珂收录在《金佗续编》卷二七中,但有关"黄龙痛饮"的一段记载,自元明以来的传本均残阙不全:

> 尝军行,遇雨,公下马徒步,属官□□□□里,至一庙宇,少憩。公劳勉属官□□□□矣,然士欲立功名,亦须习劳其□□□□安逸,故雨中徒行,以习劳也。庙□□□□公指山问属官曰:"诸公识黄龙□□□□其下城如此山之高。某旧能饮□□□□尝有酒失,老母戒某不饮,主上□□□□自后不复饮。俟至黄龙城,大张乐□□□□,以观打城,城破,每人以两囊驼金□□□□今日之劳。"有一属官曰:"某不要公□□□□要观公之志,直欲恢复燕地,荡其□□□□中原而已也。"②

---

① 两文分别发表于上海《大公报·文史周刊》第7期(1946年11月27日)和11期(1946年12月25日),现均已收入《邓广铭全集》第8卷,石家庄:河北教育出版社,2005年,第339—345、346—348页。
② 岳珂编:《鄂国金佗续编》卷二七,王曾瑜校注本,北京:中华书局,1999年,第1587页。此文篇名已佚,邓广铭先生姑且称之为《杂记》。

而惟独乾隆五年岳士景重订的《金佗稡编》中,这段文字却一字不缺:

> 尝军行遇雨,公下马徒步行,僚属皆从。至一庙宇,少憩,公谕僚属曰:"今惫矣。然士欲立功名,亦须习劳其体。雨中徒行,以习劳也。"庙旁有山峻险,公指问曰:"诸公识黄龙城乎?其城若此山之高。某旧能饮,尝有酒失,老母戒其勿饮,主上亦命戒之,某自后不复饮。他日俟至黄龙城,当大张乐饮酒,以观打城,城破,每人以两橐驼金予之,以慰今日之劳。"噫!观公之志,直欲恢复燕地,洗荡虏穴,不但取还中原已也。

这个晚出的本子虽然一字不缺,但与元明以来诸本的阙文字数多不相符,故邓广铭先生认为,这一定是由岳士景出以己意加以补苴的,与黄元振的原意未必相符,故这个刻本殊难为据。

三十多年后,邓广铭先生再作《"黄龙痛饮"考释》一文①,按照上下文意,并依据元刻明印本的残阙字数,将黄元振《杂记》的那段残阙文字重新补苴如下:

> 尝军行遇雨,公下马徒步,属官〔亦相随,行数〕里,至一庙宇少憩。公劳勉属官〔曰:"诸公劳甚〕矣!然士欲立功名,亦须习劳其〔身,不可但图〕安逸。故雨中徒行,以习劳也。"庙〔旁有一小山〕,公指山问属官曰:"诸公识黄龙〔府乎?某尝至〕其下,城如此山之高。某旧能饮,〔因不知节制〕,尝有酒失,老母戒某不饮,〔后〕主上〔亦痛戒某〕,自后不复饮,俟至黄龙城,大张乐,〔开戒痛饮〕,以观打城,城破,每人以两橐驼金〔帛,以酬赏〕今日之劳。"有一属官曰:"某不要公〔金帛,某但〕要观公之志,直欲恢复燕地,荡其〔巢穴,岂唯〕中原而已也。"

将邓广铭先生补足的这段文字与岳士景的本子做一比较,可以看出前者更符合黄元振的原意。

这是目前所能看到的有关"黄龙痛饮"出典的最原始记载。但是,按

---

① 邓广铭:《"黄龙痛饮"考释》,《文史》第7辑(中华书局,1979年),收入《邓广铭全集》第8卷,第349—358页。

照上面补足的文字来看,在黄元振记载的这个故事中至少存在两个疑点:

第一,岳飞口中所说的明明是"黄龙府"和"黄龙城",为何到了他的属官口中就变成"燕地"亦即燕山府了?

邓广铭先生早年发表的《"黄龙痛饮"质疑》一文,对这个问题的解释是:"黄龙"二字当是"燕山"之误,可能岳飞错把燕山当成了"卢龙",到了黄元振的笔下又误记为"黄龙"。在晚年发表的《"黄龙痛饮"考释》一文中,邓先生虽然不再坚持这种意见,但基本观点并没有变,他认为既然岳飞绝不可能涉足远在金朝腹地的黄龙府,那么他口中的黄龙府肯定应是指燕山府,至于他为什么会把燕山府误称为黄龙府,"我们却无法考知"。

第二,岳飞自称他曾经到过黄龙府(指燕京)城下,那么他究竟是什么时候到过燕京城下的呢?

对于这个问题,邓广铭先生曾先后提出两种解释。《"黄龙痛饮"质疑》、《再谈"黄龙痛饮"》认为,岳飞少时曾在韩魏公家做庄客,也许在韩琦的曾孙韩肖胄于宣和元年(1119)出使辽朝时,岳飞作为其仆从而到过燕京。《"黄龙痛饮"考释》一文则认为,岳飞宣和四年参军之初,是在真定府安抚使刘韐部下充任敢战士的一个小头目,他很可能曾在这年十月跟随宋军参加攻打燕京之役,因而到过燕京城下。①

邓广铭先生的上述考证,力图为黄元振笔下的那个故事提供一种合理的解释,从而使"黄龙痛饮"的这一出典得以成立。后来有学者对此提出不同意见,罗继祖先生认为,岳飞口中的黄龙府并非燕山府之误,因当时宋人讹传徽、钦二帝被囚于黄龙府,故岳飞遂有"直抵黄龙府"之说。② 郑传斌先生则以为,黄元振的那段记载也许是他演义、杜撰出来的,未必可以信以为真。③黄元振的故事究竟是否可信,岳飞口中的黄龙府究竟何所指,这是一个值得重新考虑的问题。

---

① 此说又见邓广铭:《岳飞传》(增订本),北京:人民出版社,1983年,第14—15页。
② 罗继祖:《岳飞和黄龙府》,《史学集刊》1983年第3期。
③ 郑传斌:《岳飞"直抵黄龙府"考》,《史学月刊》1996年第3期。

二

问题还得从黄龙府说起。辽金时代的黄龙府治今吉林省农安县,原为渤海扶余府,天显元年(926),契丹灭渤海后改置黄龙府。在辽朝,黄龙府是控遏生女真的一个军事重镇。①故完颜阿骨打起兵之初与辽进行谈判时,即把"迁黄龙府于别地"作为双方议和的一个重要条件。②天庆五年(1115),女真攻陷黄龙府。金熙宗天眷三年(1140),改名济州,后又更名隆州。

黄龙府在辽金两朝并非什么名城,加之"地僻且远"③,故不为宋人所熟悉,自是在情理之中。北宋人之知晓黄龙府,主要是因为辽灭石晋后,将晋少帝迁置于黄龙府,故宋人诗文中时或提及此事。真宗时,焦守节出使契丹,"馆伴丁求说颇易之,指远山曰:'此黄龙塘④也。'应声问曰:'燕然山距此几许?'求说惭,乃加礼焉。黄龙塘即(耶律)德光置晋少帝之所"。⑤北宋人对黄龙府的了解,大概仅限于此而已。

天庆五年,完颜阿骨打攻陷黄龙府,成为生女真崛起过程中的一个标志性事件。直到元代,郝经还说过这样的话:"金源氏起东北小夷,部曲数百人,渡鸭绿,取黄龙,便建位号。"⑥正是由于这场战事,使得黄龙府名声大噪,南宋人之知晓黄龙府,多半是因为这个缘故。孝宗乾道六年(1170),起居舍人赵温叔假翰林学士充馆伴使,负责接待金使耶律子敬,一日两人闲聊,赵温叔问道:"尚书仙乡?"耶律子敬答曰:"在北京,旧日

---

① 参见日野开三郎:《渤海の扶余府と契丹の龙州·黄龙府》,《日野开三郎东洋史学论集》第15卷,东京:三一书房,1991年。
② 脱脱等:《辽史》卷二八《天祚皇帝纪二》,天庆五年正月,北京:中华书局,2003年,第331页。
③ 脱脱等:《金史》卷二《太祖纪》,天辅二年三月,北京:中华书局,1975年,第31页。
④ 黄龙塘疑即"黄龙府"或"黄龙城"之讹。
⑤ 曾巩:《隆平集》卷一九《焦守节传》,影印文渊阁《四库全书》本,第371册,台北:台湾商务印书馆股份有限公司,1986年,第185页。
⑥ 郝经:《陵川集》卷三二《立政议》,影印文渊阁《四库全书》本,第1192册,台北:台湾商务印书馆股份有限公司,1986年,第362页。

大辽所谓中京者。"又问："去黄龙府远近?"答云："甚近,才五七百里。"①在南宋人的心目中,黄龙府俨然已经成为金朝的一个地理坐标,这说明黄龙府之役给宋人留下了深刻的印象。

宋人的辽金地理知识实在是很有限的,由于上述原因,在许多南宋人的心目中,黄龙府被误认为是女真人的巢穴之所在,甚至被误认为是金朝前期的都城。金朝前期的都城本在上京会宁府,但太祖、太宗两朝,会宁府的都城地位并不明显,直到熙宗天眷元年(1138),始号会宁府为上京。②故宋人对于金朝前期都城的概念是很模糊的。有这样两个例子,绍兴三年(1133),韩肖胄使金,李清照作《上韩公枢密诗》相赠:"勿勒燕然铭,勿种金城柳。……径持紫泥诏,直入黄龙城。单于定稽颡,侍子当来迎。"③从这首诗来看,大概李清照把黄龙府误认作是当时的金朝都城了,诗中称"黄龙城"而非"黄龙府",应是出于押韵的考虑。又《南迁录》中有这样一段记载:

> 完颜宇、乌陵用章、张庆之、葛安民皆曰:"昔忠献王(按即粘罕)佐辅太宗,既灭辽平宋,欲建上京,以龙朔上国为根本,以辽阳、长春、会宁等路为北畿,以河北为东畿。故于大兴称中京,以会同为北京,以黄龙为上京,以中山府为南路。"④

《南迁录》是南宋人所作的一部伪书⑤,该书作者误以为黄龙府是金朝前期的上京,这也说明南宋人对金初的都城是不甚了了的。

在了解上述情形之后,我们可以再回过头来讨论"黄龙痛饮"的原意。按《忠愍谥议》的记载,岳飞在绍兴十年所说的"今次杀金人,直到黄龙府,当与诸君痛饮"一番话,不过是激励士气的豪言壮语——这种语境之下的"黄龙府",显然是被视为女真人的巢穴所在。前辈学者已有这种

---

① 李心传:《建炎以来朝野杂记》乙集卷八"赵温叔探赜房情"条,徐规点校本,北京:中华书局,2000年,第629—630页。
② 见《金史》卷四《熙宗纪》,第73页;卷二四《地理志上》,第550页。
③ 赵彦卫:《云麓漫钞》卷一四,傅根清点校本,北京:中华书局,1996年,第245—246页。
④ 旧题(宋)张师颜:《南迁录》,《丛书集成初编》本,第23页。
⑤ 参见邓广铭:《〈大金国志〉与〈金人南迁录〉的真伪问题两论》,尹达等主编:《纪念顾颉刚学术论文集》,上册,成都:巴蜀书社,1990年。

看法。1946年冬,傅乐焕先生在读到《"黄龙痛饮"质疑》一文后,曾专门给邓广铭先生去过一信,信中谈到他对这个问题的看法:"如专就'黄龙痛饮'一语本身而言,似与'打到东京'同其意义。"①王曾瑜先生也认为"岳飞此语乃犁庭扫穴之意"。②

不过,也有学者倾向于认为黄龙府在这里是实指,如罗继祖先生谓岳飞号召将士"直抵黄龙府",其目的是为了解救徽、钦二帝。③郑传斌先生亦有类似的看法,他认为岳飞的最低目标是收复河朔,最高目标则是要灭亡金朝。他得出这一结论的根据是:建炎四年(1130),岳飞曾在宜兴张氏家的屏风上题词:"当深入虏庭,缚贼主,蹀血马前,尽屠夷种,迎二圣复还京师,取故地再上版籍。"④绍兴初,岳飞在翠岩寺题诗,有"行复三关迎二圣,金酋席卷尽擒归"之句。⑤他认为这些题诗、题词可以作为岳飞"黄龙痛饮"一语的注脚,说明黄龙府在这里确是实有所指的。⑥在笔者看来,这样的理解未免太拘泥了。

综上所述,笔者以为"黄龙痛饮"之说不过是岳飞在军中激励士气的豪言壮语。既谓黄龙府在这里被视为女真人的巢穴所在,那么又应当如何解释黄元振的那个故事呢?按照黄元振的记述,岳飞所说的"黄龙府",竟然被他的属官误解为"燕地";或者说岳飞所说的"黄龙府",实际上就是指的燕山府。不管是哪一种情况,都很难让人理解。尽管南宋人往往将黄龙府误认为是女真人的巢穴之所在,但令我们无法相信的是,长期与金军作战的岳飞及其部将,竟然会将黄龙府与燕京混为一谈!不过,黄元振倒是有可能弄不清这个问题。黄元振追述岳飞遗事的那篇《杂记》写于孝宗时期,那时宋金之间早已结束战争状态,金朝都城也已迁至燕京。生活在这个时代的黄元振,想必对金朝初年的历史是很蒙昧的,他完全有可能误以为黄龙府就是指燕京,因为宋人普遍认为黄龙府是女真

---

① 邓广铭:《再谈"黄龙痛饮"——兼答周如松君》,《邓广铭全集》第8卷,第348页。
② 见岳珂编:《鄂国金佗稡编续编校注》卷八《行实编年》,第567页校注①。
③ 见前揭罗继祖:《岳飞和黄龙府》。
④ 赵彦卫:《云麓漫钞》卷一,第12页。
⑤ 岳珂编:《鄂国金佗稡编》卷一九《题翠岩寺》,第979页。
⑥ 见前揭郑传斌:《岳飞"直抵黄龙府"考》。

人的巢穴所在,而黄元振所知道的金朝都城恰恰就是在燕京,所以,若是他把黄龙府与燕京混为一谈的话,不是很有可能的事吗?

现在我们可以为黄元振所讲述的那个蹊跷的故事设想一个合理的答案。在宋孝宗为岳飞平反之后,有关岳飞"黄龙痛饮"的名言广为流传,黄元振根据他过去从父亲那里听来的有关岳家军的故事写下这篇追忆文字时,顺便为"黄龙痛饮"杜撰了一个出典,但由于他误以为黄龙府就是指燕京,于是在他笔下的这个故事里,岳飞及其部将居然将黄龙府与燕京混为一谈。当然,还有另外一种可能,也许这个故事不完全是出自黄元振的凭空杜撰,但至少在具体细节处有他添枝加叶的成分,而有关黄龙府与燕京的误解就是由此产生的。

既然我们认为黄元振的故事不可尽信,那么由此而引出的岳飞究竟有没有到过燕京城下的问题,恐怕就是一桩无头案了。王曾瑜先生认为,以原本残阙而经后人补足的黄元振的那段记述来作为岳飞曾到过燕京的证据,毕竟只是一种推测。① 而笔者以为,经邓广铭先生补苴的那段文字,与作者的原意不会相去太远,问题不在于所补的文字是否忠实,而在于黄元振的记录是否真实。

(高　宇　北京大学历史学系博士研究生)

---

① 王曾瑜:《岳飞和南宋前期政治与军事研究》,开封:河南大学出版社,2002年,第10—11页。

元顺帝企图避乱济州岛发微

李 岭

【内容提要】 元朝统治末年,国势日危,内有帝后之争,外有反元起义和军阀混战,元顺帝心力交瘁,于是在至正二十五、六年间做出避乱的决定。济州岛由于独特的地理环境和主权背景成为顺帝首选的避乱之地,但因时局突变,未能成行,最后仓皇北逃至上都、应昌。

《高丽史·恭愍王世家》恭愍王十六年(元顺帝至正二十七年,1367)二月条载:

> 癸亥,元使高大悲来自济州,帝赐王彩帛锦绢五百五十四,宰枢亦有差。时帝欲避乱济州,仍输御府金帛,乃诏以济州复属高丽。①

这是一条非常重要的材料。它表明,最晚在大都失守前的一年,元顺帝曾有避乱济州岛的企图。然而此事不见于《元史》及元代其他史料,因而国内有关元末史事的论著,包括邱树森先生研究元顺帝的力作《妥欢

---

① 郑麟趾:《高丽史》卷四一《恭愍王世家四》第1册,平壤,1957年,第625—626页。

帖睦尔传》,于此亦均未涉及。近年以来,一些研究韩国史的学者提到过这条材料,但没有进行具体分析。① 那么,元顺帝确实有过这样一个避乱济州岛的计划吗?

一、《高丽史》所云"帝欲避乱济州"考实

在上引史料中,"帝欲避乱济州"主要是高丽人从元朝使者高大悲那里得到的信息。高大悲向高丽人传达的具体内容已无法详知,但对照《高丽史》中的其他一些材料来看,可以推断确有其事。

《高丽史·恭愍王世家》恭愍王十八年(1369)九月条载:

> 时王召元朝梓人元世于济州,使营影殿,世等十一人挈家而来。世言于宰辅曰:"元皇帝好兴土木以失民心,自知不能卒保四海,乃诏吾辈营宫耽罗,欲为避乱之计,功未讫而元亡。吾辈失衣食,今被征,复衣食,诚万幸也。然元以天下之大劳民以亡,高丽虽大,其能不失民心乎?愿诸相启王。"宰辅不敢以闻。②

按元世提到的耽罗,亦即济州。梓人是木工,此处泛指建筑工匠。恭愍王为修建影殿,将以元世为首的十一名元朝工匠由济州岛召至高丽役使。元朝工匠基本上都出自世袭的匠户,所以元世等十一人"挈家而来"。元世的谈话中明确提到,他们之所以来到济州,是因为元顺帝"自知不能卒保四海,乃诏吾辈营宫耽罗,欲为避乱之计"。由于时局突变,"功未讫而元亡",营造工程被迫终止,致使工匠失业,无以为生。这不仅为前引《恭愍王世家》十六年纪事所载"帝欲避乱济州"提供了佐证,还补充了一个重要信息,即元顺帝已经着手在济州岛大兴土木,营造宫殿,其避乱计划并非纸上谈兵。

济州岛在历史上曾是一个独立的岛国,称为耽罗。其东北隔济州海

---

① 参阅张辉:《耽罗略考》,《晋阳学刊》2000年第4期,第89—92页;阿达:《耽罗隶元考述》,《中国边疆史地研究》1997年第1期,第22—34页。
② 《高丽史》卷四一《恭愍王世家四》第1册,第630—631页。

峡与朝鲜半岛毗临,东南隔朝鲜海峡与日本相望,地理位置十分重要。高丽肃宗十年(1105)于耽罗设郡,但统治并不稳定。因此,《元史·外夷传》专门为耽罗立传,称之为"高丽与国"。元世祖降服高丽之后,于至元十年(1273)命大将忻都、洪茶丘率兵占领济州岛,立耽罗国招讨司,驻扎军队1700人。① 此后元廷又在这里设立过耽罗总管府和耽罗军民万户府。② 而且,耽罗还是元朝的十四处重要牧场之一③,元朝在此派驻了大批放牧人员,《高丽史》称之为"牧子"或"牧胡"。明初朱元璋在传谕高丽的圣旨中曾经提到:"已先元朝曾有马二三万留在耽罗牧养,孳生尽多。"④可知元朝牧场规模之大,其"牧子"的数量也应当十分可观。这些人很可能与草原上的蒙古牧民一样,具有兵牧合一的身份。元末,他们曾一再杀害高丽派去的官员。⑤ 直到元朝灭亡后的明洪武五年(1372),高丽派大臣刘景元等率三百多名士兵前往耽罗取马,仍被岛上的"鞑靼牧子"悉数杀死。⑥ 从上述情况来看,元朝在济州岛上的驻军及牧子是一支不可小觑的军事力量。元使高大悲从济州岛海路而不是从大都陆路到达高丽王京,或许也是为了先到济州岛打前站,整顿并组织岛上的元军为顺帝避乱做好准备。

高大悲出使高丽还有一个值得注意的倾向,即拉拢、结好高丽君臣。这显然也是在为顺帝的避乱计划营造良好的外部环境。

表现之一是赏赐恭愍王"彩帛锦绢五百五十匹",同时"宰枢亦有差"。看上去似乎只是宗主国对藩属国的一般性赏赐,但对比此前元廷对高丽的赏赐数额,似乎还是有些不同的意义。从《高丽史·世家》的记载来看,元朝皇帝赏赐高丽绢帛的情况并不多见,数量也比较有限。高丽忠烈王二十六年(元成宗大德四年,1300)七月,"赐王从臣金段、表里各

---

① 《元史》卷二〇八《外夷传一·耽罗》,北京:中华书局,1976年,第4624页。
② 《元史》卷二〇《成宗纪三》,第431、436页。
③ 《元史》卷一〇〇《兵志三·马政》,第2553、2558页。
④ 《高丽史》卷四四《恭愍王世家七》第1册,第662页。
⑤ 《高丽史》卷五七《地理志二》:"耽罗县,在全罗道南海中。……(恭愍王)十六年,元以州复来属。时牧胡强,数杀国家所遣牧使、万户以叛。"
⑥ 《高丽史》卷四三《恭愍王世家六》第1册,第648页。

三百三十六匹"。① 这是赏赐绢帛数量最大的一次。此外凡赏赐绢帛，数量都很少。如忠烈王的父亲元宗先后三次被赐绢帛，总数不过十余匹。② 恭愍王之兄忠惠王被赐绢帛一次，数量为段子百匹。③ 在恭愍王十六年"彩帛锦绢五百五十匹"的赏赐之前，《高丽史》曾六次记载元廷对他的赏赐，均为衣、酒等象征性物品，并无绢帛。当然我们不能排除《高丽史》漏载元朝赏赐的可能，但至少根据目前所知情况来判断，这笔五百五十匹绢帛的赏赐（加上"宰枢亦有差"则总数更多，惜不知其详）是元朝一次特别的慷慨大方之举，应当不是无端而发。

表现之二，也是更为重要的一个表现，则是元顺帝在济州岛的归属上向高丽做出重大让步，明确表示"以济州复属高丽"。自从元军占领济州岛之后，高丽始终不甘心放弃对济州岛的管辖，元丽双方在其归属问题上长期争执，导致济州岛实际上处于双方共管的状态。岛上既有高丽派驻的官员，又有元朝驻军、牧子以及流放的犯人。现在元廷明确了高丽对济州岛的管辖权，有利于缓和双方由此产生的矛盾。实际上，所谓"以济州复属高丽"只是形式上的让步，元廷并无撤出岛上驻军、牧子等元朝势力的实际举措。可以推断，这也是元顺帝为了顺利完成其避乱计划而向高丽作出的一种友善姿态。

以上种种迹象表明，元顺帝企图避乱济州岛是确有其事的，并且不只停留在设想当中，而是已经开始付诸实施。

二、元顺帝何时决策避乱济州？

元顺帝是在何时决策避乱济州岛的？

顺帝在位后期，农民起义如火如荼，统治集团内部矛盾也日趋激化，

---

① 《高丽史》卷三一《忠烈王世家四》第1册，第493页。
② 《高丽史》卷二五《元宗世家一》：元宗三年（1262）七月，"帝赐王锦九匹"。卷二六《元宗世家二》：五年（1264）二月，"帝赐西锦一段"。九年（1268）二月，"蒙古赐王西锦一匹"。见第1册，第387、391、396页。
③ 《高丽史》卷三六《忠惠王世家》第1册，第560页。

国势危殆。顺帝心力交瘁,对政治感到厌倦,于是企图在奢侈腐朽的生活中寻求解脱。"是时天下多故日已甚,外则军旅烦兴,疆宇日蹙;内则帑藏空虚,用度不给;而帝方溺于娱乐,不恤政务。"① 顺帝怠政为其第二皇后奇氏干政提供了机会,奇氏所生皇太子爱猷识理达腊也年纪渐长,"军国之事,皆其所临决"。② 朝中后党的声势发展起来。不过,此时的顺帝虽厌倦政治,却还不想放弃权力。至正十九年(1359),奇氏谋使顺帝内禅皇太子,为丞相太平所阻而未果,帝后矛盾因此而公开化。"帝亦知后意,怒而疏之,两月不见。"③ 此后双方在朝廷内外各树朋党,明争暗斗。顺帝援引军阀孛罗帖木儿为靠山,奇氏与太子则以扩廓帖木儿为后盾。

至正二十四年(1364)三月,在后党压力下,顺帝下诏削夺孛罗帖木儿官爵,且命扩廓帖木儿以兵讨之,结果引发孛罗帖木儿称兵犯阙,皇太子出奔。孛罗帖木儿大权独揽,飞扬跋扈,严重侵害了顺帝的权威,不久被顺帝设计诛杀。至正二十五年九月,扩廓帖木儿扈从皇太子回到京师。奇氏传旨,"令扩廓帖木儿以重兵拥太子入城,欲胁帝禅位"。帝党已在斗争中元气大伤,顺帝面临不得不交权的境地。但绝处逢生,后党内部发生了分裂,扩廓帖木儿竟然没有按奇后的意旨行事,"至京城三十里外,即遣军还营"。④ 顺帝因而拜扩廓帖木儿为左丞相,封河南王,"代皇太子亲征,总制关陕、晋冀、山东等处并迤南一应军马,诸王各爱马应该总兵、统兵、领兵等官,凡军民一切机务、钱粮、名爵、黜陟、予夺,悉听便宜行事"。⑤ 夫妻父子之间的恶斗导致顺帝将大权授给外人,太阿倒持,他为此痛心疾首,怒斥奇氏母子:"向者孛罗举兵犯阙,今日扩廓总兵,天下不太平,尔母子误我。天下土疆分裂,坐受危困,皆汝母子所为也。"⑥ 与此同时,他又于至正二十五年十二月正式册立奇氏为皇后,并封奇氏父以上

---

① 《元史》卷二〇五《奸臣·搠思监传》,第4586页。
② 《元史》卷二〇四《宦者·朴不花传》,第4552页。
③ 《元史》卷一一四《后妃·完者忽都皇后奇氏传》,第2880页。
④ 同上书,第2881页。
⑤ 《元史》卷四六《顺帝纪九》,第971页。
⑥ 权衡:《庚申外史》丙午至正二十六年条。见任崇岳:《庚申外史笺证》,郑州:中州古籍出版社,1991年,第135页。

三世皆为王爵。① 此举可视为顺帝对后党的让步，但也反映出面对扩廓帖木儿这样势力强大的异姓军阀，顺帝有与奇氏母子弃嫌修好的趋势。

　　结合上述历史背景，笔者推测顺帝避乱济州的决定极有可能是在至正二十五、二十六年之交作出的。此时面对大权旁落、内外交困的局面，顺帝已经无能为力。尽管与奇氏、太子存在矛盾，但与其被他人乘乱攫取渔翁之利，还是将权力交给家人更为稳妥。一旦他顺从奇氏和太子的意愿禅位，继续留居大都显然不利于朝政的稳定，出外避乱的计划因而产生。虽然史无明文，但上述推测应当是合乎逻辑的。

　　顺帝特使高大悲到达高丽王京的时间，可以作为上述推测的旁证。高大悲于恭愍王十六年，亦即至正二十七年二月到达王京。他是从海路经由济州岛前来的，在济州岛逗留了多长时间不得而知，但既要为顺帝避乱进行布置，恐怕逗留时间不会太短。加上高大悲从大都到济州岛和从济州岛到王京的陆路、海路行程，估计他离开大都的时间至迟不会晚于至正二十六年上半年，很有可能是在这一年年初。这与上面的推测在时间顺序上基本吻合。

　　总之，关于元顺帝决策避乱济州岛的时间，可以大致推测是在至正二十五、二十六年之交。随后，派出特使高大悲前去济州岛进行布置，并前往高丽通报这一计划。

三、元顺帝选择济州岛避乱的原因

　　如所周知，漠北是元朝的"祖宗龙兴"和"国家根本"之地。以常理而言，元顺帝如欲离京避乱，返回漠北应当是首选计划。然而顺帝却不愿意返回漠北。对此，我们从元亡以后的历史进程中可以窥知一二。至正二十八年放弃大都之后，顺帝带着家眷仓惶逃往上都。翌年上都失陷，顺帝

---

① 《元史》卷四六《顺帝纪九》，第971页。按顺帝正后为弘吉剌氏伯颜忽都皇后，出身于高丽的奇氏为第二皇后。至正二十五年八月，伯颜忽都皇后去世，因此顺帝随即册立奇氏为正后。

又逃往应昌府,并最终死在那里。死去半个多月,应昌府就被明军攻占。顺帝宁愿冒着危险滞留在离明朝势力范围很近的漠南,也没有退往看上去更为安全的漠北,和田清认为这是出于对中原的留恋。① 诚然,顺帝一生中的绝大部分时间都是在漠南汉地度过的,早已习惯了汉地生活,并且具有较高的汉文化水平。可以想见,他对漠北的记忆比较淡漠,缺乏归属和认同感,"留恋中原"的说法是有道理的。不过问题还不限于此。与草原诸王存在隔阂甚至对立,也是顺帝不愿返回漠北的重要理由。

尽管元朝的统治长期带有"草原本位"特征,但草原诸王与元廷之间还是有着不小的矛盾。西北的窝阔台、察合台两汗国曾经长期对抗元廷,漠北宗王也曾卷入其事。到元末,这方面的矛盾又一次爆发出来,其代表事件就是至正二十年(1360)阳翟王阿鲁辉帖木儿在漠北发动的叛乱。史载:

> 会兵起汝、颍,天下皆震动,帝(引者按:即元顺帝)屡诏宗王,以北方兵南讨。阿鲁辉帖木儿知国事已不可为,乃乘间拥众数万,屯于木儿古兀彻之地,而胁宗王以叛。且遣使来言于帝曰:"祖宗以天下付汝,汝何故失其太半?盍以国玺授我,我当自为之。"帝闻,神色自若,徐曰:"天命有在,汝欲为则为之。"于是降诏开谕,俾其悔罪。阿鲁辉帖木儿不听。乃命知枢密院事秃坚帖木儿等击之。行至称海,起哈剌赤万人为军。其人素不习为兵,而一旦驱之使战,既阵,兵犹未接,皆脱其号衣,奔阿鲁辉帖木儿军中。秃坚帖木儿军遂败绩,单骑还上都。②

在内地发生动乱、顺帝寄希望于草原诸王"南讨"的背景下,阿鲁辉帖木儿却在背后意外地给了他沉重一击。上引文称阿鲁辉帖木儿"胁宗王以叛",则肯定还有其他宗王参与其事。但叛乱平定后,顺帝只诛阿鲁

---

① 和田清在《明初的蒙古经略——特别是它的地理研究》一文中指出:"顺帝逃出上都后,心里还留恋中原,没有立即跑到更远的外蒙古根据地和林方面去。"见氏著《明代蒙古史论集》,潘世宪汉译,北京:商务印书馆,1984年,上册,第6页。
② 《元史》卷二〇六《叛臣·阿鲁辉帖木儿传》,第4597页。本传未记阿鲁辉帖木儿叛乱年代,本纪系其事于至正二十年。见《元史》卷四五《顺帝纪八》,第952页。又传称阿鲁辉帖木儿"拥众数万"以叛,本纪则作"拥兵数十万"。

辉帖木儿一人，未见处理其他宗王，应当是迫于大局，不愿使自己与草原诸王的矛盾继续深化。顺帝还继续以阿鲁辉帖木儿之弟忽都帖木儿袭阳翟王爵号，自然也是不得已之举。事实上，这次叛乱给顺帝留下了深刻的心理阴影，直至逃出大都之后仍然未能忘却。据刘佶《北巡私记》所载：至正二十九年（1369）正月初六日，"平章政事李百家奴上疏陈恢复大计，以兵力太弱，请征西北诸藩兵入援。疏入，寝不报"。① 前一年的十二月十三日，监察御史徐敬熙条陈十事，其中包括"征兵西北诸藩"。当年四月初五日，侍御史任忠敏又"疏请速幸和林，召集东西部诸藩为恢复之计"。② 也都没有下文。刘佶交待上述情况的背景说：

> 贼兵久不出边，从官渐为室家之计。哈剌公（引者按：指知枢密院事哈剌章）尝太息谓予曰："亡国之臣岂可与图恢复？吾当与西北诸藩共图此事耳。"佶问何不早为此计，哈剌公曰："子独不见阿鲁辉王之事乎？"遂唏嘘而起。③

曹永年先生就此指出："在这个问题上，阿鲁辉王之事的阴影太浓，只要有一线生机，惠宗（引者按：即顺帝）不想作任何妥协。"④ 其说极是。由此可以推断，当至正二十五、六年间顺帝打算禅位避乱时，是轻易不会考虑回归漠北的。而环顾宇内，江南沦陷，中原板荡，罕有适于避乱之处。无奈之下，他最终选择了济州岛，初看出人意料，但细加考虑，则一定程度上确实又在情理之中。

首先，济州岛的客观环境适宜顺帝避乱。它孤悬海外，远离战火，临近元朝的藩属国高丽，其上又有元朝军队、牧子等势力驻扎。另外气候温暖湿润，植被浓郁，景色秀丽，也适合早已习惯宫廷舒适生活的顺帝居住。

其次，顺帝对高丽怀有一种特殊而微妙的感情。早在至顺元年（1330）十一岁时，他曾被叔父文宗流放到高丽大青岛，在那里度过了大

---

① 刘佶：《北巡私记》。见薄音湖、王雄编：《明代蒙古汉籍史料汇编》第一辑，呼和浩特：内蒙古大学出版社，1993年，第4页。
② 《北巡私记》。见《明代蒙古汉籍史料汇编》第一辑，第4—5页。
③ 同上书，第4页。
④ 曹永年：《〈北巡私记〉所见之北元政局》，《内蒙古大学学报（人文社会科学版）》2001年第1期，第48—55页。

约一年的时光。大青岛的生活虽然孤单寂寞,但至少使他远离政治旋涡,保全性命,暂时得到安宁,这段经历显然在顺帝内心留下了很深的印记。即位以后,顺帝不顾臣下的反对,册立出身高丽的宫女奇氏为第二皇后,亦与其高丽情结有关。在高丽历史上,国王每逢乱局经常避难于海岛,这种做法应当也是顺帝所了解的。因此,穷途末路的顺帝考虑避乱济州岛也就不足为怪了。

四、计划的结局

当然,历史事实是元顺帝并没有前往济州岛。其所以如此,主要是因为"计划赶不上变化",国内形势的骤变使得顺帝的避乱计划最终落空。

在至正二十七年(1367)的大部分时间里,避乱计划似乎还在有条不紊地开展。前文已经提到这一年二月,顺帝特使高大悲到达高丽宣谕避乱之事。六月,据称"皇太子寝殿后新凿井中有龙出,光焰烁人,宫人震慑仆地"。[①] 很可能就是为皇太子爱猷识理达腊接班造势之举。八月,顺帝下诏"命皇太子总天下兵马",称"一应军政机务,生杀予夺,事无轻重,如出朕裁"。[②] 此时距离顺帝全面交权、出外避乱应当已经为时不远了。

然而局势突变。十月,朱元璋出兵北伐,战略计划的第一步就是"先取山东,撤彼屏蔽"。[③] 当时朱元璋消灭张士诚仅有一个月,浙东方国珍、福建陈友定尚未平定。突然北伐,可以说迅雷不及掩耳,出乎元廷意料之外。北伐军势如破竹,十一到十二月连克沂州、东平、济南,占领山东大部分地区,顺帝经山东渡海前往济州岛的避乱路线完全被切断,精心设计的避乱计划终成泡影。此后战局一泻千里,顺帝避乱不成,也无暇禅位,只好在放弃大都之后逃往上都,最后病死在应昌。

顺帝企图避乱济州岛是元末政坛的一支插曲,从侧面反映了当时的

---

① 《元史》卷四七《顺帝纪十》,第978页。
② 同上书,第979页。
③ 《明史》卷一《太祖纪一》,北京:中华书局,1974年,第16页。

宫廷斗争状况和顺帝心态,有助于我们全面认识元末的政局。然而计划未能实现,相关活动也隐匿于历史的迷雾之中,只在高丽史料中留有一鳞半爪,成为待发之覆。以上所论因史料不足,有的地方推测成分居多,仅供读者参考,并敬请批评指正。

(李　岭　内蒙古师范大学历史文化学院、内蒙古自治区高校
　　人文社会科学重点研究基地中国北疆史研究中心副教授)

"亚当·斯密问题"新论
——从《国富论》的一处增补谈起

徐前进

【内容提要】 德国历史学派提出的"亚当·斯密问题"涉及两个斯密,一个倡导"利他"(《道德情操论》),一个倡导"利己"(《国富论》)。本文着力考证斯密在1772年苏格兰货币危机后对《国富论》草稿和《道德情操论》第六版所做的修改,以说明斯密的思想转变:一个是任教于格拉斯哥大学的"学院内的斯密",乐观的经济伦理主义者;一个是"社会里的斯密",悲观的批判现实主义者。斯密的转变可以用苏格兰货币危机对其思想体系的冲击来解释。这不同于德国历史学派对斯密的理解。

19世纪中期,德国历史学派的经济学家讨论了亚当·斯密的《道德情操论》中的"利他"与《国民财富的性质和原因的研究》(以下简称《国富论》)中的"利己"之间的矛盾,后来成为熊彼特(Joseph Schumpeter)提出"亚当·斯密问题(Das Adam Smith Problem)"的依据。① 表面上看,这是一个学术问题,但德国经济学家的思考背景是斯密所倡导的自由贸易理论与英国对欧洲各国的贸易霸权之间的反差,而不单是对斯密作品的文本解读。鉴于此,屡有学者质疑"亚当·斯密问题"的学术依据。1976年,为纪念《国富论》刊行两百周年,牛津大学出版了《亚当·斯密作品与书信集》,主编拉斐尔(D. Raphael)认为"亚当·斯密问题"是一个"出于无知与误解而提出的伪问题"。② 德国历史学派内部的观点也不统一。1874年,新历史学派的奥肯(A. Oncken)在《斯密与文化史》中坚持历史学派的主流观点,次年却转而捍卫斯密思想的统一性。大致而论,这个问题有学术争鸣的因素,也有民族情感的左右。现在,我们抛开德国历史学派的民族关怀,重新分析《国富论》的文本和写作环境,以描述一个由乐观向悲观转变的亚当·斯密,并说明"亚当·斯密问题"的局限性。

《国富论》的写作,历经九载,从1767年至1776年。1773年完成草稿后,斯密又做了修改与增补。笔者将根据文本语境、年代事件等考证斯密对草稿的一处改动。此外,斯密临终前对《道德情操论》也做了改动。那么,他对两部著作所做的修改有没有关联?历史往事能不能说明他的思想转变的原因?这对于重新思考"亚当·斯密问题"又有何裨益?

翻阅《国富论》时,笔者认为第二篇第二章《论作为社会总资财的一部门或作为维持国民资本的费用的货币》的主题不统一,假设论证和现实批判掺杂在一起,显得生硬。第二章开篇先是假设论证的语境,涉及纸币的功能以及信用良好的银行所发行的纸币对经济的良好刺激作用,暗含着斯密对道德与经济相辅相成的期望,诸如:"以纸币代金银币,可以说是以一种低廉得多的商业工具,代替另一种极其昂贵的商业工具……

---

① 德国历史学派(The German Historical School of Economics)是19世纪中期出现的致力于批判英国古典经济理论的学派,注重经济发展中的历史经验,分为19世纪70年代前的旧历史学派和70年代之后的新历史学派。前者以李斯特(F. List)、罗雪尔(W. Roscher)、希尔德布兰德(B. Hildebrand)、克尼斯(K. Knies)为代表;后者以施穆勒(G. Schmoller)、布伦塔诺(L. Brentano)、斯卡尔钦茨基(W. Skarzynski)、奥肯(A. Oncken)为代表。
② Adam Smith, *The Theory of Moral Sentiments*, The Glasgow Edition of the Works and Correspondence of Adam Smith, Vol. 1, Oxford University Press, 1976, Introduction.

有了纸币,流通界无异使用了一个新轮,它的建立费和维持费,比较旧轮,都轻微得多。"①由此可见,斯密赞同有信用的银行发行纸币,以代替流通中的金银。从行文风格来看,这属于 18 世纪苏格兰启蒙的语境,即提出假说,辅以概念论证,而论证又不脱离日常实用的目的,或是关于社会伦理,或是关于经济活动。

《国富论》第二篇第二章的假设论证之后的现实批判部分有明确的起始范围,从"二十五年来,苏格兰各银行所发行的纸币"至"最近受人攻击认为营业毫无节制的苏格兰及其他各处银行,恐怕亦多少受了这个理论的影响"②,主要讲述了 18 世纪 60 年代,投机商以循环借款的手段大量谋取私利,结果众多银行破产,并最终导致了 1772 年的苏格兰货币危机,而致力于农业改良的埃尔银行也深受其害。循环借款的结果是银行金柜出流后没有入流补足,市场上流通的货币因此而过量。银行没有足够的资金供应,容易出现挤兑,当时苏格兰的银行多是在挤兑中垮台的。

然而现实批判语境之后,《国富论》的行文又恢复了之前的假设论证风格,表达的还是对道德经济的良好愿望。斯密以英格兰银行为例说明纸币信贷的益处,而且本章的结论是:"一种事业若对社会有益,就应当任其自由,广其竞争。竞争愈自由,愈普遍,这事业就愈有利于社会。"③"一种事业"指的是纸币业务,所以这一章首尾部分的内容与语境是一致的,而与中间的现实批判的语境相悖。

由此看来,《国富论》第二篇第二章包含两种语境:一是理论上支持发行纸币,集中于本章前后的假设论证的两部分;二是反对不法商人的循环借款,因为这种投机行为迫使银行无限制地增发纸币,导致纸币贬值,集中于本章中间的现实批判部分。两种风格的矛盾之处在于假设论证的语境中流露着对银行增发纸币的乐观估计,现实批判的语境体现的却是悲观与愤怒。同一个问题却有两种截然相反的评述,这是《国富论》的一

---

① 亚当·斯密:《国民财富的性质和原因的研究》上卷,郭大力、王亚南译,北京:商务印书馆,1972 年,第 268 页。
② 斯密:《国民财富的性质和原因的研究》上卷,第 283—292 页,另外参照 Adam Smith, *An Inquiry into the Nature and Causes of the Wealth of Nations*, Dublin, 1776, pp. 372-397.
③ 斯密:《国民财富的性质和原因的研究》上卷,第 303 页。

处逻辑断裂,其中隐藏着怎样的故事呢?

1764年至1766年,斯密陪同他的学生、苏格兰布克勒公爵(Duke of Buccleugh)游历法国和瑞士。回到英国后,斯密在伦敦暂住,之后回到位于苏格兰的家乡柯卡尔迪(Kirkaldy),一直待到1773年完成《国富论》的初稿,但这六年的隐居生活并不平静。1772年至1773年间,斯密与外界的通信几乎都在讨论苏格兰货币危机和埃尔银行破产的问题。这次货币危机的起因是:市场上流通着过量的充当货币的银行汇票,银行为了贴现循环汇票而发行的纸币大大超过了社会的容纳量,结果货币贬值,苏格兰三十多家银行都出现了挤兑风波,二十多家破产,也包括埃尔银行。① 该银行成立于1769年11月,全名为道格拉斯—赫伦公司(Douglas, Heron and Company),总部设在埃尔郡,故称为埃尔银行,由热心于土地改良的苏格兰贵族乡绅筹资,其中布克勒公爵是最大的股东。② 而这家银行与斯密的思想和生活有密切的关系。

1745年,苏格兰开始大规模的基础建设,包括土地改良(清除荒地中的碎石、杂草,在耕地周围竖立栅栏)、道路、桥梁、教堂、学校等公共设施的修建。其中的大项目是由克雷格(James Craig)规划的爱丁堡新城和由昆斯伯里公爵(Duke of Queensberry)担任主席的福斯—克莱德运河疏通工程。在资金缺乏的情况下,商人们不考虑自身的资本状况便从英格兰引进了循环借款的方式,以解决资金短缺的问题,只是这种方式在苏格兰实行时投机的意味更加明显。1760年后,一些皇家特许银行意识到潜在的风险,便拒绝兑换此类的银行汇票。但为了满足农业改良的资金需求,埃尔银行"不问汇票是真实汇票还是循环汇票,一律予以贴现"(斯密的

---

① 汇票是银行开出的汇款凭证,异地兑取;贴现汇票是持票人在汇票到期前兑取现金,由接受兑换的银行扣除到期之前的利息。循环借款是借款人以尚未到期的汇票为抵押连续向银行借款而不还款的投机行为。参见亚当·斯密:《国民财富的性质和原因的研究》上卷,第273—286页。

② Ja. Wallace, Dav. Rae, *An Appeal from Scotland* (James Craig, Baker in Edinburgh, Appellant; Messrs. Douglas, Heron, and Company, late Bankers in Air, and George Home of Branxton, Esq. factor and manager for the said Company, and others, Respondents), to be heard at the Bar of the House of Lords, on Monday the 14th Day of May, 1781, p. 1.

赞许)。①

斯密与入股于埃尔银行的布克勒公爵交情颇厚。1766年陪同公爵游历法国和瑞士后,斯密接受公爵授予的三百英镑终身年金(相当于当时大学里有名望的教授的年薪),1778年年初,又因公爵推荐而就任苏格兰海关税务专员。此外,1787年斯密得知被委任为格拉斯哥大学校长时,致信时任校长戴维森:"我的老朋友和保护人仍如此感人地记着我,给我难以向您表达的衷心欢悦。"②1790年2月,斯密去世前五个月,公爵在信中回味了他们的忘年交情,既欣慰又担忧:"关于您的一切我多么关心……我们长期以来友谊深挚,自从相识,这种友谊从没有中断过一时半刻。"③1772年的货币危机波及了布克勒公爵,斯密在给普尔特尼的信中说:"近来,我集中思考以最体面的办法帮助他们摆脱困境。"④

此外,埃尔银行是致力于农业改良的,这也是斯密对之抱以同情的原因。当时的苏格兰,指导农业的书籍大量出现,爱丁堡和格拉斯哥成立了许多协会,诸如择优协会(The Select Society)的会员,包括斯密和休谟,都关心农业改良,所以思想家对农业的关注也是苏格兰启蒙的特点。1740年,斯密去牛津求学途中,觉察到英格兰和苏格兰的农业差距,所以在《国富论》中多次呼吁改良农业:"在各种资本用途中,农业投资最有利于社会。"⑤斯密不仅看重农业的经济角色,对于乡村稼穑的生活,还怀着老加图、贺拉斯、维吉尔一般的古典情结。老加图(Cato)认为农业耕作孕育勇敢与坚强,这样的生活最为稳定,最不为人忌恨,也最没有不满之念;斯密赞扬"乡村风景的美丽,乡村生活的愉快,乡村心理的恬静,以及乡村所提供的独立性。耕作……这个原始的职业将为人类所永远爱悦"。⑥斯密也热爱恬静的生活方式,撰写《国富论》时他回到故乡,归隐六年有余,间或采集花木标本,研究植物学。

---

① 斯密:《国民财富的性质和原因的研究》上卷,第288页。
② 欧内斯特·莫斯纳、伊恩·辛普森·罗斯编:《亚当·斯密通信集》,林国夫等译,北京:商务印书馆,1992年,第425页。
③ 莫斯纳和罗斯编:《亚当·斯密通信集》,第447页。
④ 同上书,第220页。
⑤ 斯密:《国民财富的性质和原因的研究》上卷,第334页。
⑥ 同上书,第347页。

由此而言，埃尔银行承载了斯密对农业改良和道德经济的希望，他在《国富论》里提道：在这喧扰和窘困之中，苏格兰开设了一家新银行，声言以救国难为职志，促进土地改良是银行设立的爱国目标，贴现汇票业务"比其他银行宽大"。① 在斯密的理解中，埃尔银行的成立犹如正义陷于困境时英雄出世一般令人振奋。事实却出乎意料，伴随循环借款的欺诈投机行为引发了货币危机，埃尔银行因此垮台，那些热衷于土地改良并投资于银行股票的乡绅们债务丛生，甚至于破产。危机后，休谟向待在家乡撰写《国富论》的斯密通报了社会信用破产、人心惶惶的境况，并戏剧性地问道："这些事件不至于影响您的理论吗？抑或引起哪几章的修订？"② 斯密没有回复休谟，但《国富论》出版一个月后，休谟自己悟到了答案，"您此前在伦敦暂住期间也许对本书做了不少修改"。③

确实如此，在对投机行为的愤怒和对埃尔银行的同情中，斯密增补了第二篇第二章中的批判现实部分，其中有几个线索可以证明这一部分是1772年货币危机后添补的：一是"二十五年来"④指1745年至1770年，这是苏格兰经济的繁荣期。既然斯密提及此点，那么这段文字至少应写于1770年之后；二是斯密提到"这种方法，虽对作为盈利机构的银行，不但适用，而且有利，但对于国家不仅无利且有大害"⑤，说明了循环借款对经济的负面作用，而在批判文字前后的假设论证部分里，斯密还是赞同以此来增加货币供应量的，所以这也是货币危机之后修改的。另一方面，假设论证部分中的信息可以佐证其写作时间要早于货币危机，例如："晚近二三十年来"一段中"格拉斯哥自银行创立以来，十五年间商业竟已加倍"。⑥ 格拉斯哥第一家银行是1750年开办的船舶银行，所以这部分写于1765年左右。此外，第二章最末一段中的"一个银行的失败（这是必

---

① 斯密：《国民财富的性质和原因的研究》上卷，第288页。
② 莫斯纳和罗斯编：《亚当·斯密通信集》，第217页。
③ 同上书，第253页。
④ 斯密：《国民财富的性质和原因的研究》上卷，第283页。
⑤ 同上书，第291页。
⑥ 同上书，第272页。

有的事),对于公众,影响必定较小"①,其中"必有的事"(must sometimes happen)是对银行不良经营的后果的估量,与货币危机后银行破产的情景不符合,所以应写于1772年之前。

这正好应合了1772年9月斯密致下院议员普尔特尼的信:"由于修改工作不时中断,现在看来《国富论》只得推迟几个月出版。"②只是这一推迟不是几个月,而是四年。在那四年里,很多不利的消息接踵而至:斯密携《国富论》书稿去伦敦协调出版事宜之前,健康状况极糟,并给休谟写了如何处置稿件的遗嘱;东印度公司也发生了货币危机,斯密被推荐为调查委员会的委员之一。而这一桩桩的事情都在挑战着斯密的商业与美德并行的美好设想。

在改良苏格兰农业的氛围中,斯密关心的是如何解决资金不足的问题,埃尔银行正是致力于此的,所以斯密会对此寄予希望。只是18世纪的经济活动还不能为时人提供经验,以确定市场上的货币供应量,结果史无前例的货币危机破碎了从前的想望,斯密的思想随之发生了转变,在《国富论》乐观的假设论证里生硬地塞进了悲观的事实批判。后来的一件事多少反映了他的思想变化。18世纪,苏格兰高地人烟稀少,经济学家詹姆斯·斯图尔特(James Stewart)想借捕鱼业吸引那些计划移民英格兰和北美殖民地的人口。1786年,这项计划获得了皇家特许状,并获许成立英国渔业发展协会,征集了十五万英镑的资本。由于得到苏格兰贵族的支持,股票认购很快。斯密获悉后,断定这项计划最终只会把钱财丧失殆尽却毫无实效。果不其然,1794年,渔业发展协会破产,赔进了全部储蓄金,政府为此损失十万英镑。

更令人出乎意料的是,1772年的货币危机不仅由于投机商的作梗,埃尔银行的董事和会计也是始作俑者。1776年6月,股东会议委托一个

---

① 斯密:《国民财富的性质和原因的研究》上卷,第303页;原文为:"By dividing the whole circulation into a greater number of parts, the failure of any one company, an accident which, in the course of things, must sometimes happen, becomes of less consequence to the public." Adam Smith, *An Inquiry into the Nature and Causes of the Wealth of Nations*, London, 1791, pp. 498-499.

② 莫斯纳和罗斯编:《亚当·斯密通信集》,第220页。

委员会调查,次年发布了调查报告:《道格拉斯—赫伦公司的兴衰》(The Precipitation and Fall of Mess. Douglas Heron and Company)。① 根据这份报告,银行成立时有相对完善的规章制度,包括董事和会计的职责、银行的法定业务以及按期举行的银行大会和周末例会等,"如果这些规定执行良好,银行也不会陷入困境"。但交易过程中的营私舞弊现象让人瞠目结舌:董事和会计沆瀣一气,伪造账目,欺瞒股东。这家成立时只有96000英磅的银行,破产时负债却高达1237043英镑,受到损害的社会信用长久难以恢复。1792年,罗伯特·赫伦(Robert Heron)游历苏格兰的埃尔郡时仍然能在街谈巷议中捕捉到关于这家银行的丑闻。②

本来斯密在《国富论》中塑造了"那只看不见的手"的功能,这是自由主义经济的假设性前提:每个人以产生最大价值的方式从事他的职业,并获取最大的利益;人人利己,却在不经意间创造了有益于社会的功用。然而埃尔银行的破产击碎了他的美好预想:董事和会计都是尽其所能为自身谋利的,却引发了苏格兰的货币危机,损害了社会公益。

这场危机不但使得斯密的心境由乐观转向悲观,而且动摇了他早年形成的道德哲学体系。1757年,斯密担任格拉斯哥大学道德哲学教授时出版了《道德情操论》,之后又分别于1761、1767、1774、1781、1790年发行新版,最后一版改动最大,斯密添加了第一卷第三篇第三章《论由钦佩富人和大人物,轻视、怠慢穷人和小人物的倾向引起的道德情操的败坏》。所谓"道德情操的败坏",即放弃寻求美德之路,转而以欺诈、撒谎、阴谋、结党营私、刺杀、叛乱等不光彩的方式谋取个人利益。斯密在第一版中讨论"利己"与"利他"的关系时没有区分两者的善恶,他只是以同情、友好、仁慈等美德劝诫那些只求利己的行为,言词温和又乐观向上,而1790年版中的"败坏的道德情操"就要用人性的善恶来解释了。与修改《国富论》的背景一样,《道德情操论》1790年版的修改与货币危机后斯密的悲

---

① *The Precipitation and Fall of Mess. Douglas*, *Heron*, *and Company*, *Late Bankers in Air*, *with the Causes of their Distress and Ruin*, *Investigated and Considered by a Committee of Inquiry*, appointed by the Proprietors, Edinburgh, 1778.
② Robert Heron, *Observations Made in a Journey through the Western Counties of Scotland*, London, 1793, pp. 334-337.

观态度有关。① 经济活动中的不端行为挑战了斯密关于经济与伦理并存于世的愿望,斯密由一个普世关怀的经济伦理学家变为一个批判现实主义者:为什么美德与商业相伴而行的时代竟会出现货币危机,为什么致力于社会公益的人却受到损害以至于破产?这是斯密晚年的矛盾心境,依照萨义德的理论,应当属于思想家的晚期风格,只是斯密的晚期风格不是起因于死亡、衰老、疾病等身心危机,而是起因于经济危机的冲击。这或多或少地反映了18世纪苏格兰的商业实践与启蒙理念的复杂关系。

商业原本是一门古老的行当,启蒙思想家发现它不苛求门第出身,不注重教会规章,而能辅助那些热爱自由的人建立理性主导的世界秩序,因此就忽略了它天性逐利的弊端,并将之视为改良风俗的良方,所谓"哪里有善良的风俗,哪里就有商业;哪里有商业,哪里就有善良的风俗。这几乎是一条普遍的规律"。② 相比于英格兰和法国,苏格兰的启蒙理念与商业实践结合得最密切,但两者的反目也出现于苏格兰。1772年的货币危机损害了苏格兰启蒙的精神,也就是以斯密为代表的经济伦理主义。启蒙伦理学在商业活动中对于个体精神失去了规训力,思想家于是抛弃以伦理学家喻世的事业,转而批判商业的逐利本性。由于亲历了1772年的货币危机,斯密从当时的商业乐观主义中清醒过来,他开始怀疑1765年以前在格拉斯哥大学任教时形成的伦理体系,也开始怀疑商业与美德的关系,并修改了《国富论》的草稿和《道德情操论》的新版,以第六版最为显著。

那么,斯密在货币危机中的思想转变对于重新思考"亚当·斯密问题"有何裨益呢?18世纪末期,《国富论》在英国议会辩论中被当作自由放任政策的理论依据,而19世纪20至80年代,英国的自由贸易政策威胁着作为农业国家的德国,它不但没有获益,反而承受了自由贸易的负面影响,诸如诸邦国经济分裂、土地贵族破产、贸易逆差等。斯密却在《国

---

① 《读书》2010年第12期刊载罗卫东先生的文章《亚当·斯密的启蒙困境》,罗先生从文本和语境角度分析了《道德情操论》的第六版,由此发现了晚年斯密的转变,这与笔者对《国富论》的分析不谋而合,且有互补之处。参见罗卫东:《亚当·斯密的启蒙困境》,《读书》,北京:三联书店,2010年第12期,第27—33页。
② 孟德斯鸠著:《论法的精神》,张雁深译,北京:商务印书馆,2004年,第2页。

富论》中认为一个国家在自由贸易中出现的贸易逆差、贵金属流失、外债增加等并不妨碍总体财富的增长,德国历史学派参照自由贸易对德国造成的负面影响而批判斯密的经济思想。最直言不讳的当属李斯特,他在《政治经济学的国民体系》中历数了《国富论》的理论与德国现实之间的矛盾:"斯密将国际贸易的绝对自由当作是一个准则,这个准则是根据常识得出的,并不是经过缜密的研究和知晓历史在多大程度上支持这一观点后得出的。"①由此,斯密的"商业绝对自由的世界主义理想",在德国历史学派看来,只是一种利己主义的说辞。

这是"亚当·斯密问题"的历史背景。从现代学术的角度思考,如果说斯密的思想有断裂之处,那是他的伦理经济思想体系受到1772年货币危机冲击的结果,一次从乐观到悲观的思想经历,从对经济伦理的美好预想转向对损害公益以利己的批判;而不是"亚当·斯密问题"所谓的从"利他"到"利己"的转变。这次转变出现在1772年,而不是完成《道德情操论》的1761年,也不意味着《国富论》与《道德情操论》是主旨相悖的作品。因此,德国历史学派面对迫切的现实而提出的"亚当·斯密问题"的学术依据是值得商榷的,因为其中掺杂了德国学者的民族关怀。

总而言之,斯密对《道德情操论》和《国富论》的修改说明历史上确实存在两个斯密,但不是德国历史学派所谓的"利他的斯密"与"利己的斯密",而是"学院里的斯密"和"社会中的斯密",前者执教于格拉斯哥大学,注重经济伦理的构建,传承着苏格兰道德哲学的传统;后者参与经济运作,在现实面前不得不修订学院时代的理论,最终由一个乐观的经济伦理主义者变为悲观的现实批判者。而导致他的转变的事件是1772年的苏格兰货币危机,那是一场实利与德性之争,商业投机对启蒙伦理的漠视暴露了现代经济的弊端,当前的金融危机依然有历史的影子。

(徐前进　北京大学历史学系博士研究生)

---

① 弗里德里希·李斯特:《政治经济学的国民体系》,陈万煦译,北京:商务印书馆,1961年,第290页。

从奥斯曼帝国到科索沃
—— 萨曼莎·鲍威尔攀登的道德高峰

彭小瑜

【内容提要】 长期以来,西方各国在国际关系上的强势不仅来自他们的军事和政治实力,也在相当程度上表现为他们主导着国际社会对话的话语体系。这一话语体系在传统上是1648年《威斯特伐利亚和约》确立的国家主权和互不干涉内政的原则。二战以后,尽管国家主权依然得到尊重,但统摄国际关系的话语,尤其是其中的道德优越感,日益向维护人权和人的尊严方向转移。这是人类社会的一个进步,是人道主义的胜利,同时也是西方社会民众认可的、符合西方各国利益的一个变化。我们对此的回应,无论是在道义上还是在策略上,都不应该是回避人权,而应该是努力在国际舞台上占据道德的制高点。单纯谈论地缘政治和国家利益是帝国主义时代的话语特色,已经不再适应当前的国际局势。回归道德的追求,恰如萨曼莎·鲍威尔的著作所展示的,是正在唤醒人类良知的、不可抗拒的潮流。

2007年冬天,12月18日,我离开了密尔沃基的马凯特大学,心里有些失落,不仅是因为临近圣诞节了,在威斯康星寒冷多雪的夜晚,色彩鲜艳的圣诞灯火显得分外温暖和迷人,而且还因为我忘记出席一次萨曼莎·鲍威尔批评美国外交政策的讲座。2009年春天,在鲜花盛开的伯克利,我再一次邂逅了这位作者的影子,而不是她本人,因为在图书馆前的草坪上,我看到亚美尼亚裔的学生摆放了展示当年奥斯曼土耳其帝国屠杀亚美尼亚人的资料。萨曼莎·鲍威尔的著述《来自地狱的麻烦》,是从这一事件开始,描述前后发生在六个地区和国家的种族清洗和屠杀,并痛切检讨了美国政府在这些暴行面前迟疑软弱的回应。她所传递的信息是,在外交和国际关系领域流行的地缘政治原则,1648年《威斯特伐利亚和约》确立的国家主权、互不干涉内政等原则,毕竟还是要受制约于基本的道德和人权的考虑,道德力量毕竟重于狭隘的国家利益,否则就难以防止和阻止犹太人遭受希特勒屠杀这样的惨剧。

在20世纪,这样的惨剧不止这一次。而土耳其亚美尼亚人所遭遇的是第一次,是不应该忘却的。鲍威尔希望,美国人民和政府记住它,记住自己曾经在重大的道德责任面前退却。她所描写的这六次种族清洗和屠杀,是20世纪国际关系史上最复杂和最惨痛的片段。她的立场和观点也不乏值得商榷之处。我所希望的是,介绍她的这本书以及相关的一些思想背景能够帮助我们的学生和学者注意到国际关系问题研究中道德取向的重要性,摆脱单纯考虑"国家利益"的狭隘思路。

一

鲍威尔出生在爱尔兰,9岁移民美国,毕业于耶鲁大学,又取得哈佛大学的法学博士学位。她没有参加律师考试,而是选择了写作和教学,担任哈佛大学肯尼迪政府学院教授,并创办和主持该学府的卡尔人权中心。她真正关心的不是到华尔街淘金,而是人类的命运,特别是受压迫和摧残的弱势群体的遭遇。她对20世纪中发生的种族清洗和种族屠杀深恶痛绝。这一情结起因于她大学毕业后在巴尔干地区担任战地记者的经历(1993—1996)。《来自地狱的麻烦》这一书名本身就是一个沉痛的故事。克林顿总统的国务卿沃伦·克里斯托弗曾经这样评论前南斯拉夫的问题:"波斯尼亚人、塞尔维亚人和克罗地亚人这三个群体,互相之间有着令人难以置信的仇恨,这一仇恨历史悠久,几乎令人恐惧,确实就像是来自地狱的麻烦。"此话的含义,按照鲍威尔的理解,是说美国不应该过度卷入巴尔干的困难问题。1995年6月25日,在萨拉热窝,西德贝拉·齐米奇和其他三位孩子在街上玩耍时被炮弹炸成碎片,波斯尼亚死于战乱的儿童数量因此由16767人增加到16771人。鲍威尔听到了那一声炮响,目睹了尸体被搬走以后那几大摊血迹。①

她决定探索为什么。

由波斯尼亚回溯历史,她意识到,由于美国政府外交的失败,本来可以被制止的种族清洗和种族屠杀没有被制止。而这一失败的缘由在于狭隘地将国家利益看作决策的核心价值,在于将主权置放于人权、人的尊严乃至人的生命之上,在于将道德和良知排除到决策的考虑之外,在于用旁观者的心态来观察国际社会的危机和灾祸。

公平地说,现代西方各国的,特别是美国的外交政策,并非没有道德取向,其鲜明的意识形态色彩包括强烈的道德诉求。用哈佛大学另一位著名教授斯坦利·霍夫曼的话讲,西方各国处理国际关系的准则之一是"自由民主国际主义",且以美国总统伍德罗·威尔逊提倡的"威尔逊主义"为典型代表。尽管自由主义有多种流派,不过其核心的内容无疑是对个人自由和权利的维护,并主张通过人们的民主参政来限制国家权力,防止政府对个人基本权利的侵害。这一政治和社会哲学延伸到对外政策上就成为"自由民主国际主义",其基本概念是:首先,与民主代议政府相比,不受民众监督的专制独裁政权更倾向于使用战争手段解决国际争端,因此民主制度在全球范围内的普及以及民主国家之间的协商合作是世界和平的真正保障,尊重民众的政治权利也合乎逻辑地延伸到对民族自治和国家主权的尊重。其次,个人的言论自由和经济活动自由(所谓"自由贸易")在民主国家得到鼓励和保护,促成舆论文化和贸易生产活动的国际化,进一步加强各国之间的和平交往与合作。但是霍夫曼同时指出,不仅实际的政治情形总是比理想状态复杂很多,而且民主国际主义包含有

---

① Samantha Power, "*A Problem from Hell*": *America and the Age of Genocide*, New York: Harper Perennial, 2007, pp. xi-xiii. 该书第一版出版于2002年。

一些基础的内在矛盾。譬如说,在什么程度上和以何种方式,民主国家要为了追求和平去遏制非民主政权、支持民族自治和维护人类的基本权利。事实上,在冷战期间,美国为抗衡苏联,支持过不少独裁政权,也侵害过别国人民的基本权利,越南战争就是一个范例。而在冷战以后,动乱格局不仅缘起于萨达姆这样的独裁者,也有大量带有民族主义色彩的地区性冲突,譬如在前南斯拉夫,以及政府瘫痪解体导致的人权危机,譬如在卢旺达和索马里等地。在民主国际主义主导下的美国外交政策必然会在错综复杂的国际格局面前出现犹豫彷徨、前后矛盾,甚至会有遭受舆论指责的道德虚伪行为。①在相当的程度上,鲍威尔对美国外交政策的批评反映了民主国际主义在现实面前难以回避的困难。

困难并不意味着放弃和消极不作为就是正当的。霍夫曼还写过一篇标题和内容都很吸引眼球的文章:《为特雷莎修女辩护:外交政策中的道德观》。他写作此文的起因是,约翰·霍普金斯大学的国际问题专家曼德尔鲍姆教授发表论文,批评"作为社会工作的外交政策"。他以嘲弄语气写道,特雷莎修女的善良无助于解决重大国际关系问题。他认为,克林顿政府在1993年和以后几年里在波斯尼亚、索马里和海地等地推行的政策缺乏对美国国家利益的明确认定和追求,试图在国际关系中做特雷莎修女那样的崇高救助工作,最终因为得不到国内公众支持和不愿承担人员伤亡的代价而放弃。结果是,这一出于道德目的、为了"救助每一个"苦难儿童和"救助无助者"而制定的外交政策,最终虎头蛇尾,最终"退出的战略变成了使命"本身。霍夫曼反驳了曼德尔鲍姆的核心命题,即外交政策中的国家利益和道德价值观是可以割裂和分离的。他指出,曼氏的观点仍然是以1648年《威斯特伐利亚和约》为基础的地缘政治思维,过度注重传统主权国家的边界,缺乏清楚的道德价值观,不适合后冷战时期的全球化国际社会。②

---

① Stanley Hoffmann, "The Crisis of Liberal Internationalism," *Foreign Policy*, No. 98, Spring 1995, pp. 159-177.
② Stanley Hoffmann, "In Defense of Mother Teresa: Morality in Foreign Policy," *Foreign Affairs* 75:2 (Mar./Apr. 1996), pp. 172-175; Michael Mandelbaum, "Foreign Policy as Social Work," *Foreign Affairs*, 85:1 (Jan./Feb. 1996), pp. 16-32.

和鲍威尔的看法一样,但是使用与她不同的理论论辩的话语,霍夫曼坚持了民主国际主义的基本立场,认为大规模侵害人权和个人自由的行为不仅在道德上是不可接受的,而且其中长期的后果会威胁到地区与世界和平,因此美国和国际社会有道德责任去关注和干预。如果干预可能成功,就应该有果断的行动,包括军事介入,而不是迟疑和半途而废。但是霍夫曼还是审慎地告诫说,各国社会的复杂性意味着直接的干预在很多情况下没有现实的成功希望,这时能够做的是人道主义的救助和外部力量局部有限的介入。①

如果说鲍威尔的著作是有深度的记者报道,霍夫曼在《外交事务》和其他刊物发表的一系列文章在理论上更清楚地解释了,为什么西方列强,尤其是美国,没有有效制止20世纪多次种族清洗和屠杀的发生,尽管有良知的学者、政治家和其他人士始终都意识到干预和介入的必要性。令人宽慰的是,由鲍威尔下面的叙述里,我们至少可以看到,人类的道德感总是引发有识之士的良心冲动,而且他们会尽力克服重重困难去减小和消除弱者所遭受的迫害和苦难,尽管人性黑暗一面所导致的罪恶令人发指。

二

当美国在20世纪初对世界事务开始拥有更多发言权和影响力的时候,人类也开始面对前所未有的大规模战争。对平民有系统的清洗和灭绝性屠杀始于1915年一战期间奥斯曼土耳其对其境内亚美尼亚族百姓的放逐、奸淫和杀戮,有数十万男女老少丧生于流放的旅程,许多人被直接处死。鲍威尔并没有试图将当时负责任的土耳其官员妖魔化,而是指出他们对政治和国家利益的理解如何将他们引向道德冷漠、人性扭曲的良心荒漠。处在该事件中心的人物,是当时土耳其的内政部长穆罕默德·塔拉特。1921年3月14日,塔拉特在德国柏林被亚美尼亚青年索格

---

① Stanley Hoffmann, "In Defense of Mother Teresa:Morality in Foreign Policy," pp. 174-175.

门·特里利安刺杀。这一事件可以追溯到土耳其1914年站到德国一边参加一次大战,并决意清洗境内的基督教居民,主要是亚美尼亚人。1915年4月25日,英、法、俄军队进入土耳其本土,塔拉特下令逮捕和处决了伊斯坦布尔250位亚美尼亚学者,东部六省的亚美尼亚上层人士也遭遇同样的命运。对一般民众,清洗和屠杀是以放逐到沙漠地区为形式的,所有人都被强迫在5天以内离开,理由是他们有支持俄罗斯军队的嫌疑。在同年6月的土耳其,索格门和他的母亲以及6个兄弟姐妹汇入到两万亚美尼亚居民的流放队伍,离开祖居地家乡埃尔津詹,最终姐妹被奸污,全家被杀,他被打昏后成为唯一的幸存者。1920年,他加入了针对土耳其负责官员的"复仇行动",领受了刺杀塔拉特的任务。德国法庭最终以"暂时神经失常"为理由宣判索格尔无罪,整个审判过程变成了对土耳其种族屠杀罪行的揭露和声讨。①

鲍威尔使用了更多篇幅来描写美国政府在这一罪行面前的迟疑不决以及这种软弱态度的后果。亨利·摩根索是犹太教徒,当时担任美国驻伊斯坦布尔大使,曾经多次向塔拉特抗议,并竭力敦促美国出面干预,制止对亚美尼亚人的暴行。他和塔拉特有下面一段对话:

> 塔:"你干嘛对亚美尼亚人那么关心?你是犹太人,而他们是基督徒。你抱怨什么呢?你干嘛不让我们随意处理这些人呢?"
>
> 摩:"你似乎不明白我的身份是美国大使,而不是一个犹太人。我以人道的名义对你提出的要求,而不是以某个种族或者宗教的名义。"
>
> 塔:"我们对这里的美国人也很好啊。我不明白你为什么抱怨。"

塔拉特还要求摩根索协助他获取亚美尼亚人在纽约人寿等美国保险公司的投保名单,说:"他们几乎都死光了,也没有留下后人,政府现在是法定

---

① "A Problem from Hell",pp.1-4,17,517-518. 对亚美尼亚人的死亡总数,学者的估计差异很大,从土耳其学者提出的20万,到亚美尼亚学者提出的150万。鲍威尔采纳的是英国学者的估计,即60万被屠杀,其余40万死于流放途中的虐待或者饥饿。

受益人了。"愤怒的摩根索只好拂袖而去。①

遗憾的是,摩根索的态度并不代表美国决策者的立场,后者在参战以前一直试图维持中立国的地位。即便在1917年4月美国对德国宣战的时候,威尔逊总统依然拒绝向土耳其宣战。前总统西奥多·罗斯福斥责避免对土耳其开战的政策,认为这是企图在其妇女儿童受到凌辱和屠杀的人民与做这些恶事的罪犯之间保持中立。这些激烈言辞也未能改变威尔逊政府的策略。一战之后,美国还反对以国际法庭为平台审判包括土耳其在内的战败国的官员。当时的美国国务卿兰辛甚至就违反人道主义的战争罪行说,关于人道主义的法律"因人而异"。他认为国家领袖不必为战争罪行负责,因为"主权的实质就意味着不必为此负责任"。英国曾经审判屠杀亚美尼亚人的土耳其官员,并缺席判处塔拉特死刑,但是在1923年的《洛桑条约》以后也放弃了对涉嫌犯罪官员的审判和处罚。②

亚美尼亚人在1915—1916年间所遭受的杀戮标志着人类历史上出现了一桩新的罪行,即企图惨无人道地以暴力灭绝整个种族的丑恶行为。令鲍威尔焦虑的是,美国政府对亚美尼亚问题的处理建立了后来一个不断重复的外交政策范式:在别国大规模的屠杀发生的时候,总是试图保持中立,总是怀疑传来的消息是否确实,总是认为美国即使干预也无济于事,了解实情的美国人的呼吁总是难以打动政治家和民众,对受难者美国最终会进行一些慈善救助,但是杀戮本身却没有被有效制止。到1994年,卢旺达的胡图人在100天里屠杀了80万图西人,平均每天8000人,美国的反应依然还是这样。

在书中,鲍威尔多次提到国际法学者拉斐尔·莱姆金这个人。这位逃亡到美国的波兰犹太人,是一位具有语言学背景的律师,青年时期就关注德国法庭对索格门·特里利安的审判。由亚美尼亚人所遭受的屠杀和纳粹德国对欧洲犹太人的屠杀,莱姆金创造了"种族屠杀(genocide)"一词。在人类的各种语言里,此前没有任何现成的词语,譬如"野蛮暴行",

---

① "*A Problem from Hell*", pp. 7-8.
② Ibid., pp. 14-16.

足以描述这两个民族所遭受的灾难。①然而话语的力量还远远不足以伸张正义。在特里利安刺杀塔拉特以后,当时年仅21岁的莱姆金就询问自己的教授说,为什么亚美尼亚人只能使用暗杀手段,而不能诉诸法律手段来惩罚塔拉特。他的教授回答说,塔拉特代表奥斯曼土耳其国家行使主权,没有法律可以审判他的罪行。"可是主权不能被理解为杀害数以百万计的无辜人民啊!"莱姆金反驳教授说。十几年以后的1933年,已经成为律师的莱姆金在马德里的国际法会议上提出,国际社会必须团结起来制止类似屠杀亚美尼亚人的暴行重演,为此必须制定处分这类罪行的国际法,使得犯有这类罪行的人不论在何处犯罪、不论他在何处被逮捕、不论他的国籍和官职是什么,都可以被绳之以法。②为该法律的制定,莱姆金多年奔走呼吁。他为1948年联合国《反种族屠杀公约》的通过付出了极大的个人努力,因为他将其看作是自己青年时代理想的实现。这一重要的国际法文件一直要到1986年才得到美国国会的批准,到1988年才成为美国法庭认可的法律。在整个50年代,在他1959年贫病交加中死于心脏病以前,莱姆金倾全力敦促美国批准该公约的不懈努力没有取得任何进展。

三

1967年1月11日,威斯康星州参议员威廉·普罗克斯迈尔要求参议院批准上述《公约》,承诺在其批准之前,他将在参议院开会期间每天就这一议题发言一次。在1986年2月11日《公约》得到批准之前,这位参议员为呼吁此事做了3211次发言。③他鼓励美国政府在国际关系问题上淡化地缘政治、加强道德诉求的这数千次发言,并没有很快收到效果。

1987年和1988年,当萨达姆以化学武器和其他残暴手段屠杀大批

---

① "*A Problem from Hell*", pp. 40-45.
② Ibid. , pp. 19-20.
③ Ibid. , p. 166.

伊拉克库尔德人的时候,希望借助伊拉克在两伊战争中打击伊朗的美国政府并没有立即提出抗议。5年以后,伊拉克在它入侵科威特所引发海湾战争中失败,失去对北部库尔德地区的控制,此时国际人权组织"人权观察(Human Rights Watch)"才得以派人进行坟墓的发掘,其调查结果证实,仅在1988年2月到9月之间,就有50000到100000左右的库尔德平民,包括大量妇女、儿童,被萨达姆政权处死。鲍威尔在她的书里详细记录了伊拉克库尔德人的命运,批评了美国政府在萨达姆暴行面前冷漠和迟疑的态度。这段历史,在我们的媒体对1991年海湾战争以及2003年伊拉克战争的报道中都没有得到足够充分的介绍。鲍威尔详细分析了美国的国际战略利益、农业和工商业利益如何导致了政治家和官员淡化库尔德问题的严重性、放任种族屠杀的发生。当然,她也赞扬了有正义感的美国人如何努力来改变这一状况,特别突出地描写了彼得·加尔布雷思在呼吁保护库尔德人方面的贡献。

加尔布雷思为著名哈佛经济学教授约翰·肯尼斯·加尔布雷斯之子,当时在参议院外交关系委员会担任幕僚工作。在1983到1988年间,美国仅在农产品出口方面给予伊拉克的信用贷款就高达每年5亿美元。1989年伊拉克因为对库尔德村落使用毒气弹而受到国际社会的谴责,而美国政府这一年将该项贷款提高到10亿美元。在两伊战争期间,伊拉克对伊朗军队和平民使用了195次化学武器,美国政府和国会并未对此做出强烈反应,甚至将其描述为伊拉克在伊朗的攻击下不得已的应急战术。①我的敌人的敌人就是我的朋友,这一地缘政治思路使得与伊朗关系紧张的美国很自然采取亲伊拉克的态势,亲伊朗的伊拉克库尔德人也因此很难得到同情。鲍威尔的看法是,国际战略必须有一条尊重生命和人权的道德底线。她笔下的加尔布雷斯试图在伊拉克库尔德人的问题上敦促美国守住这条底线,但是并没有成功。他在知悉萨达姆对库尔德人使用毒气以后,为国会起草了《防范种族屠杀法》。他在法律草案里将证明的负担推向美国政府:总统有义务证明伊拉克没有使用化学武器和没有对库尔德人进行种族屠杀,否则就必须对伊拉克进行经济制裁。

---

① *"A Problem from Hell"*, pp. 178-179.

加尔布雷斯自己也在伊拉克边境地区做了大量实地考察工作,甚至搜集了一些死亡蜜蜂作为测试毒气的样本,并动员《华盛顿邮报》《纽约时报》等媒体的专栏作家呼吁援助库尔德人。尽管如此,他和他的同道们并没有造成足够的舆论压力来转变当时的里根政府和国会亲伊拉克的态度。这其中的一个主要原因是美国的经济和商业利益,包括美国南部种植水稻农民的利益。美国所产大米当时有大约四分之一出口到伊拉克,水稻产地路易斯安那州参议员布罗的一位幕僚含泪指责加尔布雷斯说,他保护库尔德人的法案会导致对美国水稻种植者的"种族屠杀"。工商业利益的代表则认为,制裁伊拉克只会把有利可图的机会拱手让给欧洲和日本的公司。学术界的专家也出来为伊拉克辩护,其中一位乘坐伊拉克直升飞机访问库尔德人居住地区的学者声称,他不仅没有看到种族屠杀的迹象,还参加了一场库尔德人尽情歌舞和开怀畅饮的盛大婚礼,未见任何这一族群受到威胁的迹象。他的文章发表在《华盛顿邮报》上。① 加尔布雷斯起草的法案最终未能通过。真正能够有效制裁萨达姆的法案要到伊拉克入侵科威特、威胁到世界石油供应之后才得到国会的批准,而此刻的制裁动机当然已经不再是抗议萨达姆的人权纪录和他对库尔德人的杀戮了。

鲍威尔认为,狭隘地追逐民族国家利益不仅不道德,也不利于长久的世界和平和美国长远的国际地位。主权和互不干涉内政的原则不是绝对的,尊重生命和人权的道德价值观念才是国际关系中的最高准则,往往是制定明智外交政策的前提,并且应该是美国决定是否以武力干预国际事务时需要考虑的主要因素。譬如,如果美国和西方更多考虑人的生命的价值,而不是拘泥于传统地缘政治和经济利益的种种考虑,它们就不会拒绝派出足够的军事力量来制止卢旺达胡图人对图西人的屠杀;如果小布什政府更多顾忌伊拉克平民生命在战争和战后动乱中可能遭受的重大损失,美国就不会轻易发动伊拉克战争,即便在战争发生后,进入伊拉克的"美国坦克就会首先保护医院和国家博物馆,而不是仅仅守卫输油管道"。②

---

① "*A Problem from Hell*", pp. 220—224.
② Ibid., P.S., pp. 4—5.

四

在《来自地狱的麻烦》一书里,鲍威尔的核心意图是挑战《威斯特伐利亚和约》提出的国家主权、互不干涉内政原则,希望改变经济、战略利益算计在各国处理外交事务时举足轻重的影响。在现实的国际政治中,恰如鲍威尔意识到的,纵容进行种族屠杀的独裁者最终会危害世界和平以及美国的安全,就像希特勒迫害犹太人只是他发动对外战争的前奏,萨达姆杀戮库尔德人只是他入侵科威特的序曲。因此,即便从政治现实主义的角度,绥靖也是十分糟糕的。但是对鲍威尔来说,最重要的还是种族屠杀这一残暴罪行是对人的良知和道德提出的挑战。拒绝抗议这一罪行或者满足于没有实质效果的抗议,本身就是一种反人道的罪行。她的著作歌颂了为了捍卫受害者不惜冒犯常规和既得利益集团的所谓"嘶叫者"和"缺乏理性者",也就是摩根索、莱姆金和加尔布雷斯等人。她呼吁美国人民都成为这样的"缺乏理性者",呼吁他们敦促政府将外交政策置于良心、道德和"符合原则"的基础之上,而不是置于狭隘和短视的国家利益之上。

鲍威尔在书中所描述的六次大规模屠杀发生在以下国家和地区:奥斯曼帝国、柬埔寨、伊拉克、波斯尼亚、卢旺达和科索沃。她对美国政府相关政策的批评,以及她力图为美国和国际社会所总结的教训,将这六次惨痛历史事件变成了她所攀登的六座道德高峰。萨曼莎·鲍威尔出生在一个虔诚的爱尔兰天主教徒家庭。尽管她的著述从不使用天主教神学的术语,她对人权和人的尊严的理解却与现代天主教神学的阐释完全一致。她一定记得教宗约翰·保罗二世(1978—2005年在位)下面的这些话语:国家不再有"保持冷漠的权利",国家有义务去制止在遥远地方发生的非正义,因为"国家主权和不干涉内政的原则尽管是有效的,却不能合法地构成一道允许拷打和谋杀在其背后进行的屏障"。①

在霍夫曼之外,鲍威尔在哈佛大学还有一位同事是法学教授玛丽·安·格伦登,以研究人权法案见长。她曾经论及1948年联合国《人权宣言》的思想渊源,认为中世纪基督宗教传统和现代天主教社会思想都对20世纪得到重视的人权和人的尊严等观念的形成有重大的影响,而这些观念本身与儒家、印度教和伊斯兰教的思想有相同之处,是人类共同的财富。②另一位天主教学者、波士顿学院教授海姆斯则由天主教社会思想的角度直接探讨了对大规模违反人权情形进行军事干预的理论可行性。和霍夫曼一样,他也注意到《威斯特伐利亚和约》所肯定的国家主权和不干预原则,但是他强调说,天主教对人类的关爱是超越国界的,对人权、人的生命和尊严的捍卫超越对小团体和一个国家的忠诚,因此在严重的人道主义危机面前袖手旁观是孤立主义的和不道德的。③可见,无论是霍夫曼所谈论的民主国际主义,还是海姆斯谈论的天主教社会思想,都呼应着鲍威尔制止大屠杀的凄厉呐喊声。而这两种思想倾向大致构成了当前西方、特别是美国外交政策背后的意识形态内容,其中维护人权的人道主义立场和原则是清楚的,困难和困惑的问题是实际的操作和如何形成对政策的影响。基辛格等人所代表的、片面强调国家利益的地缘政治思维和表述正在退出西方国家处理国际问题的主流话语系统,已经不再是能够在桌面上光明磊落谈论的话题,不再具有道德优越感,不再是西方在国际社会获取道德制高点的路径。

当我们解读西方外交政策和行动时,客观公正的指责是必要的,但是同时也不应该忽视其背后丰富和复杂的思想和道德内涵。这样我们才有可能了解和理解西方有良知政治家和其他人士的想法,才有可能与他们

---

① 转引自 Kenneth R. Himes, "Catholic Social Thought and Humanitarian Intervention," in Gerard F. Powers, Drew Christiansen, and Robert T. Hennemeyer, eds., *Peacemaking: Moral and Policy Challenges for a New World*, Washington D. C.: United States Catholic Conference, 1994, pp. 215-228, 此处 p. 222。

② Mary Ann Glendon, "Rights Talk," *Commonweal*, Vol. 128, No. 17, 12 October 2001.

③ 除了本页注①,还可参见 Kenneth R. Himes, "Just War, Pacifism and Humanitarian Intervention," *America* 169:4 (14 August 1993); "Intervention, Just War, and U. S. National Security," *Theological Studies*, Vol. 65, 2004, pp. 141-157。

进行建设性的对话,同时也才可能对西方政治和政策中自私和霸道的方面做出有深度、在国内外有广泛说服力的批评。

(彭小瑜　北京大学历史学系教授)

以地域社会为起点的"跨学科"
——评田仲一成、小南一郎、斯波义信编《中国近世文芸論：農村祭祀から都市芸能へ》

梁敏玲

　　本书是以 2008 年 8 月东方学会主办的国际东方学者会议第五十三回中"中国近世艺能所见之都市与乡村"研讨会论文为基础编定的论文集。东方学会乃二战后日本成立的民间学术团体，主要支持对东方诸国的历史文化研究，在日本东洋学发展中占据重要地位。以近代以前的时代为主要关注点、打破学科界线（历史、社会、经济、民族、思想、哲学、宗教、文学、言语、艺术、考古等均包括）是这个机构的两大特点。正是因为如此，在每年召开的国际东方学者会议上，不同学科的学者往往能够在同一会场就相近的问题各抒己见，本书的编定也正是缘起于此。文章的撰写者大多为从事文艺方面研究的学者，却与历史学研究领域有很大的交叉。跳出文艺本身的区分，超越传统的对作品、作者与版本进行分析的小说史/戏剧史研究，而着力展示文艺与地域社会的关联，是本书的一大特色。这种将文艺视作"被演出"的作品，进行所谓"生态学"分析的趋势，反映了最近文学研究视角之转变，也与近年日本学者能够在中国大陆进行大量的地方文艺调查之事实密切相关。受到日本艺能史研究先进的影响，中国社会中宗教礼仪与戏剧之关系一直是日本戏剧史学界的关心所在,这亦在书中得到大量体现。因此,这本书中文学与历史的"跨学科"趣味,并不体现在传统的文学史研究思路方面,而是体现在两者在"社会"层面的交集。

除却篇首之"缘起"及篇末之"总括与展望",是书分成四部分。第一部分"问题的提出——将乡村祭祀推向都市艺能的机制"由田仲一成执笔。田仲氏延续了一贯关注地方戏剧机构的组织方式及各支配力量的消长的研究思路,将对乡村文艺与都市文艺性质差异之探讨转移到文艺环境之差异的讨论中去。具体说来,即是将乡村与城市文艺"祭祀性"的强弱作为切入的角度。他用四象限坐标图的形式,勾勒出都市文艺与乡村文艺的相互关系。横坐标最左边为"祭祀性",最右边为"鉴赏性";纵坐标最顶端为"都市性",最下方为"乡村性"。由此推出第一、二、三、四象限分别为府县城市,市场祭祀、乡村祭祀、宗族祭祀。他亦通过箭头标志出第二象限往第一象限、第三象限往第二象限、第三象限往第四象限的发展,以及第一、四象限间的互相演化之趋势。田仲氏指出,中国"市民社会"未成熟,乡村出身的都市住民继承了其出身乡村的血缘、地缘、业缘诸关系,是造成中国都市戏剧不如日本发达的原因。

第二部分"地域艺能的基础"分为乡村祭祀、宗族祭祀、市场祭祀几个小部分,分别对应田仲氏一文之第三、四、二象限的内容。通过大量的实地调查,陶思炎、上田望、马场英子、广田律子、田仲一成几位学者,分别向读者展示了南京郊外的傩文化的传承、江苏如皋县的童子戏的形成与展开、舟山侯家班的人形戏剧(木偶戏)《李三娘(白兔记)》、湖南南山县瑶族的还家愿仪礼的演剧性、以及珠江三角洲市场地祭祀戏剧的展开。

第三部分名为"跨越地域的艺能、通往都市艺能之路"。包括高桥文治的《基层艺能的形成与传播:马潜龙太子的故事——"说唱词话"叙述的是什么?》,小南一郎的《都市故事中隐藏的地域性——白蛇传与宋代的杭州》,大木康的《隐藏于近世文人意识中的地域性——冯梦龙的文艺活动及明末苏州的都市与乡村》,以及藤野真子的《大都市中剧场演剧的形成:民国时期上海京剧的成立与发展》四篇文章。虽然学者们的讨论对象分别是说唱词话、民间传说、文人的文艺活动与戏剧几种不同的内容,却同样从地域社会出发,关注文艺形式或者文艺创作者与地域社会的互动,以及时代潮流中变化的轨迹。

第四部分名为"从更广阔的角度出发",分别为金文京执笔的"文学史的角度的展望"以及斯波义信执笔的"历史学角度的展望"。金文京一文试图为近世性的都市价值观与审美观之生成提供文学史的背景。他将都市文艺定为"乐曲系",将乡村文艺定为"诗赞系",追溯汉唐以来两种文学形式演变之明流与潜流,大大补充了田仲氏的共时性立论。斯波义信的总结名为"近世社会的都市化及宗教的世俗化"。近世以来,市镇的高速发展促成了"都鄙连续关系"的成长,带来了都市性景观与乡村性景观的交互移动,同时亦伴随着宗教的世俗化过程。由此,他提出必须把城市与乡村作为一个有机的整体,倡导以中国社会为对象的研究者从"秩序"、"阶层"、"调和"等角度解放出来,转而关注更具有社会实态的"家族"、"宗族"、"市镇"、"结社"、"社团"、"团练"等"自生"的组织。

本书论文讨论的主体虽是"文艺",但将多位不同研究领域的学者之研究旨趣联系起来的,却是"乡村"与"城市"这两个关键词。近年来,历史学的社会史、历史人类学视角颇为流行,学者们进行大量的田野调查,搜集各类民间文献。在民间信仰方面更是注意到关注口承、仪式的重要性。当文学研究也把目光延展了到地域社会与民俗学的时候,必然带来与历史学家较大的对话空间。

举例来说,田仲一成在戏曲学界赫赫有名,基于他多年在香港及珠江三角洲田野调查的戏曲史研究,却并不经常进入该地区历史研究者的视野。但是,田仲氏甚为关注祭祀活动的社会环境,他将目光延展至村社、宗族、行政机构内部及其相互关系,更因研究戏团活动而涉及商人、地主与"江湖人"等社会元素,无论是材料的运用,还是论述的角度均有值得历史学研究借鉴的地方。小南一郎则通过《白蛇传》的传说的版本梳理,向读者讲述了早期多角色登场、白娘娘几次将"许宣"困于铁笼并试图掏肝,二人毫无爱情可言之《西湖三塔记》版本,如何发展到今日我们熟知的人妖爱情故事。这种做法不禁让人想起新文化史大师罗伯特·达恩顿对小红帽故事流变的经典解读。但事实上,小南一郎研究中国古代文化多年,不拘泥于文本类型本身,而考辨古代传承的各种面貌,即文、史、哲中构成其基础的事实与资料如何随时代潮流而传承、而被取舍和变化,以至流行至今,这似乎是他多年以来的治学传统所在。在本文中,他又叠加上了一层地域的维度。早期版本中关于东海沿岸地区蛇神崇拜传统及献祭仪式、具有宗教性的杭州一地的传说虽然逐渐演变成以恋爱为中心的故事,但明清交替社会动荡之时,白娘娘作为西湖的蛇妖仍在杭州住民的笔记中出现,多少体现了杭州人恐惧之时深层意识结构中作为地域传说的白蛇传故事的阴影。此外,研究明清文化史的学者大木康,其关于明清江南出版文化、秦淮歌妓等方面的研究已为大陆学界所熟悉。而在本书中,他通过冯梦龙这一个体的活动与创作,重新诠释了田仲氏设定的四象限坐标。作为"上层知识分子"的冯梦龙虽然以第一象限的"府县城市"作为活动的中心,但他的文艺创作与另外三个象限都有着密切的关系。然而,尽管冯对通俗文艺保持着长久的关心,但却似乎一直没有涉及比较下层的乡村文艺,这种复杂的关系让我们重新思考城市文艺与乡村文艺之状况。

让人觉得可惜的是,对在书中常常出现的所谓"乡村性"与"都市性",作者们并没有给出明确的指称。田仲氏的坐标是大部分作者立论的依据,这种区分虽然一目了然,却因划定了固定的两个向度(乡村与都市、祭祀与鉴赏)而使更为复杂的社会与文化现象被强行条分缕析,屡屡让人有种说服力不足之感。田仲氏大抵有两个逻辑:其一,乡村和城市本身的差异赋予了二者文化(本书集中体现为文艺)的差异——乡村与祭祀相关,都市与鉴赏相关。二为时间上存在着一个乡村性文艺到城市性的文艺发展过程。但是,前者为共时性立论,后者为历时性立论,多少有点先入为主,循环论证的味道。这可谓本书最大的问题。可以推测,大多数作者(尤其是文学研究者)对近世社会——主要体现为城市与乡村的发展状况——有了基本的背景认识(如都市的成长、商业的发展、都市中士大夫的集中等),因此,对地域社会中城、乡自身发展的脉络就没有做过多的阐述。所以,起码从历史学的角度看,斯波义信在最后的补充显得相当必要。不过,如果我们抛开这种城、乡区分,看到研究者们具体而微地将某地祭祀、某个传说、某个人物放在地域社会脉络中梳理的努力,则既触碰到文艺与社会的连结,又能感受到这一时期地域社会的历史实情。

对文艺研究者而言,文艺始终是其分析对象,因此,学者们会从社会环境带给文艺何种影响之角度,关照历史中文艺的状况及其发展轨迹。但对于历史学来说,从文艺作品本身能看到什么样的历史——文艺作品内容中涉及的时代信息,或是文艺在社会中的存在与发展状态——显得更为重要。前者因文艺而关注社会,后者因社会而关注文艺,出发点并不相同。但这并不妨碍两者对话的可能性。就社会史来说,正如斯波义信呼吁的一样,学者们应该回到社会实态,关注一些如宗族、市镇等社会"自生"的元素。而通过存在于城市与乡村的"文艺",则有助于更好地对这些社会元素进行考察。

回到本书的关键字"乡村"与"城市"。明清时期的"城乡关系"在近年来的海内外学界得到了不少关注。在中国明清社会经济史方面素有传统的日本学界,近二三十年也逐渐将眼光从农村转移到城市,斯波本人即是以市镇网络为主要连结点考察城乡关系的代表人物之一。当处理近世中国之"城市"与"乡村"问题时,我们当然没有必要重弹城乡一体论的老调,回到历史情境,具体细致地梳理所谓城、乡、市、镇的实态与相关组织、机制的形成及其演变更为重要。在进行这样的研究时,文艺,尤其是所谓的大众文艺(与祭祀密切相关)与社会的连结,或者会是一个可供思考的角度。

在传统的文学研究中,历史为文学提供所谓的时代背景;而在传统的历史学研究里,文学作品往往只是理解时代的史料。这本书让我们看到了另一种尝试——在"社会"层面的对话。本书执笔的虽大多也不是历史学者,但是,在史料急剧扩大化的今日,带给历史学者的启示应该不仅在史料方面吧。

(梁敏玲　日本御茶水女子大学博士候选人)

Abstracts

Study on the *Rishu* "Bing" and "Youji" of Shuihudi Bamboo Slips: A View from the Traditional Chinese Medicine Ideas

by Li Mi

Abstract Among the bamboo slips from the Shuihudi Tomb of Qin dynasty excavated at Yunmeng, Hubei, two divination booklets for deciding upon auspicious dates, "Bing"(病) and "Youji"(有疾), are interesting texts from the late Warring States Period, one of the formative stages of traditional Chinese medicine. These two texts indicate that the divination protocol completed by then its transformation from tortoise-shell reading to date-selecting. On the one hand, their contents retain the etiology of ascribing illness to ghosts and gods, fashionable during the Shang and Zhou Dynasties, and reveal the beginning of wuxing theory(五行). The essay shows the early changes in traditional Chinese medicine thought and put forth new viewpoints on medical theories in ancient China.

A Study Based on the State Warehouse Accounting Books of Animal Hides Compiled from the Wu Slips Collection of Zoumalou

by Ling Wenchao

Abstract　The collection of Sun-Wu slips unearthed in Zoumalou is badly arranged. By reference to the numbers on the containers holding those slips and the formats and the contents of the slips records, this essay attempts to restore the official warehouse accounting books of animal hides to their original order and demonstrates thereby how they were compiled and what were written in them. These accounting books, rearranged and closely examined, informs us of the way the state authorities levied, collected and stored animal hides. They constitute a crucial part of Sun-Wu slips studies.

Studies on the *Neijiang* during Renzong's Reign in the Northern Song Dynasty

by Zhou Jia

Abstract　When Emperor Renzong started to act outside the traditional administrative patterns by issuing edicts and making appointment of officials directly from his inner chamber, the whole court political operation underwent important changes. A key element in this process was the new procedure called *neijiang*(内降), that is, promulgation of imperial documents by officials from the emperor's inner chamber. The procedure of *neijiang* was also to be modified and improved during the reign of Emperor Renzong, further altering the configuration of power beween the emperor and his ministers.

The Establishment of the Military Commission to Hedong Circuit and its Operation in the Northern Song Dynasty

by Gu Liwei

Abstract During the Northern Sung, the Circuits (路) of Hebei, Hedong and Shaanxi, north of the Jingji Circuit in which the capital Kaifeng was located, formed a group of strategic defense regions directly facing the military pressure from Qidan and Xi Xia. The Hedong Circuit, though less directly confronting the enemies than Hebei and Shaanxi, possessed its own strategic importance. The military commission for the whole Hedong Circuit was in the prefecture of Bing, and the western and northern fronts in the region were combined into an integrated system centered around the prefecture of Bing. The Northern Song highly valued local forces. This particular aspect of the Northern Song military planning was also evident in the military operations of the Hedong Circuit.

The Battle of Longwan and the Hydrology of Nanjing in the Late Yuan Dynasty

by Li Xinfeng

Abstract The researchers on the battle of Longwan between Zhu Yuanzhang and Chen Youliang in the late Yuan Dynasty have depended on official documents while neglecting the hydrology which was an integral part of the battle. This essay intends to rebuild the battle and the hydrology in the area west of Nanjing where the battle occurred by examining Shilu, Jishilu and biographies of the generals with reference to local records and modern maps. The historical data of early Ming Dynasty are explored and utilized in this essay in the following three ways: new materials sought and employed, old materials more carefully reevaluated, and materials from different fields compared and complemented, in order to illuminate the strategic details and military plans in the battle of Longwan in its geographical space.

Theatrical Plays under the Control of the Qing Government in the Inner City of Beijing: Studies on Relevant Archival Data
by Murakami Masakazu

Abstract In this essay, by using archival data, the author has investigated the control of the Qing government over the drama activities. Although many scholars have pointed out that staging a drama was an activity closely superintended by the Qing government, its actual policy and background have yet to be studied in details. Given the fact that archival data are one of most appropriate materials for studying these issues, this article introduces many archival data such as the Grand Council transcripts of imperial memorials, the Grand Secretariat archives and the well-known *Shengpingshu Files*(升平署档案). With these important archival data, the author observes the following important issues: historical characteristics of the control over theatrical plays during Qianlong and Jia Qing periods, the collusion between Beijing opera theatres and the Infantry Commanding Office(步军统领衙门), and the drama activities of Qing imperial clan.

A Conflict between the New and the Old: the Militia and *Baojia* Uprising at Sichuan Weiyuan in the Year 1909
by Sun Ming

Abstract This article studies comprehensively relevant files and oral materials of the class struggle story passed down by generations, that is, the anti-Qing uprising of farmers and miners led by Tianbao Marshall Liu Xiangting. The article reveals that the core protagonists of the uprising, in fact, were not only Liu Xiangting but also his fellow Militia and *Baojia*(保甲) leaders. The article also claims that the institutional administration, in essence, was a configuration of social power and order not only reflecting but also balancing the social structure. The Militia and Baojia system, together with the factors in political administration, families, classes and secret societies, shaped the structure of local social and political power. The New Policy, applied at the local level, changed this structure, brought about conflicts between the new and the old people in power, and eventually caused the uprising.

Chang Nai-de and the New Culture Movement
by Yang Caidan, Zheng Wei

Abstract Chang Nai-de was an important person in the New Culture Movement, and the shift of his thought was a significant phenomenon at that time. After May Fourth Movement, he changed his previous attitude of moderation toward the traditional culture, and began to hold a radical position in promoting modern Western civilization in order to solve China's problems. This change was his response to the changes of social thought after 1919. It was also consistent with his belief in the theory of evolution and his attempts to apply the theory to constructing the new culture. Chang Nai-de's confidence in evolutionism prevented him from believing in class struggle. He was to maintain his faith in gradual social reforms and eventually became a supporter of the nationalist government.

Remarks on Liaoxi-Shenyang Campaign in 1948
by Li Baoming

Abstract In northeastern China in 1948, Mao Zedong and Lin Biao shared a common strategic goal, that was to prevent the National Revolutionary

Army from withdrawing its troops and to defeat them in the area. But they had different opinions on several questions, such as whether Revolutionary Army would withdraw troops or not, whether Jin-zhou Battle was to involve the nationalist divisions into a decisive engagement with the PLA or not. Mao Zedong in the end agreed to Lin Biao's judgment and took his advice. The Northeast Field Army of the PLA won its decisive battle ahead of Mao Zedong's plan.

New Evidence for the Collapse of the Late Uruk System in Babylonia
by Wang Xianhua

Abstract This essay attempts to re-interpret the Archaic City Seal, the Uruk City Sealing and No. 1 of the Ur City Sealings as defined by Roger J. Matthews in his *Cities, Seals and Writing*. Close re-examination of these glyptic sources leads to the recognition of an important contrast between the Uruk City Sealing and the Ur City Sealing in question: The former fails to name the city of Ur while the latter the city of Uruk. Informed by theoretical consideration of the use of glyptic evidence for historical purposes and by archaeological researches on the settlements of early Mesopotamia, this essay proposes to see this contrast as evidencing the collapse of the Late Uruk System in Babylonia during the transition from the Late Uruk to the Early Dynastic Period. If valid, this finding will serve as a key to our better understanding of the development of regional politics in early Mesopotamia.

Martin Luther's Doctrine of Church and the Vocation of the Priest
by Lin Chunjie

Abstract Facing up to the corruption of Roman Church in the world,

Martin Luther emphasized the spirituality of church; but when the radicals admitted only the spirituality of church, he affirmed the necessity and importance of institutional church, and would achieve a balance between the spirituality and secularity of church. His doctrine of church is linked closely with the development of his doctrine of vocation. His separation of the spiritual church and the church in the world has an inner consistency with his understanding of the separation of spiritual vocation and secular vocation. Luther objects that only priests and monks have vocation. And he holds that all believers are priests and have their vocation. He defines the church as a congregation of all called believers. He acknowledges the priest's vocation and denies the vocation of monks, reducing the great tension between spirituality and secularity of the church. He thereby provides a theoretical foundation for the establishment of Protestant Churches.

From Radical Republicanism to Monarchic Constitutionalism: A Study of Benjamin Constant's Constitutional Theories during the First Restoration and the Hundred Days (1814-1815)

by Han Weihua

Abstract This article analyzes two constitutional texts published by Constant in 1814 and 1815: *Réflexions sur les constitutions et les garanties* and *Principes de politique applicables à tous les gouvernements représentatifs et particulièrement à la Constitution actuelle de la France*. Moving away from his primary republican position, Constant became a more synthetic monarchic constitutionalist as his political thought matured. He remarkably developed a synthesis of three potentially conflicting political elements: democracy, liberty and tradition. After twenty years' defending of the rights of man and calling for the abolition of arbitrary power, Constant finally accomplished part of his political ideal.

Utilitarianism and the Reform of the Poor-Law in 1834
by Song Xiao-dong

Abstract In the 1830s, in the face of great social changes ensuing from the Industrial Revolution, under the pressure and with the help of radicals of the middle class, the Whig government, which came to power in the name of reform, consciously began to advance reform measures in order to adapt to the new situation. In these reform measures, particularly in the Poor-Law Reform, the philosophical radicals who believed in the theories of Benthamite utilitarianism played an important role. This was also the first time that utilitarian theories were put in practice on a large scale. Although the reform measures significantly contributed to the UK's transition to a modern industrial society, the Poor-Law Reform greatly damaged the well-being of the working class, and intensified social conflicts, because of the shortcomings of the utilitarian theories and their distinctive class bias. This historical episode constitutes a profound lesson for future social reformers.

The Concept of Civilization and the American Diplomatic Thoughts (1870-1914)
by Liu Yiyong

Abstract Between 1870 and 1914, "civilization" was one popular word and a core concept in American diplomacy. The American concept of civilization derived from the Enlightenment in Europe, and formed in the course of the creation of that country. In such historic events as the Chinese Exclusion Acts, the debates between imperialists and anti-imperialists, this concept of civilization profoundly shaped the American diplomatic thoughts.

Justice and Peace after the First World War: Remarks on the Treaty of Versailles

by Xiong Weimin

Abstract The essay reflects on the treatment of Germany after the World War I and whether the Treaty of Versailles was just or excessively harsh to that country. It also ponders over the strong nationalism in German during the 1920s and the 1930s and the paradoxical relation between the Treaty of Versailles and the appeasement policy. The author attempts to put forward his own opinions on the aforementioned issues.

Burgers, the Bourgeoisie and Citizens: the Debates in Europe about the Particularity of German Society

by Juergen Kocka

Abstract This paper analyzes the historical process of transition from the society of burgers to the one of citizens in Europe, and different understandings and definitions about citizenship made in different historical periods by different groups. The author argues that the society of citizens (the civil society), as a new stage of historical development after the society of burgers, is a new social form with new values. Even in today's Europe, the civil society as an ideal social model is a reality only to a degree, and it has yet to be fully realized.

Modernity and Moral Foundation of the World Civil Society: The Theoretical Explorations by German Scholars

by Zhao Jinzhong

Abstract This paper discusses the inner structure of civil society, the various stages of its historical development, and the formation of its moral values. By borrowing and investigating the paradigms of thought on these issues in German academic circles, the author believes that a society must be founded on certain moral values so that its operation can be guided by them. He also introduces here the concept of the world civil society (Welt Zivilgesellschaft), and considers it helpful for building a harmonious society in China and for promoting the globalization of humanism.

A New Study on "Huanglong Tongyin"
by Gao Yu

Abstract As for the provenance of Yue Fei's well-known saying "Huanglong Tongyin" (to have a drinking festival at Huanglong), the earliest record could be the text named *Za Ji* written by Huang Yuanzhen narrating the stories of Yue Fei. However, the author of *Za Ji* confused Huanglong with Yenching, and this error has not been pointed out convincingly ever since. This paper is of the view that since people living in Southern Song Dynasty had the general impression that Huang-long Prefecture was the place where the headquarters of Jurchen was located, Yue Fei's saying "Huanglong Tongyin" was nothing but gallant words to stimulate the morale of his army. In the original story about "Huanglong Tongyin" made up by Huang Yuanzhen, the author incorrectly referred to Huang-long Prefecture as Yen-ching. This mistake misleads and confuses his readers.

Textual Evidence on Emperor Shun's Attempt to Take Refuge in Jizhou Island in Yuan Dynasty
by Li Ling

Abstract In the last remaining years of Yuan Dynasty, the country's situation became more and more chaotic. Inside the palace, there was the conflict between the Emperor and the Queen; outside the capital, there were riots against the Dynasty and wars among the warlords. Emperor Shun felt mentally and physically exhausted, and decided to take refuge during the 25th and the 26th year of Zhizheng. Island Jizhou had its special geographical surroundings and its unique political background, and it was chosen by Emperor Shun as refuge. Because of the unexpected events, however, he failed to reach there and finally fled to Shangdu and Yingchang in confusion.

Rethinking "Das Adam Smith Problem"
by Xu Qianjin

Abstract Scholars from the German Historical School of Economics hold that there exists a tension between reciprocal altruism and self-interest in the main works of Adam Smith, *The Theory of Moral Sentiments and The Wealth of Nations*. They thereby pose the so-called "Das Adam Smith Problem". This essay tries to examine both the draft of *The Wealth of Nations* and those particular sections of the 6th edition of *The Theory of Moral Sentiments*, both modified by Adam Smith after the Scottish Monetary Crisis in 1772, and thereby demonstrates that there existed two personalities of Adam Smith: he with the first taught in the University of Glasgow who was optimistic about morals in economic activities, and with the second he engaged in practical social affairs as a pessimistic realist. The transition of Adam Smith from the first to the second personality can be explained on the basis of the Scottish Monetary Crisis. The author of this essay presents an opinion different from that offered by the German Historical School of Economics.

Samantha Power and Her Cries Against Genocides: A Problem from Hell and Its Implications

by Peng Xiaoyu

Abstract The United States and other Western countries have maintained decisive international influence in the world not only through their military and political power but also by moral discourses designed and promoted by them. Since the Peace of Westphalia (1648), national sovereignty and the principle of non-intervention have remained valid mainly as an instrument to uphold the established world order and more often than not in the interests of the West. After the Second World War, the resolve to protect human rights and human dignity has come to play an important role in international politics and is surely indicative of more consistent pursuit of justice and peace by humankind. As a new moral principle in international relations actively supported by the West, it has also been helpful in strengthening the positions taken by the Western countries in the world affairs. Geopolitical discourses these days are considered distasteful and naked advocacy of national interests is no longer morally acceptable. It is in this context that we ought to understand Samantha Power and her groundbreaking book, *A Problem from Hell*. She voices her bitter indictment of the Western passivity in the face of modern genocides while giving a powerful testimony to the fact that love of humanity and protection of human rights have become and will remain the most critical factors in the international domain for the 21th century.

稿　约

一、《北大史学》由北京大学历史学系主办,发表中、外历史学论文、书评、译文,欢迎国内外史学界同仁投稿。

二、本刊系年刊,于每年底出版。年度稿件于9月1日截止。

三、本刊由执行主编负责稿件的具体事宜,采用匿名审稿制度,稿件的最终审定由本刊编委会作出。

四、稿件字数一般不超过1.5万字。但特殊稿件的字数可以例外。

五、稿件注释一律采用"脚注"。注释规则请参下附《注释规范》,请投稿者严格遵循。

六、请同时提供中、英文"内容提要"和作者的工作单位和职称,附于稿件之末。

七、来稿请用A4纸打印,并提供电子文本(Word格式)。

八、来稿是否录用,一般将于10月底前告知作者,请勿一稿两投。

九、来稿一经刊载,即奉稿酬。

十、来稿请寄北京市海淀区北京大学历史学系《北大史学》编辑部。邮编:100871。电子版的中国史文本请发送至 zhangfanbd@263.net 世界史文本请发送至 Wanglx@pku.edu.cn。

附：注释规范

一、基本工具书和中文著作书目排列

人名和地名等外文专有名词在中文的研究作品中必须有统一的译法。新华社编辑、商务印书馆出版的诸种译名手册比较实用。下面所列的几种手册可以作为世界史研究者和翻译者统一人名和地名译法的基础。中文书目排列的先后秩序以作者名或编者名的汉语拼音为准；未标明作者的，以书名的拼音为准；未带括号内"编"字的，是指著作者。

《基督教词典》，北京：北京语言学院出版社，1994。
豪厄特(主编)：《世界历史词典》，北京：商务印书馆，1988。
(在以上两书中可以找见许多冷僻世界史专有名词的习惯汉译)。
辛华编：《世界地名译名手册》，北京：商务印书馆，1978。
辛华编：《英语姓名译名手册》，北京：商务印书馆，1981。
辛华编：《法语姓名译名手册》，北京：商务印书馆，1996。
辛华编：《德语姓名译名手册》，北京：商务印书馆，1973。
新华通讯社译名室编：《世界人名翻译大辞典》，北京：中国对外翻译出版公司，1993年。这是迄今最完整的外国人名译名辞典。

二、中文著作、译作和论文引用

第一次引用必须注明作者、书名、出版地、出版社、出版年和页码。中译本书、文章需注出作者国别和译者。所引作品再次出现时，只注出作者名、书名或论文标题以及页码。引用古籍，一般须注明编撰者、书名、卷次、部类名和篇名，常用古籍或官修典籍可注出编撰者。原刻本、抄本和稿本，须分别注明版本情况；影印本，则须注明出版地、出版社、丛书名和影印版本；点校本，须注明出版地、出版社、出版时间和页码。引用文集，可用引用古籍之例，注明著作者、书名、卷次和篇名，也可以先注明作者和篇名，再注出文集名和卷次。版本情况，一律在第一次引用时注明，此后

省略。如:

《基督教词典》,北京:北京语言学院出版社,1994年,第33页。

〔芬兰〕韦斯特马克:《人类婚姻简史》,刘小幸、李彬译,北京:商务印书馆,1992年,第7页。

李工真:《德意志犹太人向巴勒斯坦的移居》,《历史研究》2004年第1期,第150—164页。

阎步克:《孝连廉"同岁"与汉末选官》,《北大史学》第6辑,1999年,第1—13页。

孙铉:《为政第一编》卷一,《授任·候选》,康熙四十一年(1702)刻本。

万历《淮安府志》卷六,《学校志·社学》,上海:上海书店《天一阁藏明代方志选刊续编》影印万历刻本。

《汉书》卷五四,《李广传》,北京:中华书局,1962年,第2439页。

《资治通鉴》卷二一四,唐玄宗开元二十二年二月壬寅,北京:中华书局,1956年,第6805页。

宋濂:《孔子庙堂议》,《宋濂集》第一册,杭州:浙江古籍出版社,1999年,第19—21页。

三、外文作品在中文著作和论文中的引用法

一般的规则之外,请注意每个例子的特殊性,比如同时有作者和编者、重印本、丛书、文献集成等情况。英、法、德、日和拉丁的书名写法有细微的不同,也请留意。为方便和求得风格的一致,所有西文书目中的说明文字(卷数和版本等),一律用英文。所引作品再次出现时,只注出译成中文的作者名和文章标题或书名以及页码。西文的书名和期刊名必须用斜体。如:

博伊尔:《中世纪拉丁古抄本学》(L. E. Boyle, *Medieval Latin Paleography: A Bibliographical Introduction*, Toronto: University of Toronto Press,1984),第1页。

特伯维尔:《中世纪异端和宗教裁判所》(A. S. Tuberville, *Medieval Heresy and the Inquisition*, reprint ed. London: Archon Books, 1964),第2页。[也可以给出原初的出版地、出版社和出版年,与重印本出版地、出版社和出版年以分号隔开]

迈松纳夫:《宗教裁判所起源研究》(H. Maisonneuve, *Études sur les origines de l'inquisition*, 2nd ed., Paris: Librairie Philosophique J. Vrin, 1960),第3页。

雷斯:《教会之刑法权》(W. Rees, *Die Strafgewalt der Kirche*, Kanonistische Studien und Texte 41, Berlin: Duncker & Humblot, 1993),第4页。

斯蒂格勒:《拉丁教会法历史》(A. Stickler, *Historia iuris canonici latini*, Rome: Liberia Ateneo Salesiano, 1985),第5页。

圣伯纳德:《圣伯纳德全集》第3卷(*S. Bernardi opera*, Vol. 3, ed. J. Leclercq and H. M. Rochais, Rome: Editiones Cistercienses, 1963),第6页。

波美里乌斯:《论沉思的生活》(Julianus Pomerius, *De vita contemplativa*, Lib. III, 13 et 15),见《教父文献大全(拉丁编)》(*Patrologia latina*)第59卷,第493栏(= col. 493。"column"不宜译为"页")。

莱维森:《中世纪的双剑理论》(W. Levison, "Die mittelaterliche Lehre von den beiden Schwerten," *Deutsches Archiv für Erforschung des Mittelalters* 9/1951),第8页。

瓦尔特:《异端与教皇政治》(H. G. Walther, "Häresie und päpstliche Politik: Ketzerbegriff und Ketzergesetzgebung in der Ábergangsphase von der Decretistik zur Decretalistik," *The Concept of Heresy in the Middle Ages*, ed. W. Lourdaux and D Verhelst, Louvain: Louvain University Press, 1976),第9页。

四、档案和网络资讯的引用法

引用档案,如业经编辑出版的档案,直接注明编辑者、书名、出版社、出版时间和页码；如系档案馆收藏的档案（包括原件和胶卷），按照档案馆的编目体例注明。如果光盘和网络资讯来源是已经印刷出版的图书和论文，引用者首先应按上面的外文著作注释体例注明作者和出版信息，然后注明光盘来源或网址，例如：见［CD-ROM］ Available：Proquest New York Times On Disc, Jan. 1996-Dec. 1996。或者：见〈http://www.queens.lib.ny.us/mlk〉，并在网址后的方括号内写明网址最近更新时间或上网查阅的时间（网址往往不是永恒的资讯来源）。如果网络资讯没有出处或者是首次发表的原作，引用者应注明网址、网络资讯的类型和作品发表时间。如：

四川档案馆编：《清代巴县档案汇编·乾隆卷》，北京：档案出版社，1991年，第61页。

中国第一历史档案馆藏：《军机处录副奏摺》，光绪朝综合类，13/151/7432/6。

马丁·路德·金：《我有一个梦想》（Martin Luther King, *I Have a Dream*, August, 1963. Internet on-line），见〈http://www.queens.lib.ny.us〉［12 June 2000］。